Cobyright © 2021 by Werner Schmitt
St. Peter Straße 6, 97535 Brebersdorf

Wissenschaftliche Themen Wissenschaftliche Veröffentlichungen
Einbandgestaltung Werner Schmitt
Bilder/Bildgestaltung, Cartoons Werner Schmitt
Graphische Gestaltung /Erstellung Werner Schmitt

Verlag und Druck  GmbH

Halenreie 40-44 22359 Hamburg
E-Mail: info@tredition.de

Bibliographische Information der Deutschen Nationalbibliothek:
Die Deutsche Nationalbibliothek verzeichnet diese Publikation in der deutschen National-bibliographie; detaillierte Daten sind im Internet über: http.//dnb.d-nb.de abrufbar.

Dieses Buch wurde ohne jegliches Sponsoring erstellt.

Sämtliche Daten dieses Buches wurden nach bestem Wissen und Gewissen erstellt.
Ein Großteil der Daten, sind wissenschaftlichen-, respektive Medien-Veröffentlichungen ent-nommen. Die zusätzlichen Stellungnahmen und Kommentare geben lediglich die Meinung des Verfassers wieder. Sie sollen dazu beitragen, dass die Vielzahl der Maßnahmen, um die globale Umweltkatastrophe zu verhindern, nicht widerspruchslos, sondern nachdenkend betrachtet werden. Der Einbezug der Politik und deren besonders kritische Darstellung ist aufgrund der Wichtigkeit unserer Umweltprobleme, ein wesentlicher Bestandteil diese Buches.
Für evtl. Missbrauch der Daten und Informationen kann keinerlei Haftung, bzw. Gewähr übernommen werden. Es kann keinerlei Verantwortung des Autors entstehen.
Zur Vereinfachung des gesamten Inhaltes, wird die Form der „gendergerechten" Sprache verwendet. Im Sinne der sprachlichen Vereinfachung wird darauf verzichtet, die weibliche und die geschlechtsneutrale Schreibweise aufzunehmen.

978-3-347-33752-7 (Hardcover) Druck und Verlag: **tredition** **Preis: €** **17,99**

978-3-347-33751-0 (Paperback) Druck und Verlag: **tredition** **Preis: €** **9,99**

978-3-347-33753-4 (e-Book) Verlag: **tredition** **Preis: €** **2,99**

Werner Schmitt

geb. 21.10.1951

eMail:
wh-schmitt@t-online.de

Bücher:
Faszination Pferd "Horsemanship"

Die gefährliche neue "Droge"

Veröffentlichung einiger Aufsätze
über verschiedene Wirtschaftsabläufe,
Wirtschaftstheorien und Wirtschafts-
themen im allgemeinen.

Mitarbeit bei der Umsetzung von
EU-Richtlinien und Verordnungen

Und sie dreht sich doch, ... weiter

Nikolaus Kopernikus (1473-1543) hat das gesamte Weltbild seiner Zeit revolutioniert, indem er in seinem Werk "De revolutionibus orbium coelestium" (zwischen 1530 und 1535 geschaffen) schreibt, dass sich die Erde nicht im Mittelpunkt des Weltalls befindet, sondern dass sie sich um die Sonne herum bewegt. In den Grundzügen seiner Systementwicklung zwischen 1508 und 1514 stellte er die Sonne in den Mittelpunkt und hielt fest, dass die Sonne jährlich einmal von der Erde umkreist wird. Dabei dreht sich die Erde einmal um sich selbst und erklärt damit den Wechsel von Tag und Nacht.
Damit war die Basis der modernen Astronomie geschaffen.

Aufbauend auf den Kenntnissen von Kopernikus und dem Eigenbau eines Fernrohrs stellte Galileo Galilei (1564-1642) im Jahre 1609 fest, dass die Erde keine Sonderstellung unter den Planeten einnimmt. Er entdeckte, dass es auf dem Mond Berge geben musste und Vieles mehr. Aufgrund der Summe seiner gesamten Beobachtungen bestätigte Galilei die Erkenntnisse von Kopernikus: Die Erde dreht sich um die Sonne.
Dieser Erkenntnis musste Galileo Galilei 1633 vor der Inquisition abschwören.
Nach dem Widerruf soll er den Ausspruch getan haben:
„Und sie bewegt sich doch", respektive „Und sie dreht sich doch".
Erst 1992, 350 Jahre nach seinem Tod, wurde Galileo Galilei durch den Vatikan rehabilitiert.

Weshalb diese, fast schon philosophischen, Betrachtungen?
Es geht dabei um die QAnon-Anhänger, die Verschwörungstheoretiker die Corona-Leugner usw., deren „hohle" Behauptungen in Richtung: „Die Erde ist eine Scheibe" gehen.
Wenn der IQ „fast nicht messbar" ist und der geistige Wissensstand, sich im Rahmen des 15. Jahrhunderts bewegt, kann man nicht mehr, als diesen Unsinn erwarten.

Es mag sein, dass diese Publikation auf den ersten Blick zuviel Statistiken und Zahlenmaterial enthält. Wer sich jedoch mit den gegenwärtigen globalen Problemen unserer Umwelt auseinandersetzt, wird hier, jeder Überprüfung stand haltende, Informationen finden.
Der Schutz unserer **Umwelt** umfasst die Gesamtheit aller präventiven Maßnahmen zur Aufrechterhaltung eines intakten Ökosystems und um unser aller Gesundheit zu erhalten.
Umweltbeeinträchtigungen sollen durch Präventionsmaßnahmen und Repressionen vorgebeugt werden. Eine Wiederherstellung von verloren gegangenen, respektive beschädigten Naturressourcen ist eine der wesentlichen Aufgaben der Ökologie.
Dabei darf es nicht zur Nutzung der Ressource zum einseitigen Vorteil kommen.
Genau diese Ausbeutung von natürlichen Bodenschätzen, zur eigenen Zweckdienlichkeit ist in hohen Maßen umweltschädigend, da diese Ausbeutung ganzer Landstriche und die dortige Bevölkerung lebensbedrohlich schädigt.
Durchdachte ökologische Politik muss alle Menschen und die gesamte Flora und Fauna dieses Planeten mit einbeziehen.
Wohlklingende Theorien und Programme dürfen nicht den Menschen anderer Länder schaden.

Das Ziel der Klimaneutralität wird mittlerweile weltweit von allen verantwortungsbewussten Regierungen geteilt.
Aktiver Umweltschutz ist eine der wichtigsten Verpflichtungen der Gegenwart. Wenn wir diese Vorhaben zum Erfolg bringen wollen, müssen wir die Innovationen fördern, die einer gesunden Umwelt förderlich sind. Dies darf nicht um jeden Preis geschehen. Alle Theorien und Planungen müssen umsetzbar sein und dürfen nicht zu Lasten anderer Territorien, Nationen und Gesellschaften gehen. Die ökologischen Maßnahmen dürfen dabei unsere internationale Wettbewerbsfähigkeit nicht gefährden. Der dringend verstärkte Klima-und Umweltschutz kann, trotz der Wichtigkeit, nicht als das alleiniges Maß der Dinge herangezogen, bzw. er darf nicht verabsolutiert werden.

Die Ergebnisse der Recherchen dieses Buches sollen zum Nachdenken oder gar zum nochmaligen Umdenken anregen. Die Denkanstöße geben keine politische Stellungnahme oder Meinung wieder. Sie sollen lediglich wichtige Themen hinterfragen und gelegentlich auch durchaus provokativ zur Diskussion stellen.
Selbst die größte Pandemie aller Zeiten hat die Weltwirtschaft nicht zum Zusammenbruch gebracht.
Sie hat zu keinen Revolten oder gar Kriegen geführt, …. **und die Erde dreht sich weiter.**

Inhaltsverzeichnis

1. Der tatsächliche Verrat an der Umwelt

1.1 Wie Politik, Wirtschaft und sogar die Medien, Verrat an den Idealen einer intakten Umwelt begehen.

Bedeutungsvolle Pläne werden ausgearbeitet und zur Diskussion gestellt.

In Arbeitsgruppen entwickeln sich in tiefschürfenden Gesprächsbeiträgen die besten Zielvoraussetzungen, die jedoch bereits bei der Vorlage, eines gemein haben: Niemand ist an der Realisierung wirklich interessiert.

Das Hauptaugenmerk liegt von Anfang an, wenn auch geschickt manipuliert und verborgen, in dem Hinausschieben verbindlicher Vereinbarungen, auf zukünftige Generationen.

Vergangenheit und Gegenwart haben gezeigt, dass weiter nichts als leere Versprechungen, respektive maximal unverbindliche Absichtserklärungen, abgegeben werden.

Am 27.11.2017 haben die EU-Länder den Einsatz von Glyphosat für weitere fünf Jahre gebilligt. Die Länder, die für die Verlängerung gestimmt haben oder sich der Stimme enthalten haben, verraten damit die Umwelt, vor allem aber die Verbraucher.

In diesem Trauerspiel spielte Deutschland eine unrühmliche Rolle. Mit seinem JA zur Verlängerung der Glyphosat-Zulassung hat der damalige Bundeslandwirtschaftsminister Christian Schmidt gegen die Weisung und die Geschäftsordnung der Bundesregierung ver-stoßen. Nachgewiesen ist, dass das Abstimmungsverhalten Schmidt´s von langer Hand vorbereitet war. Interne Dokumente belegen, dass das zuständige Fachreferat für Pflanzenschutz dem Minister bereits im Juli empfohlen hat, ob man dem Vorschlag der EU-Kommission, ohne Einverständnis des Bundesumweltministeriums zustimmen könne.

Altmaiers Lithium-Deal mit Bolivien ist aufgrund massivster Proteste im Land geplatzt.

Die Ausbeutung Boliviens und die Vernichtung von riesigen Wasserressourcen ist gestoppt.

Dennoch will Altmaiers Lobbyist, die ACI Systems Alemania (ACISA), das von Boliviens Regierung angekündigte Ende des Gemeinschaftsprojekts zur Lithium-Gewinnung nicht hinnehmen. Das gekündigte Joint Venture, an dem die ACISA 49 Prozent hält, sollte erstmals einem deutschen Unternehmen den direkten Zugriff auf Lithium ermöglichen - und die Versorgung der deutschen Wirtschaft mit dem Rohstoff sichern. Lithium ist ein unentbehrlicher Bestandteil von Akkus und Batteriezellen für Elektrofahrzeuge. Ohne diese Ressourcen ist eine Umstellung auf E-Mobilität zum Scheitern verurteilt.

Wie bereits mehrfach erwähnt und dargestellt, bedeutet eine solche Lithiumausbeutung die Vernichtungen der gesamten landesweiten Wasservorkommen der betroffenen Länder.

Oder, ... wir bringen hier unsere E-Autos zum Laufen und in den Lithiumländern sterben die Menschen und werden ganze Landstriche vergiftet und somit auf lange Zeit unbewohnbar.

Die Corona-Pandemie hat gezeigt: Es geht auch anders.

Wenn sich die Natur wehrt, (nennen wir es einmal so) dann spielt Geld keine Rolle.

Ein Großteil der Wirtschaft wird komplett herunter gefahren. Ausgangssperren werden aus-gesprochen.

Und die Welt geht nicht unter. Das Leben geht, wenn auch eingeschränkt, weiter.

2. Streiter für eine intakte Umwelt

Selbst als Streiter für eine intakte Umwelt, muss ich gestehen, dass ich grundsätzlich allen wissenschaftlichen Voraussagen skeptisch, vor allem aber kritisch gegenüber stehe.
Die gemachten Erfahrungen geben mir dabei recht.

Wer erinnert sich nicht noch an die wissenschaftlich untermauerten Voraussagen über den Energiebedarf Deutschlands.

Mit eben diesen abstrakten Zukunftsmodellen wurde damals der übereilte Einstieg in die Kernkraft begründet.

Heute weiß man, dass die damaligen Vorhersagen von jährlichen Steigerungsraten von 11 bis 19 Prozent vollkommen daneben lagen.

Aus dieser Erfahrung heraus, kam man bereits in den 80-Jahren zu dem Schluss, dass sich sämtliche diesbezüglichen Prognosen lediglich als Trend darstellen ließen. Man erkannte bereits damals, dass sich alle Zukunftsprognosen, nur auf die Grundlage des jeweils aktuellen und zur Verfügung stehenden Zahlenmaterials, beziehen konnten.

Sie konnten somit niemals zuverlässig über einen Zeitraum von z.B. 20 Jahren erstellt werden. Anderslautende Behauptungen wurden von verantwortungsbewussten Wissenschaftlern als unredliche Scharlatanerie bezeichnet.

Sie kamen damit dorthin, wo sie hingehören – in das Reich von Vermutungen und Spekulationen. Man weiß heute, dass die technische Entwicklung, alleine auf dem Beleuchtungssektor (LED)zu einer Stromreduzierung von bis zu 80 Prozent geführt hat. Gleichlautende Energieabstriche mussten bei den meisten Geräten und Maschinen gemacht werden.

Das Bestreben des Autors bestand darin, die Berwertunsproblematik von Theorie zu Wissen, von der Vergangenheit über die Gegenwart, bis hin zur Zukunft, kritisch zu hinterfragen.
Bei der Datenzusammenstellung und Bewertung, musste zumindest die jüngste Vergangenheit mit einbezogen werden.
Ohne dieses Einbinden der Historie, wären die Gegenwartsdaten und die Zukunftsplanungen nicht bewertbar.

Nur der detaillierte Vergleich der Zeiträume, zeigt Fehler auf und beweist, dass alle Modellberechnungen als fehlerhaft, bis hin zu „absolut falsch", anzusehen sind.

Dieses Buch ist nicht geschrieben worden, um ein weiteres Pamphlet über die Umwelt und die Verflechtungen von globaler Wirtschaft und Politik zu publizieren.

Dieses Buch ist der Aufschrei eines Kämpfers für eine intakte Umwelt.
Gegen politische und ökonomische Interessen kapitalstarker Gruppen und Nationen, die unseren Planeten ausbeuten, wie wir es von den Kolonialmächten her kannten/kennen.
Jeder kennt die Länder, die dieses Vorgehen auch heute noch praktizieren.
Einen der „schlimmsten" Ignoranten und Umweltfrevler ist diese Welt endlich wieder los.

Auto, Bahn oder Flugzeug – wer ist der wahre Klimakiller, Herr Radermacher?

Gängige Ansätze, Verkehrsmittel in klimaschädlich und klimafreundlich einzuteilen, haben entscheidende Fehler, sagt der Querdenker Klaus Radermacher

Herr Radermacher, Sie sagen, pauschale Aussagen wie „Bahnfahren ist umweltfreundlich" oder „Fliegen ist umweltschädlich" sind falsch. Warum?
Die allermeisten Analysen betrachten nur die einzelnen Verkehrsträger wie etwa das Auto, das Flugzeug oder die Bahn. Sie vergessen aber, das Gesamtsystem mitzubedenken, und das macht mit Blick auf die Umweltfreundlichkeit einen gravierenden Unterschied.

Welchen denn?
Jedes Verkehrssystem braucht eine Infrastruktur, und die ist meist ein wahres CO2-Grab. Nehmen Sie beispielsweise den Fernverkehr der Bahn. Um Strecken zu bauen, sind Unmengen an Beton und Stahl nötig. Dazu kommen Metalle wie Kupfer für die Oberleitungen. Alle diese Materialien sind in der Produktion so CO2-intensiv, dass die Umweltbilanz tiefrot ist, bevor überhaupt der erste Passagier transportiert werden kann. Ähnlich verhält es sich auch bei Fernstraßen und Autobahnen. Der Flugverkehr schneidet in dieser Hinsicht viel besser ab. Man braucht zwar Beton für Flughäfen, aber dazwischen eben keine Straßen oder Schienenwege.

Was heißt das konkret?
Mein Lieblingsbeispiel ist die ICE-Strecke Frankfurt – Köln. Die Trasse ersetzt eine schon bestehende Strecke und ist sehr aufwendig gebaut. Wie heute üblich, wurden die Gleise nicht mehr auf Schwellen, sondern auf einer festen Beton-Fahrbahn verlegt. Von den 170 Kilometern Gesamtlänge verlaufen 47 Kilometer in Tunneln. Allein für die Produktion des Betons und Stahls für die Tunnel wurden 850 000 Tonnen CO2 emittiert. In Summe sind von Baubeginn bis Fertigstellung der gesamten Strecke mehrere Millionen Tonnen CO2 angefallen.

Je mehr Pendler die Strecke befahren, desto günstiger wird die Klimabilanz ...
Das stimmt, aber der CO2-Rucksack, den jeder Bahnreisende mit sich herumschleppt, bleibt immer noch erheblich. Auch wenn es sich bei der Trasse um eine der am stärksten frequentierten Bahnstrecken in Deutschland handelt, auf der in den ersten 15 Jahren des Betriebs rund 220 Millionen Fahrgäste unterwegs gewesen sind, bleiben pro Person und Fahrt CO2-Belastungen im zweistelligen Kilogramm-Bereich, die bereits Jahre oder Jahrzehnte zuvor beim Bau der Strecke angefallen sind. Natürlich schmilzt dieser CO2-Rucksack im Laufe der Zeit, aber auch bei 500 Millionen Fahrgästen haben wir Werte im einstelligen Kilogrammbereich und das ist nur das CO2, das für den ursprünglichen Bau der Strecke veranschlagt werden muss. Da ist noch kein Zug gebaut und kein Zug gefahren!

Ist es besser, ins Flugzeug zu steigen?
Nein, eine derart pauschale Aussage ist auch nicht richtig! Klar ist, dass das Flugzeug einige entscheidende Vorteile gegenüber straßen- oder schienengebundenen Systemen hat. Eine CO2-intensive Wege-Infrastruktur wird nicht benötigt. Zudem ist die Auslastung von Flugzeugen viel besser als diejenige von Autos und Zügen. Selbst bei voller Auslastung werden in einem ICE über 900 Kilogramm Masse pro Passagier bewegt. Bei einer Durchschnittsbelegung von gut der Hälfte der Plätze steigt dieser Wert auf 1,6 Tonnen und ist damit noch schlechter als beim Auto, wo bei durchschnittlicher Besetzung rund eine Tonne pro Person bewegt werden muss. In einem Airbus 350 sind es beispielsweise nur 514 Kilogramm.

Rademacher (* 1962) arbeitete 15 Jahre bei der Telekom. Der promovierte Informatiker studierte in Karlsruhe und Boston. Seit 2012 berät er mit seiner Firma KRBE, Unternehmen in Strategiethemen.

Dennoch ändert das doch nichts daran, dass das Flugzeug ein Klimakiller ist?

Es ist unstrittig, dass ein Flugzeug von allen Verkehrsmitteln die meiste Antriebsenergie benötigt. Die Entscheidung, aus Klimagründen das Flugzeug, das Auto oder die Bahn zu nutzen, ist jedenfalls nicht so schwarz-weiß, wie viele Experten derzeit glauben machen wollen. Eine ganzheitliche und regionenspezifische Betrachtung der sehr komplexen Verkehrssysteme führt dazu, dass sicher geglaubte Wahrheiten verschwimmen. Bahnfahren im flachen Holland benötigt keine Tunnel und Talbrücken und ist CO_2-mäßig vorteilhafter, als wenn man mit dem Eurostar von Paris unter dem Ärmelkanal durch nach London fährt, wo in jahrelanger Arbeit mehrere 50 km lange Stahlbeton-Tunnelröhren unter dem Ärmelkanal gebaut werden mussten.

Sind Sie ein Bahn-Hasser?

Nein, gar nicht. Ich bin in meinem Leben schon sehr viel Bahn gefahren und tue dies auch weiterhin. Mir geht es aber darum, dass angesichts der zunehmenden Umwelt- und Klimadiskussion die Grundannahmen, die wir treffen, auch stimmen. Im Moment orientiert sich die Politik hauptsächlich daran, was aus dem Auspuff herauskommt. Das ist aber nur ein Aspekt von vielen und führt zuweilen in die falsche Richtung. Wir brauchen ganzheitliche Analysen über die Umweltverträglichkeit von Verkehrssystemen, die viel mehr als den Kraftstoffverbrauch miteinschließen. Solche ehrlichen Rechnungen gibt es viel zu wenige.

Studien zur CO2-Effizienz von E-Autos schließen aber meist den Aufwand für die Batterieproduktion oder die Art des verwendeten Stroms mit ein ...

Ja, aber die besagte Infrastrukturproblematik des Autos oder der Bahn bleibt durchweg unberücksichtigt und auch weiterhin bestehen. In der öffentlichen Diskussion begehen wir an dieser Stelle einen methodischen Fehler. Beispielsweise bräuchten wir uns keine großen Gedanken um die Wahl des richtigen Verkehrsmittels zu machen, wenn wir die Nutzungs- und Auslastungsproblematik endlich in den Griff bekämen.

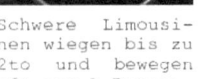 

Schwere Limousinen wiegen bis zu 2to und bewegen oft nur 1 Person

Ein voll besetzter ICE bewegt 900kg pro Person. Das ist nicht effizient!

Ein Flugzeugpassagier wird mit rund 514kg zum Ziel gebracht

Machen Sie doch einen Vorschlag ...

Die Rechnung ist einfach. In Deutschland gibt es rund 47 Millionen PKWs, die im Durchschnitt nur eine Stunde am Tag bewegt werden und durchschnittlich nur mit 1,5 Personen besetzt sind. Würde jedes Auto vier Stunden bewegt, würden wir mit einem Bruchteil der Autos auskommen, und wir bräuchten uns über Staus und CO2-Bilanzen keine großen Gedanken mehr zu machen. Jedes Mittelklasse-Fahrzeug, das nicht gebaut werden muss, spart etwa 8 Tonnen CO2 ein, die ansonsten im Produktionsprozess anfallen.

Ist das nicht ein rein theoretischer Vorschlag? Wie soll das funktionieren?

Wir müssen uns vom Gedanken entfernen, dass jeder ein Auto besitzen muss, um damit zu fahren, denn das ist extrem ineffizient. Wir nutzen die Bahn, den Bus oder das Flugzeug ja auch, ohne diese Fortbewegungsmittel selbst zu haben. Und das funktioniert sehr gut. Wenn wir dann noch bereit sind, andere Personen, die zeitgleich dieselbe Strecke zurücklegen wollen, mit im zukünftig autonom fahrenden Fahrzeug zu haben, können sehr viele Fahrten ersatzlos wegfallen.

Und was heißt das konkret?

Plattformmobilität muss viel stärker in den Vordergrund gerückt werden. Das geht von Fahrdienstleistern über die intelligente App, mit der man Autos für einzelne Fahrten buchen kann, bis hin zu autonom fahrenden Fahrzeugen. Warum nimmt man nicht das Geld, das die Politik gerade in die Förderung des Kaufs von privaten E-Autos mit zweifelhafter Umweltbilanz steckt, und subventioniert damit Poolfahrzeuge und eine entsprechende Mobilitätsplattform? In Sachen Verkehrsbelastung und Klimabilanz hätte dies sicher die deutlich positiveren Effekte.

4. Der Streit der Wissenschaftler

Wie war das mit den Prophezeiungen über das Waldsterben.

Anfang der 1980-er Jahr warnten Wissenschaftler und Fachleute, von einer Umwelt-katastrophe, bisher unvorstellbaren Ausmaßes. Es waren die Gleichen, die vorhersagten, dass bereits in einem Zeitraum von 5 Jahren die ersten großen Wälder absterben werden. Sie lagen mit ihren Prognosen alle falsch. Bis heute sind keine großen Wälder zugrunde gegangen. Gleichwohl kam es durch Stürme und andere Einfllüsse zu großen Windbruchflächen und ähnlichen Erscheinungen. Selbst die Hitzewellen 2019/2020 werden die Wälder überstehen. Die Natur sorgte jedoch schnell dafür, dass sich diese Flächen wieder erholten. Zugegebenermaßen waren die Anstrengungen richtig, die zur Einführung von Entschwefelungsanlagen für Kraftwerke, den Autokatalysatoren und der generellen Verwendung von bleifreiem Kraftstoff führten. Alle nachfolgenden diesbezüglichen Maßnahmen führten zu einer Reduktion der Schadstoffemissionen.

Da waren dann noch die geschürten Ängste vor einem Atomkrieg.

Ende der 1970-er Jahre wurde die Angst vor einem Atomkrieg selbst im damaligen deutschen Bundestag heftigst diskutiert. 1982 hielten 90% der „Grünenwähler" sogar einen weiteren Weltkrieg für möglich. Daraufhin entstand bei uns die größte Friedens- und Protestbewegung in der Geschichte der noch jungen Bundesrepublik. Mehr als eine halbe Million Menschen demonstrierten im Oktober 1983 gegen die Aufstellung von Pershing-Raketen in Deutschland. Die 1983 in den Bundestag eingezogenen „Grünen" sorgten für „frischen Wind" und heftigen, rau, teilweise aggressiv geführten Debatten.
Heute 2020 können wir feststellen:
Trotz aller der damaligen Angstschürerei und den Thesen vieler sog. „Zukunftsforscher", gab es bis heute keinen Atomkrieg.
Sämtliche Modelle, die eine solche Gefahr beweisen sollten, stellten sich als rein theoretisch und letztendlich als falsch heraus.
Allen Zukunftsmodellen ist eines gemeinsam.
Sie beziehen sich auf theoretische Berechnungen, auf Trendfortschreibungen und lineare, Vorausberechnungen. Nur gelegentlich wird berücksichtigt, dass sich bereits in dar nahen Zukunft Dinge ereignen können, die alle Modellprognosen einfach über den Haufen werfen. Sicher hat sich die Klimasituation in den vergangenen Jahren negativ verändert. Eine Ursache dafür ist durchaus in der globalen Industrialisierung zu suchen. Aufgrund der Ergebnisse neutraler wissenschaftlicher Studien, sollte man die Proportionen der Veränderungen, nicht nur im Anteil von Mensch und Natur sehen.
Egal wie man die momentane Situation bewertet, wir stehen vor einem weiteren Umbruch in unserer Gesellschaft. Er wird kommen. Dabei wird es keine Rolle spielen, ob sich die Erde um 2, 3 oder sogar 5 Grad erwärmen wird. Wir können diesen globalen „Modernisierungs-trieb" nur in eine gemäßigte Richtung lenken. Der weitere globale Ausbau der Windenergie ist dabei mit Sicherheit hilfreich. Ob der Ausstieg der Automobilindustrie aus dem Ver-brennungsmotor der richtige Weg ist, wird die nahe Zukunft zeigen. Auch E-Automobile haben einen erhebliche Natur-Ressourcenbedarf und belasten die Umwelt deutlich mehr, als bisher angenommen. Nur wenige wissen, dass 5 Jahre bevor Carl Benz sein Patent für seinen Motorwagen Nr. 1 bekam, fuhr 1981 bereits das Fahrzeug von Gustave Trouvé auf den Straßen, mit einer Höchstgeschwindigkeit von 12 Kilometer pro Stunde und einer Reichweite von 26 Kilometer. „Alles schon mal dagewesen".

Das Beste an „Fridays For Future" ist, und das kann man nicht weg diskutieren:

Die Regierungen wurden weltweit aus ihrem (Dämmer)-Schlaf gerissen.

Sie müssen unverzüglich nachholen, was sie jahrzehntelang durch „Trägheit" versäumt haben. Den Verantwortlichen, sowohl in der Politik, als auch in der Wirtschaft, wird jegliche Basis entzogen, die sie in der Vergangenheit als Alibi für ihr zögerliches oder gar verhinderndes Handeln angeführt haben. Zuwenig tun oder gar Nichtstun wird nicht mehr akzeptiert werden. Es wird keine Ausreden mehr geben.

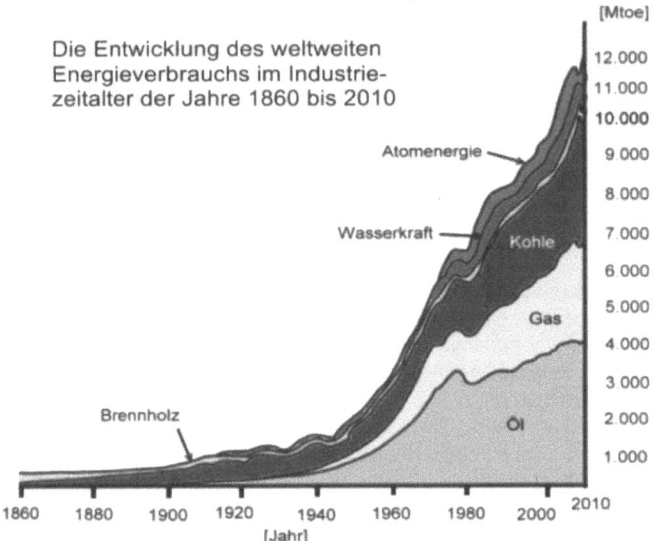

Die Entwicklung des weltweiten Energieverbrauchs im Industriezeitalter der Jahre 1860 bis 2010

4.1 Für was die Umwelt alles missbraucht wird.

Als vehementer Verfechter des Umweltschutzgedankens, sehe ich es als eine meiner vornehmsten Aufgaben an, darauf zu achten, dass nicht alles, was annähernd mit dem Umweltschutz in Verbindung gebracht werden kann, als umweltschützend bezeichnet wird. Es bedarf mehr, als die Nennung des Begriffs Umwelt, um der Ökologie und der Natur Gutes zu tun. Hinter allem müssen Maßnahmen stehen, die dem Schutz und Erhalt des Ökosystems und des Klimas auf der Erde dienen.

5. Wetter ist nicht Klima.

Der Wert jeder Naturschutz-Aktivität richtet sich nach den Folgen, die durch das Umsetzen der verschiedensten Einsätze zutage treten. Viele Aktionen erwecken auf den ersten Blick den Anschein, dass sie für das gesamte Ökosystem und das Klima förderlich sind, bzw. eine schützende Wirkung haben. Bei näherer Ansicht stellt sich oftmals heraus, dass derartige Aussagen zumindest kritisch hinterfragt werden müssen. Immer dann, wenn durch die Problemverlagerung von regionalen, respektive kontinentalen, angegriffenen Ökosystems, auf andere Länder oder Erdteile, die Konflikte ausgelagert, „outgesourct" werden, ist dies Augenwischerei, deutlicher gesagt:

Es ist Betrug an den Menschen und an der Natur.

Große Teile der sog. „Erneuerbaren Energie" stellen eine Verschleierung der tatsächlichen Handlungsverschiebung der Umweltproblematik auf andere Gebiete dar.
Mais und Raps–Monokulturen zerstören die Vielfalt der Flora und Fauna in den gesamten Anbaugebieten. Sie sind der Bodenqualität in Gänze abträglich. Hier ist die Verantwortung für die Überdüngung und damit die Vergiftung des Grundwassers zu suchen.
Die bundesweit flächendeckenden viel zu hohen Nitratwerte sind alleine diesem Erneuerbaren Energie-„Wahn" geschuldet.
Unabhängig davon, dass enorme Ressourcen aufgewendet werden müssen, um das Grundwasser wieder auf gesundes Niveau zu bringen. Es braucht Kraftreserven, die anderswo besser einzusetzen wären. Hinzu kommt, dass Biokraftstoffe, hergestellt aus Mais oder Raps, über den gesamten Produktionsprozess hinweg, einen deutlich schlechteren CO_2-Wert besitzt, als bisher publiziert.
Es ist falsch, dass beim Verbrennen von Biokraftstoffen nur soviel CO_2 entstehen kann, wie die Flora zuvor in ihrem Wachstumszyklus aus der Luft aufgenommen hat.
Hinzugerechnet werden müssen die vollumfänglichen Umweltbelastungen, die durch das Düngen der Pflanzen, den Einsatz von Pflanzenschutzmitteln, den gesamten Ernte-prozess,den Transport und die Logistik der Biomasse,sowie die Konditionierung & Pro-zessierung der Biomasse zu Biokraftstoffen, usw., entstehen. Alle Schritte sind mit Energieverbrauch und den verschiedenen Emissionen verbunden. Dabei gehen diese Arbeitsabläufe stets zu Lasten der Fauna, Flora, der Böden und des Grundwassers.
Gehen wir einmal davon aus, dass ausschließlich Bio-Kraftstoff verwendet werden würden, so reden wir hier von einem 30-40%-igen Einsparungspotential gegenüber konventionellem Ottokraftstoff. Bio-Diesel hat mit 40-50% Wirkungseinfluss geringfügig bessere Werte, wenn man weiß, wohin mit dem unvermeidbaren Glycerin. Entscheidend wird letztendlich sein wie der Bund, einen dauern- den Steuerausfall von rund 55 Milliarden Euro ausgleichen will.
Nehmen wir an, dass die Hälfte des Steueraufkommens über einen, dann neu zu ermittelnden Strompreis ausgeglichen werden muss, kommt man unweigerlich zu dem Schluss, dass sich der Preis für die Elektrizität noch mal verdoppeln wird.

Strom entwickelt sich dann zum wesentlichen Ausgabepunkt aller Familien, jeden Haushalts und tritt damit an die Stelle des „teuren" Wohnens.

Spätestens dann wird „Heulen und Zähneknirschen" in den Reihen der Jungen herrschen. Sie müssen deutlich mehr und länger arbeiten, um sich den Stromverbrauch leisten zu können.
Die Effizienz sieht bei den Solar-Energieerzeugern ebenfalls keinesfalls gut aus.
Lediglich die Windenergie bringt positive Nutzerwerte.
Den größten Nutzen haben hier die Betreiber und die Verpächter der Aufstellflächen.

Das ist das derzeitige

„Z o c k e r -Paradies"

mitten in Deutschland.

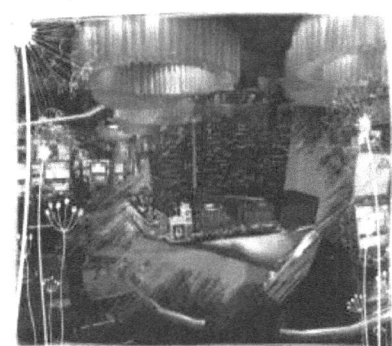

6. Was uns die CO2-Diskussion bringt.

CO2 Belastung und die Steuern

	Steueraufkommen				Staatliche Subventionen	
Die Mineralölsteuer ist mit 12,5% das größte Bundessteueraufkommen	Mineralöl-steuer	Darauf resultier- rendes zusätzl. MWSt. - Aufkommen	Staatl. E-Auto- Zuschuss		EEG-Umlage	EEg-Unterneh-mensbefreiungSub vention
2018	41 Mrd.	7,79 Mrd.				
2019	42 Mrd.	7,98 Mrd.				119 Mrd. kWh 6,9 Cent (/kWh
						Subvention
						8,211 Mrd. von Unternehmen
020 prognostiziert	43 Mrd.	8,17 Mrd.			33.6 Mrd.	EEG-Umlage-Zahlungsanspruch der Betreiber von Erneuerbaren Energie
					9 Mrd.	Daraus erwirtschaftete Stromer-löse an der Strombörse.
			4.000 € pro KFZ		24,6 Mrd.	Durch die EEG-Umlage gedeckte Förderkosten (**Subvention**)
von ca. 57 Mio. KFZ Ø KFZ-Anteil	754,39 pro KFZ	143,33 pro KFZ	1 Mio. KFZ		Theoret. Annahme von E-Auto Neuzulassungen	
			4 Mrd. Euro		Staatl. Subventionskosten	
Gesamt:		**897,72 Euro/KFZ**	897,72 Mio.		Verlorengehende Bundessteuer	
Gesamtkosten (Staatssubvention/Verlusten) pro KFZ		**4,897 Mrd.**			Steuer-Fehlbetragh des Bundes bei nur 1 Mio. E-.Auto Neuzulassungen in 2020	

Stromsteuer 2019 7 Mrd.   MWSt. 1,33 Mrd.   Entspricht 2,05Cent/kWh)

Das muss man sich einmal auf „der Zunge zergehen lassen":

Die Stromkunden geben 33,6 Milliarden Euro im Jahr aus, damit die Erneuerbare Energie Anlagenbetreiber Strom im Wert von 9 Milliarden Euro produzieren können.
Mathematisch ergibt sich daraus eine Fehlinvestition von 24,6 Milliarden Euro.
Mit diesen 24,6 Milliarden Euro finanzieren die Stromkunden die „Zocker und Spekulanten".
Die Erneuerbare Energie ist für diese Spekulanten attraktiver als jede Börse oder Spielbankbetrieb.
Vor allem aber ist diese Zockerei absolut ohne jegliches Risiko. Die staatliche Subvention kommt immer.

- **Bundeshaushalt 359,9 Milliarden Euro**

- ca. 14 Milliarden Euro werden in den Straßenbau fließen. (72.000 Arbeitsplätze bei va. 1.000 Betrieben)

- Bundesetat für Bildung/Wissenschaft ca. 18, 3 Milliarden Euro   (für 2020 um mehr als 530 Millionen Euro gekürzt)

- Bundesetat für Familie, Senioren, Frauen und Jugend 11,876 Milliarden Euro

- Bundesetat für Gesundheit und Soziales 15,475 Milliarden Euro

- Bundesetat für Verkehr und Infrastruktur 29,872 Milliarden Euro.
  Diesem Bundesetat stehen alleine aus der Mineralölsteuer und der daraus resultierenden MWSt.
  51,17 Milliarden Euro Einnahmen entgegen.

- Es stellt sich die Frage: Wo sollen die fehlenden 4,897 Milliarden Euro Steuereinnahmen herkommen?
  Dabei ist diese Berechnung von lediglich 1 Mio. E-KFZ Neuzulassungen ausgegangen.
  Bei theoretischen 3 Millionen neuen E-Autos (14,697 Milliarden) würden mehr als der gesamte Bundesetat für Familien, Senioren, Frauen und Jugendlichen fehlen. Mit 14,697 Milliarden Fehlbetrag wäre auch der Bundesetat für Gesundheit und Soziales zu 95% ohne Deckung und somit gegenstandslos.

- Für die 40 Milliarden, die jährlich an Kindergeld an Familien gezahlt werden, würden evtl. auch die 14,7 Milliarden fehlen.

- 129 Milliarden kWh Strom verbrauchen die deutschen Haushalte im Durchschnitt pro Jahr. Gehen wir einmal davon aus, dass dieser Stromverbrauch die fehlenden Steuereinnahmen von 3 Mio. E-Autos ausgleichen soll.

Fehlbetrag von   129 Mrd. kWh : 14,697   ist   11,57 Cent pro kWh Stromkosten-Erhöhung
14,697 Milliarden Euro

Bei Ø 3.500kWh Verbrauch/3-köpf. Familie bedeutet dies 404,95 Euro Mehrbelastung im Jahr.
Damit würden auch die SUV´s usw. mit ihren hohen Energiekosten, durch jede Familien mit finanziert.

Anschauen, überlegen, nachprüfen, ... und dann klug entscheiden!

CO2 Ausstoß: 866 Mio. to.

3,48% des CO2 Ausstoßes verursacht der Mensch alleine durch seine bloße Existenz.

		Deutschland 81,5 Mio. Menschen	Europa 741,4 Mio.	Weltweit 7.7 Mrd.
Der Mensch	370kg/Jahr	30,155 Mio. Tonnen	274,318 Mio. to.	2.849 Mio. to.

ca. 1,06% der weltweiten CO2 Belastung

		Deutschland 11,8 Mio. Rinder	Europa 87,4 Mio.	Weltweit 986,78 Mio.
Rinder CH4-Methan				
ca. 75kg x 25 (Wert)	1875kg/Jahr	22,125 Mio. to.	163,875 Mio. to.	1.858,2 Mio.

ca. 1,2% der weltweiten Methan (CO2) Belastung

Energie-Erzeuger: 312 Mio. to.

Industrie: 181 Mio. to.   Menschen:
2,83 Mrd. to.

Verkehr: 194 Mio. to

Der gesamte Verkehr verursacht nur das 6,5 fache des natürlichen menschlichen CO2 Ausstoßes.

Benzin/Diesel Motoren	115 Mio. to.	Erd-Bevölkerung:	1987 5 Milliarden
Flugverkehr:	31 Mio.to.		2018 7,7 Milliarden

Haushalte/Gebäude: 130 Mio. to.

Landwirtschaft: 64 Mio. to.

Die Landwirtschaft erzeugt mehr als die Hälfte des CO2 Ausstoßes aller Verbrennungs-motoren (außer Luftfahrt).

Wenn es stimmt, (Fremdberichte müssen immer besonders kritisch betrachtet werden) hat Indien bereits seit 2017 ein Kohlekraftwerk am Netz, das keine CO2-Abgase an die Umwelt abgibt. Das CO2 wird in Natriumkarbonat umgewandelt, das dann bei der Herstellung von Glas, Farben, Klebstoffen, Waschmittel, Seife, Papier und Backpulver verwendet wird.

Wer weiß schon, dass Vattenfall bereits 2007 für 70 Mio. Investitionskosten ein CO2-freies Braunkohle-Kraftwerk in Betrieb genommen. Allerdings hat der schwedische Konzern das 1,5 Mrd. Projekt 2011 gestoppt und aufgegeben. Begründet wurde der Schritt mit den Problemen den deutschen Zulassungsbestimmungen/ Gesetzgebungen und den damit ver-bundenen Einspruchsregelungen. Die vorgenannten Fakten, Daten und Zahlen sollen ausschließlich einen Kurzüberblick über die gegenwärtigen Realitäten, und die noch nicht einmal in die Entscheidungsfindungen eingegangenen (oder „wohlweislich" verschwiegenen) hohen Fehlbeträgen im Steuer aufkommen des Bundes, geben. Wenn der Staat etwas geben will, muss er es uns Steuerzahlern erst „wegnehmen", denn eines ist eine gesicherte Tatsache.

Der Bund hat keinen einzigen Euro Eigenkapital oder Besitz und auch keine Rücklagen.

Das gehört alles uns, den Steuerzahlern.

Ohne unser Steueraufkommen hätte der Staat **NICHTS**!

Und wenn der Bund nach wirtschaftlichen und rechtlichen Gesichtspunkten bewertet werden würde, hätte er, wegen Überschuldung, längst Insolvenz anmelden müssen.

Reminiszenz:

Der Bund ist der größte Schuldner.
Und als dem bedeutendsten Kreditnehmer, kann es ihm nicht und wird es ihm nicht daran gelegen sein, seine sprudelnden Einnahmequellen zum Versiegen zu bringen.
Verzichtet er auf Steuern, holt er sich diese woanders wieder zurück.
Wer nach sorgfältigem Abwägen der Fakten, zu anderen Schlussfolgerungen kommt, ist blauäugig und glaubt auch bedingungslos an den „Osterhasen".

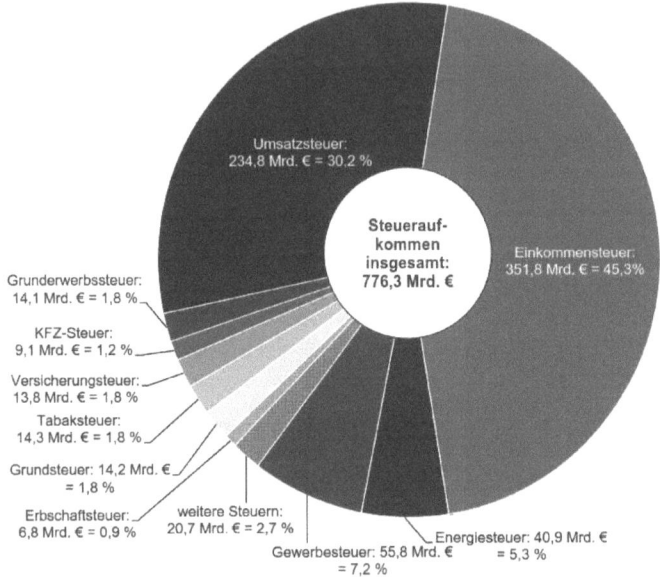

Quelle: Statistisches Bundesamt (2019), Fachserie 14, Reihe 4, Steuerhaushalt

Die nachfolgenden Daten sollten wir nie vergessen!

Regenwaldvernichtung durch Rodung und Verbrennung 2019:	12 Mio. ha	CO2-Freisetzung in Tonnen
... davon ca. die Hälfte durch Verbrennung	6 Mio. ha	ca. 5,2 Milliarden

2019 -
CO2-Freisetzung
in Tonnen

715 Mio. Tonnen

Quellen: Le Quéré, C. Et al.: Global Carbon Budget 2017 (Earth System Sience + Data, 2018) - The global Forest Ressources Assesment (Food and Aqriculture Organization of the United Nations, 2015) – Arneth. A. Et al.:Historical Carbon dioxide emissions caused by land-use Changes a Historicalre possibly larger than assumed (Nature Geosience, 2017) – Houghton, R. A. Et al.: Global and regional fluxes of Carbon from land use and land cover Change 850-2015 (Global Biogeochemical Cycles 2017)

Palmöl-, und Baumwolle- und Soja-Plantagen und Rinderweiden sind die entscheidenden Faktoren für die Vernichtung der riesigen Regenwaldflächen. Weltweit verlieren wir Regenwald in hoher Geschwindigkeit und in einem dramatischen Ausmaß:

Minütlich verschwindet in den Tropen eine Waldfläche so groß wie dreißig Fußballfelder. Insgesamt waren es im Jahr 2018 zwölf Millionen Hektar, (das entspricht der Fläche Bayerns und Niedersachsens zusammengenommen).

Besonders besorgniserregend ist der Verlust des ursprünglichen Regenwalds der ältesten Generation, des sogenannten Primärwalds. Insgesamt sind allein im vergangenen Jahr 3,64 Millionen Hektar mit jahrhunderte- bis jahrtausendealten Bäumen verschwunden.

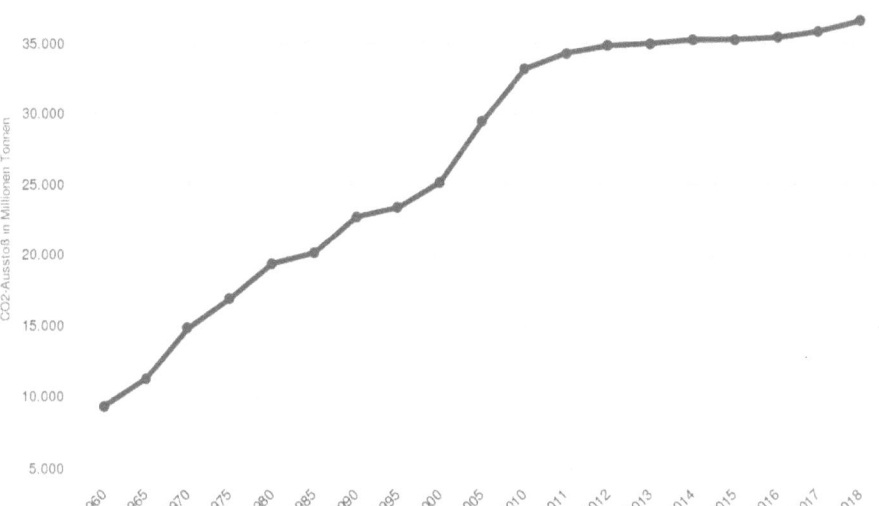

Weltweiter CO2-Ausstoß in den Jahren 1960 bis 2018 (in Millionen Tonnen)

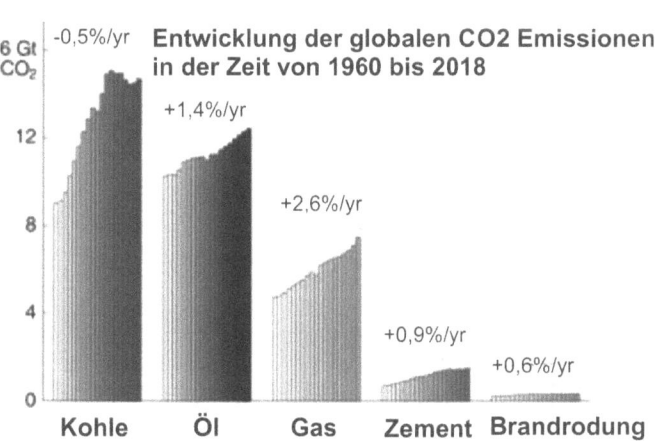

Entwicklung der globalen CO2 Emissionen in der Zeit von 1960 bis 2018

Kohle   Öl   Gas   Zement   Brandrodung

19

Pro Kopf CO2-Emission in Deutschland

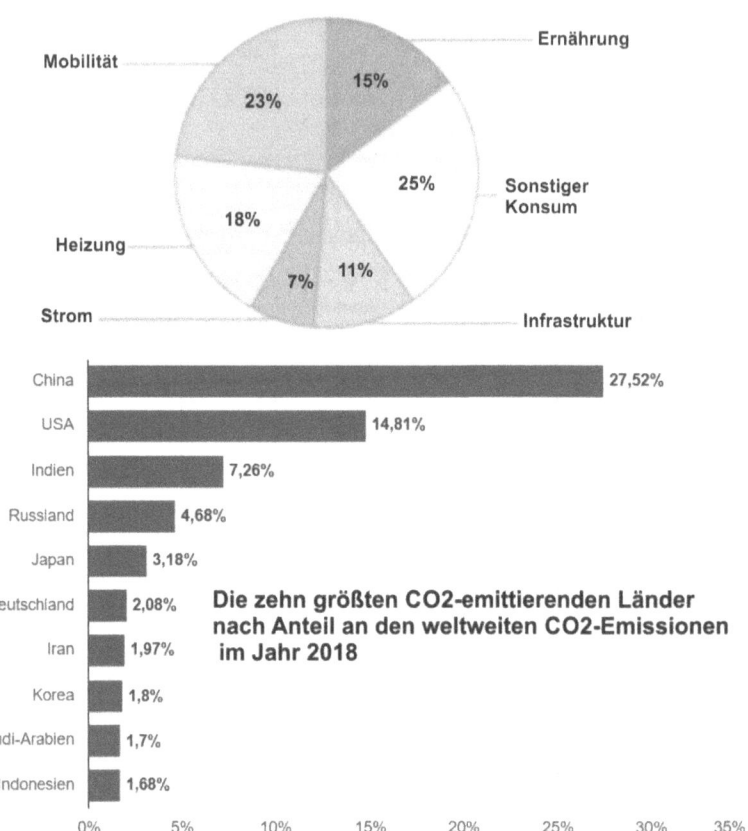

Die zehn größten CO2-emittierenden Länder
nach Anteil an den weltweiten CO2-Emissionen
im Jahr 2018

In meinem ersten Sachbuch über die Umwelt „Die gefährliche neue Droge", habe ich die völlig unsinnige Veröffentlichung des Lungenfacharztes Dr. Köhler über die Schadstoffbelastung der Luft durch das Rauchen enttarnt.
Gleiches will ich auch mit der nachfolgenden Internetkampagne tun.

Nur eine fiktive Darstellung oder doch richtig?
Nur 0,0004712 Prozent ?

BUND Aktivist weiß nicht wieviel CO2 von Deutschland in die Luft abgegeben wird!
Mit nur 0,0004712% ist Deutschland am CO2-Gehalt der Atmosphäre, die die Erde umgibt.
Mit diesem „Winzig-Anteil" begründet Deutschland eine aberwitzige Politik, die sich Klimaschutzpolitik nennt.

6.1 Eigentlich muss es Umweltschutzpolitik heißen, denn Umwelt ist nicht Klima.

Nur wenigen Menschen ist der nachfolgende Sachverhalt und der damit einher gehende (auf den ersten Blick) völlig unbedeutende Anteilwert bekannt. Der Ingenieur Dr. Ing. Cleve beschreibt darin eine Begegnung mit einem Mitarbeiter des Bundes Umwelt und Naturschutz Deutschland (BUND) wie folgt:

Ich wurde kürzlich an einem Stand des „BUND" von einem Mitarbeiter auf CO_2 angesprochen. Dabei kam es zu folgendem Gespräch:

Frage: ‚Wie hoch ist denn der Anteil des CO_2 in der Luft?'

Antwort: ‚Hoch'.

Frage: ‚Wie hoch denn?'

Antwort: ‚Sehr hoch.'

Frage: ‚Wie viel Prozent?'

Antwort: ‚Weiß ich nicht.'

Frage: ‚Was ist denn sonst noch in der Luft?'

Antwort: Keine Antwort, nur ein staunendes Gesicht.

Frage: ‚Haben Sie schon mal etwas von Sauerstoff gehört?'

Antwort: ‚Ja, sicher, Sauerstoff ist in der Luft.'

Frage: ‚Wieviel Prozent denn?'

Antwort: ‚Weiß ich nicht.'

Meine Antwort: ‚21 Prozent.'

Das erschien ihm glaubhaft.

Neue Frage: ‚Was ist denn sonst noch in der Luft? Haben Sie schon mal etwas von Stickstoff gehört?'

Antwort: ‚Ach ja, sicher Stickstoff ist auch noch in der Luft.

Frage: ‚Wieviel Prozent?'

Antwort: ‚Weiß ich nicht."

Seine Erläuterung: ‚Etwa 78 Prozent.'

Der Gesprächspartner drehte sich um und sagte: ‚Das glaube ich Ihnen nicht, das kann nicht stimmen, denn dann bleibt ja für CO_2 nichts mehr übrig', drehte sich um und ging.

Er hatte diesmal fast recht. Es sind nur 0,038 Prozent CO_2 in der Luft.

Wer nachrechnen möchte: In der Luft sind 0,038% CO_2

96% produziert die Natur   –   4% erzeugt der Mensch

Rechnen wir weiter: 4% von 0,038% sind 0,00152%

Schätzen wir den weltweiten CO_2-Ausstoßanteil Deutschlands auf 3,1%, so erhalten wir einen Faktor von 0,0004712%, mit dem Deutschland die globale Luft-Verschmutzung beeinflusst. Mit diesem Ergebnis strebt Deutschland eine Führungsrolle in der Welt an, was uns jährlich ca. 50 Milliarden Euro kostet.

Geld, das für Anderes viel besser anzulegen wäre.

6.1.1 Die Informationspflicht dem Zeitgeist geopfert ?

Weshalb berichten unsere Medien nicht über solche, wenn auch fiktive Darstellungen? Kritisch, aber korrekt hinterfragt und somit gründlich recherchiert, wären die gesamte Medienlandschaft, ihrem Auftrag, der Informationspflicht nachgekommen.

Dabei ist es nicht damit abgetan, diesen Bericht abzudrucken und unkommentiert stehen zu lassen. Vielmehr hätte es erfordert, die „Schwachstellen" der einfachen Mathematik mit den Auswirkungen der Ergebnisse auf unsere Umwelt darzustellen.

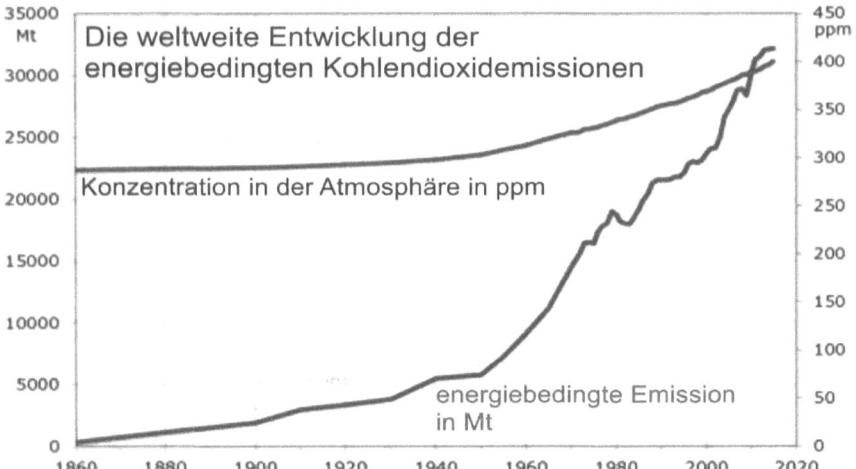

Diese Grafik beruht nicht auf Zahlenspielereien, sondern auf wissenschaftliche Bereichnungen. Die vorgebrachte Feststellung bedarf einer Relativierung. Dabei sollen mathematische Ergebnisse keinesfalls in Zweifel gezogen werden. Es ist jedoch von elementarer Bedeutung, welchen Stellenwert kleinste Veränderungen in unserem gesamten ÖKO-System haben. Eine genaue und verantwortungsbewusste Recherche der vorgenannten Daten ergibt jedoch, dass in dieser Rechnung zwei Fehler stecken.

Es ist wie bei der „Uralt-Vergleichsfrage":
was ist schwerer: 10kg Blei oder 10kg Daunenfedern?

Unsinn, werden jetzt Viele denken.

Stellen wir den hintergründigen Inhalt der Frage etwas anders, werden wir schnell feststellen, worin der tatsächliche Unterschied dieser „Fang- oder Scherzfrage" liegt.
Was lässt sich leichter in den Kofferraum eines PKW's einladen?
10kg Brennholz oder 10kg Daunenfedern.

Jeder wird sofort klar, dass die Gewichtsangaben beibehalten wurden. Der Unterschied in der Fragebeantwortung liegt im Volumen von Brennholz und Daunenfedern.
Und genauso verhält es sich bei der vorgenannten CO2-Anteilsberechnung. Sie unterstellt grundsätzlich, dass von einer geringen Menge nur geringe Wirkung ausgeht. Das ist nicht der Fall. Sie „unterschlägt" die Tatsache, dass die Natur nicht nur CO2 produziert, sondern auch CO2 aufnimmt.

Die gesamte Schlussfolgerung, dass Deutschland zur Erderwärmung nur ein paar hundertstel Promille beitrage, ist deswegen mathematisch berechnet zwar richtig, <u>faktisch jedoch falsch</u>.

Große Wirkung durch kleine Mengen
Kohlenstoffdioxid (Kohlendioxid) ist eine chemische Verbindung aus Kohlenstoff und Sauerstoff mit der Summenformel CO_2. CO_2 ist ein unbrennbares, farbloses und saures Gas. Da es sich gut in Wasser auflösen lässt, wird es umgangssprachlich oft – besonders im Zusammenhang mit kohlenstoffdioxidhaltigen Getränken – fälschlicherweise auch „Kohlensäure" genannt. CO_2 ist ein wichtiger Bestandteil des globalen Kohlenstoffzyklus und als natürlicher Bestandteil der Luft ein bedeutsames Treibhausgas in der Erdatmosphäre.

22

Es ist tatsächlich so, dass es nur einen sehr kleinen Anteil in unsere Atmosphäre ausmacht. Etwa 0,04 Prozent.Im Gegensatz zu Stickstoff (rund 78%) und Sauerstoff (rund 21%) ein verschwindend geringer Anteil. Das sagt allerdings noch nichts über seine Wirkung aus. Es hat eine besondere Eigenschaft, die Stickstoff und Sauerstoff nicht haben: Die chemische Struktur macht CO_2-Moleküle besonders empfänglich für Wärmestrahlung. Sie nehmen Wärme auf und geben sie auch in Richtung Erdoberfläche wieder ab.

Das ist der viel zitierte Treibhauseffekt.
Es genügt bereits ein geringer Anteil von CO_2, um die Erdatmosphäre zu erwärmen. Festzuhalten bleibt aber auch: **Gäbe es gar kein CO_2 in der Atmosphäre, hätten wir statt der Durchschnittstemperatur von ca. 15°, eine Temperatur von minus 18°Celsius.** Daraus ergäbe sich ein Unterschied von 33 Grad. Die Wichtigkeit einer intakten Luftschicht ergibt sich aus der folgenden Tatsache. Der Mond, der keine Atmosphäre besitzt, erwärmt sich tagsüber durch die Einstrahlung der Sonne auf über 100° Celsius. Ohne die Sonnen-einstrahlung fällt die Temperatur auf unserem Trabanten nachts auf minus 160° Celsius.

Unser gesamtes Klima reagiert schon auf geringste Mengen des Treibhausgases CO_2 sehr sensibel.
In Sachen Erderwärmung ist deshalb jede Veränderung der CO_2 Konzentration eminent wichtig. Eine Frage, die uns immer wieder beschäftigt.
CO_2 ist schwerer als Luft. Wie sollte es somit in die obere Atmosphäre aufsteigen und den Treibhauseffekt verstärken?
Richtig ist: CO_2 ist schwerer als Luft. Luft ist ja ein Gasgemisch. Sie besteht nur zu einem winzigen Bruchteil aus Kohlendioxid, zu 99 Prozent dagegen aus Stickstoff und Sauerstoff, die beide wesentlich leichter sind als CO_2.
Wenn man Luft als Gasgemisch betrachtet und es mit reinem CO_2 vergleicht, dann ist tatsächlich das CO_2 ungefähr 50% schwerer, oder physikalisch korrekt: dichter.
Sinkt es damit also zu Boden?
Nein. Das würde nur dann passieren, wenn die Luft eine stehende Masse wäre, in der die schweren CO_2-Moleküle langsam nach unten sinken. Dann allerdings hätten wir auch ein großes Problem. Denn wenn die Luft eine stehende Masse wäre, würden wir in Abgasen ersticken. Und wenn das ganze CO_2 aus der Atmosphäre zu Boden sinken würde, erst recht.
Aber so ist es ja nicht. Die Luft bewegt sich auf und ab. Es gibt Wind und Turbulenzen. Warme Luft erwärmt sich am Boden und steigt auf. Das passiert jeden Tag. Die vielen CO_2-Teilchen in der Luft haben keine Zeit, sich langsam abzusetzen und am Erdboden anzureichern, weil die Luftmassen durch Wind und Wetter ständig aufgewirbelt werden und sich so über die Atmosphäre verteilen.
Durch Vermessungen steht das Ergebnis fest:
Der Anteil der CO_2-Moleküle in der Luft ist bis in eine Höhe von fast 100 Kilometern nahezu konstant, es gibt keine „Anreicherung" am Boden, auch wenn es sich noch so einleuchtend anhört. Wenn sich CO_2 am Boden anreichern könnte, würde dann das Argument stimmen? Nein, auch dann nicht. Denn die Beweisführung sagt ja, dass CO_2 aufsteigen muss, um den Treibhauseffekt zu entfalten. Das ist ebenso falsch.

Da führt vielleicht der Begriff Treibhauseffekt ein bisschen in die Irre. Es klingt ein bisschen so, als würde das CO_2 irgendwo über uns eine Art Dach bilden – wie das Glasdach in einem Treibhaus. Aber der Treibhauseffekt beginnt teilweise ja bereits unmittelbar über der Erdoberfläche, indem einfach Gase wie CO_2, Methan und Wasserdampf die Wärmestrahlung von der Erde absorbieren und einen Teil diese Wärme wieder zurück zur Erdoberfläche abstrahlen.

Um diesen Effekt zu entfalten, müsste das CO2 gar nicht in die Höhe aufsteigen. Trotzdem gelangt es in die obere Atmosphäre und dort entfaltet es nochmal eine zusätzliche Wirkung.

Nicht weg zu diskutierende Feststellung:
Die CO2-Konzentration in der Atmosphäre steigt stetig
An Eiskernbohrungen wurde der CO2-Anteil unserer Luftschicht in der Vergangenheit nachvollzogen. Es ist bewiesen, dass der Wert bis zur Industrialisierung Jahrtausende lang bei ca. 280ppm (parts per million) lag. Seitdem ist dieser, direkt messbare Wert, auf mehr als 400ppm gestiegen.
Der menschliche Anteil an steigenden CO2-Konzentrationen.
Die kritisch hinterfragte Rechnung suggeriert dem Leser, der Mensch habe nahezu keinen Einfluss auf die CO2-Quote in der Atmosphäre. Das ist schlichtweg falsch.
Es ist unstrittig richtig, dass die Natur selbst große Anhäufungen CO2 produziert. Das geschieht durch Verwesungsprozesse, Ausgasungen und andere Vorgänge. Sie nimmt im Gegenzug jedoch auch große Mengen CO2 aus der Atmosphäre auf. Vorrangig durch Photosynthese, Verwitterung oder sonstige Prozesse in Böden und Ozeanen. Es entsteht dadurch der wichtige globale Kohlenstoffkreislauf. Solange dieser Kreislauf im Gleichgewicht ist/verharrt, d.h. alles CO2, das in die Atmosphäre kommt, auch wieder aufgenommen wird, bleibt die CO2-Konzentration stabil.

Trotz des großen Umsatzes an CO2 gibt es keinen Zugewinn des Treibhausgases.
Da der CO2-Anteil jedoch stetig steigt, hat der Kreislauf schwere Schlagseite bekommen.
Wenn man betrachtet, wie viel der Mensch im Vergleich zur Natur dazu beiträgt, muss man den gesamten Kohlenstoff-Kreislauf bewerten. Genau an dieser Stelle kommt es zum entscheidenden Fehler der betreffenden Rechnung. Es werden Ergebnisse wie z.B bei Unternehmen,von Umsatzzahlen mit denen von erzielten Gewinnen verglichen.
Wie sagte ein Politiker in einer Talkshow:
„Wir haben 3 Millionen neue Arbeitsplätze geschaffen".
Da stand eine Frau auf und sagte:
„Das stimmt. Ich habe selbst drei davon, denn sonst könnte ich nicht überleben."
Das relativiert die Politikeraussage.

6.1.2 Der globale Kohlenstoffkreislauf
In der Rechnung wird erst der CO2 Anteil der Erdatmosphäre mit 0,038% genannt, um dann mit der Behauptung fortzufahren, dass die Natur selbst 96% und der Mensch nur 4% des CO2 produzieren würde. Zugegebenermaßen stimmt diese Aufteilung in etwa mit den Berechnungen des Weltklimarates überein.

Jährliche CO2 Produktion: Ca. 60 Milliarden Tonnen aus dem Boden. Hinzu kommen noch ca. 60 Milliarden Tonnen aus Landpflanzen/Böden und Landökosystemen.
Dazu laufen noch ca. 7 Milliarden Tonnen aus menschlichen (fossilen) Emissionen auf.
Das ergibt summa summarum 127 Milliarden Tonnen Kohlenstoff.
Rechnen wir jetzt einmal aus:
7 von 127 ergibt 5,5 Prozent.

Das ist zwar nicht so arg weit von den 4% der hinterfragten Rechnung weg. Wiederum rein mathematisch gesehen, ergibt sich hier eine Differenz von 37,5%.
Entscheidend ist aber, wie viel CO2 bzw. Kohlenstoff jährlich wieder aus der Atmosphäre aufgenommen wird.
Diese Seite des Kohlenstoffkreislaufs blendet die Rechnung aus.

6.1.3 Wir können CO2 einsparen.

Das ist nicht weg zu diskutieren. Ob es jedoch richtig ist, damit in Deutschland anzufangen, bleibt dahin gestellt. Durch Verhinderung der täglichen Regenwaldvernichtung, könnten wir ein Vielfaches des deutschen Einsparpotentials erwirken. Warum tun wir das nicht? Brauchen wir diese Mengen an (schädlichem) Palmöl? Auch die Rodung für Baumwollplantagen muss auf den Prüfstand gestellt werden. Nur aus irgendetwas müssen wir unsere Kleidung herstellen, wenn es die Kunstfasern schon nicht mehr sein dürfen.

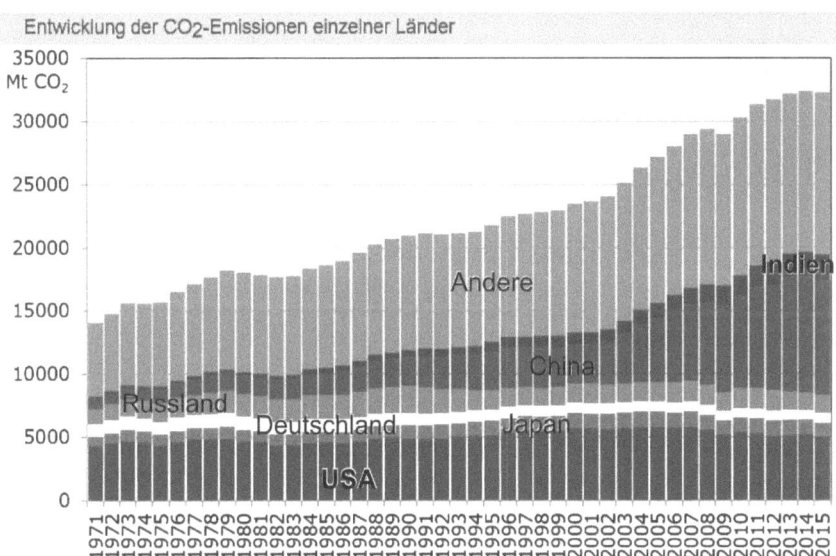

Entwicklung der CO_2-Emissionen einzelner Länder

Nur 10 Staaten verursachen fast zwei Drittel der weltweiten Kohlendioxidemissionen.
Daran sind alleine China mit 27,5 Prozent (1,4 Milliarden Einwohner) und die USA (327,4 Millionen Einwohner), mit nahezu 15 Prozent beteiligt. Deutschland liegt mit seiner einwohnerzahl von lediglich 83 Millionen * (Stand: 2018) und einem Anteil von 2,08 Prozent, auf einem unrühmlichen 6. Platz. Trotz dieses blamablen und fast schon peinlichen Platzes im Ranking der weltweiten Kohlendioxidverursacher liegen unsere Werte ca. 45% unter denen der USA. Verblüffend wird die gleiche Gegenüberstellung mit den Werten Chinas. China hat ca. 17 mal so viele Einwohner wie Deutschland. Berechnet man den Kohlen-Dioxidanteil Deutschlands, in Bezug der Relation der Einwohnerzahlen hoch, kommt man unweigerlich zu einem überraschendem Ergebnis. 17 mal 2,08 Prozent ergibt einen (Einwohner bezogenen) Anteil von 35,36 Prozent. Das bedeutet, dass Deutschland, pro Kopf, einen um 28,7 Prozent höheren Kohlendioxidanteil vorzeigt.

Fazit:

Im Bezug auf dem Bevölkerungsanteil sind die Amerikaner, die unangefochtenen und absoluten „Schmutzfinken" auf dieser unserer Erde.

Den zweifelhaften „Ehren"-Rang, als Zweiter, hat Deutschland inne.

6.1.4 Länder mit den höchsten energiebedingten Kohlendioxidemissionen

Nr.	Land	CO_2-Emissionen in Mt	Pro- Kopf-Emissionen in t
1	China	9 041	6,59
2	USA	4 998	15,53
3	Indien	2 066	2,43
4	Russland	1 469	10,19
5	Japan	1 142	8,99
6	Deutschland	730	8,93
7	Südkorea	586	11,58
8	Iran	552	6,98
9	Kanada	549	15,32
10	Saudi Arabien	532	16,85

Quelle: IEA, Stand: Jahr 2015

Seit 1970 haben sich die weltweiten energiebedingten Kohlendioxidemissionen mehr als verdoppelt. Mit Beginn des letzten Jahrhunderts sogar mehr als verfünfzehnfacht. Ab dem Jahr 2013 steigen die Emissionen aber deutlich langsamer an.
Die Konzentration von Kohlendioxid in der Atmosphäre ist von 280 ppm im Jahr 1860 auf inzwischen rund 400 ppm angestiegen.
Ein Wert von 450 ppm gilt weithin als Obergrenze, ab der die globale Erwärmung nur noch sehr schwer unter der kritischen Grenze von 2 Grad Celsius gehalten werden kann.

Weltweite energiebedingte Kohlendioxidemissionen und -konzentration in der Atmosphäre

Jahr	CO_2- Emissionen in Mt	CO_2- Konzentration in der Atmosphäre in ppm
2015	32 294 [3]	400 [5]
2014	32 381 [3]	397 [5]
2013	32 190 [3]	395 [5]
2012	31 490 [3]	392 [5]
2011	31 290 [3]	390 [5]
2010	29 840 [3]	389 [5]
2009	28 320 [3]	387 [5]
2008	28 870 [3]	386 [5]
2007	28 780 [3]	383 [5]
2006	28 003 [3]	381 [5]
2005	27 136 [3]	379 [5]
2004	26 583 [3]	377 [5]
2003	24 983 [3]	375 [5]
2002	24 102 [3]	373 [5]
2001	23 683 [3]	370 [5]
2000	23 444 [3]	369 [5]

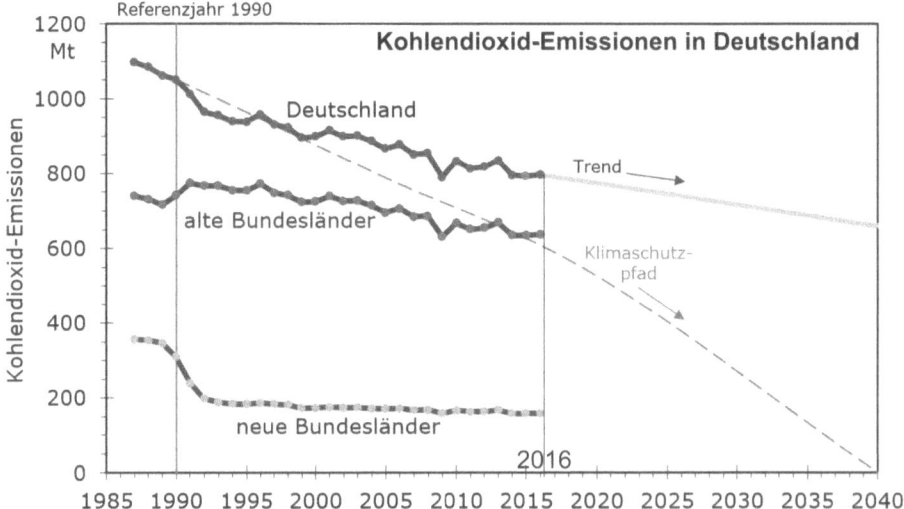

Anhand des Schaubildes kann man keinesfalls sagen, dass sich die Situation in Deutschland nicht stetig verbessert. Alleine, die kleinen Schritte reichen nicht aus, um die gesteckten, bescheidenen Klimaziele zu erreichen. In der nachfolgenden Tabelle steht den weltweiten energiebedingten CO_2 Emissionen und den daraus resultierenden CO_2 Konzentrationen in der Atmosphäre in der Zeit von 1971 bis 2019 die Gesamtentwicklung der Weltbevölkerung gegenüber. Selbstverständlich ist es vorrangig der Mensch, der für die permanenten Verschlechterungen der Emissionswerte verantwortlich zeichnet. Ist es dabei nicht logisch, dass immer mehr Menschen, immer mehr Emissionen verursachen?

Hier stellt sich die Frage:

„Wie lange wird es noch dauern, bis irgendwer, irgendwo auf den Gedanken kommt, zu fordern, dass die Weltbevölkerung sofort verringert werden muss"?

Weltweite energiebedingte Kohlendioxidemis-sionen und -konzentration in der Atmosphäre						Entwicklung der Weltbevölkerung		
Jahr	CO2-Emissionen in Mt	Steigerung		CO2- Konzentration in der Atmosphäre in ppm	Steigerung		Steigerung	
		in %	seit 1971		in %	seit 1971		in %	seit 1971
2019	36 800	13,95	**137,6**	407	1,75	**24,85**	7,71	4,90	**108,94**
2015	32 294 3)	8,22		400 5)	2,82		7,35	6,21	
2014	32 381 3)			397 5)				
2013	32 190 3)			395 5)				
2012	31 490 3)			392 5)				
2011	31 290 3)			390 5)				

27

Year						
2010	29 840 [3]	9,96	389 [5]	2,64	6,92	6,30
2009	28 320 [3]		387 [5]			
2008	28 870 [3]		386 [5]			
2007	28 780 [3]		383 [5]			
2006	28 003 [3]		381 [5]			
2005	27 136 [3]	15,75	379 [5]	2,71	6,51	6,20
2004	26 583 [3]		377 [5]			
2003	24 983 [3]		375 [5]			
2002	24 102 [3]		373 [5]			
2001	23 683 [3]		370 [5]			
2000	23 444 [3]	5,91	369 [5]	2,5	6,13	6,61
1999	23 172 [3]		368 [5]			
1998	22 948 [1]		365 [5]			
1997	23 035 [3]		363 [5]			
1996	22 846 [1]		362 [5]			
1995	22 134 [1]	2,77	360 [5]	1,69	5,75	8,08
1994	21 920 [1]		358 [5]			
1993	21 812 [1]		357 [5]			
1992	21 611 [1]		356 [5]			
1991	21 570 [1]		355 [5]			
1990	21 536 [1]	8,77	354 [5]	2,99	5,32	9,46
1989	21 533 [1]		353 [5]			
1988	21 298 [1]		351 [5]			
1987	20 424 [1]		348 [5]			
1986	20 504 [2]		347 [5]			
1985	19 800 [2]	1,05	345 [5]	2,37	4,86	9,21
1984	19 166 [2]		344 [5]			
1983	18 540 [2]		342 [5]			
1982	18 573 [2]		341 [5]			
1981	18 719 [2]		340 [5]			
1980	19 342 [2]	14,44	339 [5]	2,42	4,45	9,34
1979	19 595 [2]		337 [5]			
1978	18 562 [2]		335 [5]			
1977	18 386 [2]		334 [5]			
1976	17 880 [2]		332 [5]			
1975	16 902 [2]	-0,61	331 [5]	1,53	4,07	10,30
1974	17 005 [2]	5,29	330 [5]			
1973	16 191 [2]	0,55	330 [5]			
1972	16 103 [2]	3,97	327 [5]			
1971	15 488 [2]		326 [5]		3,69	

Quellen:1 = DOE, 2 = WRI inkl. Zementherstellung, 3 = IEA 4) IPCC 5) NOAA - Global average

28

6.2 Weshalb diese provokante Fragestellung?

Einzig und alleine deshalb, um den geneigten Leser dazu zu bewegen, all die von den weltweiten Umweltorganisationen vorgebrachten Forderungen, auf ihren Sinn und deren Auswirkungen zu hinterfragen.
Nur wer alle Daten kritisch betrachtet, wird sich tatsächlich ein reelles Bild machen können.

Weltbevölkerung von 1950 bis 2019

(in Milliarden) Quelle: UN DESA (Population Division) Cr. Statista 2019

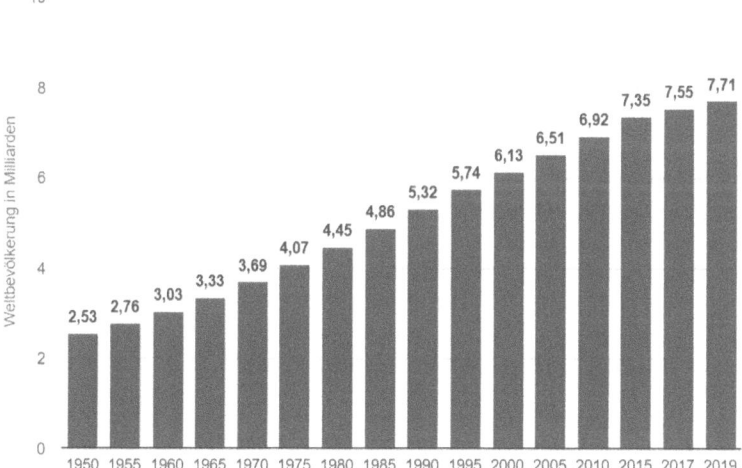

Welt -Bevölkerungszahl und ihr Wachstum 1950 bis 2015

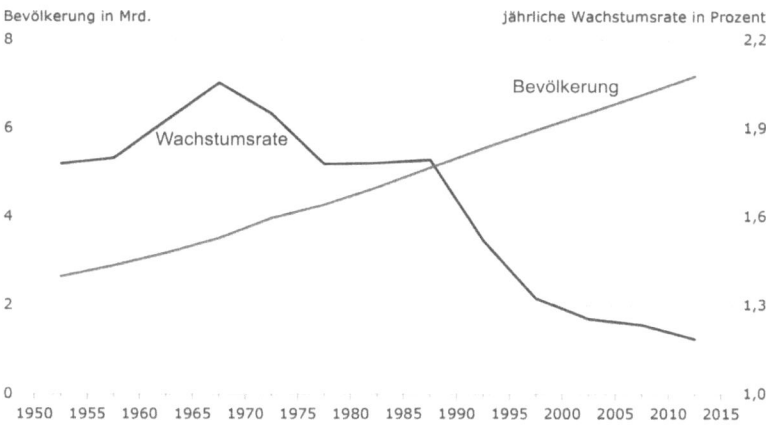

* Durchschnitt im jeweiligen Fünfjahreszeitraum

Datenquelle: UN World Population Prospects 2017,

29

Ein Multimilliardär, Sportfunktionär und Schwafler, ein Fußballfunktionär und Fleischproduzent stellte in einer Rede vor über 1.600 Gästen einen Zusammenhang von Energieversorgung, Klimawandel und Überbevölkerung in Afrika her. Er sagte: „Statt die Abgaben zu erhöhen, solle man lieber jährlich 20 Kraftwerke in Afrika finanzieren. Der „Neuen Westfälilischen" Zeitung zufolge führte er weiter aus: „Dann würden die Afrikaner aufhören, Bäume zu fällen, und sie hören auf, wenn's dunkel ist, Kinder zu produzieren."
Außer einer kurzen Auszeit in seiner Tätigkeit als Funktionär, passierte NICHTS.
Man muss zugeben, dass diese Worte von einem Einzelnen kamen.
Sie werden sehr wahrscheinlich in keiner Umfrage so bestätigt werden. Es besteht jedoch die bedingte Gefahr, dass solche Gedankengänge, auch wenn sie heute noch im Verborgenen gesprochen werden, in naher Zukunft durchaus salonfähig werden könnten.
Bei allen Anstrengungen, die wir unternehmen, um die Umwelt nicht weiter zu belasten, dürfen wir die Grundlagen unserer Industriegesellschaft nicht infrage stellen. Die Unternehmen müs sen auch in Zukunft in Deutschland produzieren können, egal ob große Industrieunternehmen oder der eigentümergeführte Mittelstand. Diese Unternehmen werden die Technologien für die Zukunft entwickeln.

Wir werden auf der „Gewinnerseite" stehen, wenn wir alle Bemühungen für den Umweltschutz, mit marktwirtschaftlichen Instrumenten angehen.

160 Milliarden Euro für Energiewende

Auszüge aus *EHA/dpa* 28. September 2018
Der Bundesrechnungshof sieht bei der Umsetzung der Milliarden teuren Energiewende erhebliche Defizite und macht dem zuständigen Bundeswirtschaftsministerium schwere Vorwürfe.

Die Energiewende werde schlecht koordiniert und gesteuert, entscheidende Verbesserungen seien „unumgänglich", heißt es in einem Prüfbericht der Finanzkontrolle an Bundesregierung, Bundestag und Bundesrat. Aus Sicht der Rechnungsprüfer drohen die Pläne für den Umstieg auf erneuerbare Energien in Deutschland zu scheitern. In den vergangenen fünf Jahren seien dafür mindestens **160 Milliarden** Euro aufgewendet worden. „Steigen die Kosten der Energiewende weiter und werden ihre Ziele weiterhin verfehlt, besteht das Risiko des kompletten Vertrauensverlustes in die Fähigkeit von Regierungshandeln", heißt es weiter in dem Dokument. Trotz eines erheblichen Einsatzes von Personal und Finanzmitteln erreiche Deutschland die Ziele bisher überwiegend nicht. Der Rechnungshof kritisiert, das Management der Energiewende werde schlecht koordiniert.

Davon, dass Bundeskanzlerin Merkel der Energiewende höchste Priorität zuschrieb, bemerkte man nichts. Außer, dass diese Chefsache genauso kläglich gescheitert ist, wie die des Umweltschutzes, oder die der Bankenregulierung.
Mit Aussitzen ist noch nie ein Problem wirklich gelöst worden.

Man muss immer Partei ergreifen.
Neutralität hilft dem Unterdrücker, niemals dem Opfer. Stillschweigen bestärkt den Peiniger, niemals den Gepeinigten. In Abwandlung dieses Grundsatzdenkens muss festgehalten werden, dass Merkel für die Interessen des Volkes hätte Partei ergreifen müssen.

Das Feld, der Energiewirtschaft zu überlassen und deren Bedürfnisse mit hohen finanziellen Zuschüssen zu belohnen, bedeutet nichts anderes als den Finanzspekulanten die Lizenz zum „Gelddrucken" auszustellen.

So, wie beim „Dualen System Deutschland" schon einmal geschehen.

*Mit den **unglaublich hohen Pachtzahlungen** an Landwirten, für die Genehmigungen, um Solarfelder, respektive Windkraftanlagen auf ihren Feldern zu erstellen zu können, setzte sich dieses ruinöse Subventionsverhalten fort. Und die Verbraucher mussten/müssen alles **bezahlen.***

Notwendig ist ein effektiver Steuerungsapparat.

Das Bundeswirtschaftsministerium hat seit mehr als 6 Jahren die Federführung inne.

Im Ministerium sind alleine 34 Referate in 4 Abteilungen damit befasst, die Energiewende umzusetzen. Hinzu kommen noch weitere Bundesministerien und alle Länder.

2019 brachte die GROKO aus CDU/CSU und SPD, aufgrund des massiven Drucks der Gesellschaft, ein sog. „Umwelt-Gesetz" in den Bundestag ein und anschließend zur Verabschiedung. Diesem Gesetz wurde ein „Mäntelchen von Handlung" umgehängt.

CO_2-Preis bis 2025 vorgegeben.

Das Klimagesetz, sieht eine ganze Spannbreite von Maßnahmen vor, um die Emissionen in den Sektoren Landwirtschaft, Transport und Gebäude bis zum Jahr 2030 um 38 Prozent im Vergleich zu 2005 zu senken, wie es die EU-Lastenteilungsverordnung vorsieht.

So sollen im Verkehrsbereich eine Million neuer Ladesäulen für E-Autos bis zum Jahr 2030 zur Verfügung stehen, gleichzeitig wird der Kauf elektrischer Autos stärker gefördert.

Die Bahn soll ausgebaut werden, dafür ist pro Jahr eine Milliarde zusätzlicher Gelder vorgesehen. Bahntickets sollen vergünstigt und die Pendlerpauschale erhöht werden.

Hier stellten die betroffenen Pendler schnell fest, dass dieses Gesetz für ca. 80% der Pendler keine Anwendung finden wird, da die Neuregelung erst ab dem 21. Kilometer eine Erhöhung von 30 auf 35 Cent vorsieht.

Hier wurden die Berufspendler „regelrecht vorgeführt".

Im Gebäudebereich soll es in Zukunft möglich sein, klimafreundliche Sanierungsmaßnahmen steuerlich abzusetzen. Diese Forderung besteht bereits seit mehreren Jahren und ist somit nichts Neues. Beim Kauf einer klimafreundlichen Heizung ohne Öl, gibt es eine staatliche Förderung von 40 Prozent. In der Landwirtschaft finden sich weniger konkrete Zahlen, hier werde man vor allem den Stickstoffüberschuss abbauen, wegen dem Deutschland sich in einem Strafverfahren der EU-Kommission befindet. Bei der Frage, wie fossile Brennstoffe bepreist werden, hat sich die GROKO auf einen schrittweisen Einstieg eines Marktpreises geeinigt: Von 2021 bis 2026 soll es einen Fixpreis auf jede ausgestoßene Tonne CO_2 geben. Raffinerien und Gasanbieter müssen dann Zertifikate für jedes Tonnenäquivalent kaufen, der Preis wird an den Verbraucher weitergegeben.

Anfangs sollte jede Tonne CO_2 zehn Euro kosten, bis 2025 steigt der Preis auf 35 Euro.

Dadurch entsteht ein verlässlicher Preispfad, der es Bürgern und Wirtschaft ermöglicht, sich auf die Entwicklung einzustellen. Gleichzeitig wird eine Handelsplattform aufgebaut, die eine Auktionierung der Zertifikate und den Handel ermöglicht.

Im Jahr 2021 werden Zertifikate zu einem Festpreis von 10 Euro/Tonne CO_2 ausgegeben. Im Jahr 2022 ist der 20 Euro/Tonne CO_2. Im Jahr 2023 sollt die Tonne CO_2 25 Euro kosten. 2024 wird auf 30 Euro angehoben. Im Jahr 2025 sollen es dann 35 Euro pro Tonne CO_2 sein. Ab 2026 soll eine Versteigerung der Emissions-Zertifikate in einem Preiskorridor zwischen 35 und 60 Euro erfolgen. Danach soll die maximale Zertifikatenmenge gekappt und jährlich reduziert werden. Um Bürger nicht zu stark zu belasten, soll im Gegenzug unter anderem der Strompreis gesenkt und das Wohngeld um zehn Prozent erhöht werden. Werden in einem Jahr mehr Zertifikate ausgegeben, als es den Emissionszuweisungen für Deutschland entspricht, müssen aus anderen europäischen Mitgliedsstaaten solche zugekauft werden.

Für die Kenner der Materie und Leute mit gutem Gedächtnis, stellte sich ganz schnell heraus, dass das Ganze im Wesentlichen auf der Basis, längst Gescheitertem, beruht. Nur wenige erkannten „den alten Hut".

Die Leser meines Buches „Die gefährliche neue Droge", hatten hier einen deutlichen Informationsvorsprung.

7. Das Milliardengeschäft mit dem Abgashandel

Der 2005 gestartete Handel mit europäischen Emissionszertifikaten hat sich zu einem Milliardengeschäft entwickelt. Spekulanten, Energiekonzerne und Kriminelle bereichern sich hemmungslos an CO_2-Zertifikaten und Ökoenergie - die Leidtragenden sind Stromkunden und Steuerzahler. Im Strom- und Emissionshandel finden sich unzählige Ineffizienzen, die Hedgefonds für sich nutzen können. Ineffizienzen, Spekulanten, umstrittene Projekte - der 2005 gestartete Handel mit europäischen Emissionszertifikaten hat sich zu einem Milliardengeschäft für Finanzinvestoren und Energiekonzerne entwickelt. Es ist keineswegs ein makelloses Geschäft. Fonds und Investmentbanken gehen CO_2-Wetten ein. Weltverbesserer kassieren mit angeblich klimaschonenden Projekten in der Dritten Welt ab. Betrüger ergaunern sich Steuervorteile. Die Rechnung begleichen wir alle - als Stromkunden und Steuerzahler.

Auch die Energiekonzerne mischen kräftig mit. Mithilfe günstig eingekaufter Emissions-rechte etikettieren sie schmutzigen, weil mit viel CO_2-Ausstoß produzierten Strom in Ökostrom um - ohne dass auch nur eine einzige Kilowattstunde mehr Ökostrom produziert wird.

Emissionshandel und Ökostrom sollen, so die Botschaft der Regierenden, das Weltklima retten. Doch eiskalt nutzen die bereits genannten Konzerne, Finanzjongleure, vermeintliche Weltverbesserer und Kriminelle die Schwächen des staatlich verordneten Klima-Schutzsystems aus.

Mehr Markt wagen: Konzipiert waren die CO_2-Zertifikate als marktwirtschaftliches Zaubermittel des EU-Klimaschutzes: Statt Industrie und Energiekonzerne mit einer CO_2-Steuer zu knebeln, sollte der Markt regeln, wie sich vorgegebene Klimaziele am effizientesten erreichen lassen. Wer mit schmutzigen Technologien relativ stark die Erderwärmung treibendes CO_2 emittieren will, muss Emissionsrechte kaufen.

Dabei wird hier vergessen zu erwähnen, dass eben diese Emissionsrechte ursprünglich an die Kraftwerksbetreiber verschenkt *wurden. (Unglaublich aber wahr!)*

Alle, die sauberer produzieren, können dagegen benötigte Emissionsrechte verkaufen - und im Idealfall die Erlöse weiter in CO_2-sparende Technologien investieren. Etwa zwei Drittel der CO_2-Zertifikate werden an Börsen gehandelt, zum Tagespreis oder auf Termin.

Emissionsrechte sind damit Spekulationsobjekte - wie etwa Schweinebäuche, Aktien, Gold oder Öl.

Kraftwerksbetreiber und Stahlkonzerne handeln mit ihnen, aber eben auch Hedgefonds und Investmentbanken. Weltweit werden jährlich Emissionsrechte für 144 Milliarden Dollar umgesetzt.

90% des Börsenhandels kontrolliert die **US-Terminbörse ICE** über ihre Tochterunternehmen **European Climate Exchange** in **London** und **Chicago Climate Exchange**.

Fünf Milliarden Steuerschaden: Verbesserungswürdig ist auch der Börsenhandel von CO_2-Zertifikaten. Im März 2010 mussten die Klimabörsen Bluenext in Paris, Greenmarket in München und die norwegische Nordpool den Handel mit Emissionsrechten aus Klimaschutzprojekten vorübergehend ein stellen, nachdem **bereits benutzte** Zertifikate aus Ungarn in den Handel gelangt waren. Entnommen dem Handelsblatt vom: 05.09.2010

Noch sehr viel dreister gingen Kriminelle bei einem Fall von Umsatzsteuerbetrug vor: Die Generalstaatsanwaltschaft Frankfurt behandelte einen millionenschweren Umsatzsteuerbetrug beim Handel mit Emissionsrechten. "Auch Mitarbeiter der Deutschen Bank sollen dabei beteiligt gewesen sein?". Das Umsatzsteuerkarussell könnte so gelaufen sein: Ein Verkäufer im EU-Ausland veräußert CO2-Zertifikate an einen Komplizen im Inland. Der Deutsche schlägt auf die Zertifikate die Umsatzsteuer auf, führt sie jedoch selbst nicht ab und reicht die Emissionsrechte an einen Händler weiter. Der wiederum verkauft sie den Bankern, die mit den Betrügern unter einer Decke stecken. Sie lassen sich die Umsatzsteuer erstatten und verkaufen die „Verschmutzungsrechte" wieder an den ersten Verkäufer im Ausland zurück. Die vom Fiskus erstattete Steuer wird geteilt, danach beginnt der Kreislauf wieder neu.

Nur damit man „ein Gefühl" dafür bekommt, um was es da geht: Preise für CO2-Zertifikate steigen. Seit Jahresbeginn haben sich die Preise für Emissionszertifikate im EU-Emissionshandel nahezu verdreifacht. Während eine Tonne CO2 im Januar 2018 noch ca. 7 Euro kostete, lag der Preis im September 2018 bei rund **20** Euro.

2013 gab es z.B. für 2,084 Milliarden Zertifikate.

Bei einer Preissteigerung von 7 auf 20 Euro sind das ca. 26 Milliarden Euro Spekulationsgewinn. Und all dies auf unsere Kosten, ohne dass die verantwortlichen Politiker Einschreiten! Und von den „Erneuerbare Energie- Aktivisten" hört man auch kein Wort. Hier sind die Milliarden, die wir für die Strom-Speicherkomplexe dringend bräuchten.

Unsere Kanzlerin, Frau Merkel sagte in den Verhandlungen zum Klimagesetz 2019: Der Preis steige „zugegebenermaßen sehr langsam" Man habe einen sozialverträglichen Kompromiss gesucht. „Wir kommen nach der Mitte des Jahrzehnts auf einen Preis, der relevant ist und sich als Marktpreis etablieren könnte".

Das ist ein politisches Statement, wie wir es tagtäglich hören. Nichts Verbindliches zusagen, maximal Absichtserklärungen aussprechen und Relevantes auf die Zukunft hinausschieben.

Nach dem Motto: „Nach mir die Sintflut".

Die Kanzlerin , die gesamte Bundesregierung und die abstimmenden Abgeordneten haben aus der Vergangenheit und dem bisherigen Emissionshandel nichts gelernt, respektive die Meisten kennen ihn wahrscheinlich gar nicht.

Erinnern wir uns noch einmal. Es waren die Bundeskanzlerin Merkel und der Bundes-Wirtschaftsminister Altmaier, die im Zusammenhang mit der CO2 Bepreisung von Verschmutzungsrechten sprachen. Wie kann es sein, dass jemand ein Recht auf Verschmutzung hat, bzw. sich ein Solches kaufen kann. Der Begriff: Verschmutzungsrechte (Lizenzen bzw. Zertifikate) ermöglichen eine legale, entgeltliche Inanspruchnahme von Ressourcen und damit eine Umgehung der Bemühungen CO2-reduzierend Energie zu produzieren. Unternehmen werden sich für den Erwerb von Verschmutzungsrechten entscheiden, wenn sie kostengünstiger sind als die Kosten für Maßnahmen der Schonung der ökologischen Umwelt.

Überschreitet ein Sektor in Zukunft sein Emissionsbudget, muss das zuständige Ministerium Zertifikate aus anderen EU-Staaten kaufen. Man habe die Konsequenzen aus dem Verfehlen der 2020-Ziele gezogen und werde nun „alles daran setzen, dass uns das nicht 2030 wieder passiert", sagte die stellvertretende SPD-Vorsitzende Malu Dreyer. „Wir schämen uns aller hier dafür, dass wir es nicht schaffen werden, die Klimaziele 2020 zu erreichen". Es mag sein, dass sie Konsequenzen aus der miserablen Umsetzung der 2020-er Ziele gezogen haben. Es waren aber die Falschen.

Weshalb soll der Wirtschaft, bzw. der Industrie zugestanden werden, dass sie sich nicht an die gesetzlichen Vorgaben der CO2-Reduzierung halten muss, während Privathaushalte, ältere, nicht mehr den neuen Anforderungen entsprechende Heizanlagen stilllegt und ersetzt werden müssen. Die Betonung liegt hier auf „müssen". Es gibt zwar Ausnahmeregelungen. Die betreffen jedoch meist Feuerungsanlagen, die sowieso innerhalb der nächsten Zeit aufgrund der mangelnden und somit teuren Effizienz ersetzt werden. Hier zeigt sich, inwieweit die Lobbyisten die Politik im „Würgegriff" haben.

8. Die Wirtschaft sagt der Politik wo es lang geht.

2021 hat der Wähler die Möglichkeit den Verantwortlichen die rote Karte zu zeigen. Damit sind nicht nur die derzeit Regierenden gemeint. Das betrifft alle, im Bundestag befindlichen Parteien. Es stellt sich hier die Frage, wie man die sog. Volksvertreter allesamt abmahnen kann.
Es gäbe einen Weg.
Die Einführung gesetzgebender Volksbegehren.

Solche Volksbegehren könnten auch einer Regierung, durch ein Misstrauensvotum, das Fürchten lehren. Wenn dann noch sämtliche Lobbyisten ihre Aktivitäten grundsätzlich nur öffentlich einbringen dürften, würden viele Probleme erst gar nicht entstehen. Auf „Unter der Hand-Aktivitäten" von Politikern und Lobbyisten, würde die sofortiger Entlassung ausgesprochen werden. Die Unternehmen, deren Interessen hier unlauter vertreten werden sollten, müssen ihren Verband verlassen und die Vorstände werden aus den Unternehmen entfernt. So etwas geht nicht? Doch! Bei Bestechungen bei internationalen Verträgen, werden die betroffenen Firmen, bei der Auftragsvergabe schon längst nicht mehr berücksichtigt. Teilweise werden sie sogar zu Schadenersatzzahlungen verurteilt. In den Heimatländern sind in der Vergangenheit bereits mehrere Vorstände angeklagt worden.
Es geht folglich doch!

Die Entwicklung des „Hambacher Forstes".

Es war einmal....., dass der Hambacher Wald zu einem der größten mitteleuropäischen Mischwäldern gehörte. Mit seinem einzigartigen Ökosystem, das sich ursprünglich auf über 5.500 Hektar erstreckte, stellte er einen wichtigen Faktor für die CO2 Reduktion Deutschlands dar. Durch Bebauung, landwirtschaftliche und andere wirtschaftliche Nutzung reduzierte sich das Gebiet Mitte des 20. Jahrhunderts auf ca. 4.000 Hektar. Heute sind davon nur noch ca. 200 ha vorhanden. Der Hambacher Wald existiert seit der letzten Eiszeit, vor ca. 12.000 Jahren. Es entwickelte sich eine einmalige Vielfalt an Fauna und Flora. In dieser Umgebung fanden eine Vielzahl von Lebewesen ein zuhause. In den Resten, dieses einst so riesigen Waldgebietes stehen immer noch, teilweise über 300 Jahre alte Eichen und Buchen. Nicht nur, dass der Wald einen bedeutenden Gesamt-Ökologischen Faktor darstellt, er ist auch für die Zugvögel ein wichtiger Platz für einen Zwischenstopp. Nebenbei ist er auch die Heimstatt einer Reihe bedrohter Tierarten. Die Versuche von RWE, diese Tiere umzusiedeln, müssen nach Ansicht namhafter Biologen zum Scheitern verurteilt sein.
Niemand kann die Lebensräume, die ein Altwald bietet, ersetzen.
Als 1978 der Energieriese RWE (damals noch Rheinbraun) den Wald von den umliegenden, allzu sorglosen Gemeinden kaufte, konnte oder wollte noch niemand daran denken, was in kürzester Zeit daraus werden würde. RWE bekam die Erlaubnis, zwischen Oktober und März jährlich bis zu 70 ha Wald zu roden.
Das großflächige Roden, des Jahrtausende alten Waldes begann.
Und all das nur, um Braunkohle im Tagebau fördern zu können.
Von den damals als 4.000 Hektar Wald, sind noch knapp 200 übrig.

Proteste gegen den Tagebau gab es schon lange vor 2012, als erstmals Umweltaktivisten einen kleinen Teil des Waldes besetzten. Nachdem sie von April bis November sich vehement weigerten das besetzte Waldgebiet wieder zu räumen, wurde das Camp von der Polizei geräumt. Es folgten noch zahlreiche solcher Aktionen.
Die nicht nachlassenden Proteste sorgten letztendlich dafür, dass die Verwaltungs-gerichtsurteil 2019 im Gesamten „kassiert" wurden.
Es bleibt an dieser Stelle festzustellen, dass die „Rettung" der letzten ca. 20 ha. Hambacher Forstes, in erster Linie den Aktivisten der Protestbewegung zu verdanken ist. Erst an zweiter Stelle ist die Umorientierung der Politik, hin zu einer ökologisch verträg-licheren Energiegewinnung, zu nennen. Die massiven Proteste, die ab 2012 auch die Öffentlichkeit auf den „Hambacher Forst" aufmerksam machten, haben einen Hintergrund, der leider nur allzu gerne von vielen „GRÜNEN" verdrängt wird.

Die Aktivistenbewegung im Hambacher Forst im „Zeitraffer" unter Einbezug der „GRÜNEN"-Aktivitäten als verantwortliche Minister.

Die ersten wesentlichen Waldbesetzungen begannen 2012.
Zu der Zeit hatten die „GRÜNEN" das Umweltministeriums von NRW inne.

Dieses Ressort hatten sie bereits von 2002 bis 2005 besetzt.

Das Umweltministerium belegten die „GRÜNEN bereits im Kabinett Rau ab 1995 bis 2002.

Das bedeutet, dass die „GRÜNRN" bereits seit 1995 (mit einer Unterbrechung durch das Kabinett „Rüttgers") das Umweltministerium geleitet haben.

In diesem Zeitraum sind mit die größten Rodungen von statten gegangen, ohne dass die „GRÜNEN", als zuständige Ministeriums-Inhaber einschritten.

Das ist Fakt.
Man sollte folglich nicht mit so großen Steinen werfen, wenn man selbst im Glashaus sitzt.

8. Dez. 1966 – 19.Sept. 1978	Heinz Kühn	SPD	
20.Sept. 1978 – 26. Mai 1998	Johannes Rau	SPD	**Ab 1995** **Grüne Regierungsbeteiligung** **Grüne** - Bärbel Höhn, Ministerium für **Umwelt, Raumordnung und Landwirtschaft** **Grüne** - Michael Vesper, Ministerium für **Bauen und Wohnen**
27. Mai 1998 – 20. Okt. 2002	Wolfgang Clement	SPD	**Grüne** - Bärbel Höhn, Ministerium für **Umwelt, Raumordnung und Landwirtschaft** **Grüne** - Michael Vesper, Ministerium für **Bauen und Wohnen** Amtsaustritt Clement wegen Übernahme des Bundesministeriums für Wirtschaft und Arbeit
21. Okt. 2002 – 5. Nov. 2002	Michael Vesper	**Grüne**	kommissarisch

6. Nov. 2002 – 21. Juni 2005	Peer Steinbrück	SPD	Amtsverlust durch Wahlniederlage **Grüne - Michael Vesper Ministerium für Städtebau und Wohnen, Kultur und Sport Grüne – Bärbel Höhn, Ministerium für Umwelt und Naturschutz, Landwirtschaft und Verbraucherschutz**
21. Juni 2005 – 14. Juli 2010	Jürgen Rüttgers	CDU	vom 9. Juni bis 14. Juli 2010 geschäftsführend, Amtsverlust durch Wahlniederlage
14. Juli 2010 – 27. Juni 2017	Hannelore Kraft	SPD	von 14. Juli 2010 bis 19. Juni 2012 in einer Minderheitsregierung, Amtsverlust durch Wahlniederlage **Grüne- Johannes Remmel, Ministerium für Klimaschutz, Umwelt, Landwirtschaft, Natur, Verbraucherschutz**
seit 27. Juni 2017	Armin Laschet	CDU	

Ich komme nicht umhin, zur ehemaligen Ministerpräsidentin Hannelore Kraft einige Sätze zu sagen. Die einstige SPD-"Führungskraft" wollte man in der SPD zur „Kanzlerin" aufbauen. Nachdem sie sich als Ministerpräsidentin von NRW, deutlich an der Verantwortung des Amtes „verhob", verschwand Hannelore Kraft schnell wieder aus der SPD-Führungsriege. Hochmut kommt vor dem Fall.

Versuchen wir, hinter das Geheimnis der täglichen weltweiten Diskussion um die

Probleme unseres Planeten

Dabei geht es um die Vermengung und Verwechslung von Begriffen, gefolgt von einfachen Falsch-Behauptungen, sind es gezielte Desinformationen, die für die totale Verwirrung und die damit einhergehende Unsicherheit sorgen.

Wenn dann noch mangelnde kritische Eigenrecherche hinzu kommt, ist es vorbei, mit einem klaren Situationsbild.

Probieren wir es einmal, die Fachbegriffe allgemein verständlich zu differenzieren und zu erläutern.

Kohlenstoffdioxid ist die korrekte Bezeichnung dieser Verbindung, weil der ein Bestandteil Kohlenstoff (und nicht etwa Kohle) ist. Kohlendioxid ist eine etwas "schlampige" eher von Laien verwendete Bezeichnung für den gleichen Stoff. Die Bezeichnung Kohlendioxid, statt korrekterweise Kohlenstoffdioxid wird mittlerweile selbst von Chemikern verwendet.

8.1.1 Aus was besteht Kohlenstoffdioxid?

Kohlenstoffdioxid besteht aus einem Kohlenstoffatom (C) und zwei Sauerstoffatomen (O2).

Wie entsteht Kohlenstoffdioxid?

Kohlenstoffdioxid ist das natürliche Seitenprodukt von menschlicher und tierischer Atmung, Fermentation, chemischen Reaktionen und Verbrennung von fossilen Brennstoffen und Holz.

Ist Kohlenstoffdioxid für den Menschen gefährlich?

Kohlenstoffdioxid ist ein natürliches Gas und in normalen Konzentrationen für den Menschen nicht gefährlich. In hohen Konzentrationen (8%) kann Kohlenstoffdioxid für den Menschen schädlich und sogar lebensgefährlich sein.

8.1.2 Aus was besteht Kohlenmonoxid?

Kohlenmonoxid besteht aus einem Kohlenstoffatom (C) und einem Sauerstoffatom (O).

Wie entsteht Kohlenmonoxid?

Kohlenmonoxid ist das Resultat einer Verbrennung mit zu wenig Sauerstoff. Dies kann z.b. in nicht gut durchlüfteten Geräten wie Öl und Gasöfen, Gas-Wasserheizern, Kerosinheizern und Kaminen stattfinden.

Ist Kohlenmonoxid gefährlich?

Kohlendioxid ist schwerer als Luft und sammelt sich daher in Kellern an (wie z.B. in Brauereien und Weinkellern) auftreten. Symptome einer leichten Vergiftung sind Schwindel, Kopfschmerzen, Herzklopfen und Atemnot. Das Gas ist gefährlich und giftig, da es stärker an Hämoglobin bindet als Sauerstoff und so den Sauerstofftransport durch das Blut unterbindet.

Gefährliches Kohlenmonoxid

Kohlenmonoxid (VO) belegt Rang zwei unter den verbreitetsten Schadstoffen aus dem Verkehr. CO entsteht, wenn bei der Spritverbrennung zu wenig Sauerstoff vorhanden ist, es also an O-Atomen fehlt. CO ist deutlich gefährlicher für den Menschen als CO2:
Das geruchlose Gas blockiert bei der Einatmung die Sauerstoffaufnahme im Blut und kann in höheren Konzentrationen zum Erstickungstod führen.

Stickoxide ist die Kurzbezeichnung, die genaue lautet Stickstoffoxide. Es handelt sich um zwei gasförmige Verbindungen, die beide zusammen als NOX abgekürzt werden, deshalb wird auch oft von NOX-Werten gesprochen.

8.1.3 Stickoxide sind gesundheitsschädlich.

Sie kommen in der Natur so gut wie gar nicht vor – außer sie werden vom Menschen erzeugt. Das passiert immer dann, wenn fossile Energieträger – wie Kohle, Öl oder Gas – verbrannt werden, etwa in Schiffs- oder Automotoren. In den Städten sind Dieselfahrzeuge die Hauptquelle für NOX, weil Dieselmotoren mehr Stickoxide ausstoßen als Benziner.

Wie gefährlich sind diese Stickoxide für die Gesundheit?

Sie gehen auf die Bronchien, schädigen die Schleimhäute oder reizen die Augen. In dauerhafter und hoher Konzentration greifen sie die Lungenfunktion an, was letztendlich zu chronischen Herz-Kreislauferkrankungen führen kann. Abgesehen davon schädigen sie beispielsweise auch Pflanzen. Es gelten Grenzwerte für Stickoxide.

Stickoxide bei hohen Temperaturen
Stickoxide (NOx)sind für die drittgrößte Schadstoffmasse verantwortlich. Im Automotor entstehen die Reizgase vor allem bei hohen Verbrennungstemperaturen und Luftüberschuss. Dann nämlich verbindet sich der ungefährliche Stickstoff aus der Atemluft mit Sauerstoff zu NO und NO2.
Das sind zwei giftige Stoffe, die unter anderem die Atemwege reizen und zur sommerlichen Ozonbildung beitragen. Unverbrannte Kohlenwasserstoffe in der Luft

Rang vier unter den Schadstoffen aus dem Verkehr nehmen Kohlenwasserstoffe (HC) ein, die bei einer unvollständigen Verbrennung entstehen. Neben umweltschädlichen Auswirkungen wie der Bildung von bodennahem Ozon, sind Kohlenwasserstoffe auch gesundheitsschädlich: Im Benzin kann zum Beispiel der krebserregende Kohlenwasserstoff Benzol enthalten sein.

Bekannt geworden als Rußsünder ist vor allem der Dieselmotor. Dort wird der Kraftstoff in die heiße, komprimierte Luft eingespritzt und muss sich innerhalb kürzester Zeit relativ gleichmäßig verteilen. Gelingt das nicht, werden einzelne Tropfen nicht vollständig verbrannt und Ruß entsteht.

9. Feinstaub ist das Hauptproblem

... weit vor allen anderen bisher genannten Umweltemissionen.

Feinstaub ist jedoch das wirkliche und unterschätzte Hauptproblem, auch wenn er erst an fünfter Stelle der Schadstofftabelle erscheint. Er entsteht durch Abrieb von Reifen und Bremsscheiben, der leicht größere Teil kommt freilich aus dem Auspuff, meist in Form von Ruß. Dieser bildet sich, wenn bei der Verbrennung lokal zu wenig Sauerstoff, beziehungsweise zu viel Kraftstoff vorhanden ist.

9.1 Schwefeldioxid belastet die Umwelt

Einen geringeren Anteil macht Schwefeldioxid aus. Dieser Stoff entsteht bei der Verbrennung von Schwefelresten im Diesel und ist stark Lungen reizend. An der Luft wird er zu einer Säure, die Hauptverursacher für sauren Regen und Waldsterben ist.

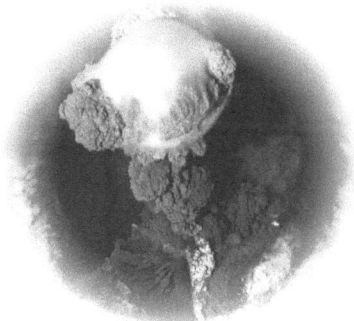

Vielleicht können diese Seiten mit dazu beitragen, dass die gesamte Diskussion in Zukunft etwas richtiger geführt wird.

Welche Rolle spielt der Feinstaub in der Diesel-Diskussion?

Stickoxide sind ein Teil der Feinstaubbelastung.

Es geht grundsätzlich um herkömmlichen Staub, aufgewirbelt durch Bodenerosion oder Bauarbeiten. Er enthält aber auch die Partikel, die sich durch den Reifenabrieb von Autos bilden.Beim Bremsen können sich beispielsweise Partikel von den Bremsbelägen lösen.

Und zusätzlich eben noch die NOX, vorrangig aus Dieselmotoren.

Und beim Feinstaub gilt ebenfalls: Lungen, Bronchien oder Schleimhäute werden angegriffen. Deshalb gelten hier ebenso Grenzwerte.

Wen die „schlimmen" Auswirkungen von Feinstaub näher interessieren, sollte den 1. Band dieser Sachbuchreihe **„Die gefährliche neue „Droge"** lesen.

9.2 In welchem Bereich kommt das soviel zitierte CO2 ins Spiel?

Bei Kohlendioxid sind wir im Bereich Verbrennungsmotoren und Klimaschutz.

CO2 ist – im Gegensatz zu NOX – ein natürlicher Bestandteil der Luft.

Er ist für den Menschen eigentlich ungefährlich, behindert aber in zu hoher Konzentration die Sauerstoffaufnahme und kann beispielsweise zu Schwindel oder Kopfschmerzen führen. Deshalb gibt es auch hier Grenzwerte.

Der entscheidende Punkt ist: Zu viel CO2 schädigt – nach weitgehend vorherrschender Ansicht – das Klima. CO2 entsteht durch jede Art von Verbrennung fossiler Energieträger.

Das betrifft Öl-und Gasheizungen, genauso wie alle Systeme der verschiedenen Holzfeuerungsanlagen, die mit hohen staatlichen Subventionen gefördert werden. Verkürzt gesagt, stoßen aus technischen Gründen, Benzinmotoren mehr CO2 aus, als Diesel-Motoren. Wenn über Nachrüstungen und dem Verbot von Dieselautos gesprochen wird, geht es darum, die NOX-Grenzwerte einzuhalten. Zugleich ist es aber anscheinend möglich, dass sich dadurch auch der CO2-Ausstoß erhöht. Trotz moderner Abgastechnik und immer strengerer Vorgaben pusten Autos viele schädliche Stoffe in die Umwelt.
Hier verschaffen wir Ihnen einen Überblick – geordnet nach der Menge der Emissionen. **Kohlendioxid (CO2) macht den größten Anteil der Abgase aus.**

Das klimaschädliche Gas entsteht zwangsläufig, wenn kohlenstoffhaltiger Sprit wie Diesel oder Benzin verbrannt wird. Dann verbinden sich die Kohlenstoff-Atome (C) mit je zwei Sauerstoffatomen (O) aus der Luft. Die Alternative des Kohlenmonoxid (CO), wäre, zumindest für den menschlichen Organismus erheblich schädlicher.
In letzter Konsequenz ist CO2 sogar das gewünschte Verbrennungsprodukt.

Das sind Abgase, ... und wen kümmert´s?

CO und CO2 Kohlenstoffdioxid, auch Kohlendioxid, ist eine chemische Verbindung aus Kohlenstoff und Sauerstoff mit der Summenformel CO2.

Kohlendioxid-Emissionsintensität in Deutschland
Preispereinigte Emission bezogen auf das Brutto-Inlands-Produkt

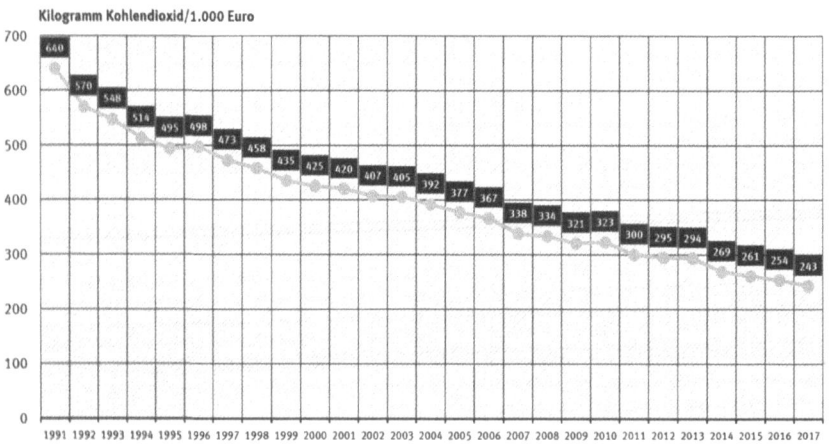

Kilogramm Kohlendioxid/1.000 Euro

Quelle: Umweltbundesamt, Nationale Trendtabellen für die deutsche Berichterstattung atmosphärischer Emissionen seit 1990, Emissionsentwicklung 1990 bis 2017 (Stand 01/2019); Statistisches Bundesamt (BIP 1991-2017, saison- und kalenderbereinigte Werte nach Census X-12-ARIMA))

Bezogen auf die Emissionswerte in 1000 Mt. haben sich die Werte im gleichen Zeitraum von rund 1.050 Mt. auf 675 Mt reduziert. D.h. dass 1990 die Kohlenstoffdioxidbelastung um ca. 55,5% höher war als Ende 2016. Der Trend steuert weiter deutlich auf eine Reduzierung der deutschlandweiten Kohlenstoffdioxidwerte hin.

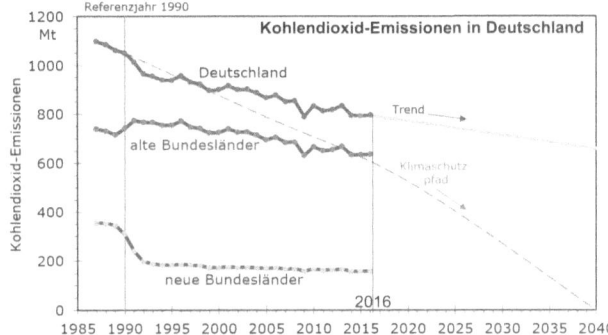

Dieses Diagramm ist auf Seite 27 schon einmal dargestellt.
Die erneute Wiedergabe dient nur der Verdeutlichung der Daten und Fakten.

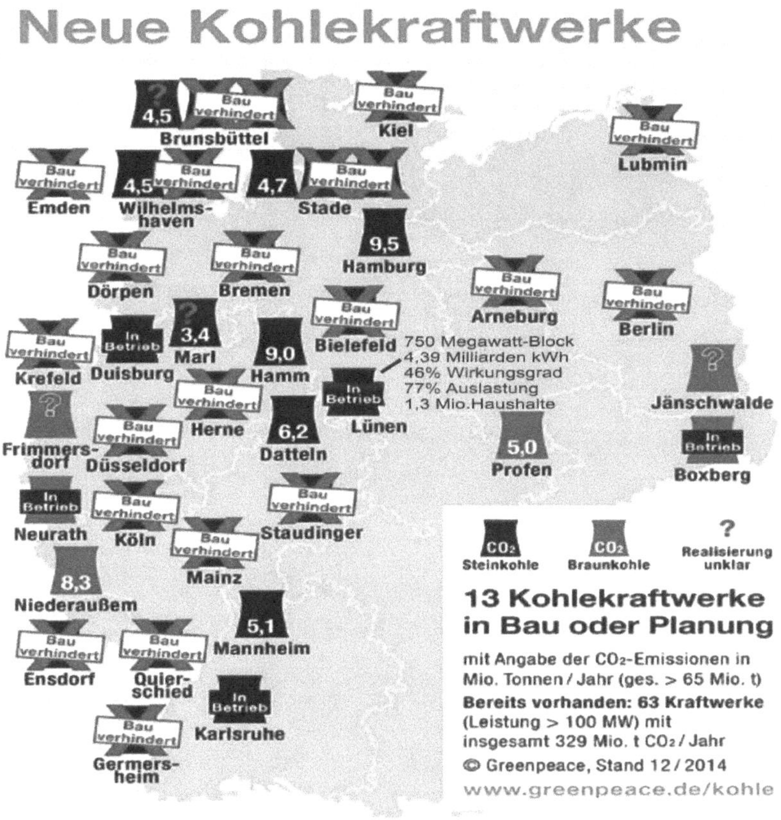

Neue Kohlekraftwerke

Bau 4,5 verhindert Brunsbüttel	Bau verhindert Kiel	Bau verhindert Lubmin
Bau verhindert Emden	Bau 4,5 verhindert Wilhelmshaven	4,7 Bau verhindert Stade
Bau verhindert Dörpen	Bau verhindert Bremen	9,5 Hamburg

750 Megawatt-Block
4,39 Milliarden kWh
46% Wirkungsgrad
77% Auslastung
1,3 Mio.Haushalte

In Betrieb Marl 3,4
Bau verhindert Krefeld
9,0 Duisburg Hamm
Bielefeld
Bau verhindert Arneburg
Bau verhindert Berlin
Jänschwalde

Frimmersdorf
Herne 6,2
Datteln Lünen
5,0 Profen
In Betrieb Boxberg

In Betrieb Neurath
Köln
Bau verhindert Staudinger
8,3 Niederaußem
Mainz

CO₂ Steinkohle   CO₂ Braunkohle   ? Realisierung unklar

5,1
Bau verhindert Ensdorf
Bau verhindert Quierschied
Mannheim

In Betrieb
Bau verhindert Karlsruhe
Germersheim

13 Kohlekraftwerke in Bau oder Planung

mit Angabe der CO₂-Emissionen in Mio. Tonnen / Jahr (ges. > 65 Mio. t)

Bereits vorhanden: 63 Kraftwerke (Leistung > 100 MW) mit insgesamt 329 Mio. t CO₂ / Jahr

© Greenpeace, Stand 12 / 2014

www.greenpeace.de/kohle

41

Bei der Bewertung der Kohlekraftwerksplanung sollte man nicht vergessen, wer in der Planungs- und Bauphase des verantworliche Ministerium geleitet hatte.

Minister für Umwelt der Bundesrepublik Deutschland (seit 1986)

Nr.	Name	Amtszeit (Beginn)	Amtszeit (Ende)	Partei
	Bundesminister für Umwelt, Naturschutz und Reaktorsicherheit			
1	Walter Wallmann	6. Juni 1986	22. April 1987	CDU
2	Klaus Töpfer	7. Mai 1987	17. November 1994	CDU
3	Angela Merkel	17. November 1994	27. Oktober 1998	CDU
4	Jürgen Trittin	27. Oktober 1998	22. November 2005	Grüne
5	Sigmar Gabriel	22. November 2005	28. Oktober 2009	SPD
6	Norbert Röttgen	28. Oktober 2009	22. Mai 2012	CDU
7	Peter Altmaier	22. Mai 2012	17. Dezember 2013	CDU
	Bundesminister für Umwelt, Naturschutz, Bau und Reaktorsicherheit			
8	Barbara Hendricks	17. Dezember 2013	14. März 2018	SPD
	Bundesminister für Umwelt, Naturschutz und nukleare Sicherheit			
9	Svenja Schulze	14. März 2018	amtierend	SPD

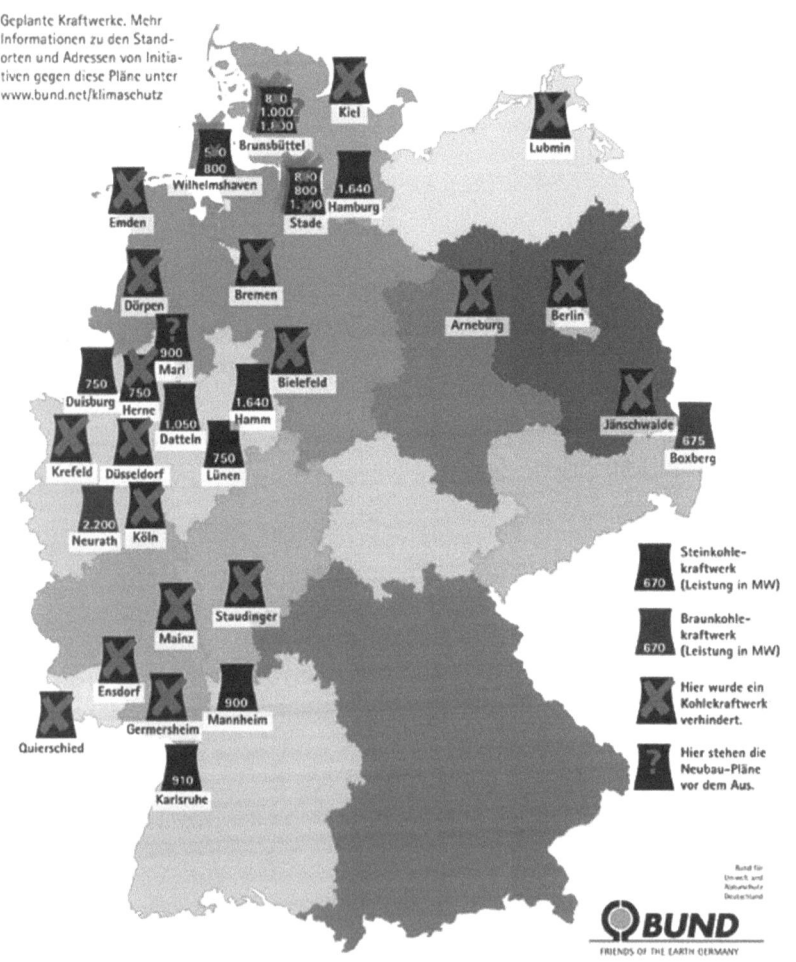

Geplante Kraftwerke. Mehr Informationen zu den Standorten und Adressen von Initiativen gegen diese Pläne unter www.bund.net/klimaschutz

42

Auch wenn es niemand glauben mag, das muss nicht sein. Deutschland ist mit dem Betrieb seiner Kohlekraftwerke weit hinter den technischen Möglichkeitten. Es würde halt nur viel Geld kosten. Das mögen die Aktionäre nicht gerne.

10. Indien besitzt das erste Kohlekraftwerk, das kein CO2 in die Luft pustet

05.01.2017 - Finanzen100

Der indischen Firma Carbon Clean Solutions ist es als erster gelungen, die kompletten CO2-Abgase eines Kohlekraftwerks aufzufangen und in Glas, Backpulver und Waschmittel zu verwandeln. Indien besitzt jetzt das erste Kohlekraftwerk der Welt, das kein umweltschädliches Kohlenstoffdioxid (Co2) mehr in die Luft pustet. Der Firma Carbon Clean Solutions (CCS) ist es gelungen, die Abgase des Kraftwerks im Industriehafen von Tuticorin im Süden des Landes abzufangen und in Natriumkarbonat umzuwandeln. CCS wandelt CO2 für den halben Preis. Das wiederum lässt sich für vielfältige Dinge verwenden, bei denen das CO2 am Ende nicht in der Atmosphäre landet. Natriumkarbonat ist etwa wichtig für die Herstellung von Glas, Farben, Klebstoffen, Waschmittel, Seife, Papier und Backpulver. Zehn Prozent der weltweiten CO2-Emissionen ließen sich sparen. So liegt das von CCS gewonnene Natriumkarbonat auch in einem Preisrahmen, mit dem es auf dem Weltmarkt konkurrieren kann und dem gleichen Stoff aus anderen Quellen nicht unterlegen ist. Kraftwerksbetreiber Ramachandran Gopalan kann jetzt also sogar seine Abgase verkaufen. Dem britischen Radiosender BBC 4 sagte er: „Ich bin Geschäftsmann. Ich habe nie daran gedacht, den Planeten zu retten. Ich brauchte eine zuverlässige CO2-Quelle und das war die beste Art, sie zu bekommen." Die Mengen an CO2, die in Tuticorin gewonnen werden, sind aber natürlich noch zu klein, um damit den Planeten zu retten. Rund 60.000 Tonnen will CCS pro Jahr aus dem Kraftwerk abschöpfen. Verglichen mit den rund 36 Millionen Tonnen, die jährlich auf der Erde produziert werden, ist das ein Witz.

Allerdings ließe sich die Technologie von CCS theoretisch in fast allen Kohlekraftwerken auf der Welt installieren. Die Firma schätzt, dass sich damit die gesamten Co2-Emissionen um fünf bis zehn Prozent senken ließen.

Gegründet wurde CCS übrigens von zwei jungen indischen Chemikern. Weil die aber für ihre Pläne in Indien keine Geldgeber fanden, gingen sie nach Großbritannien. Dort unterstützte die Regierung ihre Forschung mit speziellen Visa, die es ihnen ermöglichten, die Technik zur Marktreife zu bringen. Der Firmensitz ist denn auch in Londons Stadtteil Paddington. Von Christoph Sackmann

Und wir diskutieren in Deutschland immer noch über die Entschädigungs- Zahlungen für die Kraftwerksbetreiber, beim Kohleausstieg, Und das nur, weil die Unternehmen nicht bereit waren/sind, hohe Kosten für den Schadstoffausstoß aufzubringen.

43

Die Technik dafür wäre da, ... und die Kohle auch. Es dürften nur keine Landstriche mehr dem Tagebau „geopfert" werden. Unserem Bundeswirtschaftsminister Altmaier und seinem gesamten Ressort, fehlt lediglich jegliche fachliche Kompetenz, um den Milliarden-Euro-Entschädigungspoker zu durchschauen. Da importieren wir lieber weiter hunderttausende Tonnen Kohle aus Russland und Kolumbien um unsere Kraftwerke überhaupt am Laufen zu halten.

Netto-Nennleistung gesamt	davon am Strommarkt	davon Erneuerbare Energieträger	davon mit Zahlungsanspruch nach dem EEG (zum 30.06.2019)
223,0 GW	**211,1 GW**	**121,0 GW**	**116,9 GW**

Erzeugungsanlagen (Stand 11.11.2019)

Installierte Netto-Nennleistung in Deutschland
Leistung in Megawatt

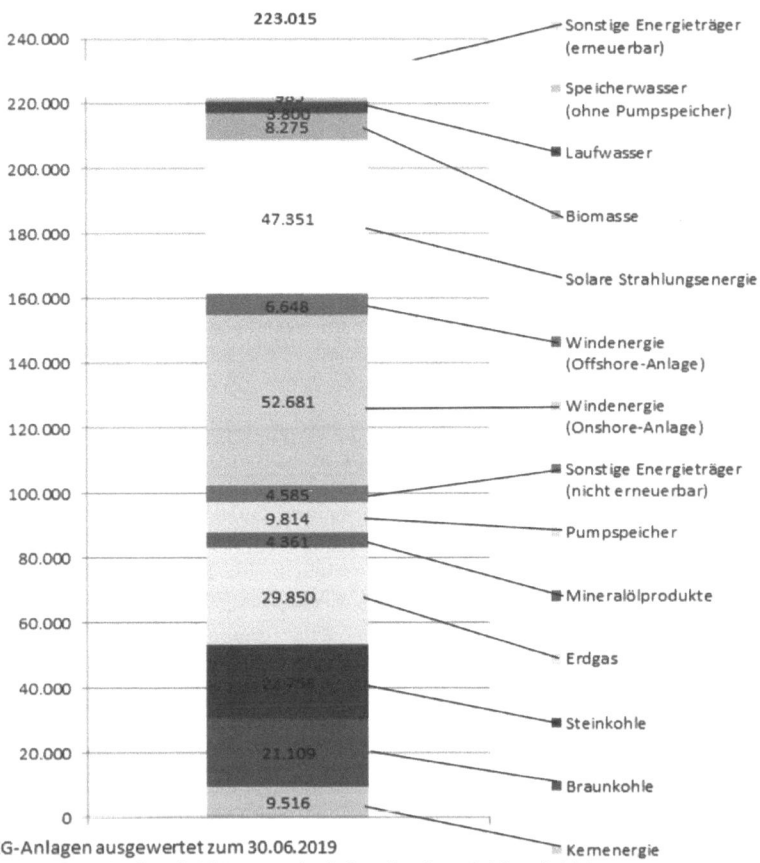

EEG-Anlagen ausgewertet zum 30.06.2019
Sonstige Energieträger (nicht erneuerbar): Sonstige Energieträger (nicht erneuerbar), 50% Abfall, Grubengas
Sonstiger Energieträger (erneuerbar): 50% Abfall, Deponiegas, Klärgas, Geothermie

Stand: 11.11.2019
Quelle: Monitoringreferat der Bundesnetzagentur

44

Viele relativ kleine dezentrale Stromerzeugungsanlagen drängen auf den Markt. Jede Privat-person kann Strom erzeugen und ins Netz einspeisen. Immer mehr kleinere und mittlere Stromerzeuger schließen sich zu leistungsstarken Netzwerken zusammen. Das hat bei den ehemaligen Energiemonopolisten Wirkung gezeigt. Es kam zu heftigen Kurseinbrüchen an den Börsen und zu Unternehmensabspaltungen. Durch das radikalen Umsteuern in die Richtung der neuen Energiewelt, kam es zu der einer weitreichenden Revolution des Strommarkts von unten nach oben. Desweiteren kam es zu einer flexibleren und effizienteren Nutzung aller vorhandenen Stromerzeugungssysteme.

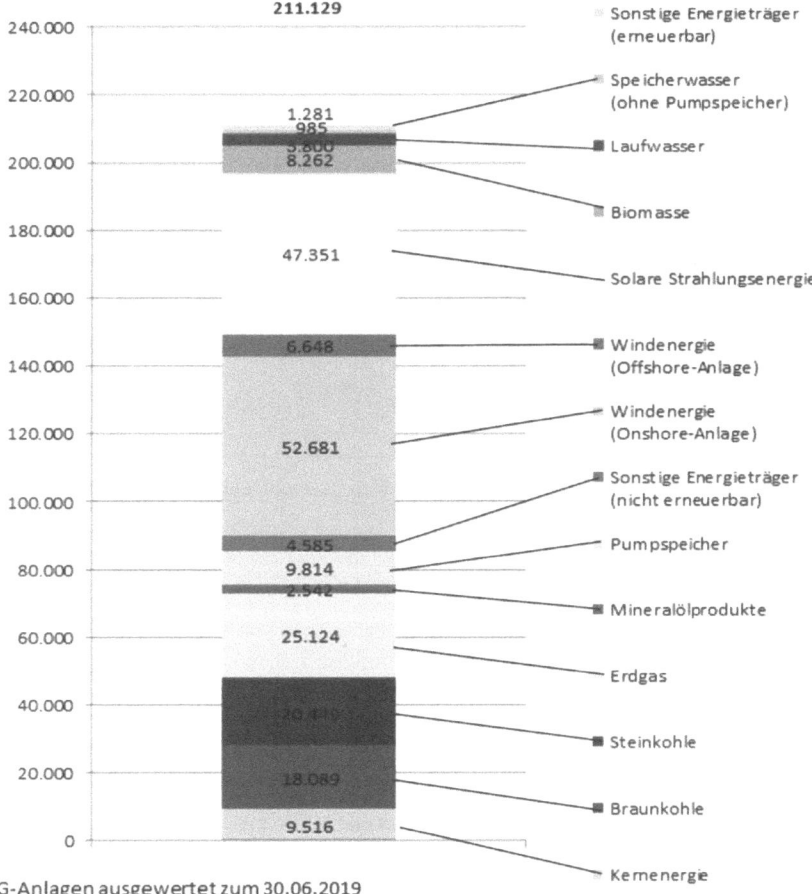

Kraftwerke am Strommarkt
Leistung in Megawatt

EEG-Anlagen ausgewertet zum 30.06.2019
Erläuterung: Umfasst sind Kraftwerke in Betrieb und Kraftwerke, die nur in den Wintermonaten betrieben werden (saisonale Konservierung) und Sonderfälle (z. B. Reparaturen).

Stand: 11.11.2019
Quelle: Monitoringreferat der Bundesnetzagentur

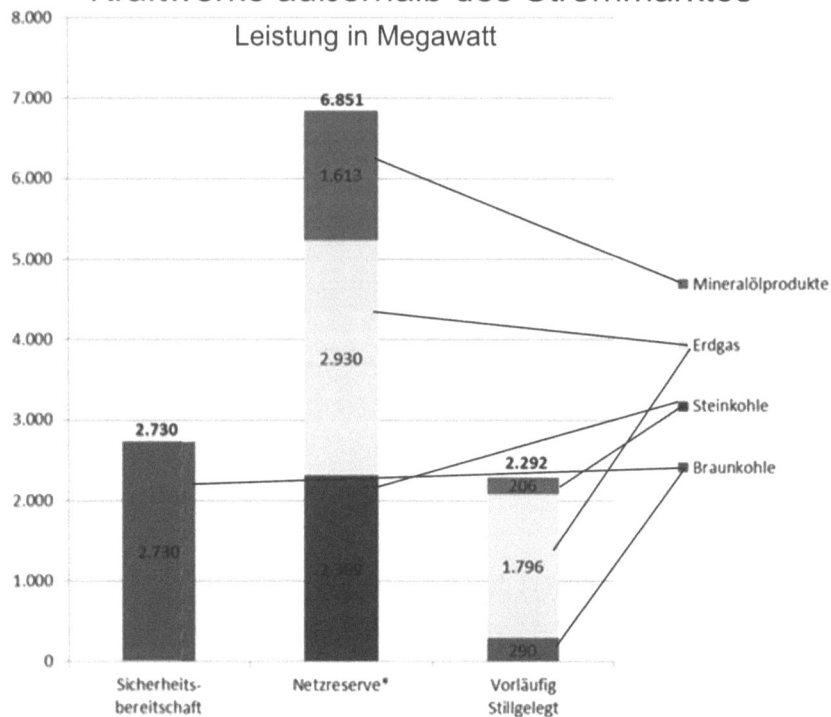

Kraftwerke außerhalb des Strommarktes
Leistung in Megawatt

8.000

7.000 — **6.851**

6.000 — 1.613

5.000 — Mineralölprodukte

4.000 — 2.930 — Erdgas

3.000 — **2.730** — Steinkohle

2.292 — Braunkohle
206

2.000 — 2.730 — 2.389

1.000 — **1.796**

0 — 290

Sicherheits-   Netzreserve*   Vorläufig
bereitschaft   Stillgelegt

*Systemrelevante Kraftwerke gem. § 13b EnWG, die nur auf Anforderung der Übertragungsnetzbetreiber
zu Zwecken der Wahrung der Versorgungssicherheit betrieben werden.

Stand: 11.11.2019
Quelle: Monitoringreferat der Bundesnetzagentur

Diese Kraftwerksbetreiber suggerieren der Politik und uns Bürgern, dass ohne diese sog. systemrelevanten Kraftwerke die Wahrung der Versorgungssicherheit, gem. § 13b EnWG nicht gewährleistet werden kann.
Diese Kraftwerke müssen folglich solange betriebsbereit gehalten werden, bis die „Erneuerbare Energie" eine zuverlässige Energiedeckung garantieren kann.

Bis zu dieser gesicherten Energieerzeugen werden diese Kratftwerke am Netz bleiben.
Die Kraftwerksbetreiber dem Übertragungsnetzbetreiber (ÜNB) und der Bundesnetz-agentur, geplante und zur Stilllegung vorgesehene Kraftwerke mindestens 12 Monate vorher anzuzeigen. Der ÜNB prüft ob es sich dabei evtl. um systemrelevante Kraftwerke handeln könnte. Die Bundesnetzagentur kann bei der Genehmigung dieser Ausweisung dann eine 24-monatige Weiter-Betriebszulassung erteilen.

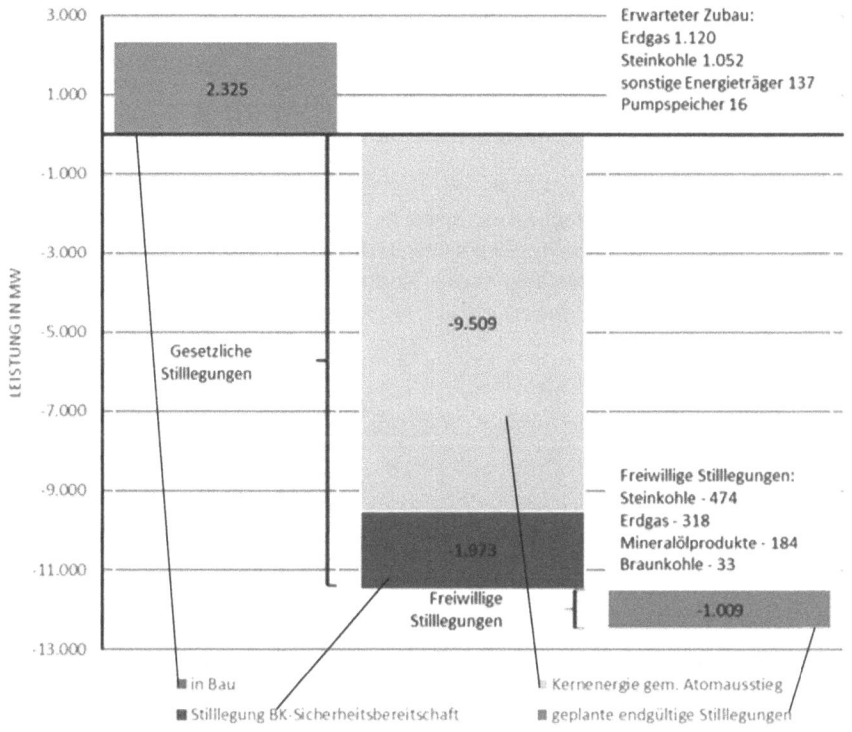

Die Bundesnetzagentur erhebt ständig Daten zum erwarteten Zu- und Rückbau von Kraftwerken mit einer Mindest-Netto-Nennleisstung von 10 Megawatt.

Aufgrund der Bedeutung für die Versorgungssicherheit, veröffentlicht die Bundesnetzagentur dabei wesentliche Kenndaten:

• dargebotsunabhängigen Kraftwerken, die im Probebetrieb und in Bau sind,

• den erwarteten Stilllegungen von dargebotsunabhängigen Kraftwerken bis zum Jahr 2021 (geplante vorläufige und endgültige Still legungen, unterteilt nach Stilllegungen mit Stilllegungsanzeige und darüberhinausgehenden Meldungen aus dem Monitoring),

• Kraftwerken, die zukünftig nicht mehr am Markt agieren, für die Versorgungssicherheit allerdings weiterhin verfügbar sind,

• und Kraftwerken in der Braunkohle-Sicherheitsbereitschaft.

... und noch einige weitere Punkte.

11. Vor- und Nachteile der Kohlekraftwerke in Deutschland

Strom in Deutschland – erzeugt von fossilen Energieträgern.
Noch im Jahr 2014 erzeugten deutsche Kohlekraftwerke ca. 43% des gesamten Bruttostroms für die Bevölkerung. Damals ergab die zusammengefasste Summe aus Erdgas und Mineralölprodukten sogar rund 54%.
Quelle: Statistisches Bundesamt).

Fossile Energieträger waren damals die wichtigste Energiequelle für die Industrie, die deutsche, Haushalte, richtiger gesagt für die gesamte Wirtschaft. Im Zuge der angestrebten Energiewende werden die Kohlekraftwerke ihre Bedeutung verlieren und irgendwann keine Rolle mehr spielen. Da die Energiewende „ins Stocken geraten ist", wird bis 2038 weiter auf Kohlekraftwerke zurückgegriffen werden.

Emissionsgrenzwerte Kohlekraftwerk Moorburg im Vergleich mit Grenzwerten der 13. BImSchV (2004) und mit BVT-Emissionswerten (2006)[38]

Luftschadstoff	Emissionswerte mit BVT im Tagesmittel*	Grenzwert Moorburg im Tagesmittel	Grenzwert Moorburg im Halbstundenmittel**	Grenzwert 13. BImSchV (2004) Tagesmittel	Grenzwert 13. BImSchV (2004) Halbstundenmittel
Gesamtstaub (Staub)	5–20 mg/Nm³	10 mg/Nm³	20 mg/Nm³	20 mg/Nm³	40 mg/Nm³
Stickstoffoxide (als NO2)	90–150 mg/Nm³	70 mg/Nm³	200 mg/Nm³	200 mg/Nm³	400 mg/Nm³
Schwefeldioxide (als SO2)	20–150 mg/Nm³	100 mg/Nm³	200 mg/Nm³	300 mg/Nm³	600 mg/Nm³
Kohlenmonoxid (CO)	30–50 mg/Nm³	100 mg/Nm³	200 mg/Nm³	250 mg/Nm³	500 mg/Nm³
Quecksilber und Verbindungen (als Hg)	kein BVT-Emissionswert	0,03 mg/Nm³	0,05 mg/Nm³	0,03 mg/Nm³	0,06 mg/Nm³
Anorganische Chlorverbindungen (als HCl)	1–10 mg/Nm³	-	-	-	-
Anorganische Fluorverbindungen (als HF)	1–5 mg/Nm³	-	-	-	-
Ammoniak (NH3)	≤ 5 mg/Nm³ bei SCR/SNCR	-	5 mg/Nm³ (SCR)	-	-
Dioxine und Furane** (PCDD/PCDF)	kein BVT-Emissionswert	-	0,1 ng/Nm³	-	0,1 ng/Nm³

Ganz im Gegenteil. Wir müssen schnellstmöglich auf die jetzigen Kohlekraftwerke verzichten. Die obige Emissionsgrenzwerte-Aufstellung sollte nur zum Nachdenken animieren.
Keines der weltweiten Kohlekraftwerke, außerhalb Deutschlands erzielt auch nur annähernd solche niedrigen Schadstoffwerte.

Außer, ... dem **CO2 neutralen** *Kohlekraftwerk in Indien.*

Wenn man bedenkt, dass das gesamte Genehmigungsverfahren fehlerhaft war und der Europäische Gerichtshof im April 2017 in seinem Urteil festgestellt hat, dass die Genehmigung zum Bau nicht hätte erteilt werden dürfen, da die Umweltverträglichkeit nicht korrekt geprüft worden sei, kann man kein Verständnis für die Verwaltung aufbringen.

Es ist wie immer: Niemand ist für das Fehlverhalten verantwortlich.

Vattenfall, verklagte die Bundesregierung, nach den Regeln des Internationalen Zentrums zur Beilegung von Investitionsstreitigkeiten (ICSID)vor einem Schiedsgericht auf 1,4 Milliarden Euro. Außerdem wurde eine Klage vor dem OVG Hamburg geführt.
In beiden Verfahren musste die Bundesrepublik einem teuren Vergleich zustimmen.
Es ist genau diese Tatsache, die eines erweiterten Kommentars bedarf.

Internationale Schiedsgerichtsverfahren nach den Regeln des: Internationales Zentrum zur Beilegung von Investitionsstreitigkeiten (ICSID).

Die meisten Leser werden sich noch gut an die Verhandlungen, des letztendlich gescheiterten Freihandelsabkommens TTIP, erinnern können. Dort verhandelten die EU und die USA nicht nur über Zölle und Produktstandards, wie es uns lange weis gemacht wurde, sondern auch über den sogenannten Investitionsschutz.

Bei diesem Investitionsschutz hätten europäische und US-amerikanische Unternehmen vor internationale, aber private, Schiedsgerichte ziehen können, wenn sie ihre Investitionsentscheidungen aufgrund politischer Entscheidungen in den Vertragsstaaten gefährdet gesehen hätten. Diese Schiedsgerichtsverfahren können bereits bei einer Gefährdung eingeleitet werden. Die USA machten die Verankerung von privaten Schiedsgerichtsverfahren im TTIP-Abkommen zur Grundbedingung. Im deutsch-kanadischen Handelsabkommen CETA ist der umstrittene Investitionsschutz fest verankert worden. **

Das Problem besteht darin, dass was ursprünglich als Schutz vor staatlicher und juristischer Willkür gedacht war, von den global aufgestellten und agierenden Konzernen mittlerweile weltweit als Machtinstrument benutzt wird.

Diese Schiedsgerichtsverfahren erteilen den klagenden Unternehmen „die Lizenz zum Ausplündern". Inzwischen läuft die einstmals als Investitionsschutz gedachte Regelung komplett aus dem Ruder. Die Konzerne werden von einer „Horde" gewiefter und spezialsierter Wirtschaftsanwälte unterstützt, die ständig und auf eigene Faust mögliche Entschädigungsfälle recherchieren, um dann entsprechende „Global Player" dazu aufzufordern, Staaten und Länder vor einem privaten Schiedsgericht zu verklagen.

Wie weit diese Art der „provozierten" Klagen mittlerweile gediehen ist, ergibt sich aus der Tatsache, dass mittlerweile Investoren, die Klagen von Konzernen vorfinanzieren, um später einen Teil der Entschädigungssumme als Rendite einzustreichen.

Das Resultat solcher Verhaltensweisen:

Früher gab es Jahre ohne ein einziges Verfahren.

Das ist heute ganz anders.

** Nach dem Brexit, brachte der britische Premier Boris Johnson ein solches Handelsabkommen mit der EU, explizit in weitere Verhandlungsgespräche ein. Sollten sich die EU-Verhandlungspartner darauf einlassen, wären sämtliche EU-Standardbestimmungen mit einem Schlag ausgehöhlt.

Am größten privaten Schiedsgericht, dem bereits mehrfach erwähnten Internationalen Zentrum zur Beilegung von Investitionsstreitigkeiten (ICSID) mit Sitz bei der Weltbank in Washington, sind ständig mehr als 200 Verfahren anhängig.

Deutschland ist dort einer der als „Antragsgegner" gelisteten Staaten. Bereits 2012 verklagte der schwedische Energiekonzern Vattenfall aufgrund eines Investitionsschutzabkommens mit Schweden, das deutsche Wirtschaftsministerium auf mehr als vier Milliarden Euro Entschädigung. Dem folgte 2017 das Verfahren wegen des Kohlekraftwerkes Moorburg, bei dem Deutschland einem teuren Vergleich zustimmen musste. Im Fall der Klage aus 2012, hat das internationale Schiedsgericht für Investitionsstreitigkeiten (ICSID) in Washington seine Zuständigkeit für den Fall ICSID Fall-Nr. ARB/12/12)erklärt. Der Vorgang betrifft die Abschaltung der AKW Brunsbüttel und Krümmen. Eine Entscheidung ist noch nicht getroffen worden. Das hängt allerdings damit zusammen, dass die Bundesrepublik die Zuständigkeit des ICSID angezweifelt und beantragt hatte, die Klage daher abzuweisen. Dabei hatte sich die Bundesregierung auf eine EuGH-Entscheidung vom März 2018 bezogen. Bei diesem Urteil ging es um Schadenersatzklagen von Unternehmen aus der EU gegen einzelne Mitgliedsstaaten. Mit dem Urteil hatte der EuGH einen Schiedsspruch in Milliardenhöhe zu Gunsten eines Unternehmens komplett kassiert und damit aufgehoben.

Dagegen wehrte sich Vattenfall mit der Feststellung, dass das Verfahren Vattenfall gegen die Bundesrepublik auf dem europäischen Energiechartavertrag beruht, der ein multinationalles Abkommen ist, das auch von der EU unterzeichnet wurde. Das von der Bundesrepublik Deutschland angeführte EuGH-Urteil beruhe hingegen auf bilaterale Verträge zwischen Staaten. Das Bundeswirtschaftsministerium erklärte, die Entscheidung prüfen zu wollen.

Die Brisanz liegt darin, dass mit den Schiedsgerichten die demokratischen Gesetzgebungen einzelner Staaten unterwandert werden.
Fakt ist, dass es sehr selten vorkommt, dass ein Konzern nach einem Prozess vor einem privaten Schiedsgericht leer ausgeht. In der Regel verlieren die Staaten.

Weil man bei privaten Schiedsgerichten weder in Berufung gehen kann noch Revision einlegen darf, versuchen manche Staaten die Entschädiggungszahlung zu mindern, indem sie politische Zugeständnisse und Kompromisse machen.
Der Weg vor ordentliche Gerichte in den jeweiligen Ländern ist unwiderruflich versperrt.

Es sprechen keine Berufsrichter Recht. Es sind hochbezahlte, von den Parteien bestellte Juristen, die verbindlich entscheiden.
Interessant ist zu wissen, dass wir, die Deutschen, den Investitionsschutz „erfunden haben". In den 1960er Jahren fingen deutsche Firmen an, im Iran und Pakistan und in weiteren Entwicklungsländern zu investieren.

Damals traute niemand der dortigen Justiz. Um eine gesicherte Investitionslage garantieren zu können, ließ sich Deutschland von den jeweiligen Regierungen vertraglich zusichern, dass sie anstelle der jeweiligen nationalen Justiz ein internationales privates Schiedsgericht als Gericht akzeptierten. Damit sollten investitionsbereite Unternehmen in den Ländern a gesichert werden. Bei einer Schädigung oder Enteignung sollten sie den Staat auf Entschädigung verklagen können. Jetzt fällt uns dieses „Druck"-Verhalten auf die eigenen Füße.
Das fast schon frivole an der Ganzen Sache ist, dass dieses Recht natürlich auch für (hier in diesem Falle) iranische und pakistanische Unternehmen galt, die in Deutschland investierten. Da es damals solche Fälle jedoch nicht gab, waren die sogenannten Investitionsschutzabkommen für die entwickelten Staaten völlig risikolos, während den Schwellen- und Entwicklungsländern keine andere Wahl blieb, als zu unterschreiben, wenn sie Unternehmen aus dem Ausland ansiedeln wollten. Aufgrund des Ungleichgewichtes kam es dazu, dass immer mehr solcher „fragwürdigen) Investitionsschutzabkommen geschlossen wurden. Deutschland hat mittlerweile 130 Verträge unterzeichnet. Weltweit sind über 3.200 Verträge in Kraft. Mittlerweile sieht das Ganze anders aus.
Die Bundesrepublik wird von global agierenden Konzernen vor solchen Schiedsgerichten verklagt. Diese Klagen bewirken, dass politische Entscheidungen im Laufe eines Verfahrens geändert, oft sogar zurückgenommen werden.
Es ist zu befürchten, dass Staaten aus Angst vor einem teuren Schiedsgerichtsprozess auf Verbesserungen des Verbraucher-, Gesundheits- und Umweltschutzes verzichten.

Inzwischen haben sich bereits mehrere Staaten geweigert, auslaufende Investitionsschutzverträge zu verlängern. Dem gegenüber steht, dass im Rahmen des Freihandelsab- kommens CETA wieder einen Investitionsschutz vereinbart wurde.

Damit wurde den Großkonzernen tatsächlich ein Instrument in die Hand gegeben, mit dem sie die beteiligten Staaten, „auf ihre Linie bringen können".

Während es die hinterfragenden Kritiker vor solchen „einseitigen" Vor-Sicherheitsleistungen regelrecht graust, lachen sich weltweit die Klageprofis in den Anwaltskanzleien ins Fäustchen. Für sie ist der Investorenschutz ein lukratives Geschäft.

Wie es in der Vergangenheit mit dieser „zweifelhaften Errungenschaft", den internationalen Schiedsgerichten, gehen kann, zeigen die nachfolgenden Beispiele, die so aus einer Internetveröffentlichung entnommen wurden.
Ecuador musste in einem Fall eine Milliarde US-Dollar zahlen. Das südamerikanische Land hatte dem US-Konzern Occidental Ölförderverträge im Amazonasgebiet einseitig aufgekündigt.
Uruguay wiederum droht eine Schadenersatzforderung des Schweizer Tabakkonzerns Philip Morris, weil das Land unter einem Präsidenten, der als Onkologe gearbeitet hat, den Raucherschutz verschärft hat.
Kanada musste sich aufgrund des NAFTA-Freihandelsabkommens gegenüber mehreren Ölkonzernen verantworten. In einem Fall hatte die Provinz Québec ein Fracking-Moratorium erlassen, in einem anderen sollten Ölfirmen in einen Forschungs- und Entwicklungsfonds einzahlen, der den ärmeren kanadischen Provinzen zugute kommen sollte.
El Salvador kommt möglicherweise der Bürgerprotest gegen eine Goldmine teuer zu stehen, weil eine Firma eine geplante Goldmine nicht mehr eröffnen konnte.
Uruquay musste in Bezug des bestehenden Raucherschutzes, genauso wie die Stadt Hamburg einem Vergleich zustimmen und verschärfte Umweltauflagen wieder aufweichen.

12. „Nur die allerdümmsten Kälber, wählen ihren Schlächter selber".

Warum dieser provokante Spruch?

Es ist abzusehen, dass die von uns, unter großen Anstrengungen erarbeiten Qualitäts- und Sicherheitsstandards, letztendlich größtenteils auf der Strecke bleiben werden. Wir alle kennen den Schrott an Produkten, die aus den verschiedensten Ländern nach Deutschland eingeführt werden. Diese Importe genügen nicht einmal den Mindestanforderung an Sicherheit, ja teilweise müssen sie als gefährlich bezeichnet werden.

Bolivien kann sich glücklich schätzen, dass es sich geweigert habt, das Abkommen, betreffend Internationaler Schiedsgerichte **nicht** mehr zu verlängern. So braucht die bolivianische Regierung keine Angst vor Regressansprüchen in Milliardenhöhe zu haben.
Bolivien hat aufgrund von großen Bedenken und der Gefahren für die gesamte Umwelt beim Lithiumabbau das Ende 2018 mit dem mittelständischen deutschen Unternehmen ACI Systems Alemania (ACISA) aus Baden-Württemberg unter Beteiligung von K-UTEC und das bolivianische Staatsunternehmen Yacimientos de Litio Bolivianos (YLB) eingegangene Joint Venture gekündigt.

Der von ihm selbst (Altmaier) so hochgelobte Lithium-Deal, der der Natur nicht wieder gut zu machenden Schaden zufügt.
All das im Namen einer Erneuerbaren Energie-Lüge, damit bei uns Elektroautos fahren können.
Das Unternehmen ACI Systems Alemannia aus dem baden-württembergischen Zimmern ob Rottweil (ACISA) und das bolivianische Staatsunternehmen Yacimientos de Litio Bolivianos (YLB) werden eine Gemeinschaftsfirma bilden. Ab 2021 wollen sie jährlich 40.000 bis 50.000 Tonnen Lithiumhydroxid über 70 Jahre in dem größten Lithiumvorkommen der Welt fördern.
Dazu trafen sich in Berlin der Außenminister Maas (SPD) und Ener gie/Wirtschaftsminister Altmaier (CDU), mit Zustimmung von Kanzlerin Merkel, mit dem linken bolivianischen Präsidenten Evo Morales.

Welch ein Umweltfrevel!

Aufgrund von Massenprotesten hob die bolivianische Regierung am 3. November 2019 das Dekret 3738 auf. Auf dem Dekret 3738 war der Vertrag mit dem deutschen Konsortium begründet. Damit war der, von Bundeswirtschaftsminister Altmaier als herausragender Erfolg gepriesene Vertrag, nichts mehr wert. Gut so, den dieses Joint Venture Abkommen hätte fatale Folgen für die Bevölkerung Boliviens nach sich gezogen.

Nur um die unglaublichen Ressourcenmengen, für die Batterien der E-Autos in Deutschland zur Verfügung zu haben, waren wir bereit, dies zu tun.

Dieses „ausbeuterische Kolonialverhalten" hätte der gesamten urbanen Bevölkerung Boliviens in diesen Landesteilen sämtliche Lebensgrundlagen entzogen. Das Wasser wäre auf Jahrhunderte vergiftet und die Landschaft durchwegs zerstört worden.

Flüsse und Seen wären versiegt und auf Dauer vernichtet, und ganze Landstriche für immer unbewohnbar gemacht worden. All dies nur, um bei uns die E-Automobilität mit aller Macht und allen zur Verfügung stehenden Mitteln durchzudrücken.

Kommen wir zurück auf die CO_2-Belastung in der Umwelt und die damit vehement geforderte Umstellung von Verbrennungsmotoren auf Elektroautomobile **und die sog. Erneuerbare Energie".** Es ist von enormer substantieller Bedeutung, dass sämtliche Umweltaktivitäten in aller Konsequenz zu Ende gedacht werden. Es führt zu fatalen Folgen, wenn durch Fehleinschätzungen von „Umweltaposteln", falsche Entscheidungen, nur um der Agitation Willen, getroffen werden. Mit solchen, in Wahrheit unausgegorenen Entscheid- Dungen, erreicht man bei der Umsetzung, meist genau das Gegenteil von dem, was den Menschen als „Umweltschutz verkauft" werden soll. Oft stellen sich im Nachhinein schwerste Umwelt-Folgeschäden ein. Elektroautos machen ein vollkommen neues, riesige Flächen versiegelndes, Tankstellennetz notwendig, und es werden unglaubliche Mengen an **Lithium** für die Produktion der Batterien für die Elektro-Fahrzeuge benötigt.

Bericht in der Mainpost vom 13. Dez. 2018.

Deutschlands Griff nach dem „weißen Gold". Unternehmen ACISA bekommt erstmals Zugriff auf Rohstoff Lithium aus Bolivien – Wichtig für die Produktion von Autobatterien. Es folgt ein ausführlicher Bericht über die Sicherung des **„Schlüsselstoffes des 21. Jahrhunderts."**

Bei der Vertragsunterzeichnung in Berlin:
Prof.Dr.-Ing. Wolfgang Schmutz CEO ACI Systems Alemania GmbH, ACISA) und Juan Carlos Montenegro CCEO Yacimientos de Litio Bolivianos YLB) im Hintergrund von links: Rafael Alarcon, Energieminister Bolivien, Dr. Nicole Hoffmeister-Kraut, Baden-württem berg Ische Wirtschaftsministerin.
Peter Altmaier, Bundeswirtschaftssminister,
Diego Pary, bolivianischer Außenminister

Dabei wird der Abschluss des Joint Venture hoch gelobt. Mit keinem einzigen Wort wird erwähnt, dass die Lithiumgewinnung enorme Wassermengen benötigt, das in den Förderländern den Grundwasserspiegel sinken und Flüsse austrocknen lässt. Dadurch wird nicht nur die gesamte Landwirtschaft in den betroffenen Regionen der Erzeugerländer vernichtet, es müssen auch hunderte Menschen mangels sauberem Trinkwasser sterben!

Davon spricht Keiner bei uns.

Das wird von den „Anhängern der Elektro-Automobil-Lobby" ignoriert und bewusst totgeschwiegen.

Von „Umweltaktivisten und Tagträumern" propagierte, aber nicht zu Ende gedachte Umweltpolitik, schadet der Umwelt weit mehr, als sie ihr nützt.

Die Politik wäre in solchen Fällen gut beraten, wenn sie auf die sinnfreien Einlassungen diverser Gruppierungen, Verbände/Vereine nicht sofort und so aufgeregt reagieren würde.

Die Problematik muss kompetent und ausführlich eruiert werden.

Die neuen Rohstoffe für Zukunftstechnologien haben ihre Schattenseiten: Ihr Abbau ist oft ein schmutziges Geschäft. In Groß-Minen reißen Riesenbagger ganze Landstriche regelrecht auf. Ätzende Laugen lösen die begehrten Elemente aus den Erzen.

Zurück bleiben giftige Schlämme, die oft genug einfach nur in die Landschaft gepumpt werden und Menschen und Umwelt für Generationen belasten.

Daneben gibt es kleine, illegale Minen, die für die darin arbeitenden Menschen große Gefahren bergen.

Diese brutale Umweltzerstörung haben unsere „Umwelttheoretiker" zu verantworten.
Wer weiß denn schon, dass Chile das einzige Land der Welt ist, in dem Wasserressourcen und Wassermanagement zu 100% privatisiert sind. Das heißt, der Staat vergibt Wasser-Konzessionen an private Unternehmen wie SQM. Transparenz gibt es kaum.

Es gab eine Klage gegen SQM wegen der Nutzung der Wasserrechte.
Aber mit dem neuen Abkommen wurden alle Klagen fallengelassen.

Es wird angenommen, dass SQM weiterhin die Wasserressourcen verwaltet.

Und das ist eine komplexe Situation, da das Unternehmen so die Wasserressourcen und den Lithiumabbau kontrolliert. Das Lithium-Karbonat wird im Salzsee in der Atacamawüste im Norden des Landes gefördert. Das mineralhaltige Grundwasser wird in riesige Becken gepumpt. Dort verdunstet es bei hoher Sonneneinstrahlung. Übrig bleibt eine Salzkruste, aus der durch einen chemischen Prozess das Lithium-Karbonat erzeugt wird. Die Lithiumgewinnung wirke sich direkt auf die Wasserreserven aus, denn Förderung der Lake aus dem Grundwasser führt dazu, dass der Grundwasserspiegel sinkt, Flussläufe und Feuchtgebiete austrocknen. Die ansässige, zum Großteil indigene Bevölkerung, leidet unter Wassermangel. „Bisher gibt es keine Regulierungen. Deshalb sind viele Menschen besorgt darüber, wie sich die steigenden Produktionsraten auf das empfindliche Ökosystem des Salar de Atacama auswirken werden."

„Lithium für Chile, nicht für Soquimich", rufen die Demonstranten in den Straßen von Santiago de Chile.
Aufgefordert zu dem Protestmarsch hat eine Bewegung, die sich hauptsächlich aus Bergbaugewerkschaften zusammensetzt. Anlass für ihren Protest: Chile hat Anfang des Jahres dem privaten Bergbauunternehmen SQM, früher Soquimich, die Erlaubnis erteilt, bis 2030 Lithium abzubauen. Das Unternehmen ist neben dem US-Konzern Albemarle der größte Lithium-Produzent der Welt. Einst ein staatliches Unternehmen, wurde es während der Militärdiktatur unter Pinochet in den 1980-er Jahren privatisiert.
Seitdem befindet es sich in den Händen der Familie des ehemaligen Diktators.
In den vergangenen Jahren wurde mehrfach wegen Geldwäsche, Steuerhinterziehung und illegaler Wahlkampffinanzierung gegen Soquimich ermittelt.
Miguel Soto leitet die Bewegung „Lithium für Chile": „SQM sollte wieder verstaatlicht werden. Wir sagen nicht, dass keine privaten Unternehmen am Lithiumabbau teilnehmen dürfen. Natürlich können sie das. Aber der Staat muss die Kontrolle haben. Eine Ausbeutung des Atacama-Salzsees könnte eine Umweltkatastrophe verursachen. Und die indigenen Völker der Region, die Atacameños, haben sich gegen den Abbau ausgesprochen."

Etwas anders als in Chile ist es in Bolivien. Auch dort wird an der Umwelt Raubbau betrieben. Hier liegt der Lithiumabbau in bolivianischen Händen. Die Geschichte soll sich nicht wiederholen. Nicht internationale Konzerne sollen Bolivien den Reichtum wegnehmen.
Die schlechten Erfahrungen, die das Land mit der Ausbeutung des Mineralien- und Erdölreichtums in der Vergangenheit gemacht hat, wird es nicht mehr geben.
Lithium soll der Entwicklung Boliviens dienen.
Es gibt kein zweites Potosí, wo die Spanier Jahrhunderte lang das Silber raubten.

Der Raubbau an den Wasser-Ressourcen wird aber auch in Bolivien betrieben und Deutschland trägt mit seinen Verträgen einen Großteil dazu bei.

Aber nur mit den gesicherten Lithiumkontingenten ist eine annähernde Verwirklichung der E-Autos überhaupt möglich. Deshalb werden die Wasserprobleme Boliviens einfach verschwiegen und unter "den Tisch gekehrt". Wo sind sie denn, unsere Intelligenz resistenten Öko-Apostel, die sich so für die Umwelt engagieren?

Man sieht und hört Keinen. Die Umweltzerstörung ist so weit weg und man müsste ja sein „Elektro-Auto Konzept" in die Tonne klopfen".

Danken wir der Bevölkerung Boliviens, dass sie die „grünen Apostel" daran gehindert haben, diesen Teil der Natur komplett und unwiederbringlich zu zerstören.

Fazit:
Das Verhältnis von bilateralen Investitionsschutzvereinbarungen und den garantierten Menschenrechten ist mehr als angespannt. Wenn solche Abkommen vorrangig versuchen, die nationalen Rechtsinstanzen zu umgehen, nur um Investoren in ein Zielland zu locken, muss dem weltweit Einhalt geboten werden. Absolut problematisch wird die Situation, wenn Länder mit zwei, sich widersprechenden internationalen Verpflichtungen, konfrontiert werden.

Ein Beispiel gefällig: **Der sogenannte „Cochabamba-Wasser-Fall"**
Er zeigt die Schwierigkeiten exemplarisch auf. Bolivien privatisierte (in einem Modellversuch) die Wasserversorgung der Stadt Cochabamba. In einem geheimen Verfahren wurde die Vergabe, an ein von der Bechtel-Group kontrolliertes Unternehmen, durchgeführt. Danach stiegen die Wasserpreise in Cochabamba sofort um 50% an.
Es folgte eines der blutigsten Bürgeraufstände der jüngsten bolivianischen Geschichte. Der Druck auf die bolivianische Regierung wurde zu stark, dass sie deshalb entsprechenden Druck auf die Bechtel-Group ausübte. Danach zog sich der Konzern aus Cochabamba zurück. Gleichzeitig wurden jedoch Forderungen auf Wiedergutmachung und Schadensersatz an Bolivien gestellt. Im folgenden Schiedsgerichtsverfahren musste über die Rechtmäßigkeit der Maßnahmen der bolivianischen Regierung und somit indirekt über das Recht auf Zugang zu Wasser der lokalen Bevölkerung befunden werden. Die Bechtel-Gruppe verlangte 50 Millionen US Dollar Schadensersatz. Eine solche Forderung, stellt für ein armes Land wie Bolivien, eine substantielle Gefahr dar.
Vom dem Menschenrecht auf freien Zugang zu Trinkwasser ganz zu schweigen.
In Bolivien begann damals erst der Aufbau zum ungehinderten Gang zu Trinkwasser. Die erforderliche Infrastruktur musste zuerst (mit ca. 60% ausländischem Kapital) vorangetrieben werden. Großangelegte Protestveranstaltungen in Europa und den USA bewogen die Bechtel-Gruppe dann doch die Klage zurück zu ziehen. Es dürfte der zu erwartende Imageverlust gewesen sein, der die Bechtel-Gruppe zu diesem Schritt bewogen haben.

Erinnern wir uns daran:
Brabeck-Letmathe wurde 2005 zum CEO (Hauptgeschäftsführer) und damit zum Gesicht von Nestlé weltweit, bestellt.
In dieser Stellung sagte er in einem Interview:

13. „Es gibt kein Menschenrecht auf Wasser".

Dass er diese menschenverachtende Stellungnahme gleich ab schwächte, indem er die Aussage auf ein fehlendes Wasseranrecht für Swimmingpools und Golfplätze bezog, und zugleich die Herstellung von Biokraftstoffen mit einbezog, da deren Produktion große Wassermengen benötige, zeigt dennoch seinen tatsächlichen Hintergedanken.
Im Folgenden sagte Brabeck-Letmathe und damit auch Nestlé, dass die Menschen sparsamer mit Wasser umgehen, wenn es sie etwas kostet.
Deswegen vertrete er die Meinung: **Unbegrenzter Zugang zu Wasser solle kein Menschenrecht sein, sondern jeder, der es finanziell kann, müsse dafür bezahlen.**
Nirgendwo sagt er, dass armen Menschen der Zugang zu Wasser entzogen werden solle oder dürfe. Im Ergebnis vertritt der „Nestlé-Mann" die Meinung, dass er das Wasser, dass jeder Mensch zum täglichen Verbrauch benötigt, also etwa zum Trinken oder Waschen, schon als Menschenrecht betrachte. "Jede Regierung sollte verantwortlich dafür gemacht werden, dass ihre Bevölkerung Zugang zu diesem Menschenrecht hat. Wenn die Menschen das nicht bezahlen können, dann soll die Regierung dafür sorgen, dass sie diesen Zugang gratis erhalten", sagte er etwa in einem Interview mit der Schweizer Zeitung Blick.

Brabeck-Letmathe hat das Menschenrecht auf freien Zugang zu Wasser nie wirklich verneint. Er hat es aber erheblich beschnitten. Soweit das Nestlé Statement, dem Unternehmen, dem unsere dauerlächelnde Landwirtschaftsministerin Julia Klöckner so zugetan ist. Eine Expedition in die Welt des Flaschenwassers verdichtet sich zu einer Geschichte über die Strategien des mächtigsten Lebensmittelkonzerns der Welt. Am Ende bleibt das Bild einer Firma, die sich weltweit Rechte an Wasserquellen sichert, um den Wassermarkt der Zukunft zu dominieren.

Nestlé selbst sieht sich anders – nämlich als Unternehmen, das dank „Corporate Citizenship" die Trinkwasserressourcen auf dieser Welt verantwortungsvoll bewirtschaftet.

Das Diagramm sollte uns dennoch zu denken geben.

Für Interessierte
-der Hinweis:
Die Vittel-Quellen,
-auch dort hat Nestlé
seine Hände im Spiel.

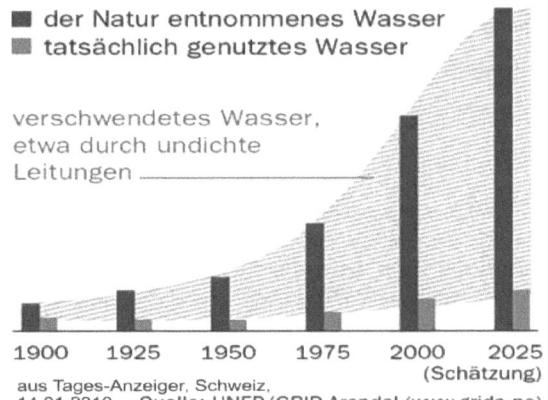

Weltweite Wasserverschwendung der Industrie

■ der Natur entnommenes Wasser
■ tatsächlich genutztes Wasser

verschwendetes Wasser,
etwa durch undichte
Leitungen ——

1900   1925   1950   1975   2000   2025
                                        (Schätzung)
aus Tages-Anzeiger, Schweiz,
14.01.2010   Quelle: UNEP/GRID-Arendal (www.grida.no)

Zu welchen Auswüchsen Schiedsgerichte führen können, zeigt Ihnen der unten stehende Bericht deutlich auf.

ZEIT🛡ONLINE

Internationale Schiedsgerichte

Ungleiche Gegner

Schiedsgerichte hebeln das Recht aus. Europäische Steuerzahler kann das noch viele Millionen kosten.

Von **Petra Pinzler**

13. November 2014 / DIE ZEIT Nr. 47/2014, 13. November 2014

AUS DER
ZEIT
NR. 47/2014

Eigentlich wollen Ioan und Viorel Micula nur viel Geld verdienen. Doch seit die Zwillingsbrüder deswegen vor ein Schiedsgericht gezogen sind, stellt sich in Europa eine ganz neue Frage: Was zählt in dieser Welt mehr: Europäische Gesetze? Oder die Entscheidungen privater Schiedsgerichte?

Die Geschichte der in Rumänien geborenen Micula-Brüder beginnt in den neunziger Jahren. Damals kauften sie eine schwedische Firma und nutzten diese, um wiederum in Rumänien zu investieren. Dort, in Großwardein am Fuße des Apuseni-Gebirges, gab es eine Mineralwasserquelle. Die Brüder errichteten eine Abfüllanlage für Wasser, Säfte und Limonaden. Das war auch deswegen lukrativ, weil der rumänische Staat großzügige Subventionen genehmigte. So musste ihre Firma kaum Einfuhrzölle auf Rohstoffe zahlen und keine Mehrwertsteuer auf Maschinen. Gewinne brauchte sie nicht zu versteuern.

In etwas holprigem Deutsch, aber voller Stolz beschreibt das Viorel Micula auf der Internetseite der Firma: "Wir, einige Menschen haben es geschafft, hervorragend zu beweisen dass die Sachen auch in diesem Land gut ergehen können." Es lief sogar so gut, dass sein 18-jähriger Sohn Victor schon mal mit dem Helikopter zur Schule fliegen durfte. Wenn er nicht den Ferrari nahm.

Das alles klingt wie eine typisch postsozialistische Goldgräbergeschichte. Doch der Fall Micula geht weit darüber hinaus. Er zeigt exemplarisch, wie sich manche Unternehmer eine Extrajustiz zunutze machen, die sich parallel zur staatlichen Rechtsprechung immer mehr ausbreitet und so den politischen Spielraum von Regierungen immer stärker reduziert. Binnenmarktes nutzen zu können, musste das Land eine ganze Reihe europäischer Regeln übernehmen. Die Regierung strich deswegen schon während der Beitrittsverhandlungen Privilegien der heimischen Wirtschaft. Sie brachte ihre Gesetze auf europäischen Standard und reduzierte die Subventionen. Auch die für die Firma der Miculas.

Die Brüder ärgerte das enorm. Sie nahmen sich einen Anwalt, jedoch nicht irgendeinen. Sie heuerten den bekanntesten Fachmann für solche Probleme an. Der zog für sie gar nicht erst vor irgendein rumänisches Gericht. Er wandte sich an das internationale Schiedsgericht ICSID in Washington.

Der Anwalt heißt Emmanuel Gaillard, sein Büro liegt an der Champs-Élysées in Paris. Der Franzose ist ein Star seiner Zunft. "Es gibt keinen, der besser ist oder nur eben so gut. Er übertrifft sie alle", schreibt der Branchendienst Who's Who Legal. Auf seiner Website rühmt sich der Jurist seines jüngsten und mit Abstand größten Coups: In diesem Sommer hat er für die ehemaligen Mehrheitsaktionäre des russischen Ölkonzerns Yukos Oil ein Verfahren gewonnen. Er erzielte für seine Klienten, wie er selbst stolz schreibt, die "größte Summe, die jemals von einem Schiedsgericht zuerkannt wurde". Wegen unrechtmäßiger Enteignung wurde Russland verurteilt. Die Regierung soll 50 Milliarden Dollar Schadensersatz zahlen.

Gaillard hat für die Yukos-Aktionäre aber nicht in Russland geklagt. Sondern vor einem Schiedsgericht in Den Haag.

Solche Schiedsgerichte gibt es noch in anderen Städten. Zwischen ihnen herrscht reger Wettbewerb, denn es geht um viel Geld. Die Anwälte der Kläger, die der Beklagten und auch die Gerichte selbst verdienen ganz gut an den Gebühren. Das müssen sie auch, schließlich arbeiten dort nicht klassische, vom Staat bezahlte Richter, sondern Juristen, auf die sich die Streitparteien zuvor einigen. Sie werden aktiv, wenn ein Investor sich von einer fremden Regierung um sein Geld gebracht sieht und er sich auf eine "Schutzklausel" berufen kann. Diese Klauseln stehen mittlerweile in zahlreichen internationalen Abkommen. Die Regierungen schreiben sie dort hinein, weil sie glauben, dass ihr Land so für Investoren attraktiver wird. Tatsächlich aber ist in den vergangenen Jahren vor allem die Zahl der teuren Schiedsverfahren gegen Staaten stark gestiegen.

Den Miculas kam zugute, dass ihr Anwalt Gaillard ein schwedisch-rumänisches Investitionsschutzabkommen nutzen konnte. Weil die Brüder ihre Investitionen über Schweden geleitetet hatten.

Zwei in Rumänien geborene Milliardäre klagen mithilfe eines französischen Anwaltes vor einem Schiedsgericht in Washington auf der Grundlage eines schwedisch-rumänischen Abkommens. Man kann so etwas als Globalisierung der Rechtsprechung bezeichnen.

Oder als Privatisierung.

Zur Erinnerung:
Dies ist keineswegs ein „herausgepickgter" Einzelfall.
Solche, oder ähnliche Fälle, gibt es zu hunderten.
Seien wir einmal gespannt, was die EU mit Großbritannien aushandelt.
Wenn den britischen Firmen Absatzmärkte wegbrechen, klagen sie halt vor internationalen Schiedsgerichten ihre verloren gegangenen Umsätze ein.

Wir werden sehen, was uns die nahe Zukunft bringt.

Was hier als Satire erscheint, ist Wirklichkeit.

14. Der Preis ist viel zu hoch,

... den wir bereit sind, für Smartphones, Tablets und die Elektroautos zu bezahlen
Für die Herstellung der Batterien für Smartphones, Tablets und neuerdings auch für die Umsetzung der Elektro-Automobile benötigen alle Hersteller Kobalt.
Der Rohstoff Kobalt wird im Kongo unter katastrophalen und menschenunwürdigen Bedingungen abgebaut. Häufig müssen diese Arbeiten Kinder erledigen.
Die Endabnehmer wollen ihren Kunden suggerieren, dass sie ausschließlich „sauberes" Kobalt handeln. Doch das ist nicht zu bekommen.
Im Kongo lagert rund die Hälfte der weltweiten Reserven des wertvollen Rohstoffs Kobalt.

Abgebaut wird es teilweise von Kindern.

Situationsdarstellung: Hinter irgendwelchen Grünzeug verbirgt sich ein ein ungesicherter Schacht. Ein schmaler Durchlass macht sich auf. Einige Steinvorspünge bilden so etwas wie einen Halt für den Einstieg. Hier wird von Kindern illegal Kobalt abgebaut. Solange Grundwasser kein unüberwindbares Hindernis bildet, (abpumpen ist viel zu teuer) lassen die Minenbesitzer, Kindern unter kriminellen Bedingungen das Kobalt abbauen. Solche Klein-Minen gibt es überall im südlichen Kongo. Die verlassenen und dennoch aktiven Minen der Region Katanga, bringen die reichen Metallvorkommen an Kupfer, vor allem aber Kobalt an den Tag. Im Kongo lagert etwa die Hälfte der (bekannten) weltweiten Reserven des begehr-ten Rohstoffs. Aufgrund des immensen Bedarfs ist die Nachfrage nach Kobalt riesig. Das unscheinbar silbriggraue Metall ist unverzichtbar für die Herstellung von wieder aufladbaren Batterien und damit für Handys, Laptops oder Tablets.
Nach der Klimawandeldebatte hat der momentane Hype um Elektroautos die globale Kobaltnachfrage richtig angeheizt.

^{27}Co

59

Die Debatte um Klimawandel und der Hype um Elektroautos haben einen neuen Nach-Frageschub nach Kobalt gebracht. Die hierbei geführte große Diskussion über sogenanntes sauberes Kobalt, d. h. Kobalt, das ethisch produziert wurde, vor allem ohne Kinderarbeit, ist ein ganz großes Thema. Jedem Beteiligten ist bewusst, dass der Kongo, als eines der an Rohstoffen reichsten Länder des Planeten, für seine katastrophalen Abbaubedingungen berüchtigt ist. Dort wird ohne Schutzkleidung oder Helme, und ohne Atemmasken gegen den Staub und ohne jegliche Sicherung gearbeitet.

Jeder Ab- oder Aufstieg ist ein halsbrecherisches Unterfangen.

Man sieht die Kinder, wie sie sich zwischen dicken Holzbalken hindurch quetschen, hinein in ein dunkles Loch im Boden.

Tödliche Unfälle gehören hier zum Alltag.

Wie viele Schürfer letztendlich kein Glück haben und in der Tiefe sterben, weiß niemand genau. Aber das Risiko schreckt die wenigsten ab.

Man muss wissen, dass Kleinminen im Kongo grundsätzlich legal sind.

Die Schürfen müssen sich nur registrieren lassen und sich verpflichten, dass sie nur in den ausgewiesenen Zonen graben. Es gibt sogar (theoretisch) Vorschriften über Sicherheit, Arbeits- und Umweltschutz und ein striktes Verbot von Kinderarbeit. Nur niemand kümmert sich auch nur annähernd um die Umsetzung des Gesetzes. Hilfsorganisationen haben fast 10.000 Kinder in den Minen aufgespürt. Schätzungen zufolge, arbeiten mindestens 22.000 Kinder im Kobaltabbau. Um die Missstände nicht weltweit publik zu machen, wird jegliche Berichterstattung verhindert. An manchen Straßen, die in die Minengebiete führen findet man zwar Schlagbäume mit Hinweisschildern: Zutritt für Kinder und schwangere Frauen streng verboten. Auch für Journalisten ist die Reise hier zu Ende. Für Kinder ist der Zugang dagegen weniger schwierig. Ein 13-jähriges Mädchen sammelt in eine dieser Zonen Kupfer und Kobalt. Für eine Tagesleistung erhält sie etwa 5 Euro.

Dafür riskieren die Kinder täglich, nicht nur ihre Gesundheit, sondern ihr Leben.

Und in Deutschland schreien die „Elektro-Fanatiker" nach der Umstellung von Verbrennungsmotoren auf Elektro Autos.

Sie sollten einmal hierher kommen und sich die „Schweinerei" ansehen, dann verginge ihnen das „Geschrei" nach der Elektro-Mobilität.

Das hat etwas damit zu tun, dass wir nicht weiter weltweiten Raubbau an der Natur betreiben dürfen, nur um in Deutschland oder anderen Ländern den Eindruck erwecken zu können, dass man die Natur schützen will. Es wird genau das Gegenteil gemacht.

Sarkastisch, ironische
Bild-Fotomontage.

60

Die ganze Region Katanga liegt auf reichen Metallvorkommen – Kupfer und vor allem Kobalt. Aus dem industriellen Bergbau kommen rund 80 Prozent des Kobaltabbaus.
Dafür kam es auch zu Zwangsumsiedlungen.
Dennoch bedrohen die Kleinminen, mit ihren katastrophalen Zuständen, die gesamte Branche.

„Die großen Produzenten
die im Kongo Kobalt produzieren, sind natürlich international aufgestellt Unternehmen, die nach internationalen Standards arbeiten. Betreffend Umwelt, Arbeitssicherheit, aber auch Produktionsqualität." (??)
Lebensgefährliche Arbeitsbedingungen oder Kinderarbeit gibt es in den Industrieminen nicht. Aber die riesigen Tagebau-Gruben verschlingen gewaltige Flächen Land und verursachen andere Probleme.

Da steht irgendwo eine kleine Ansiedlung.
Die Häuser sind erst 2 Jahre alt und solide gebaut.
Es gibt hier aber weder Strom, noch Wasser und natürlich auch kein Krankenhaus.

Die Leute hier, haben früher woanders gelebt – bis ein chinesischer Konzern eine Minenkonzession dort gekauft hat.
Alle Häuser auf dem künftigen Tagebau mussten weg.
Die „Chinesen" ließen ihnen die Wahl:
Entweder eine kleine Entschädigung in Bargeld oder ein neues Haus woanders.
Für ein Haus mit 5 Zimmern z.B. boten sie 2.500 Dollar.
Aber dafür kann man kein anderes Haus kaufen.
Deshalb haben sich alle für das neue gebaute Haus entschieden und jetzt leben sie dort.
Wie gesagt, ohne Wasser und ohne Strom.
Die Meisten haben ihre Entscheidung längst bitter bereut, denn das fehlende Wasser ist ein fast unlösbares Problem.
Fehlender Strom lässt die Pumpen still stehen. Die Versprechungen der „Chinesen" , Wasser- und Stromanschlüsse zu legen, wurden nicht gehalten.
Großspurige Statements wie:
„Wir geben ein bis zwei Prozent unserer Umsätze sofort an unsere Abteilung für Soziales. Wir haben eine Menge soziale Programme. Schulbildung und Wasserversorgung gehören zu unseren Prioritäten. Wir pumpen so viel sauberes Trinkwasser wie möglich zu den Häusern in der Gegend. Wir tun, was wir können ", ... sind reine Lippenbekenntnisse, um die Kunden in Europa und der Welt positiv zu stimmen.

Wind wirbelt den Staub aus einer völlig kahlen Mondlandschaft auf. Der riesige Industrie-Tagebaustätte ist fast menschenleer. Kupfer und Kobalt werden hier mit schweren Maschinen abgebaut. Die Industriemine ist von hohen Abraumhalden umgeben. Die sind durchlöchert wie ein Schweizer Käse. Schürfer buddeln Sand und Geröll aus der Halde und schleppen die Ausbeute in Säcken den Hang herunter zu einem halb ausgetrockneten See – zum Waschen und Sortieren. Dutzende Menschen stehen tief gebeugt in der schmutzigen Brühe –alte Männer, Frauen und Kinder. Unermüdlich füllen sie Geröll in große Eimer und spülen den Sand von den dickeren Steinen. Im Abraum sind noch genug Mineralien – man muss sie nur finden.
Kobaltoxid ist schwarz, Kupferoxid grün. Die grünen und schwarzen Stücke, die vereinzelt zwischen dem grauen Gestein aufblitzen, sind winzig. Es dauert ewig, bis ein großer Sack voll ist – und bezahlt wird. Frauen und Kinder bekommen am wenigsten.
Maximal 2.50 Euro für eine Tagesleistung.

In einer Bretterbuden stehen sie dicht an dicht. Hier sitzen die Zwischenhändler, die den Schürfern ihre Mineralien-Säcke abnehmen und dann an große Bergbau-Konzerne weiter liefern.

„Die Marge ist für diese Händler einfach absolut attraktiv. Das ist vermutlich der Hauptgrund. Und natürlich hat man keine Verantwortlichkeit, was sein Personal angeht. Das produzierende Personal ist sozusagen outgesourct."

Kobalt wird vor allem für die Batterieherstellung für Smartphones, Tablets und neuerdings auch Elektroautos benötigt. Ein wesentlicher Nachteil besteht darin, dass Industrie-Minen-Kobalt, mit dem aus illegalen Kleinbergbau-Minen, gut vermischt, in den gleichen Raffinerien landet. Dies stellt einen „Fast-Alptraum" für die Endabnehmer dar.
Die würden nur all zu gerne beweisen, dass sie nur sauberes Kobalt für ihre Batterien verwenden. Sie wissen, dass dem nicht so ist.
Und den Schürfern im Kongo ist das ziemlich egal, solange das Geld stimmt.
Ihr Verdienst hängt vom ständig stark schwankenden Weltmarktpreis für das reine Metall ab. Er ist aber immer noch hoch genug, um Kinder und Jugendliche in die illegalen Minen zu locken. Die Minenarbeiter zeigen sich in ihrer Umgebung in schicken Klamotten und prahlen immer mit dem verdienten Geld. So fangen, trotz des hohen Risikos, immer mehr Menschen an, in den Minen zu arbeiten. Geschätzte 200.000 träumen davon, viel Geld zu bedienen und setzten damit ständig ihr Leben aufs Spiel. Es ist deshalb abwegig, daran zu denken, diese illegalen Kleinminen zu schließen. Am nächsten Tag wären sie wieder offen oder es würden, direkt nebenan, neue Minen geöffnet.
Man könnte das Ganze verbieten, nur, welche Alternative gäbe es?
Solange den Eltern die Möglichkeiten fehlen, ihre Kinder zu ernähren, solange wird der illegale Kobaltabbau weitergehen.

Das Wasser in dieser Kobalt-
Tagebau-Mine ist für immer
Verseucht,
..... und KEINEN kümmert´s.

Das ist „eine der Wahrheiten" über die Elektromobilität!

Fridays-For- Future

Während die GROKO in Deutschland unter dem Druck der **Fridays-For-** Future Bewegung und der sich wandelnden öffentlichen Meinung, hin zu mehr ÖKO-Bewusstsein, den Kohleausstieg für 2038 beschlossen hat, (mach sprach auch einmal von 2030), setzt Polen verstärkt auf Kohlekraftwerke.

Die Energiewirtschaft Polens ist zu rund 80% abhängig von der Kohle. Nach dem Motto: „Kohle bringt nicht nur die benötigte Energie, sondern sichert und schafft gleichzeitig auch die so dringend benötigten Arbeitsplätze.

Diese Auflisung ist so nicht vollständig - dennoch sehr aussagekräftig!

Trotz der nachgewiesenen Unrentabilität des gesamten Bergbaus, will das Land noch mehr Kohle fördern, was zur Folge hat, dass die Luft im ganzen Land noch schlechter wird, als sie ohnehin schon ist.

EU-Fördermittel „abgreifen", die „Schrott-Bergwerke" damit unterstützen **und den „Dreck" anschließend in die Luft blasen.**

63

Hintergrund des verstärkten Kohlebooms ist die Tatsache, dass unser Nachbar der fünftgrößte Braunkohle- und der zehntgrößte Steinkohleförderer der Welt ist. Damit sind ca. 100.000 Jobs direkt mit dem Kohleabbau verbunden. Die polnischen Gewerkschaften, mit ihrem enormen Einfluss, üben immensen Druck aus, um die Arbeitsplätze zu erhalten.

Name des Kraftwerks ◆	Inst. Leistung (MW) ◆	Brennstoff ◆	Status ◆
Adamów	600	Braunkohle	in Betrieb
Bełchatów	5.420	Braunkohle	in Betrieb
Dolna Odra	1.832	Steinkohle	in Betrieb
Jaworzno	1.345	Kohle	in Betrieb
Katowice 1	135,5	Steinkohle	in Betrieb
Kozienice	2.820	Steinkohle	in Betrieb
Łagisza 1	820	Steinkohle	in Betrieb
Łaziska	1.155	Steinkohle	in Betrieb
Opole	1.532	Kohle	in Betrieb
Pątnów	1.264	Kohle	in Betrieb
Połaniec	1.800	Steinkohle, Biomasse	in Betrieb
Rybnik	1.776	Steinkohle	in Betrieb
Siekierki	620	Kohle	in Betrieb
Turów	1.900	Braunkohle	in Betrieb
Żerań	350	Steinkohle	in Betrieb

Gestützt wird die Kohle-Politik durch die damit erreichte Unabhängigkeit von russischen Energieimporten. Die PIS setzt deshalb voll auf die Kohle-Kraftwerke.
Ab 2016 wurden zusätzlich 10 neue Kohlemeiler geplant, respektive befinden sich mittlerweile im Bau. Dabei spielen die jährlichen 500 Millionen Euro Verlust keine Rolle. Diese absolut defizitäre Politik wird weiter voran getrieben.

Für unsere „GRÜNEN-Aktivisten" ist es dabei wichtig zu wissen,
dass die meisten Bergwerke hoffnungslos veraltet sind.
Nur aufgrund direkter und indirekter Staatssubventionen können sie überhaupt noch „am Leben" erhalten werden. Das Gleiche gilt auch für einen Großteil der Industrieanlagen.
Durch die Staatsbezuschussungen läuft eine jährliche Belastung der Staatskasse, in Höhe von ca. 500 Millionen Euro an.

An dieser Stelle muss festgestellt werden, dass Deutschland den Abbau und die Verbrennung von Kohle, Öl und Gas mit rund 46 Milliarden Euro bezuschusst.

Europa subventioniert Kohle - Öl - Gas mit 4 Billionen Euro.

Lt. Greenpeace-Veröffentlichungen, die sich aufgrund der Studien des Forums öko-logisch-soziale Marktwirtschaft ermittelt wurden, subventionieren die G20-Staaten zusammen, diese Klimakiller mit fast **4 Billionen Euro**.
Diese Fakten relativieren die polnischen Staatssubventionen. Dennoch bleibt festzuhalten, dass Polen unser direkter Nachbar ist und es wenig nützt, wenn wir versuchen unser „Haus zu bestellen" und die direkte Nachbarschaft „macht weiter so". Die dicke polnische Luft beruht größtenteils darauf, dass nur sehr wenige Häuser isoliert sind und dass die privaten Heizungsanlagen gemeinhin total veraltet sind. Grenzwerte für Schadstoffausstoß gibt es nicht. Die Feinstaubwerte unseres Nachbarlandes sind im erheblichen Maße besorgnis-erregend. Die Jugend Polens erstreitet derzeit immer öfter kleine Zugeständnisse der Regierung. Eine Abkehr von der Kohleverstromung wird es nicht geben.
Im Gegenteil, die Förderung Erneuerbarer Energien wird weiter eingeschränkt.
Allerdings kam die Energieindustrie der weltweiten Klimaentwicklung ein Stück weit ent-gegen. 2017 verkündete sie, ab 2020 nicht mehr in den Neubau von Kohlekraftwerken investieren zu wollen. Bis 2050 wollen die Mitglieder des Verbands eine CO2-neutrale Stromversorgung gewährleisten.

Merke:
Die Selbstverpflichtungserklärung wird von 26 der 28 EU-Staaten mitgetragen.
Die einzigen Ausnahmen sind **Griechenland** und **Polen**.
Im April 2021 unterzeichneten Vertreter der polnischen Regierung in Kattowitz, einem der größten Kohlegebiete, eine Vereinbarung mit den Gewerkschaften, in der festgelegt wurde, dass Polen bis 2049 aus der Kohleförderung aussteigen wolle.
Man beachte die Formulierung, denn dies ist lediglich eine Absichtserklärung.
Mit der Vertragsunterzeichnung kann der Plan der EU-Kommission zur Genehmigung vorgelegt werden. Danach kann diese „Absichtserklärung" verabschiedet werden. Auch wenn diese Grundsatzentscheidung „historisch" genannt wird, muss festgehalten werden, dass Polen seinen Energiebedarf immer noch zu 70 Prozent durch Kohle deckt. Selbst unter dem Gesichtspunkt, dass Kritiker fordern, das Ausstiegstempo deutlich zu erhöhen, darf nicht außer acht gelassen werden, wie die Frage zu beantworten ist:
Durch was will Polen die fehlenden 70 Prozent Energiebedarf ersetzen?

Dafür gibt es bis jetzt keine Lösungsansätze.
Fest steht nur, dass Bergarbeiter aus bis dahin geschlossenen Minen, in noch in Betrieb befindlichen Bergwerken wechseln sollen. Sie können sich auch für eine Frührente, mit 80 Prozent ihres Gehaltes entscheiden. Wer aus dem Bergbau ausscheidet hat einen Anspruch auf 26.000 Euro Abfindung. Gleichzeitig sind mehr als 3,5 Milliarden Euro Investitionen in eine „saubere" Kohletechnologie geplant. *(Wiederum nur eine reine Absichtserklärung).* Der gesamte Kohlesektor ist in Polen ein äußerst sensibles Polit-Thema, denn die Bergbauarbeiter und ihre Familien sind eine wichtige Wählergruppe, die ihren Einfluss gezielt einsetzen. Niemand kann eine nachvollziehbare Vorgehensweise vorlegen, wie es geschafft werden soll, den Energiebedarf von derzeit 70 Prozent, bis 2040 auf 11 Prozent zu senken, damit der EU-weite Kohleausstieg bis 2050 zu schaffen ist.
Wir kennen die Bilder: Brennende Reifen und eingeschlagene Scheiben säumen Demon-strationsmärsche der Kohlekumpel. Ein Schlachtfeld der Zerstörung wird dabei hinterlassen.
Nachdem die derzeit regierende PiS, den Plan entwickelte, vier absolut defizitäre Steinkoh-legruben zu schließen und den Kohleausstieg bis 2036 durchzuführen, bekam der zuständige Minister, beim Versuch den Kohle-Gewerkschaften, den Plan der Restruk-turierung nur vorzustellen, eine „schallende Ohrfeige". Eine Einkommenskürzung um 30%, um die polnische Kohle wieder etwas wettbewerbsfähiger zu machen, wurde abgelehnt.

Kleinlaut kam dann aus dem Warschauer Ministerium das Dementi: Es gebe gar keinen Restrukturierungsplan und erst recht keinen Kohleausstiegsplan bis 2036. Das seien Fake News, die Polens Fachjournalisten für Energiefragen produziert hätten. Eine Kohlekommission aus Regierungspolitikern, Abgeordneten und Gewerkschaftern soll jedoch nun einen (neuen) Restrukturierungsplan ausarbeiten. Mittlerweile importieren Polens Händler den Teinkohlebedarf für die Stahlkocher aus Kasachstan, Russland, den USA, Kolumbien und Australien, während die minderwertige polnische Kohle auf riesigen Halden landen.

Es kümmert die Pis wenig, dass die EU das Klimaziel der EU-weiten Klimaneutralität bis 2050 erreichen will. Nach neuen Erhebungen, sterben jährlich ca. 40.000 Polen an Atemwegserkrankungen, die auf den Kohlesmog zurück zu führen sind. Dies begründet, dass die Mehrheit der polnischen Bevölkerung mittlerweile ebenfalls den Kohleausstieg wollen. Allerdings gegen den vehementen Widerstand der Kohlegewerkschafter, deren Einkommen von der Vertretung der Bergleute abhängig ist. Alleine die Schließungen der Kohlegruben Ruda (Bielszowice, Halemba, Pokój) und Wujek, beträfe rund 8.000 Bergleute. Diesen 8.000 Bergleute wurde eine einmalig Abfindung von 22.650 Euro angeboten, oder der Beginn einer Umschulung, oder auf 30 Prozent ihres Einkommens, sowie in den nächsten drei Jahren auf das 14. Monatsgehalt zu verzichten.

(Man muss sich das einmal auf der „Zunge zergehen" lassen.
Ein 3-jähriger Verzicht auf das 14. Monatsgehalt".

Dennoch kam nach den Wahlen, die im April 2021 unterzeichnete Vereinbarung zustande, die den polnischen Kohleausstieg voranbringen soll.

Zu klären ist jedoch , wann die PIS den Kohleausstieg tatsächlich abschließen will. Ob es beim Einstieg in die Atomenergie bleiben soll und wie die erneuerbaren Energien, die die PiS bislang stark eingeschränkt hatte, doch wieder gefördert werden sollen.

... Und wer finanziert den polnischen Kohleausstieg?
Es wird der EU Steuerzahler sein. Dass diese Riesensummen irgendwo in der Investitionskette fehlen werden, wird von den „Klimarevolutionären um alles" leider verschwiegen.

Krankenhäuser, KITA´s, Schulen, Schwimmbäder, Sportstätten, Theater usw. müssen deshalb geschlossen werden, da die Geldmittel dafür fehlen. Sie flossen in die Subventionierung des Kohleausstiegs und in die Taschen der beteiligten Unternehmen.

15. Indien hat den Schalter umgelegt

Um seine Klimaziele erfüllen zu können, legt Indien schneller als geplant seine Kohlebergwerke still. Zugegebener Maßen hat das einen besonderen Grund. Indien ist mittlerweile, nach China, der weltweit zweitgrößte Photovoltaik-Anlagen-Hersteller der Welt.

Dabei will Indien innerhalb der nächsten Jahre zum globalen Marktführer werden. Und dafür unternimmt das Land die allergrößten Anstrengungen. In Indien wird nicht nur davon geredet oder irgendwelche Absichtserklärungen abgegeben. Indien handelt, so dass der Gesamtumbau des indischen Stromsektors kräftig Fahrt aufgenommen hat.

Kohle-Tagebau in Indien

Da der Solarstrom mittlerweile kostengünstiger produziert werden kann, als die fossile Elektrizität, schließt der größte Kohleproduzent Indiens, 100 seiner knapp 400 Kohleminen. Noch ist Indien zwar ein „Kohleland", in dem die 600 Kohlekraftwerke über 60% des Strombedarfs der 1,3 Milliarden Bewohner produzieren. Der indische „Staatskonzern" Coal India hat dabei einen Produktionsanteil von rund 80%. Mittlerweile hat der Konzern über 60 Bergwerke geschlossen. Mindestens 60 weitere Schließungen erfolgen zeitnah.

Indien hat das erste CO2 neutrale Kohlekraftwerk der Welt in Betrieb genommen.

Ganz anders China.

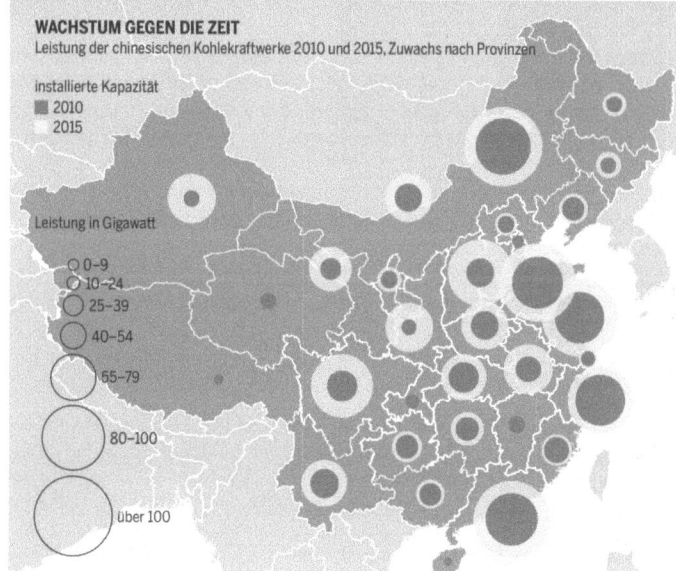

Dagegen haben die größten Deutschen Kohlekraftwerksregionen Kleinstanlagenstatus.

Hier liegt das wahre Potential, um etwas wirksames für den globalen Klimaschutz zu tun. Da China jedoch zu den wichtigsten Wirtschaftspartnern gehört, müssen „die Füße still halten". Die Politik unterwirft sich dem Diktat der Wirtschaft.
Quelle: Analyse von Germany Trade & Invest

15.1 Viertgrößter Stromverbraucher der Welt setzt auf fossile Brennstoffe

Russland ist der viertgrößte Stromverbraucher der Welt - nach China, den USA und Indien. Die Energieerzeugung ist voll fokussiert auf konventionelle Kraftwerke. Zu Jahresbeginn 2019 verfügte Russland über Kapazitäten zur Stromerzeugung von über 243 Gigawatt. Zwei Drittel davon entfielen auf Wärmekraftwerke, in denen vor allem Kohle und Gas verfeuert werden. Rund 20% der Leistung erbringen Wasserkraftwerke, weitere 12% Atomkraftwerke. Erneuerbare Energiequellen haben einen verschwindend geringen Anteil an der Stromproduktion. Daran wird sich aufgrund der großen Vorkommen an fossilen Brennstoffen (Kohle, Öl, Gas) mittelfristig nicht viel ändern. Zwar sollen laut Regierungsplänen bis 2024 rund 5,5 Gigawatt Leistung mittels Wind- und Solarkraftwerken, Biogasanlagen und kleineren Wasserkraftwerken neu installiert werden.

Dennoch rechnen Experten nicht damit, dass erneuerbare Energiequellen mittelfristig mehr als 1 Prozent zur Stromerzeugung beitragen. Nur in Gebieten ohne Anschluss ans zentrale Stromnetz werden sie eine gewisse Bedeutung gewinnen.

Die großen Investitionsvorhaben und die Strategien für Russlands Energiewirtschaft konzentrieren sich daher auf konventionelle Technologien. Die meisten bestehenden Kraftwerke liegen in Zentralrussland, Sibirien und der Uralregion.

Stromerzeugungskapazität konventioneller und erneuerbarer
Energieträger in Russland (zum 1. Januar 2019, in Megawatt)

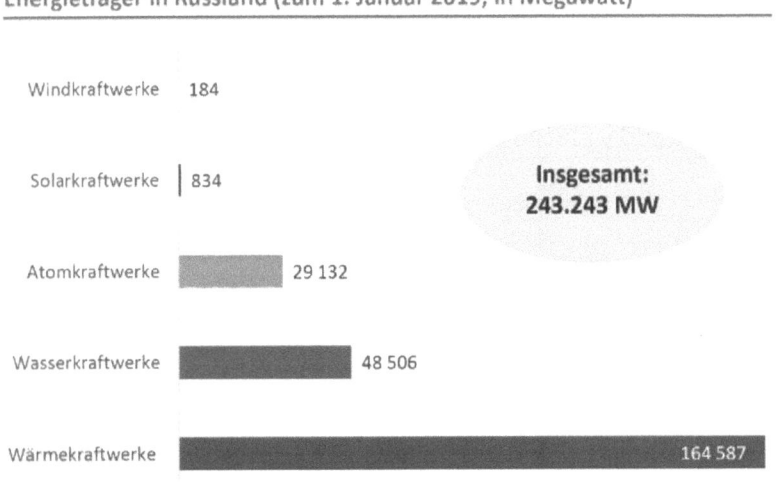

Quelle: Energieministerium der Russischen Föderation

Russlands Stromverbrauch betrug 2018 rund 1.076 Terawattstunden und lag damit etwa doppelt so hoch wie in Deutschland.

Großen Bedarf an Elektroenergie haben die Metallurgiebetriebe, die Chemieindustrie, die Eisenbahngesellschaft RZD sowie Betreiber von Öl- und Gaspipelines.

Ausbaupläne und administrative Hürden
Im "Generalschema für neue Stromerzeugungsanlagen bis 2035" (im Juni 2017 verabschiedet) gehen die Autoren in der Basisvariante von einem Zuwachs des jährlichen Verbrauchs um 1,3 Prozent aus. Um diese Nachfrage zu befriedigen, sind erhebliche Investitionen in die Erzeugerkapazitäten nötig.

Entwicklung des russischen Stromverbrauchs
(in Terawattstunden)

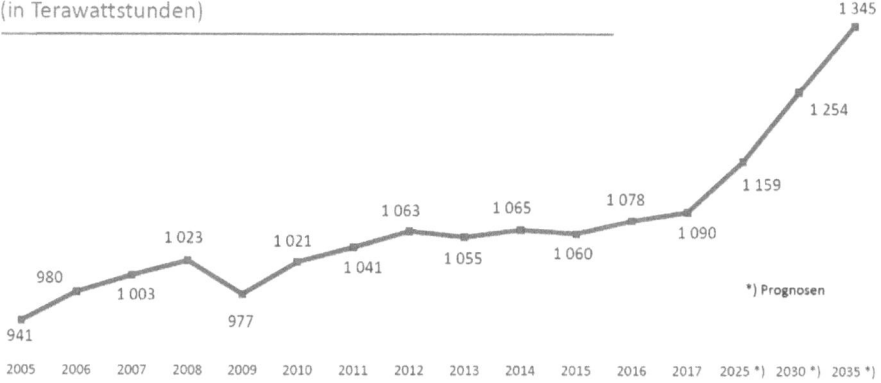

Quellen: Rosstat, Generalschema für neue Stromerzeugungsanlagen bis 2035 (Prognosen der Basisvariante)

Über die 50 Prozent konventionellen russischen Kraftwerksleistungen wurde bereits 1980 in Betrieb genommen. 25 Prozent schon vor 1970.
Im Jahr 2035 werden Wärmekraftwerke mit einer Volumenleistung von 130 Gigawatt, die für sie ursprünglich errechnete Lebensdauer erreicht haben.
Darunter fallen etwa 80 Prozent der gesamten installierten Anlagen. Davon ausgehend müssen bis 2035 neue Kapazitäten von mindestens 85 Gigawatt geschaffen werden.
Neben den geplanten 21 Gigawatt Atomkraftwerken und den 3 Gigawatt Wasserkraftwerken, sollen etwa 60 Gigawatt in Wärmekraftwerken investiert werden. Der Betrieb der Wärmekraftwerke soll zu etwa 80 Prozent mit Gas erfolgen und zu nur noch 20 Prozent durch Kohle. Je zur Hälfte soll diese Energieerzeugung durch Kondensationskraftwerke in die Stromerzeugung und durch Heizkraftwerke in die Kraft-Wärmekopplung gehen.

Es ist geplant, dass die derzeitige Kraftwerksleistung von 243 Gigawatt bis 3035 auf 264 Gigawatt ausgebaut werden soll.
Wärmekraftwerke mit zusätzlich 7,13 Gigawatt - Atomkraftwerke   +6,15 Gigawatt und Wasserkraftwerken +5,78 Gigawatt der wichtigste Anteil(mit über 70%) am Brennstoff, wird auch in den nächsten Jahren Gas sein.
Der Anteil von Braun- und Steinkohle wird etwa 26% betragen.
Öl und andere Energieträger werden eine eher untergeordnete Rolle spielen.
Russland erwartet, dass moderne Technologien, die Umweltbilanz der Kraftwerke deutlich verbessern werden. Aufgrund der Erweiterung der überwiegend konventionellen Wärmekraftwerke, ist zu erwarten, dass die Schadstoffemissionen weiter um etwa 6% steigen werden. Demgegenüber soll die Stromproduktion um 32% ansteigen.
Erreicht werden soll dies, durch Gas-und-Dampf-Kombikraftwerke mit höherem Wirkungsgrad und durch den (leider) steigenden Teil von Atomstrom an der Energieerzeugung.

Dafür will Russland bis 2035 rund 170 Milliarden Euro investieren. Ausländische Investoren drängt Russland dazu, die Produktion ihrer Turbinen usw. zu lokalisieren. Nur so könnten sie bei der Vergabe der lukrativen Aufträge zum Zuge kommen.
Auch wenn Russland weiterhin teilweise auf Atomkraftwerke setzt, ist der „Riese" bereit, in die Zukunft und die Umwelt zu investieren.

Es ging noch schlimmer....
18.06.2014
Chinesische Atomkraftwerke in Großbritannien:
Die Premierminister der Großbritanniens und Chinas unter-zeichneten eine entsprechende Abmachung, wonach chinesische Energiefirmen eine neue Generation von Atomkraftwerken im Vereinigten Königreich entwerfen, bauen und betreiben dürfen – vorausgesetzt, die Anlagen erfüllen die Anforderungen der britischen Regulierungsbehörden.
Damit machte die britisch-chinesische Nuklearpartnerschaft einen weiteren Schritt nach vorne. Während die Chinesen beim AKW-Neubau in Hinkley Point in Somerset lediglich mitfinanzieren, könnten sie in Zukunft bei anderen Projekten als alleinige Bauherren und Betreiber auftreten. Die Abmachung anlässlich des damaligen dreitägigen Großbritannien-Besuchs von Chinas Premier Li Keqiang stieß jedoch nicht nur auf Zustimmung, am Abend wurden Bedenken bezüglich der nationalen Sicherheit laut.
Experten zufolge besteht die Gefahr, dass Großbritannien mit dem Atomdeal von der chinesischen Regierung abhängig wird. Es sollen vor allem chinesische Energiefirmen in staatlicher Hand sein, die auf der Insel Nuklearanlagen errichten und betreiben.
„Chinesische Investitionen im Vereinigten Königreich sind sehr willkommen", sagte Mark Pritchard, ein konservatives Mitglied des parlamentarischen Strategiekomitees für nationale Sicherheit, gegenüber britischen Medien.

„Wir sollten jedoch stets die Implikationen für die nationale Sicherheit bedenken, wenn es um wichtige nationale Infrastruktur und sensible Technologien geht."

16. Mit Atomkraft gegen den Klimawandel

Die damalige Regierung von Premier David Cameron verteidigte die Abmachung jedoch. Sie trage zum Klimaschutz bei, schrieb Energieminister Edward Davey im „Guardian".
„Es ist wichtig, dass China und Großbritannien anerkennen, dass der Klimawandel eine der größten Herausforderungen der Welt ist.
Zum ersten Mal haben Großbritannien und China ein gemeinsames Statement veröffentlicht, das unsere Regierungen verpflichtet, noch stärker an einer Antwort auf den Klimawandel zu arbeiten."
Das ist jedoch nicht der einzige Grund für die Atomkooperation: Großbritannien drohen in den kommenden Jahren Engpässe bei der Energieversorgung, aufgrund von strengeren EU-Vorschriften muss ein Teil der bestehenden Kraftwerke abgeschaltet werden. Den Bau neuer Anlagen hat das Vereinigte Königreich jedoch jahrelang vernachlässigt.
Einer weiteren Abmachung zufolge sollen China und Großbritannien bei der Nutzung ziviler Nuklearenergie kooperieren, britische Firmen könnten hier mehrere Hundert Millionen Pfund verdienen. Mehr als 14 Milliarden Pfund, rund 17,5 Milliarden Euro, sind die Verträge wert, die im Zuge des London-Besuchs des chinesischen Premiers unterzeichnet wurden.
Sie umfassen dabei auch milliardenschwere Energielieferungen von BP und Shell ins Reich der Mitte.

Investment in britische Hochgeschwindigkeit

„Großbritannien ist das beliebteste Ziel für chinesische Investitionen in Europa", sagte Premierminister Cameron, „es hat in den vergangenen 18 Monaten mehr chinesische Investitionen im Vereinigten Königreich gegeben als in den 30 Jahren zuvor."
Er beschrieb den Aufstieg Chinas als eine der „entscheidenden Entwicklungen unseres Jahrhunderts" und sagte, die Partnerschaft zwischen China und Großbritannien ginge weit über den wirtschaftlichen Bereich hinaus.

21.10.2015
BERLIN *taz* | Der britische Premierminister David Cameron sprach von einem „historischen Deal": Im Rahmen des Staatsbesuchs von Chinas Präsidenten Xi Jiping in London hatte der chinesische Staatskonzern China General Nuclear Corporation (CGN) angekündigt, mit 33,5 Prozent beim geplanten britischen Atomkraftwerk Hinkley Point C einzusteigen.
Dieses werde „verlässliche, bezahlbare Energie für fast sechs Millionen Haushalte" liefern, sagte Cameron. In Hinkle Point im Südosten Englands sollte bis 2025 zwei neue Reaktoren entehen; es war der erste britische Neubau seit über 20 Jahren. Die Betreiber schätzten die Kosten in heutigen Preisen auf 25 Milliarden Euro, die EU ging von 33 Milliarden Euro aus.
Das Engagement der Chinesen fiel damit allerdings geringer aus, als von den Briten zuvor erhofft: Ursprünglich war ein 40-prozentiger Anteil im Gespräch. Nachdem der Kraftwerksbauer Areva seine Beteiligung aus finanziellen Gründen aufgeben musste und andere potenzielle Investoren aus der Golfregion das Interesse verloren, sind die chinesischen Staatskonzerne die einzigen Investoren neben dem französischen Staatskonzern EDF, der das neue AKW betreiben soll.
Die Betreiber bekamen neben Kreditgarantien in Milliardenhöhe einen garantierten Strompreis, von mehr als 90 Pfund (mehr als 100 Euro) pro Megawattstunde Strom plus Inflationsaufschlag zugesichert – für 35 Jahre. Der zugesicherte Betrag war doppelt so hoch wie der Marktpreis und war weit höher als bei erneuerbaren Energien.

03.07.2017
Das neue Atomkraftwerk wurde zum Milliardengrab
Der Flughafen BER sorgt im Ausland nicht selten für Schadenfreude.
Dabei spielte sich im Südwesten Englands ein ähnliches Drama ab: Das Atomkraftwerk Hinkle Point drohte für den Energiekonzern EDF zum Fiasko zu werden.
Es war ein Projekt, das von Anfang an von allen Seiten heftig kritisiert wurde: Der Bau des Atomkraftwerks Hinkley Point C an der Südwestküste von England.
Der Bau dieser zwei Atomreaktoren sei eine „wichtige strategische Entscheidung", erklärte der damalige britische Wirtschaftsminister Greg Clark. Eine neue Welle an Investitionen in Nukleartechnik sollte das Projekt Hinkley Point auslösen und der britischen Wirtschaft „immensen Schub" geben.
Nur wenige Monate nach Baubeginn wurde klar, wie das zu verstehen war: Die Kosten für das Atomkraftwerk mit zwei Druckwasserreaktoren in der Grafschaft Somerset schießen in die Höhe. Der Zeitplan für den Bau war schon damals, Jahre vor der geplanten Fertigstellung der Meiler, nicht einzuhalten.
Verantwortlich dafür war der französische Energiekonzern EDF, der mehrheitlich dem französischen Staat gehört. EDF war der größte Investor des Projekts. EDF muss für zwei Drittel der Kosten aufkommen.
Ein Drittel steuert der zweite Investor, der chinesische Partner China General Nuclear Corporation (CGN), bei.

Die chinesischen Partner hofften, durch die Zusammenarbeit einen Fuß in den britischen Markt zu bekommen. Die Briten rechneten damit, dass Hinkley Point die nächsten 60 Jahre sieben Prozent des Energiebedarfs decken und 26.000 Arbeitsplätze schaffen könnte. Großbritannien wollte bis 2025 alle Kohlekraftwerke abschalten, um seine Klimaschutzziele einzuhalten. Gas und Kernenergie sollten die Lücke zu dem tatsächlichen Verbrauch schließen. So setzte sich die britische Regierung über Kritiker hinweg, die das Projekt als zu teuer und – nicht zuletzt wegen der chinesischen Beteiligung – zu riskant gehalten hatten. Die britische Premierministerin Theresa May gab grünes Licht für den Bau von Hinkley Point C, und die Bagger rollten an. Damit begannen die richtigen Probleme aber erst. In Deutschland weitgehend unbeachtet, startete die Betonierung der Grundplatte des Reaktors. Abschnitt eins umfasste 2000m³ Nuklearbeton. Es sind vier weitere Abschnitte nötig um die 3,2 m dicke Grundplatte herzustellen. Beim Bau eines Kernkraftwerks ist dies nach internationaler Definition der offizielle Baubeginn.

Völlig anders als in Deutschland, hatte man sich längst für die kerntechnischen Industrie, als Absicherung für eine moderne Volkswirtschaft entschieden und hatte deshalb richtig Geld in die Hand genommen, um neue Ausbildungsplätze vom Facharbeiter bis zum Ingenieur zu schaffen. Es ist übrigens längst die Überzeugung beider britischen Parteien – Labour und Conservative Party – daß eine ganze Volkswirtschaft nicht von Dienstleistung (Finanzzentrum London) leben kann.

Nur so war es möglich – gegen alle Widerstände aus dem In- und Ausland – über mehrere Wahlperioden hinweg, den Neueinstieg zu schaffen.

In Hinkley Point sollten die zwei Reaktoren mit zusammen 3200 MWel gebaut werden.

Jedem war klar, dass ein umfangreiches Neubauprogramm von vielleicht 16 Reaktoren nicht aus der Staatskasse bezahlt werden könnte.

Es musste also privates Eigenkapital und andere Staatsunternehmen mobilisiert werden. Bau durch eine staatliche Zweckgesellschaft und erst die Privatisierung nach Fertigstellung. Damit wollte man das Risiko hoher und unkalkulierbarer Baukosten bei Kernkraftwerken umschiffen. Demgegenüber stehen recht geringe Betriebs- und Brennstoffkosten bei einem stetigen Umsatz.

Ein gefragtes Investment z. B. für Pensionsfonds.

Genaue gesagt hieß das, …

ein interessantes Spekulationsobjekt für Zocker aus allen Finanzjongleure-Sparten

Genau nach diesem Modell verkauft Rußland seine Reaktoren an Finnland (Hanhikivi 1), die Türkei (Akkuyu 1–4) und Ägypten (El Dabaa 1–4).

Die durch ein russisches Staatsunternehmen gebauten Reaktoren wurden (fast) vollständig durch den russischen Staat finanziert und zeitweilig sogar betrieben. Dies sicherte Russland über Jahrzehnte feste Devisenströme. Aus politischen Gründen kam Russland als Investor für Großbritannien nicht in Frage. Deshalb entschied man sich für den staatlichen französischen Konzern EDF.

Technisch betrachtet, die ideale Partnerschaft, da schon die Chinesen und EDF Partner beim Bau von Taishan waren. Allerdings waren damals die Rollen vertauscht.

Bei Taishan waren die Mehrheitseigentümer Chinesen mit 70% und EDF mit 30%, bei Hinkley Point war EDF der Mehrheitseigentümer mit 66,5% und China General Nuclear international (CGN) mit 33,5% in der Minderheit.

Für China war das der politisch angestrebte massive Einstieg in Energieprojekte in Europa. Das eigentliche Bonbon für die Chinesen war aber die Unterstützung von EDF beim eingeleiteten Genehmigungsverfahren für die chinesische Eigenentwicklung HPR-1000UK. Damit war China endgültig auf dem Weg seine Vormachtstellung auszubauen.

Jetzt, nach dem Brexit, hat die gesamte EU den Anschluß an dem Weltmarkt der Kerntechnik verloren. Die britische Regierung garantierte keine zusätzlichen Steuern etc. und garantierte die Entschädigung bei Veränderung staatlicher Randbedingungen. Für die Gesamtkosten wurden gebührenpflichtige Staatsbürgschaften in Höhe von 65% bis zur Fertigstellung gewährt.(Aus heutiger Sicht wahrscheinlich 34 Milliarden Pfund inklusive Kapitalkosten). Dem Betreiber wurde auf dieser Basis ein kalkulatorischer Gewinn von 10% zugestanden. Kostensteigerungen gingen also zu Lasten des Betreibers. Stromexporte (nach Öko-Deutschland?) waren/sind in Abstimmung mit dem Netzbetreiber gestattet. Höhere, über dem „Strike Price" erzielte Vergütungen, gehen vollständig zum Vorteil der britischen Verbraucher und Steuerzahler.

War das nachfolgende Verhalten Deutschlands mit ein Grund dafür, weshalb Großbritannien den Brexit so konsequent durchzog?

Man denke an die „Merkelsche Flüchtlingspolitik" und den Versuch Deutschlands, die eigene Energiepolitik mit allen Mitteln durchzusetzen. Dabei wurde jedes Propagandaregister der „Anti-Atomkraft-Bewegung" gezogen. Zu guter Letzt wurde auch noch vor dem Europäischen Gerichtshof geklagt. Es half alles nichts, man konnte die eingereichten Zahlen und Argumente nicht widerlegen. Zum Schluß musste das „o.k." gegeben werden.

Das hielt aber die deutschen Medien nicht davon ab, unbeirrt weiter mit teilweise „fake news" über die Projekte zu berichten.

Dabei ist es vielleicht umgekehrt: Gäbe es nicht die, maßgeblich von Deutschland beeinflusste, zu Recht umstrittene Energiepolitik der EU, mit Einspeisevorrang für wetterabhängige Energieformen, falsche Berichterstattungen über CO2, in Verbindung mit profitgierigen Finanzjongleuren und Zockern, hätte man die, von den Briten gewollte, Kraftwerkskapazität weltweit und öffentlich ausschreiben können.

Ob wirklich nur GB der Verlierer beim Brexit sein wird?

Man muss nicht traurig sein, dass sich Deutschland für einen Ausstieg aus der Kernenergie entschieden hat.

Zumal auch die „Anderen" nicht wissen, wohin mit ihrem ganzen angehäuften „Atommüll".

Diesen „schrecklichen" Bildern werden Sie noch einmal begegnen.

Schwierig wird es nur für die deutschen Industrie-Unternehmen und die Bürger, wenn die „Neuen Stromerzeuger", den benötigten Strombedarf nicht abdecken können.

Schlimmer ist, dass Deutschland nichts aus den Fehlern der Briten gelernt hat. Deutschland machte einen ähnlichen großen Fehler, indem es die sog. „Erneuerbare Energie" mit hohen Staatssubventionen überhaupt erst auf den Weg brachte. **Auch hier wurde ein Raum für Spekulanten und Zocker geschaffen.**

Der nachfolgende Beitrag soll aufzeigen, welchen Unterschied eine zielgerichtete Politik, befreit von den Zwängen von Verwaltungsauflagen und teilweise unsinnigen Genehmigungsverfahren ausmacht. Freigestellt von Einsprüchen einer, nur auf Eigeninteressen fixierten Gesellschaft, können fortschrittliche, innovative Projekte angegangen und zielgerecht umgesetzt werden.

Wo bei uns aufwändige politische Gesetzgebungsverfahren, jedem Neuen, vorgeschaltet sind, wird untenstehend einfach angeordnet und gehandelt. Wenn ein solches Angehen von zukunftsweisenden Aufgaben, das Wohl der gesamten Gesellschaft im Fokus hat und ausschließlich diesem Wohl dient, ist eine souveräne Umsetzung, besser als jeder langatmige, von Vorschriften gelähmte Verwaltungsakt. Es bleibt festzuhalten, dass gerade in Deutschland eine Vorgehensweise, wie sie Omans Sultan Qabus ibn Said durchgeführt hat, alleine über die Auflagen einer erforderlichen Gesetzgebung, über ein langatmiges Planungsverfahren, gefolgt von einem aufwändigen Genehmigungsverfahren, scheitern würde. Hinzu käme noch die Berücksichtigung der Einspruchsrechte einzelner Organe usw. Um einmal darzustellen, wie das in Deutschland in etwa ablaufen würde.

17. Einbringung eines Vorschlages in ein politisches Parlament

Beratung der Eingabe im Parlament
Evtl. Abänderungen neu modifizieren.
Abstimmung über eine Gesetzgebung.
Weitergabe an die zuständige regionale Behörde zur Umsetzung

Ein Flächennutzungsplan wird erstellt (der auch als „vorbereitender Bauleitplan" bezeichnet wird). So ist in einem Flächen- nutzungsplan die Art der Bodennutzung für das gesamte Ge-meindegebiet darzustellen, welche sich aus der städtebaulichen Entwicklung ergibt – und zwar graphisch. In diesem Plan werden nicht nur die gegenwärtigen Flächennutzungen dargestellt, sondern auch jene, die für die Zukunft erwünscht sind: Wohnflächen, Ackerflächen sowie Flächen von Gewerbegebieten. Sinn und Zweck dieser Darstellung ist es nicht, das Gemeindegebiet kartographisch zu erfassen, sondern eine Entwicklungsplanung zu erstellen. Ein Flächennutzungsplan ist bei Neubaugebieten von Bedeutung, weil durch diesen zum Ausdruck gebracht wird, dass die Gemeinde in absehbare Zeit beabsichtigt, diese Flächen als ein Baugebiet auszuweisen.

Zur Ordnung und Lenkung der baulichen Entwicklung der Kommunen wird die zweistufige Bauleitplanung erstellt.

- Es müssen die Ziele der Raumordnung in den Raumordnungsplänen, beachten
- werden.
Dies umfasst private, genauso wie die der Träger öffentlicher Belange.
Die da wären:
Die Belange des Umweltschutzes
Die Belange des Naturschutzes
Die Belange der Landschaftspflege

- Danach unterliegen die Gemeinden/Städte/Landkreise allerdings noch der Rechtsaufsicht der höheren Verwaltungsbehörden, sowie der Normenkontrolle der Justiz.
- Das danach folgende Verfahren der Bauleitplanung ist wiederum in verschiedene Schritte aufgeteilt.
- Beschluss zur Aufstellung der Bauleitplanung durch die Kommune
- Bekanntmachung dieses Beschlusses inklusive Umweltbericht in ortsüblicher Weise, welche gemäß § 3 BauGB in zwei verschiedenen Stufen zu erfolgen hat.
- Frühzeitige Öffentlichkeitsbeteiligung
- öffentliche Auslegung
- Ausarbeitung eines Entwurfs
- Unterrichtung der Bürger
- Einholung von Stellungnahmen von Behörden und des Planungsträgers.
- Prüfung der Stellungnahmen
- Auslegungsbeschluss
- Bekanntmachung des Auslegungsbeschlusses in ortsüblicher Weise
- Auslegung inklusive Erläuterungsbericht
- Behandlung der Anregungen per Beschluss
- Mitteilen des Ergebnisses
- Feststellungsbeschluss
- Genehmigungsverfahren
- Inkrafttreten der Bauleitplanung

Bei den einzelnen Schritten für das Verfahren zur Bauleitplanung muss noch zwingend beachtet werden, dass verschiedene – und teilweise auch gegenläufige – Wünsche und Vorstellungen koordiniert werden.
...... Und dann kommt kurz vor Baubeginn einer von der „ganz Grünen-Fraktion" und wendet ein, dass irgendein seltenes Insekt in dem Bebauungsgebiet angesiedelt ist, ... und das ganze Projekt wird erst einmal eingestellt.

Bis zu den ersten juristischen Entscheidungen vergehen Monate.
Danach erfolgen erst einmal Einsprüche auf Einsprüche.
Die gesamte Klaviatur der gerichtlichen Möglichkeiten wird publikumswirksam gespielt.
Das kann Jahre dauern, bis zum ersten Spatenstich. In der gleichen Zeit, haben Andere das Projekt gebaut und erfolgreich in Betrieb genommen.

Wo sieht der geneigte Leser hier auch nur den geringsten Vorteil unseres demokratischen Staatsapparates?

Ich komme nicht umhin, an dieser Stelle noch auf einen Punkt hinzuweisen, der die „Schizophrenie" unseres Verhaltens aufzeigt.

Das **Kohle-Kraftwerk Datteln** nahm (2020) seinen Betrieb auf.
Drei Blöcke aus den 1960er Jahren sind stillgelegt.
Ein 1100 Megawatt-Block ist mittlerweile ans Netz gegangen.
Anfang 2017 wurde eine Sondererlaubnis für die Fertigstellung und den Betrieb von Block 4 erteilt. Vorausgegangen waren jahrelange Klagen gegen den Bebauungsplan, die die Realisierung des Projektes verhinderten. Zum 31. Dezember 2012 lief die Betriebsgenehmigung ´der Blöcke 1, 2 und 3 und der Hilfskessel 6 und 7 ab.
Der Betreiber Uniper hatte deren Stilllegung der Aufsichtsbehörde bereits 2006 angezeigt.

Deshalb erfolgte seitens der zuständigen Behörde kein weiteres Überwachungs- und Anpassungsverfahren an die aktuellen Vorschriften. Zu diesem Zeitpunkt gab es noch keinen genehmigten Bebauungsplan und auch keine Genehmigung für den Bau eines neuen Kraftwerks. Die Uniper Kraftwerke GmbH (vormals E.on Kraftwerke GmbH) errichtet am Standort Datteln 2007 ein komplett neues Kraftwerk. Die Inbetriebnahme war ursprünglich für 2011 geplant. Da der Bebauungsplan zwischenzeitlich für unwirksam erklärt wurde und nach Wiederaufnahme der Bauarbeiten schwere technische Probleme am Kessel auftraten, verzögerte sich die Fertigstellung und Inbetriebnahme des Kraftwerkes.

Datteln 4 ist mit Stand Oktober 2017 das einzige in Bau befindliche Kohlekraftwerk in ganz Westeuropa. Die Inbetriebnahme erfolgte 2020. Durch die Streitigkeiten um den Neubau des Blocks 4 reagierte E.ON und erneuerte die Filteranlagen in den Blöcken 1 bis 3. Dadurch wurden seit dem 1. Januar 2011 die aktuell gültigen Grenzwerte wieder eingehalten.

Ein Antrag auf einen Weiterbetrieb der drei alten Blöcke wurde gestellt.

Nach dem Willen des NRW-Umweltministeriums sollte der Energieversorger Uniper seine Kohlekraftwerksblöcke Datteln 1 bis 3 wie geplant zum 31. 12. 2012 vom Netz nehmen. Das Ministerium erklärte, ein Widerruf der Stilllegungserklärung von E.ON aus dem Jahre 2006 sei nicht möglich, da eine einmal abgegebene Stilllegungserklärung juristisch verbindlich und sei und nicht widerrufen werden könne.

Im November 2012 teilte das gleiche Umweltministerium jedoch mit mit, dass die drei Blöcke, per befristeter Sondergenehmigung weiter betrieben werden dürfen.

Die Wirtschaft" hat der Politik wieder einmal gezeigt, wohin sie zu gehen hat und wo der „Bartel den Most holt".

Der weitreichende Schatten
Des Donald Trump.

Sie zeigt „die kalte Schulter"
Das ist die wirkliche Haltung
gegenüber den Klimazielen

18. Die Geschichte des Sultans von Oman,

.... dem heimlichen Strippenzieher der gesamten arabischen Region

Manchmal trügt die Landkarte: Oman ist eine Insel - auch wenn es auf den ersten Blick nicht so aussieht. Das Land wird einerseits vom Arabischen Meer und dem Golf von Oman umschlossen, andererseits von der größten Sandwüste der Erde, Rub al-Khali, die ungleich schwerer zu durchqueren ist als jedes Gewässer.

Der Herrscher dieses Landes: Sultan Qabus ibn Said,(am 10.Jan. 2020 mit 79 Jahren verstorben)war das dienstältestes Staatsoberhaupt der arabischen Welt.

Als 29-Jähriger stürzte er 1970 seinen Vater Said ibn Taimur in einer Palastrevolte.

Man erzählt sich bis heute, dass es im ganzen Land nur sechs Kilometer asphaltierte Straßen und nur drei Schulen gegeben hätte.

Heute hat der Oman ein Straßennetz, das auch den letzten Winkel erreicht. In die Bildung wurde enorm investiert: 1970 gab es gerade einmal drei Schulen, heute steht den Omanern ein ausgefeiltes Bildungssystem offen - mit ungezählten öffentlichen und privaten Schulen und dutzenden Universitäten.

Der in Großbritannien ausgebildete Qabus modernisierte Oman, achtete aber zugleich darauf, dass das Sultanat seinen ursprünglichen Charakter bewahrte. In den Wettbewerb mit den anderen Golfmonarchien um die höchsten Wolkenkratzer, die größten künstlichen Inseln und die wunderlichsten Vergnügungsparks ist Oman nie eingestiegen. Stattdessen aber in die internationale Diplomatie. Nicht nur, dass der erst Palästinenserpräsident Mahmout Abbas empfing, und anschließend Israels Premier Benjamin Netanyahu, er war der Sultan, der sein Reich in der Unruheregion erfolgreich positioniert hatte.

Oman betrieb seit Qabus' Machtübernahme eine eigenständige Außenpolitik.

Es gelang unter Qabus, zwar die Feudalgesellschaft Omans in wenigen Jahrzehnten unter Beibehaltung der Traditionen in eine moderne Industriegesellschaft umzuwandeln, eine Liberalisierung des politischen Lebens fand jedoch nicht statt. Qabus war Premier-, Verteidigungs-, Finanz- und Außenminister sowie Präsident der Zentralbank Omans. Die Untertanen sahen in ihm den Übervater. Dennoch gab es im Zuge des sogenannten Arabischen Frühlings auch in Oman Proteste.

Es wurden mehr Arbeitsplätze und mehr Mitbestimmung gefordert.

Er reagierte: Er entließ einige Minister, erhöhte die Gehälter, versprach politische Reformmen. Nur wenige wurden davon umgesetzt - vielleicht auch, weil mit dem wachsenden Chaos in den arabischen Nachbarländern vielen Omanern die Lust auf weitere Proteste verging. Entscheidend für den Erfolg des Sultans war aber die Tatsache, dass er den Großteil der "Petrodollars" in die komplette Modernisierung seines Sultanats investiert hat.

Sultan Qabus baute den Oman innerhalb weniger Jahrzehnte, zu einem modernen Staat um. Daher genoss er bis zuletzt hohes Ansehen.

Weshalb dieser Beitrag über einen „autokratischen Herrscher" ?

Weil er mit seiner uneingeschränkten Macht nicht autokratisch umgegangen ist, sondern für sein Land das Beste erreicht hat.

Der interessierten Leser
Kann hier unschwer erkennen,
in welcher „Größenordnung"
Das Emirat Katar (der Ver-
anstalter der nächsten Fuß-
Ball WM)einzuordnen ist.

Wer jetzt immer noch der
Meinung ist, dass die FIFA
nichts mit Korruption zu tun hat,
dem ist nicht mehr zu helfen!

77

Wenn es um die "Futtertröge" geht.

18.1 - Verzicht auf Enddatum 2030 für Verbrennungsmotoren.

Grüne kommen Union und FDP entgegen

Die Umwelt- und Klimapolitik galt 2017 als ein zentraler Streitpunkt bei den Jamaika-Gesprächen. In den Verhandlung zu Bildung einer schwarz/grün/gelben (Jamaika) Koalition, kamen die Grünen den Jamaika-Unterhändlern von Union und FDP im Streit um die Klimapolitik deutlich entgegen. Kurz vor Beginn der zweiten Sondierungsphase machte Parteichef Cem Özdemir deutlich, dass die Grünen nicht länger darauf beharren, das Ende des Verbrennungsmotors im Jahr 2030 festzuschreiben. Auch im Tauziehen um die Kohlepolitik signalisiert die Partei Kompromissbereitschaft.

Hier ging es nicht mehr um die Verteidigung des Umweltschutzgedankens und einer erforderlichen Klimapolitik. Hier ging es ausschließlich um die Möglichkeit, sich politisch in die erste Reihe zu katapultieren. Dabei haben die GRÜNEN alles verraten, wofür sie vorher so vehement gestritten haben.

Erst mit Beginn der Friday For Future - Bewegung sind sie wieder presse- und publikumswirksam auf den ÖKO-Zug aufgesprungen.

Wie sagten doch die Grünen:

Es sei ihnen klar, dass sie das Enddatum 2030 für die Zulassung von fossilen Verbrennungsmotoren nicht durchsetzen werden können. Statt des konkreten Datums für den Ausstieg verlangen die Grünen nur noch eine Absichtserklärung, dass alles dafür getan werden soll, um die Fahrzeuge der Zukunft - vernetzt, automatisiert und emissionsfrei - zu machen.

Vorher pochten die Grünen darauf, ab 2030 keine Autos mit Verbrennungsmotor mehr neu zuzulassen.

Da die CSU und die FDP keinen Koalitionsvertrag unterschrieben hätte, in dem ein Enddatum festgehalten wäre, wurde dieser Punkt gestrichen.

.... Sonst wäre der GRÜNEN-Zugang zu den "Fleischtöpfen" nicht möglich gewesen.

Auch beim Kohleausstieg kamen Signale des Rückzugs der GRÜNEN-Fraktion von ihren Forderungen. Die 20 schmutzigsten Kraftwerke mussten nicht mehr sofort abgeschaltet und der komplette Ausstieg bis 2030 nicht mehr vollzogen werden. Es kam plötzlich nicht mehr darauf an, dass das letzte Kohle-Kraftwerk 2030 oder 2032 vom Netz geht.

Da sind wir pragmatisch. Entscheidend ist die CO2-Emissionsminderung, sagte damals die Parteivorsitzende Simone Peter. Es gehe darum, dass die CO2-Emissionen 2020 um 40 Prozent unter dem Ausstoß von 1990 liegen und dass die Sektorziele für 2030 eingehalten werden, auch mit Blick auf die Paris-Ziele. Es gab niemanden, der die Klimaziele für 2030 und 2050 infrage stellte. Es gab aber die Feststellung, dass die Politik nicht gewählt worden sei, um ganze Industriezweige abzuschalten und hunderttausende Arbeisplätze abzuschaffen. Das wäre für eine Industrienation wie Deutschland unvorstellbar gewesen.

Bereits vergessen?

Schon fast vergessen! **Grüne nahmen Kurs auf Jamaika.**

Sie wollen an die Macht: In Schleswig-Holstein nehmen die Grünen Koalitionsverhandlungen mit CDU und FDP auf. Taktgeber ist der energische Landesminister Robert Habeck - der sich bereits damals für höhere Aufgaben positionierte.

Auch die GRÜNEN haben ein schwieriges Verhältnis zu ihren sog. Stars. Als Robert Habeck 2017 in der Stadthalle von Neumünster gerade so richtig mit seinem Plädoyer für Koalitionsverhandlungen mit der CDU und FDP loslegen will, unterbricht ihn die Parteitagsführung und signalisiert ihm, dass seine Redezeit zu Ende sei. Der völlig konsternierte Habeck sagte bei seinem Abgang, dass er noch gar nicht angefangen habe. Die Ratlosigkeit im Saale war greifbar. Nachdem die nächste Rednerin Habeck eine Minute ihrer Redezeit schenkte, konnte der nach Profilierung suchende Habeck für sein Projekt werben.

Es sollten zumindest Verhandlungen mit CDU und FDP geführt werden, um eine Jamaika-Koalition zustande zu bringen. Die Kompliziertheit des Vorhabens wurde damals noch deutlich. Geschickt argumentierte Habeck dass sie die Gespräche mit einer Ergebnisoffenheit angehen werden. Er sagte weiter: "Nur mit der Bereitschaft, die Verhandlungen scheitern zu lassen, können wir erfolgreich sein". Damit war die Hürde zu einer evtl. Regierungsbeteiligung überwunden. Es bedurfte nur der richtigen Argumentation, um die den Wählern gegenüber vertretenen Ansichten, in einen grünen Mantel zu kleiden.

Am Ende reichte es deutlich: 112 der 129 Delegierten stimmten für Koalitionsverhandlungen mit CDU und FDP. Die beiden möglichen Regierungspartner hatten zuvor jeweils einstimmig dafür plädiert, die Gespräche aufzunehmen. Bei den Grünen gab es nun 14 Nein-Stimmen und drei Enthaltungen, die Zustimmung lag somit bei 86,8 Prozent. Die Grünen machten sich also auf den Weg nach Jamaika. Es kam damit erst zur zweiten Koalition dieser Art nach dem Saarland. Dort scheiterte ein Bündnis von CDU, FDP und Grünen 2012 vorzeitig. Die GRÜNEN schafften es nicht „an die Futtertröge" zu kommen

Auch wenn sich viele Basisgrüne damit schwer tun, ist die „Jamaika-Option" auf Bundesebene, in den Köpfen der GRÜNEN längst fest verankert. Aufgrund der derzeitigen Schwäche der Sozialdemokraten könnte es auch die einzige Möglichkeit für die Grünen sein, vier weitere Jahre Opposition zu verhindern.

Ein Umweltskandal ohne Gleichen ... und alle hielten still!
Die Leichtathletik WM 2019 und die Fußball WM 2022 in Katar

18.1.1 Wie sich die Welt der Politik und des Sports korrumpieren lässt,

..... und damit dem größten Umwelt-Frevel der Gegenwart Vorschub leistet.
Unabhängig davon dass in Katar die Menschenrechte (gemäß der Allgemeinen Erklärung der Menschenrechte), ständig missachtet werden. So ist das Recht auf freie Meinungsäußerung erheblich eingeschränkt. Frauen werden immer noch stark benachteiligt. Erhebt eine Frau z.B. Anzeige wegen einer Vergewaltigung, riskiert sie eine Haftstrafe aufgrund des gleichzeitig stattgefundenen außerehelichen Geschlechtsverkehrs. Das alles wird von den Sportverbänden, der Politik und verständlicherweise auch von der Wirtschaft toleriert. Selbst von den gesamten GRÜNEN-Aktivisten hörte man nicht viel.
Dabei hätten verantwortungsbewusste Organisationen diesen Irrsinn verhindern können. Weder die „Dampfplauderer" der deutschen Politik noch die „Schwafler" der UNO griffen hier entscheidend ein.
Große Gesten bekam man zu sehen. Heraus kam nichts als „heiße Luft".

Und da sage noch Einer:
„Sport soll frei sein von politischem Kalkül und wirtschaftlichen Interessen."
Wo waren sie denn, unsere Politiker, wo war der Aufschrei der GRÜNEN als es 2010 um die Verhinderung dieses größten Umwelt- -FREVEL-Objektes der Gegenwart, der Vergabe der Fußball WM 2022 ging. Bereits seit Dezember 2010, als der Fußball-Weltverband Fifa die Endrunde 2022 an KATAR gegeben hatte, war die Wüsten-WM skandalüberladen:

Ausbeutung, Korruption, Hitze, Homophobie waren damals die Schlagworte, die das Turnier fast ins Wanken brachten. Ausschließlich wirtschaftliche Interessen aller Beteiligten, warfen sämtliche Bedenken über den Haufen. Dem Kapital wurden die vorgebrachten schweren Bedenken gegenüber den zu erwartenden negativen Umwelteinflüssen und der unfassbaren Verschwendungen wichtiger Ressourcen geopfert. Der Internationale Gewerkschaftsbund sprach davon, dass eine WM nicht in einem Land ausgetragen werden dürfte, das seine Fußballstadien von sklavenähnlich gehaltenen Wanderarbeitern bauen lässt.

Bei der Vergabe der Fußball-WM kam es zudem zu den „undurchsichtigsten" Abstimmungen der WM-Geschichte. Danach wurden mindestens 10 der 24 Exekutivkomitee-Mitglieder, die seinerzeit über die Vergabe der WM nach Katar abgestimmt hatten, Schmiergeldannahmen nachgewiesen worden. Zwei Vertreter, die von Tahiti und Nigeria, hatten ihre Stimme für die WM-Vergabe zum Kauf angeboten und wurden dabei von Journalisten einer englischen Zeitung mit versteckter Kamera gefilmt. Die vier Exko-Mitglieder aus Kamerun, Argentinien, Guatemala und Paraguay sollen 20 Millionen US-Dollar erhalten haben. Seit 2011 gab es zwölf Rücktritte aus dem Exekutiv-Komitee. Acht andere Rücktritte stehen in einem Zusammenhang mit Korruptionsvorwürfen.

Große Teile der Sportwelt befanden sich in einem moralischen Dilemma was Katar betraf. Die immer wieder vorgebrachten Vorwürfe, die Herrscherfamilie habe mit ihren durch Öl- und Erdgasgeschäfte erworbenen Milliarden kräftig bei den Abstimmungsverfahren nachgeholfen, wollten nicht verklingen. In seiner Funktion als Präsident der europäischen Fußballklub- Vereinigung ECA kritisierte etwa Karl-Heinz Rummenigge die WM-Vergabe 2022 und forderte ein Mitspracherecht der großen europäischen Klubs ein. Wenig später ließ sich der Vorstandsvorsitzende des FC Bayern München bei einer Sicherheitskontrolle am Flughafen mit zwei unverzollten Luxusuhren erwischen, die er von einer Dienstreise aus Katar mitgebracht hatte. Das brachte ihm eine Geldstrafe von 250.000 Euro ein.

Soweit zu dem Thema wirksame Öffentlichkeitsarbeit und tatsächlichem Verhalten.

Doch die Fifa schlug damals schnell zurück.

Der ehemalige Fifa- Präsident Joseph Blatter, sagte in einem Interview mit der „Zeit": Es gab direkte politische Einflüsse. Europäische Regierungschefs haben ihren stimmberechtigten Mitgliedern empfohlen, für Katar zu stimmen, weil sie große wirtschaftliche Interessen mit diesem Land verbinden."

Im im November 2013, konkretisierte er seinen Vorwurf: „Zwei der Länder, die Druck auf die Wahlmänner in der Fifa gemacht haben, waren Frankreich und Deutschland."

Im Falle Frankreichs ist es naheliegend: Wenige Tage vor der Wahl der WM-Ausrichter 2018 und 2022 war Uefa-Präsident Michel Platini von Staatspräsident Nicolas Sarkozy zum Abendessen mit dem Emir und dem Premierminister von Katar in den Élysée-Palast geladen worden. Dass es dabei zu weitreichenden Absprachen und sogar finanziellen Vereinbarungen gekommen ist, hat der damalige (mittlerweile längst „gefeuerte") Uefa-Präsident jedoch energisch bestritten.

„Mir war bewusst, dass Sarkozy die WM in Katar wollte, aber er hat nichts gefordert von mir", sagt Platini. Im Februar 2012 ist dann bekannt geworden, dass sein Sohn Laurent in die Chefetage der Qatar Sport Investment (QSI) eingestiegen ist. Doch Platini war mit Sicherheit nicht der einzige europäische Vertreter im Exekutivkomitee, der für den Golfstaat gestimmt hatte.

„Die Wahl Katars ist nach meinem Empfinden von den Europäern entscheidend beeinflusst worden", sagte Theo Zwanziger, (der später „zurückgetreten" wordene)Präsident des DFB. Also auch von den Deutschen? Die erste massive Kritik an der Fifa kam.

Die großen Baufirmen, die in Katar aktiv waren, stammten alle aus Europa und waren somit für ihre Arbeiter und deren Arbeitsverhältnisse verantwortlich. Vor allem seit der WM 2006 ist deutsches Know-how weltweit gefragt. Bei der Folge-WM 2010 in Südafrika waren insbesonders deutsche Firmen dick im Geschäft: Lichtanlagen für die Stadien von Siemens, Stadionsitze aus Franken, Busse von MAN und Daimler. Insgesamt konnten Aufträge in Höhe von 1,8 Milliarden Euro an Land gezogen werden. Der ehemalige Wirtschaftsminister Rainer Brüderle rechnete vor, dass 15 000 Arbeitsplätze daran hingen. Für den FDP-Mann war Deutschland der große „Gewinner" der ersten Fußball-Weltmeisterschaft auf afrikanischem Boden. Allein in den Bau von Stadien und der unmittelbaren Infrastruktur hat Südafrika seinerzeit drei Milliarden Euro investiert. Die gesamten Investitionen Südafrikas zur WM in Verkehr und Transport, Umwelt und Tourismus, Kultur, Energie, Sicherheit und Kommunikation beliefen sich auf ein Vielfaches. Das Hamburger Architekturbüro Gerkan, Marg und Partner erhielt den Zuschlag für drei der insgesamt zehn WM-Stadien am Kap – ein 400-Millionen-Euro Deal. Selbst für die deutsche Rüstungsindustrie fielen damals WM-Millionen ab. Als Sicherheitsmaßnahme bestellte das Gastgeberland bei der Firma Diehl in Nürnberg Luft-Luft-Lenkflugkörper. In Katar ging es um aber um noch viel mehr: Das Investitionsvolumen für die zwölf geplanten Stadien wird ebenfalls auf drei Milliarden Euro geschätzt, insgesamt wollen die Scheichs für die Endrunde 2022 aber bis zu 37 Milliarden buchstäblich in den Sand setzen. Und da sind noch gar nicht die Unsummen enthalten, die das Königshaus in Programme zur Modernisierung seines Landes pumpte, um sich für 2022 aufzuhübschen. Alleine für 600km Regionalbahn und die U-Bahn waren 26 Milliarden Euro Auftragsvolumen zu vergeben. Siemens lieferte U-Bahnen, Sicherheitstechnik und noch viel mehr. Der Erfolg lässt sich zum Teil mit der gelieferten Produktqualität und Technologieführerschaft der deutschen Industrie auf einigen Feldern erklären, ohne die Nachhilfe der Politik aber wären diese Erfolge – gerade in der arabischen Welt kaum denkbar. Zumal auch Samsung und General Electric (GE) bewährte Infrastruktur-Güter lieferten.

18.1.2 Wieso findet die WM 2022 eigentlich im Winter statt?

Ursprünglich sollte die WM 2022 wie jede andere Endrunde im Sommer ausgetragen werden. Katar präsentierte Pläne für gigantische Kühlungsanlagen, um Stadien und Trainingsgelände von den über 40 Grad Außentemperatur auf 20 bis 25 Grad abzukühlen. Damit waren die Bedenken hinsichtlich der Spielbedingungen angesichts der unerträglich hohen Außentemperaturen unbegründet: die WM-Fußballstadien in Katar wurden allesamt klimatisiert. Gigantischen Klimaanlagen, die zur Kühlung von Stadien benötigt werden, sollten nicht mit Strom aus fossilen Energieträgern, von welchen Katar mehr als genug besitzt, sondern vollständig mit erneuerbaren Energien versorgt werden.
Der Beweis, dass es wirklich machbar ist, wurde mit einem Showcase-Stadion erbracht, welches mit 500 Sitzplätzen zwar deutlich kleiner als typische WM-Stadien war, aber eine adäquate Größe hatte um die relevanten Technologien einzusetzen und zu testen. Dieses Stadion wurde in weniger als 4 Monaten realisiert. Aufgrund der extrem hohen Außentemperaturen tagsüber musste vorwiegend nachts gearbeitet werden.

Die Katarer wollten ihr Kühlsystem als Vermächtnis an kommende Generationen verstanden wissen. Kritiker da- gegen sahen sich von Anfang an darin bestätigt, dass die Vergabe in das Wüstenemirat ohnehin an Idiotie grenze und nun in Größenwahn enden würde.

Übrigens, bezahlte Katar sogar Bauarbeiter dafür, dass sie ins Stadion gingen, nur um die Ränge „etwas" aufzufüllen.

Selbst diese riesigen Klimaanlagen in allen Stadien, schafften es nicht, die Temperaturen auf die versprochenen maximalen 27 Grad herunter zu kühlen.

Bildentnahme: Internet

Die Abmachung zwischen Gastgeberland und Fußball-Weltverband lautet jedenfalls: maximal 27 Grad in den Arenen – bei teilweise 55 Grad Außentemperatur.
Das „Showcase" Stadion konnte durch die solare Kühlungsanlage über mehrere Tage heruntergekühlt werden.

Es sei mir der Hinweis erlaubt:
Innerhalb einer 4 Monats, wären in Deutschland vielleicht gerade einmal Planungseingaben bearbeitet worden.

Kernstück des solaren Kühlungssystems war ein 1400 m² großes Feld konzentrierender Solarkollektoren, sogenannter Fresnelkollektoren, welches Wasser unter 16 bar Druck auf 180°C aufheizt. Die Wärme wird entweder in einem Druckwasserspeicher mit 40 m³ Volumen zwischengespeichert oder direkt einer sogenannten zweistufigen Wasser-Lithiumbromid Absorptionskältemaschine mit einer Kälteleistung von 650 kW zugeführt. Die so erzeugte Kälte wird entweder in einem speziellen Kältespeicher zwischengespeichert oder direkt über die Lüftungsanlage in das Stadion unterhalb der Bestuhlung eingeleitet. Die beiden Speicher ermöglichen es die Kältemaschine während Zeiten extrem hoher Umgebungstemperaturen, bei welchen es schwierig ist die Abwärme an die Umgebung abzugeben, abzuschalten, wobei der Kollektor weiterhin den Heißspeicher belädt und das Stadion über den Kaltspeicher gekühlt werden kann. Aufgrund der extrem hohen Außentemperaturen tagsüber musste vorwiegend nachts gearbeitet werden.
Die Pläne waren zwar beeindruckend, riefen aber schnell Widerspruch hervor – schon aus ökologischen Gründen. Zudem befürchtete man, dass die Hitze für die Millionen von Besuchern, die sich von einem Spielort zum anderen begeben würden, zum ernsten gesundheitlichen Problem werden könnte. Die Fußball Weltmeisterschaft 2022 wurde deshalb in den Spätherbst bis zum beginnenden Winter des Jahres 2022 verlegt.

Lassen wir die Versprechungen und die Politik einmal aus dem Spiel und schauen uns an, was Katar mit den Spielstätten macht, die nach der WM nicht mehr benötigt werden.

Das Konzept sah von Anfang an vor, dass die Spielstätten in Modulbauweise konstruiert wurden. Die Katarer wollen die Stadien, für die sie abschließend selbst keinen Bedarf haben, nach dem Turnier den Ländern in der Wüstenzone der Welt kostenlos zur Verfügung stellen.

So werden aus einem Stadion mit mindestens 40 000 Sitzplätzen gemäß Fifa-Auflage bis zu vier kleine Stadien für Bangladesch oder Sudan. Der Strom für die nötige Kühlung der Stadien und öffentlichen Plätze soll durch Solarenergie gewonnen werden. „In Katar wundert man sich damals, dass ausgerechnet aus Deutschland derart heftige und – wie sie fanden – nur teilweise berechtigte Vorwürfe kamen". Die Katarer waren ratlos, gingen sie doch bisher davon aus, ihr Konzept müsse für den Westen zukunftsweisend klingen. Kompetente Landeskenner sahen und sehen in der deutschen Berichterstattung über die Sklavenarbeit eine „Doppelmoral".

Auch Deutschland benutzt billigste Arbeitskräfte, holt sie nur nicht ins eigene Land, sondern lässt in Ländern wie Bangladesch produzieren.

Die Regierung in Katar wusste, dass man den kriminellen Arbeitgebern das Handwerk legen musste. Mit inszenierten Baustellen-Razzien oder dergleichen war und ist bis heute nicht zu rechnen. „Es entspricht nicht der Mentalität der Golf-Araber, sich aktiv zu verteidigen, wenn sie öffentlich angegriffen werden." Die Menschenrechtsorganisation Amnesty International warf Katar vor, trotz aller Reformversprechen eine "Spielwiese" für "skrupellose" Arbeitgeber von Migranten zu bleiben. So müssten in dem Emirat Hunderte ausländische Arbeiter monatelang auf ihre Löhne warten, ohne vom Staat Hilfe zu bekommen. Schlichtungskomitees wurden mit Beschwerden überflutet, hatten aber so wenige Richter, sodass die Arbeiter Monate ausharren mussten, bis ihre Fälle behandelt wurden. Die Migranten sahen sich gezwungen, ohne Einkommen in ihren Unterkünften zu leben oder nach Hause zurückgehen. "Viele Menschen kehrten völlig mittellos in ihre Heimat zurück, nachdem sie monatelang ihren Löhnen hinterher gejagt waren, mit zu wenig Hilfe des Systems, das sie eigentlich beschützen sollte", so Amnesty. Selbst wenn ihren Beschwer- den stattgegeben werden, erhielten sie oft kein Geld. "Als Athlet wird man sicherlich sehr gute Bedingungen vorfinden. Als Gastarbeiter, der beim Stadionbau geholfen hat, ist es wahrscheinlich etwas anders", sagte die deutsche Weitsprung Weltmeisterin und spätere Olympiasiegerin, Malaika Mihambo einmal im Deutschlandfunk. "Unter unmenschlichen Bedingungen beschäftigt". In dem Emirat lebten laut Amnesty zeitweise rund zwei Millionen Arbeitsmigranten. Sie kam aus armen Ländern wie Bangladesch oder Nepal. Nach einem Bericht der Zeitung „Guardian" sollten bei Arbeiten im WM-Gastgeberland fast 400 Wanderarbeiter allein aus Nepal ums Leben gekommen sein. Erste Berichte dieser Art gab die diese britische Zeitung heraus. Die internationalen Arbeitsorganisation der UN (ILO) hatte Katar irgendwann zwar Fortschritte bei der Lage von ausländischen Arbeitern bestätigt. "Viele Millionen waren auch nachher immer noch unter unmenschlichen Bedingungen beschäftigt", sagte die Katar-Expertin Regina Spöttl von Amnesty International. *Künftig finden die größten Sportwettkämpfe der Welt dort statt, wo die Industriekonzerne neue Auftraggeber, Märkte und Kunden wittern: Wie in Russland, Brasilien und wie jetzt, im reichen Wüstenemirat Katar bereits geschehen. Europas Politiker und Verbandschefs erklärten zwar ihren Widerstand und verwiesen auf Sklaverei, Schmiergeld und Homophobie. Letztendlich entschied und entscheidet „das Geld", wohin es mit den Sport-Großveranstaltungen geht.*

Wie es 2022 bei der Fußball-WM sein wird, kennen wir von der Leichtathletik-WM 2019. Dort wurden die Wettbewerbe auch auf Mitternacht verlegt und fanden vor teilweise leeren Zuschauer rängen statt.

18.2 Katar – das Land der Umweltsünder

Das Emirat Katar ist nur etwa halb so groß wie das Bundesland Hessen. Mit ca. 40 to. hat es jedoch den größten Kohlendioxid-Emissionswert der Welt. Hauptverantwortlich dafür zeigt sich die Gas-Industrie. Katar ist der weltweit größte Produzent von verflüssigtem Erdgas. Diese Technologie erzeugt einen enorm hohen CO2-Ausstoß. Eine UN-Klimakonferenz in einem Land zu veranstalten, dessen Einwohner pro Kopf am meisten CO2 produzieren, kann man durchaus als makaber, zumindest als strittig bezeichnen. Die bereits im Vorfeld der Veranstaltung geübte Kritik, konnte die Vergabe der 18. Konferenz der Vertragsstaaten der Klimarahmenkonvention der Vereinten Nationen im Dezember 2012 nicht verhindern. Dass hier die weitere Gestaltung einer dringend erforderlichen Nachfolge regelung zum Kyoto-Protokoll vorgenommen werden sollte, rechtfertigt nicht, Katar zum Austragungsort einer Umweltdebatte zu machen. Auf den Schnellstraßen sieht man nur „dicke Geländewagen" mit hohem Benzinverbrauch.
Der billige Treibstoff ca. 20 Cent/ltr.) tut ein Übriges. In den Wohnungen, Einkaufszentren, Hotels und Sportstätten arbeiten leistungsstarke Klimaanlagen permanent auf Hochtouren, um die Gebäude herunter zu kühlen. In Katar, mit seinen mehr als 350 Tagen Sonnenschein im Jahr sucht man vergebens nach Solarzellen auf den Häusern. Man fand sie zu der Zeit der Veranstaltung auch nicht auf Neubauten.

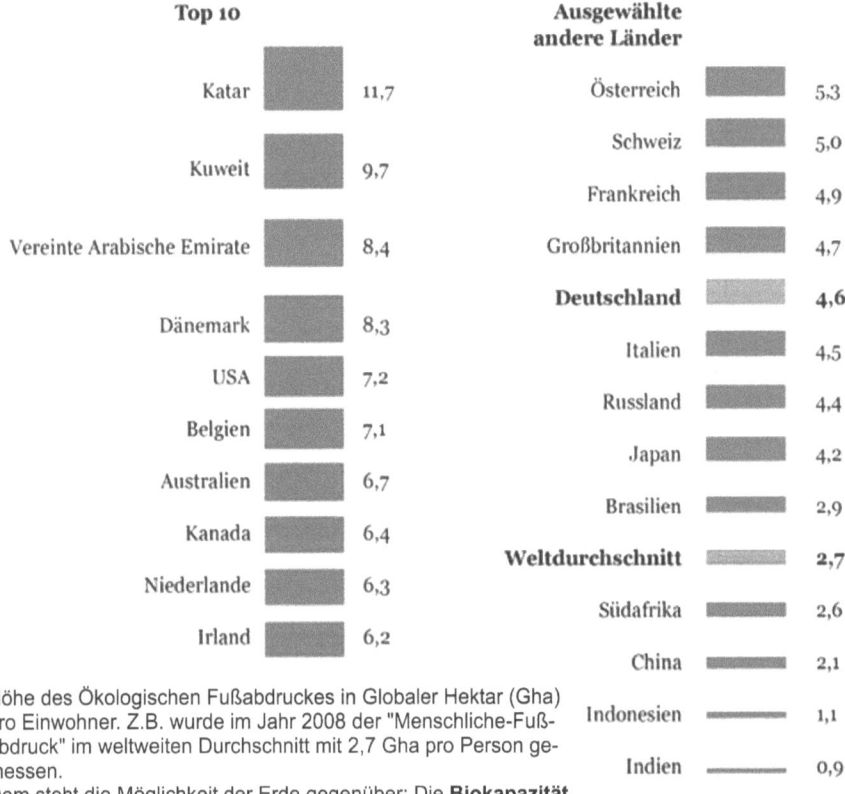

	Top 10			**Ausgewählte andere Länder**	
	Katar	11,7		Österreich	5,3
				Schweiz	5,0
	Kuweit	9,7		Frankreich	4,9
Vereinte Arabische Emirate		8,4		Großbritannien	4,7
				Deutschland	**4,6**
	Dänemark	8,3		Italien	4,5
	USA	7,2		Russland	4,4
	Belgien	7,1		Japan	4,2
	Australien	6,7		Brasilien	2,9
	Kanada	6,4		**Weltdurchschnitt**	**2,7**
	Niederlande	6,3		Südafrika	2,6
	Irland	6,2		China	2,1
				Indonesien	1,1
				Indien	0,9
				Bangladesch	0,7

Höhe des Ökologischen Fußabdruckes in Globaler Hektar (Gha) pro Einwohner. Z.B. wurde im Jahr 2008 der "Menschliche-Fußabdruck" im weltweiten Durchschnitt mit 2,7 Gha pro Person gemessen.
Dem steht die Möglichkeit der Erde gegenüber: Die **Biokapazität**
Sie lag damals bei 1,8 Gha pro Person.

84

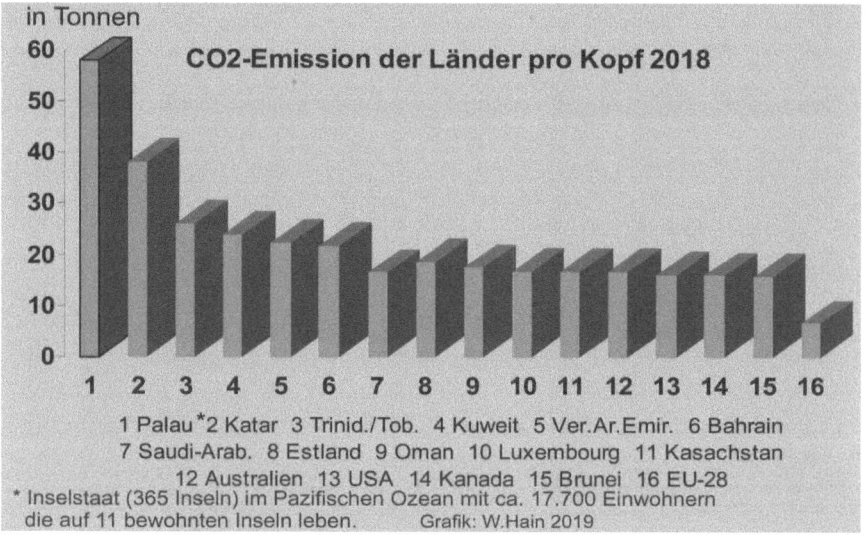

in Tonnen
CO2-Emission der Länder pro Kopf 2018

1 Palau*2 Katar 3 Trinid./Tob. 4 Kuweit 5 Ver.Ar.Emir. 6 Bahrain
7 Saudi-Arab. 8 Estland 9 Oman 10 Luxembourg 11 Kasachstan
12 Australien 13 USA 14 Kanada 15 Brunei 16 EU-28
* Inselstaat (365 Inseln) im Pazifischen Ozean mit ca. 17.700 Einwohnern
die auf 11 bewohnten Inseln leben.   Grafik: W.Hain 2019

Nordamerika	16,73
Länder mit hohem Einkommen	11,07
OECD-Mitgliedsstaaten	9,91
Kleine karibische Staaten	9,69
Europa und Zentralasien	7,54
Eurozone	7,13
Europäische Union	7,07
Mitteleuropa und Baltikum	6,91
Nordafrika und Naher Osten	5,96
Ostasien und Pazifik	5,86
Weltweiter Durchschnitt	4,94
Länder mit mittlerem Einkommen	3,42
Lateinamerika und Karibik	2,93
Südasien	1,41
Kleine Staaten im Pazifik	1,10
Subsahara-Länder Afrikas	0,83
Länder mit niedrigem Einkommen	0,27
Am wenigsten entwickelte Staaten	0,27

Karibik:
Reichere Länder wie
Trinidad und Tobago
oder Aruba haben hohe
Emissionen.
Arme Länder, wie Haiti
stoßen nur 0,22 to. pro
Kopf aus.
Die angrenzende Domi-
nikanische Republik
das zehnfache.

Auch auf diesen Grafiken erkennt man den enorm hohen Emissions- Ausstoß Katars. Aufgrund der weltweit kritischen Berichterstattungen über das Emirat, kündigte die Regierung Katars an, dass zeitnah mit der Produktion von Solarzellen im Auftragsvolumen von ca. 1 Milliarde US-Dollar begonnen werden solle.

Auf Druck Katars wurde das Kyoto Protokoll bis 2020 verlängert.
Um ein komplettes Scheitern des Gipfels zu verhindern, griff der Klimagipfel-Präsident Abdullah bin Hamad Al-Attiyah am Ende der Konferenz zu einem bis heute unvergessenen Abstimmverfahren. Er rief die Kompromissvorschläge einzeln und schnell hinter einander auf. Bei fehlendem Widerspruch erklärte er sie sofort für angenommen. Mit dieser Vorgehensweise verhinderte er ein totales Scheitern der gesamten Konferenz.

An einer zweiten Verpflichtungsperiode sollten die 27 EU-Staaten und weitere europäische Länder teilnehmen. Diese Staaten waren zu diesem Zeitpunkt für ca. 13% des weltweiten CO_2- Ausstoßes verantwortlich.

Russland, Kanada, Japan und Neuseeland erklärten ihren Austritt

Medial wurde das Ergebnis als „Minimal-Kompromiss" bezeichnet.
Der damalige Bundesumweltminister Peter Altmaier begegnete Kritikern des Gipfels bei dem Klimasünder mit den Worten:

"Wir sehen es als einen Glücksfall an, dass Katar Gastgeber dieser Konferenz ist." Durch die Ausrichtung des Treffens, so seine Hoffnung, könnte das Land seine Klimaschutzbemühungen verstärken und andere Klimasünder mitziehen.
Damals konnte niemand absehen, wie die Katarer später mit den Arbeitern beim Bau der Sportstätten umgehen würden.
Später und bis in die Gegenwart wurden alle Kritikpunkte herunter gespielt.

Um korrekt zu publizieren, bedarf es auch der nachfolgenden Gegenüberstellung von Fakten.
Im folgendem Diagramm werden die Länder in verschiedene Kategorien einsortiert und wieder nach dem Pro-Kopf CO2-Ausstoß geordnet.
Dabei erkennt man sofort, dass die reichen und entwickelten Staaten mehr Abgase in die Luft abgeben, als arme und schlecht entwickelte Länder.

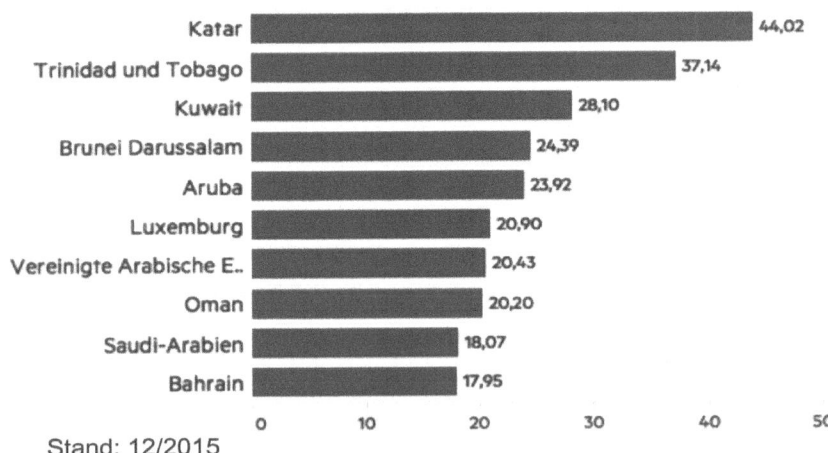

Stand: 12/2015

Die Regionen, die weltweit am wenigsten Emissionen produzieren, liegen nicht nur in Sahara-Afrika, sondern auch in Südasien und im Pazifik.

Dem Welt-Leichtathletikverband sind 215 Mitgliedsverbände angeschlossen. Darunter ist der deutsche DLV, mit über 850.000 Mitgliedern der Größte.
Der Fifa dem Welt-Fußballverband sind 211 Länder angeschlossen.
Dabei ist der deutsche DFB mit seinen 7,1 Millionen Mitgliedern wiederum der größte Verband der Fifa.
… Und alle diese Verbände haben sich für Katar ausgesprochen, als Austragungsort von Weltmeisterschaften.
Wo blieb der „Grünen-Aufschrei" (der dort startenden jungen Generationen) zur Verhinderung dieses Frevels an der Umwelt?

Gut, damals gab es die Fridays For Future Bewegung noch nicht.

Man kann den Medien vorwerfen, dass den vorgebrachten und publizierten Vorwürfen nicht nachhaltig und massiv nachgegangen wurde. Aber, wer stellt sich schon gerne gegen die Sportbegeisterten der ganzen Welt. Zumal, wenn solche Veranstaltungen medial große Beachtungen finden und ein wichtiger wirtschaftlicher Faktor der gesamten Medienfinan-zierung darstellen. Auch das hat direkt mit dem Umweltschutz zu tun.

Die „hohe Politik" lässt sich von Chaoten und Umweltleugnern am Nasenring durch die Manege führen.

Um die Entwicklung einer neuen Klimapolitik in Deutschland, auch nur annähernd gerecht zu werden, kommt man nicht umhin, die politischen Strömungen und Verhaltensweisen zu dokumentieren. Das nachfolgende Kapitel wird aufzeigen, zu was manche Volksvertreter fähig sind, wenn sich ihnen auch nur die kleinste Möglichkeit bietet, in die Schaltzentralen der Macht einzuziehen.
Es sind nicht die Völker der Erde, es sind die Interessensvertreter der multi- nationalen Konzerne und die Wirtschaft im Allgemeinen, die der Politik durch ihr weitreichendes und engmaschiges Netzwerk vorgeben, in welche Richtung gegangen wird. Wirtschaftliches Wachstum ist die Maxime des gesamten Handelns.
Die Umwelt steht dabei nicht einmal im zweiten Glied.
Vorher gilt es noch soviel finanziellen Gewinn abzuschöpfen, wie es nur irgendwie geht.

Genau deshalb sind der Einbezug der politischen Situation und die nächsten Seiten dieses Buches so wichtig.

19. Frühjahr 2020 - ein Erdbeben erschüttert die deutsche politische Landschaft .

Was die Bekundungen von CDU/CSU und FDP wert sind, zeigt der 5. Februar 2020.
Im Thüringer Landtag wählten die CDU und FDP- Abgeordneten, mit allen Stimmen der AfD, Thomas Kemmerich (FDP) im 3. Wahlgang mit 45:44 Stimmen zum Minister-präsidenten. **Die Flick und die von Finck (Mövenpick) Affären lassen grüßen!**
Die AfD, die auch im 3. Wahlgang mit einem eigenen Kandidaten zur Wahl antrat, ließ dort ihren Mann mit null Stimmen im Regen stehen und wählte Kemmerich von der FDP, als der kleinsten Partei im Landtag, zum neuen Ministerpräsidenten Thüringens. Wenn die Politprofis von der CDU und der FDP, den Wählern tatsächlich den „Bären aufbinden" wollen, von diesem, dem Wählerwillen vollkommen konträr entgegenstehenden Coup nichts gewusst zu haben, halten sie die Wähler für blöd.

In der Vergangenheit haben CDU/CSU und auch die FDP eine Zusammenarbeit absolut und ohne Wenn und Aber, ausgeschlossen. Jetzt haben sie, sich mit den Stimmen aller AfD-Abgeordneten wählen lassen.

Vor einer solchen Heuchelei, ist der Versuch von Frau Ypsilanti (SPD) nach der Hessen wahl vom am 27. Januar 2008, zu sehen,
(Bei der die CDU ihre absolute Mehrheit verlor und die SPD mit 0,1% Abstand zweitstärkste Partei wurde)
mit Hilfe der Linken, hessische Ministerpräsidentin zu werden.
Dabei muss man wissen, dass sie jedwelche Beteiligung oder Tolerierung der Linken, bei einer SPD-geführten Regierung, vorher kategorisch ablehnte. Im Gegensatz zu der jetzt in Thüringen offensichtlich mit aller Macht zu den „Fleischtöpfen" drängenden CDU und FDP, weigerten sich damals vier SPD Abgeordnete ihrer eigenen Kandidatin, Frau Ypsilanti bei der Wahl ihre Stimmen zu geben.
Damit war der Weg zu einer Ypsilanti-Minderheitsregierung verbaut.
Das war gleichzeitig für Frau Ypsilanti der politische „Selbstmord". Sie spielt seither keine Rolle mehr in der Politik. Bei den anschließenden Neuwahlen 2009, wurde die SPD von den Wählern mit 13% Stimmenverlusten brutal abgestraft.

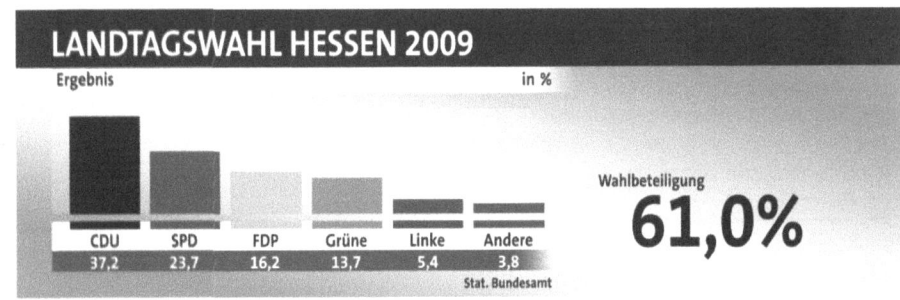

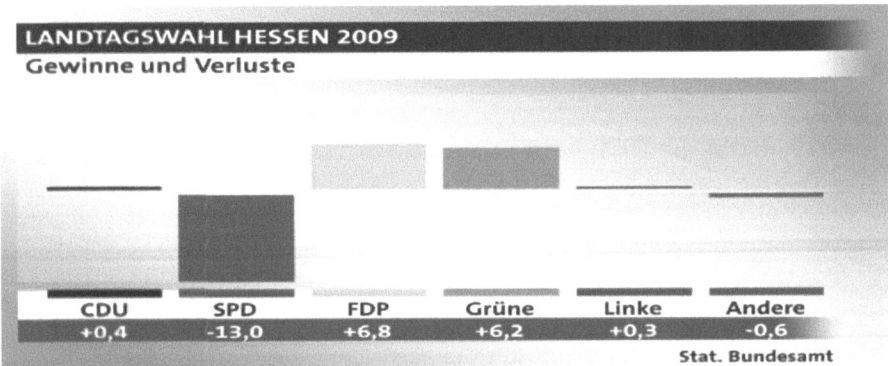

Von dieser „Abstrafung" durch den Wähler, hat sich die einstige hessische SPD – Hochburg bis heute nicht mehr erholt. Hoffen wir, dass die Wähler sich diese CDU/FDP und AfD-"Kungelei" gut merken. Die nächsten Wahlen kommen ganz bestimmt.

Wäre die „dumme SPD" bei den Bundestagswahlen 2013 nicht worttreu (oder soll man es aufgrund der heutigen Kenntnis „blöd" nennen) gewesen, wären sie ein Bündnis mit den Linken eingegangen und hätten damit die Regierung stellen können.

Selbst die „linke" Tolerierung einer Minderheitsregierung, hätte damals (2013) Peer Steinbrück zum Bundeskanzler gemacht.

Aber er hielt Wort!

42,7 Prozent der Wähler votierten 2013, **SPD / Grüne** und **Linke**.

41,5 Prozent für die **Union**. Die **FDP** war mit **4,8** Prozent der Stimmen „draußen".

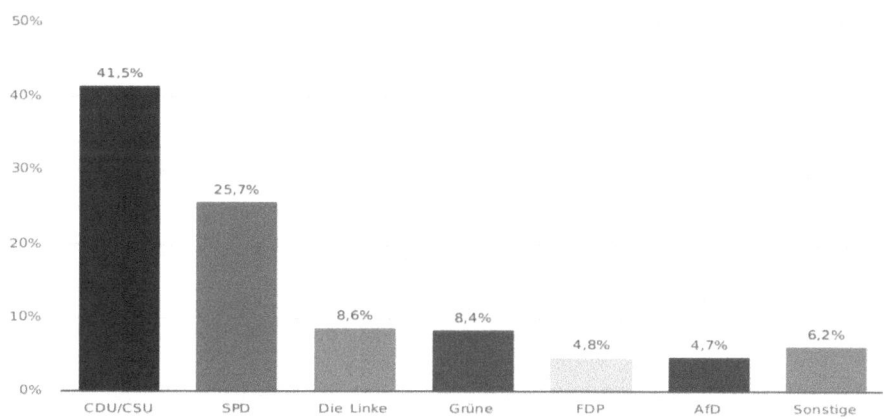

Endgültiges Ergebnis der Bundestagswahl am 22. September 2013 (Zweitstimmen) Quelle: Bundeswahlleiter - Statista 2018

19.1 Umwelt und Klima – ohne den politischen Willen kommt es zu keiner Wende.

Nur was sind politische Willenserklärungen wert?
Die Realität zeigt uns: Wenn es um „Macht" geht, ist alles erlaubt und alles richtig.
Wie sagte Christian Lindner am 19. November 2017 großspurig, als er ohne jegliche Ankündigung die Verhandlungen zu einer Jamaika-Koalition im Bund, platzen ließ?

„Es ist besser, nicht zu regieren, als falsch zu regieren".

Noch nie hat sich ein Bundesvorsitzender eine Partei so geirrt!
Mit seiner arroganten Haltung hatte Lindner die FDP „fast gegen die Wand gefahren".

Den Geist des Sondierungspapiers können wir nicht verantworten. Wir wären gezwungen, unsere Grundsätze aufzugeben und alles das, wofür wir Jahre gearbeitet haben. Wir werden unsere Wähler nicht im Stich lassen, indem wir eine Politik mittragen, von der wir nicht überzeugt sind. Wir werfen niemandem vor, dass er für seine Prinzipien einsteht. Wir tun es aber auch für unsere Haltung. Wir sind für Trendwenden gewählt worden. Sie waren nicht erreichbar. Es ist besser, nicht zu regieren, als falsch zu regieren.
Bereits eine Woche vor der Bundestagswahl hatte Lindner in einem Gespräch im kleinen FDP-Kreis die Möglichkeit von Neuwahlen angesprochen, falls sich herausstellen sollte, dass die angestrebte Trendwende nicht zu erreichen sei.

Das eingebrachte Argument, Parteien hätten die eine staatsbürgerliche Verantwortung, für stabile Verhältnisse zu sorgen und müssten daher kompromissfähig sein, ließ der FDP-Chef nicht gelten. Zwei Monate später wusste die gesamte Republik, dass Lindner es bitter ernst gemeint hatte.

Was trieb Lindner zu dieser Haltung?

Waren es solche Pressepublikationen, wie die des Fokus, der Lindner nach der Bundestagswahl zum „mächtigsten Mann Deutschlands" hochgejubelt hatte?

Lindner musste dabei an das Trauma der schwarz-gelben Koalition zwischen 2009 und 2013 denken, die zum Rausschmiss der Liberalen aus dem Bundestag führte.

Die FDP galt als wortbrüchige **Umfaller**-Partei, weil sie versprochene Steuersenkungen gegen den Widerstand der Union nicht durchgesetzt hatte.

Der Vorhang für die Koalition war damit im Grunde genommen gefallen – nur dass die Darsteller noch drei Jahre auf der Bühne weiterspielten, während das Publikum längst enttäuscht die Ausgänge suchte", so beschreibt Lindner die ehemalige Situation in seinem Buch „Schattenjahre". Die FDP habe in dieser Zeit macht- und orientierungslos gewirkt.

Damals habe sich Lindner sich geschworen, so etwas dürfe nie wieder passieren.

Der Stachel der Angst saß bei Lindner tief, als Umfallerpartei zu gelten und damit endgültig von der politischen Bühne zu verschwinden.

Obwohl die Union und die Grünen 2017 den Liberalen weitreichende Zugeständnisse gemacht hatten, ließ Lindner die Koalitionsverhandlungen rein aus taktischen Gründen platzen. Er war sich sicher, dass es zu Neuwahlen kommen würde, aus denen die FDP, mit ihm als „Messias", mit einem deutlich besseren Ergebnis hervorgehen würde.

Ein weiteres Kalkül Lindners war damals, bei Politikverdrossenen mit seiner Präsentation, als Einer, dem seine Überzeugung mehr wert ist, als ein Posten in einer Regierung, zu punkten. Wahrscheinlich hoffte er, bei Neuwahlen dabei auch Stimmen der Union und der AfD „abzufischen". Dass es nach seiner Verweigerungshaltung zu einer erneuten GROKO zwischen CDU/CSU und SPD kam, damit konnte und wollte Lindner zu dem Zeitpunkt nicht rechnen. Lindner hatte sich folgenreich verkalkuliert. Die Liberalen waren aus dem Regierungsgeschäft draußen, und Neuwahlen gab es auch keine. Welch ein fataler Irrtum, diese Total-Fehleinschätzung der politischen Situation! Das sind die Gründe, weshalb Lindner jetzt nach der Wahl von Kemmerich (mit den AfD-Stimmen) zum Regierungschef Thüringens, dies als demokratischen Akt sieht und auch nichts von Neu- wahlen wissen will. Wessen Geisteshaltung die FDP hier ist, zeigt ein kurzer Rückblick auf die Kampagne der Liberalen zu den Thüringer Landtagswahlen. Dort warb Kemmerich mit den Slogans:

"Endlich eine Glatze, die in Geschichte aufgepasst hat"
"Stiefel, die in die richtige Richtung marschieren"
"Mehr Lehrer als unseren Kindern lieb ist"

Es ist genau dieser Kemmerich, der am 10. Mai 2020 auf einer Corona-Demonstration in Gera, ohne Einhaltung der Abstandsregeln und ohne Mund- und Nasenschutz, zusammen mit der AfD gegen die Ausgangsbeschränkungen demonstriert hat). Es lebe die von Lindner immer wieder angegebene politische Integrität der FDP.

Man kann jetzt darüber denken, wie man will.

Fest steht, dass die CDU-Abgeordneten diese Art „Gedankengut" unterstützt haben.
Nicht weg zu diskutieren ist auch, dass es der AfD gelungen ist, CDU und FDP für Ihre Interessen zu instrumentalisieren.

Nicht nur, dass die Christdemokraten und die Liberalen die Gefahr des „Benutztwerdens" nicht erkannt haben, viel schwerer wiegt die Tatsache, dass sie sich trotz Kenntnis, benutzen lassen. Die AfD hat sie mit dem Coup, regelrecht am Nasenring durch die Manege geführt. Dieses Thema ist so wichtig, dass es später noch einmal ausführlich behandelt wird. Um sich nicht zu blamieren, werden solche Dinge ganz einfach verschwiegen und verheimlicht.

In meinem Buch „Die gefährliche neue „Droge" habe ich die Deutsche Umwelthilfe e.V. noch hart kritisiert.

An Großteilen der in dem Buch angeführten Kritikpunkte hat sich nicht viel geändert. Die 1975 gegründete politisch unabhängige und gemeinnützige Organisation hat ihre „Daseinsberechtigung", jedoch alleine aufgrund des beschämenden Klimapaketes 2019 der Bundesregierung, bestätigt. Auch wenn der DU immer noch der Makel eines „Abzockvereins" anhaftet, kommt man nicht umhin festzustellen, dass sich ohne diese strafbewehrten Klagen, nichts ändern würde.

Dass sich die Politik im „Würgegriff" der Lobbyisten befindet, kann unschwer daran erkennen, dass es weder dem Verkehrsminister Spahn, noch der Bundeskanzlerin Merkel gelungen ist, die Auto-Hersteller schadensersatzpflichtig zu machen, die Abschalteinrichtungen o.ä. in ihren Fahrzeugen installiert hatten/haben. Es ist der mächtigen „Automobil-Lobby" gelungen, das Gespenst von Arbeitslosigkeit in den Köpfen der Menschen so zu etablieren, dass ihr Betrug an den Autokäufern immer mehr in den Hintergrund geschoben wurde.

Von der Petition „Rettet die Bienen" in Bayern, ist bei genauer Hinsicht auch nicht mehr so arg viel übrig geblieben. Durch Ausnahmeregelungen u.ä. wurden die Mehrzahl der Petitionsanträge verwässert. Die Tatsache der Überdüngung der Felder und die damit enorme Überbelastung des Grundwassers mit Nitrat, wurde so relativiert, dass sich in naher Zukunft nicht viel ändern wird.

Die Landwirtschafts-Lobby, die der der Automobilindustrie in nichts nach steht, hat auch das sofortige Verbot von Glyphosat verhindert. Das sofortige Verbot hat sogar ein Bundesminister, gegen die Weisung seiner Regierung, bei einer EU-Abstimmung verhindert. Konsequenzen: KEINE. Das ist erfolgreiche Lobbyarbeit.

Es ist die Wirtschaft, die der Politik vorgibt, wo sie sich hin zu bewegen hat (nicht soll!).

Die Wirtschaft treibt die Politik vor sich her.

Es ist ein Märchen, wenn die Politik davon redet, dass sie der Wirtschaft irgendwelche Richtlinien vorgibt, an die sie sich dann zu halten hat.

Dieses Abgleiten in die Geschehnisse der Thüringer-Landespolitik war notwendig, um aufzuzeichnen, zu welchen Dingen Politiker bereit sind, wenn es für sie um die Beteiligung an den „Futtertrögen, bzw. der Machterlangung" geht. Da werden „Ehre" und „Verantwortung" dem Machttrieb geopfert. Da wird gelogen, dass sich die Balken biegen. ..... Und nachher will es wieder einmal keiner gewesen sein.

Welch eine Schande!

Wer bei der Änderung der globalen Umweltpolitik auf die Politiker vertraut, begeht einen schweren Fehler. Die weltweite Politik ist fest im Würgegriff der multinationalen Konzerne und der Wirtschaft im Ganzen.

19.2 Die Macht der Lobbyisten

Will man Umweltschutz in den Fokus der Menschen bringen, kommt man nicht umhin, im Vorfeld jeglicher Bemühungen, den Einfluss der Wirtschaft und ihrer Lobbyisten auf die Politik zu brechen. Die Interferenz (Einflussnahme)der Wirtschaft auf die Regierungen gibt die tatsächliche politische Ausrichtung mehr oder weniger vor, respektive sie übt einen dermaßen Einfluss aus, dass den Ökonomie-Interessen alles andere unter geordnet wird. Wirtschaftliches Wachstum ist das Mantra aller Regierungserklärungen. Umweltschutz nimmt da in den Zukunft-Zielsetzungen der Politik nur einen kleinen Stellenwert ein.

Das kann man bei den Koalitionsverträgen an den Formulierungen der Vereinbarungen unschwer erkennen.

Die entsprechenden Passagen sind in den nachfolgenden Koalitionsvereinbarungsauszügen kenntlich gemacht worden.

Auszüge aus dem Koalitionsvertrag CDU/CSU und SPD 2019

Die Wirtschaft **wird** in den kommenden Jahren ihren Beitrag dazu leisten **müssen**, die CO2-Emissionen zu verringern.

Die Formulierung „wird müssen ist ein „Annahme". In der Deutschen Sprache wird der Konjunktiv für die Darstellung einer Möglichkeit benutzt und daher auch als Möglichkeitsform bezeichnet.

Dazu haben wir den „Innovationspakt Klimaschutz" geschlossen.

Das nationale Dekarbonisierungsprogramm **soll** *(das ist eine Absichtserklärung und keine Verpflichtung. Bei einem Commitment würde hier: „**muss**" stehen)* die Entwicklung von Technologien unterstützen, die die Klimaschädlichkeit heute besonders emissionsintensiver Güter reduzieren, Prozessketten optimieren und die Umstellung auf erneuerbare Energieträger und Rohstoffe fördern. Dazu unterstützen wir die Wirtschaft, zum Beispiel mit dem Aufbau eines Kompetenzzentrums für Klimaschutz in energieintensiven Industrien in der Lausitz.

Deutschland **will** *(Absichtserklärung)* Leitmarkt für Elektromobilität werden. Die Batterie-Zellenfertigung ist Schlüssel für die Elektrifizierung automobiler Antriebe. Deswegen wird sich die Bundesregierung für die Entwicklung und industrielle Fertigung leistungs- starker, nachhaltig produzierter und kostengünstiger Batterien in Deutschland und Europa einsetzen und Unternehmen in diesem Bereich finanziell mit rund einer Milliarde Euro unterstützen. Der führende Technologiestandort und die Exportnation Deutschland sind auf eine sichere Ressourcenversorgung angewiesen. Wir werden noch in diesem Jahr die Roh-Stoffstrategie von 2010 fortschreiben. Angesichts einer Vielzahl neuer, globaler Herausforderungen wollen wir Unternehmen bei einer sicheren und nachhaltigen Rohstoffversorgung unterstützen und damit die internationale Wettbewerbsfähigkeit der Industrie stärken.

Die Energiewende ist eine unverzichtbare Voraussetzung, um die Klimaziele zu erreichen. Für ein Gelingen der Energiewende müssen insbesondere erneuerbare Energien gestärkt, Stromleitungen ausgebaut und die Energieeffizienz gesteigert werden.
Dafür haben wir die Grundlagen geschaffen.
Um die Klimaziele zu erreichen, setzen wir den Ausbau erneuerbarer Energien fort und heben das EE-Zielfür 2030 auf 65% an. Die Bundesregierung unterstützt die Wirtschaft mit Förderprogrammen für Einsatz und Entwicklung energieeffizienter Technologien und beim Ausbau der erneuerbaren Energien. Die CO_2-Einsparungen sollen weiter gesteigert werden. Mit dem Investitionsprogramm „Energieeffizienz und Prozesswärme aus er-neuerbaren Energien in der Wirtschaft" werden fünf bestehende Förderprogramme gebündelt und weiterentwickelt. Gefördert werden Investitionen in energiesparende Produktion.
Um der Windenergie an Land und Photovoltaik einen deutlichen Schub zu geben, haben wir 2018 für diese Technologien Sonderausschreibungen beschlossen. Insgesamt je vier Gigawatt werden in den Jahren 2019 bis 2021 zusätzlich ausgeschrieben. Damit gehen wir einen wichtigen ersten Schritt, um das 65% Prozent Erneuerbare Energien Ausbau-Ziel zu erreichen.
Das 2019 novellierte Netzausbaubeschleunigungsgesetz **soll** (*Absichtserklärung*) Genehmigungsverfahren für Neubau, Verstärkung und Optimierung von Stromleitungen vereinfachen und beschleunigen.
Im Mai 2019 haben sich Bund und Länder mit der Bundesnetzagentur und den Übertragungsnetzbetreibern auf konkrete Zeitpläne und Meilensteine verständigt. Eine wichtige Rolle bei der Beteiligung aller Akteure an der Energiewende spielt die Möglichkeit von Vermietern, eigenen, regenerativ erzeugten Strom an die Mieter abgeben zu können, ohne dass dabei Kostenbestandteile wie Netzentgelte, netzseitige Umlagen, Stromsteuer und Konzessionsabgaben anfallen – das sogenannte Mieterstrommodell.
Wir haben zudem ab dem Veranlagungszeitraum 2019 die Mieterstromregelung für Vermietungsgenossenschaften optimiert, damit diese beim Angebot von Mieterstrom ihre Steuerbefreiung nicht gefährden. Im Bereich der Kraft-Wärme-Kopplung haben wir die Förderung bis 2025 verlängert und damit Rechts- und Planungssicherheit geschaffen, damit diese emissionssparenden Anlagen zügig realisiert werden und die Energiewende als emissionsmindernde Brückentechnologie begleiten können.
Im Klimaschutzprogramm haben wir weitere Schritte vorgesehen.
Nach den Empfehlungen der Kommission „Wachstum, Strukturwandel, Beschäftigung" **sollen** (*Absichtserklärung, weshalb heißt es nicht: ...dürfen*) Kohlekraftwerke bis 2030 nur noch 17 Gigawatt Strom produzieren, bis spätestens 2038 **soll** (*ebenfalls nur eine Absichtserklärung*) es keinen Strom aus Kohle mehr geben.
Die Bundesregierung hat das Strukturstärkungsgesetz für die Kohleregionen vorgelegt. Das Sofortprogramm für die Braunkohleregionen ist ein erster Schritt, um den Strukturwandel aktiv zu gestalten. Im Rahmen einer EEG-Novelle wollen wir eine bessere regionale Steuerung des EE-Ausbaus umsetzen. Wir werden sicherstellen, dass die Kommunen finanziell stärker als bisher an den Erträgen aus dem Betrieb von Windrädern beteiligt werden (Grundsteuer). Wir werden den Deckel für die Förderung des Ausbaus von Photovoltaik-Anlagen abschaffen und das Ziel für den Ausbau von Offshore-Windenergie von 15 GW auf 20 GW im Jahre 2030 anheben. Um die Akzeptanz für Windkraft in den Kommunen zu erhöhen, wird die Rechtssicherheit durch klare Abstandsregelungen verbessert. Länder und Kommunen *werden die Möglichkeit erhalten*, geringere Abstände festzulegen.
Strombasierte Kraft- und Brennstoffe werden für unsere Volkswirtschaft künftig eine bedeutende Rolle spielen.

Wir erarbeiten deshalb noch in diesem Jahr eine Strategie der Bundesregierung, die die nachhaltige Produktion und Nutzung dieser Stoffe fördert. Dazu zählt Wasserstoff, der zentral für den Umbau zur klimafreundlichen Wirtschaft und die nachhaltige Produktion und Nutzung ist. Die Bundesregierung wird bis Ende des Jahres eine Wasserstoffstrategie vorlegen. Wir **wollen** (*Absichtserklärung – in den Textpassagen vorher, wird von „wir werden" gesprochen*) die technologischen Chancen der Wasserstoff-Technologie für Industre, Energie, Mobilität und Klimaschutz nutzen. Wir leisten damit einen Beitrag zum Umbau zu einer in der Perspektive CO2-neutralen Volkswirtschaft sowie zur Stärkung der Zukunfts- und Wettbewerbsfähigkeit zentraler Branchen.

Wir wollen das Kraft-Wärme-Kopplungsgesetz bis 2030 verlängern und weiterentwickeln. Im kommenden Jahr **wollen** (*erneute Absichtserklärung **) wir mit einer mehrere Sektoren umfassenden Energieeffizienzstrategie der Einsparung und effizienten Nutzung von Energie einen Schub geben. Hierbei wird der Gebäude Sektor eine wichtige Rolle spielen.

Bis Jahresende **sollen** (*nur eine Absichtserklärung*) die weiteren Empfehlungen der Kommission „Wachstum, Strukturwandel und Beschäftigung" umgesetzt werden. Nachdem das Gesetz zur Stärkung der vom Strukturwandel besonders betroffenen Regionen auf dem Weg ist, wird derzeit das Gesetz zum schrittweisen Kohleausstieg er-arbeitet. Es soll im November im Kabinett beschlossen werden.

Damit bekommen alle Akteure Planungssicherheit.

Mobilität ist eine zentrale Grundlage für individuelle Freiheit, wirtschaftliches Wachstum, für Arbeitsplätze in allen Regionen und für ein gutes Leben in der Stadt und auf dem Land. Eine moderne, umweltgerechte, sichere und bezahlbare Infrastruktur ist dafür die Voraussetzung. Mit dem im November 2018 von Bundestag und Bundesrat beschlossenen Planungs- Beschleunigungsgesetz sorgen wir dafür, dass Verkehrswege schneller geplant und gebaut werden können. Mit dem Gesetzentwurf zur weiteren Beschleunigung von Planungs- und Genehmigungsverfahren im Verkehrsbereich wird die Realisierung bestimmter Infrastrukturprojekte in Zukunft zügiger erfolgen.

(*Hier wird keine Absichtserklärung abgegeben. Hier werden Tatsachen geschaffen*).

Auf der Grundlage klimagerechter und moderner Mobilität entwickeln wir gemeinsam mit der Industrie eine Strategie zur Zukunft des Automobilstandorts Deutschlands.

(*Aufgrund der Formulierung, ist auch dies lediglich eine Absichtserklärung*).

Hierdurch schaffen wir die Voraussetzungen für die Zukunft- und Wettbewerbsfähigkeit der Automobilindustrie als wichtigen Wirtschaftszweig.

Im Rahmen einer „Konzertierten Aktion Mobilität" gehen wir zusammen mit Industrie- und Arbeitnehmervertretern sowie der Nationalen Plattform Zukunft der Mobilität die großen Transformationserfordernisse in der Automobilindustrie an.

* Der Hinweis auf Absichtserklärungen, statt verbindlicher Vorgaben,
wird uns im späteren Verlauf noch des Öfteren begegnen. Dann allerdings mit folgenschweren Auswirkungen. Die verantwortlichen Politiker müssen sich gefallen lassen, dass die Vorwürfe, dass sie nicht in der Lage waren/sind, einfachste Verträge verbindlich und vertragsrechtlich abgesichert, abzuschließen.
Kaufmannsausbildung – 1. Lehrjahr.
Auch das ist aktiver Umweltschutz, damit multinationale Konzerne und EU-Gerichte uns nicht vorschreiben können, wie wir unsere eigenen Geldreserven einsetzen sollen/müssen.

20. Bundesverfassungsgericht rügt die Anleihenkäufe der Europäischen Zentralbank.

20.1 Künftig werden Regierung und Parlamente wieder mitreden dürfen – und müssen.

Zu einem besseren Zeitpunkt hätte das Urteil nicht kommen können:
Das Bundesverfassungsgericht hat das Staatsanleihe-Ankaufprogramm der Europäischen Zentralbank (EZB) aus dem Jahr 2015 **für teilweise verfassungswidrig erklärt.**
Damit hat es eine Renationalisierung der Geldpolitik eingeleitet, die dem Parlament, der Bundesregierung und der Bundesbank künftig mehr Verantwortung aufbürdet.
In der Corona-Krise wird sich zeigen, ob deutsche Politiker dieser Aufgabe heute besser gerecht werden können als im Jahr 2015.
Damals hatte die EZB begonnen, auf dem Sekundärmarkt Staatsanleihen der Euroländer aufzukaufen. Sie nahm den Ländern die Verschuldungstitel also nicht direkt ab, sondern kaufte sie erst, nachdem sie schon auf dem Markt waren. So wollten die Geldpolitiker das Verbot der direkten Staatsfinanzierung umgehen. PSPP (Public Sector Asset Purchase Program) hieß das Programm zum Kauf öffentlicher Schuldtitel, rund 2,6 Billionen Euro wurden auf diese Weise ausgegeben.

Der Europäische Gerichtshof darf nicht über alles entscheiden
Das deutsche Verfassungsgericht hat das schon einmal gerügt: In Deutschland liegt das Haushaltsrecht beim Bundestag. Niemand, auch nicht die EZB, darf über den Kopf des Parlaments hinweg in die deutsche Staatskasse greifen. Das sei geschehen, meinten die Verfassungsrichter schon im Jahr 2017. Der Europäische Gerichtshof in Luxemburg fand die Sache allerdings in Ordnung, die EZB kaufte weiter. Damit ist nun erst einmal Schluss.
Denn erstens hat das Verfassungsgericht geurteilt, dass der Europäische Gerichtshof nicht in die Souveränität des deutschen Parlaments hineinregieren darf, wenn es um den Haushalt geht.
(Diesen Aspekt des Urteils werden die Staats- und Regierungschefs in Polen und Ungarn mit großem Interesse lesen. Beide Ländern haben EuGH-Urteile zu Rechtsstaatlichkeit am Hals, die sie lieber heute als morgen los wären.)

Weitreichende Folgen in den nächsten Monaten
Zum zweiten verpflichtet es die Notenbank, ihre Entscheidungen den nationalen Parlamenten und Regierungen gegenüber besser zu begründen.
Und drittens hat es der Bundesbank untersagt, an Beschlüssen mitzuwirken, die die Abgeordneten nicht ausreichend beraten haben.
Das wird deutliche Auswirkungen auf die nächsten Wochen und Monate haben.
Unmittelbar nach der Entscheidung fiel der Kurs des Euro gegenüber dem Dollar deutlich, die Anleger begannen außerdem, deutsche und italienische Staatsanleihen zu verkaufen.
Denn eigentlich verlassen sich in der gegenwärtigen Krise alle darauf, dass die Europäische Zentralbank gemeinsam mit den Regierungen so viel Geld in den Markt pumpt, dass die Wirtschaft wieder anspringen kann. 750 Milliarden Euro, wenn es nötig ist, noch mehr, will die Europäische Zentralbank dafür bis zum Jahresende ausgeben.

Die EZB ist fast der einzige Käufer von Staatsanleihen.
Zwar sagte Verfassungsgerichtspräsident Andreas Voßkuhle ausdrücklich, dass sich das Urteil nur auf das Verhalten der EZB in der Vergangenheit – und nicht auf die Gegenwart der Corona-Krise – bezieht.

Doch soll es keinen Automatismus mehr geben, nachdem die EZB eigenmächtig entscheidet, mit welchen Summen sie die Staaten der Eurozone herauskauft. Würde die EZB allerdings jetzt keine Staatsanleihen mehr kaufen, würde sich womöglich mittelfristig niemand mehr finden, der sie nimmt. Die Zinsen könnten in die Höhe schießen, einzelne Länder wie Italien müssten womöglich den Staatsbankrott erklären.

Damit wäre die gemeinsame Währung am Ende.

Deshalb ist man sich ziemlich sicher, dass es schon ausreichende Begründungen für die Verhältnismäßigkeit der Anleihenkäufe geben wird.

Das Verfassungsgericht formuliert entsprechend vorsichtig, dass die EZB innerhalb der kommenden drei Monate einen Vorschlag zum weiteren Verfahren machen soll. Ein Vierteljahr lang soll auch die Bundesbank im EZB-Rat noch zustimmen dürfen, wenn Staatsanleihen gekauft werden sollen.

20.2 Ein Urteil gegen die Verzagtheit der Regierungen und Parlamente

Bis dahin allerdings muss ein Weg gefunden sein, wie die EZB ihrer Verpflichtung gerecht werden kann, die gemeinsame Währung zu schützen. Und wie gleichzeitig das Haushaltsrecht des Bundestags gewahrt werden kann.

Denn das ist das Schwierigste am Urteil von diesem Vormittag. Es richtet sich weniger gegen die Notenbank an sich, als gegen die Verzagtheit der Regierungen und Parlamente in der Eurozone. Die haben in der Vergangenheit nur zu gern die EZB machen lassen, weil sie selbst nicht handlungsfähig oder handlungswillig waren.

Im ersten Teil der Corona-Krise haben sie bewiesen, dass sie aus dem politischen Desaster der Finanzkrise gelernt haben. Im zweiten müssen sie nun zeigen, dass sie auch für die finanzpolitischen Folgen geradestehen wollen.

Kommentar:
Mit dem Urteilsspruch handelt das Bundesverfassungsgerichtes eine wesentliche Grundlage der Exithaltung der Engländer ab.
Die Briten haben sich ständig geweigert, sich von der EU in ihre innerstaatlichen Belange hinein regieren zu lassen.
Die „Gängelungshaltung" der handlungsunfähigen Junker-Ära wird der Europäischen Union noch lange, als absolut negative Erinnerung anhaften bleiben.

21. Der Klimawandel ist eine große globale Herausforderung.

Deutschland trägt als eine der führenden Industrienationen besondere Verantwortung.

Deutschland bekennt sich zum Klima-Schutzziel 2030, mindestens 55 Prozent weniger Treibhausgase im Vergleich zum Jahr 1990 zu erreichen, und setzt sich für das Ziel der Treibhausgasneutralität bis 2050 in Europa ein.

Klimaschutz ist eine gemeinsame Kraftanstrengung, gleichzeitig stärkt es Deutschland als innovativen Wirtschaftsstandort.

Der planbare Ausstieg aus der Kohleverstromung ist für wirksamen Klimaschutz von maßgeblicher Bedeutung. Da dies nur in einem breiten gesellschaftlichen Konsens möglich ist, haben wir 2018 die Kommission Wachstum, Strukturwandel und Beschäftigung eingesetzt. Sie hat Anfang 2019 einmütig Empfehlungen für einen sozialverträglichen Kohleausstieg vorgelegt.

Die Bundesregierung setzt den gesellschaftlichen Konsens, der in den Empfehlungen enthalten ist, in enger Abstimmung mit den betroffenen Ländern um.

In einem ersten Schritt zur aktiven Gestaltung des Strukturwandels haben der Bund und die betroffenen Länder ein Sofortprogramm für die Braunkohleregionen mit einem Bundesanteil von 240 Millionen Euro vereinbart. Mit dem Programm werden noch in diesem Jahr konkrete Projekte gefördert.

Die weiteren Empfehlungen der Kommission Wachstum, Strukturwandel und Beschäftigung sollen durch das von der Bundesregierung im August beschlossene Struktur-Stärkungsgesetz und die geplanten gesetzlichen Regelungen zum Ausstieg aus der Kohleverstromung noch in diesem Jahr umgesetzt werden.

Mit dem Strukturstärkungsgesetz gestaltet die Bundesregierung zusammen mit den angehenden Ländern den Strukturwandel in den vom Ende des Tagebaus besonders betroffenen Regionen und bietet zukunftsfeste Perspektiven für die Heimat der Menschen. Finanzhilfen von bis zu 14 Milliarden Euro bis 2038 und Unterstützungsleistungen im Zuständigkeitsbereich des Bundes in Höhe von bis zu 26 Milliarden Euro ermöglichen ins-besondere den Infrastrukturausbau und die Forschungsansiedelung als aktive Strukturpolitik. Zur verbindlichen Erreichung der Klimaziele 2030 hat die Bundesregierung am 9. Oktober 2019 das Klima- Schutzprogramm 2030 und das Klimaschutzgesetz beschlossen.

Weitere gesetzliche Maßnahmen zur Umsetzung des Klimaschutzprogramms **sollen** (*Absichtserklärung -Es müsste heißen:„werden".*) bis Ende des Jahres verabschiedet werden.

Das Klimaschutzprogramm 2030 sieht Investitionen in den Klimaschutz und ordnungs-rechtliche Regelungen für das Auslaufen besonders klimaschädlicher Technologien, eine CO2-Bepreisung in den Bereichen Wärme und Verkehr, Maßnahmen zur Unterstützung von Bürgerinnen und Bürgern und Unternehmen beim Klimaschutz sowie einen Überprüfungsmechanismus für die Erreichung der jeweiligen Klimaschutzziele vor.

Mit dem Klimaschutzgesetz schaffen wir einen transparenten und verbindlichen Rah men, damit die Klimaziele 2030 erreicht werden und wir unsere europäischen und internationalen Verpflichtungen einhalten.

Der Fortschritt bei der Erreichung der Klimaschutzziele für jedes Jahr und jeden Sektor wird durch die Bundesregierung jedes Jahr genau ermittelt und durch einen Expertenrat begleitet. Das Klimakabinett überprüft Jahr für Jahr, wie wirksam und zielgenau die Maßnahmen sind. Bei Nichterfüllung der Ziele in einem Sektor legt das zuständige Ministerium dem Klimakabinett innerhalb von drei Monaten ein Sofortprogramm zur Nachsteuerung vor.

(*Hier werden die Klimaschutzziele nicht verbindlich vorgegeben, sondern nur die Ergebnisse überprüft. Sollten diese nicht stimmen, was dann? Der Expertenrat ist kompetenzlos!*)

Die Bundesregierung berät über die zu ergreifenden Maßnahmen und beschließt diese schnellstmöglich. Zudem wird die Treibhausgasneutralität bis 2050 als langfristiges Ziel verfolgt.

Zum dem Zeitpunkt, als ich begann, dieses Buch zu schreiben, dachte noch NIEMAND an Corona. Mittlerweile (Mai 2020) hat sich global soviel verändert, dass Vieles nicht mehr so ist, wie es einmal war. Die Zukunft wird uns die zeigen, ob die Corona-Pandemie, für der Natur, dem Klima und dem allgemeinen Umgang mit unserer Umwelt, nicht vielleicht sogar positive Langzeitauswirkungen gehabt hat.

Um die Klimaziele bis 2030 zu erreichen, wird ab 2021 über einen nationalen Emissionshandel (nEHS) eine CO2-Bepreisung für die Sektoren Verkehr und Gebäude eingeführt. Hierzu hat die Bundesregierung im Oktober 2019 ein Brennstoff-Verschmutzungs-Rechtehandelsgesetz beschlossen. Hier kaufen sich Unternehmen, das Recht, die Umwelt zu verschmutzen.

Orientiert an den Regelungen des europäischen Emissionshandels für die Energie-wirtschaft und die energieintensive Industrie wird klimaschädliches Verhalten beim Heizen und Autofahren in Zukunft einen Preis bekommen. Nach dem Beschluss der Bundes-regierung soll der Festpreis von 10 Euro pro Tonne CO_2 bis 2025 auf 35 Euro ansteigen. Ab 2026 bildet sich der Preis dann am Markt innerhalb eines festgelegten Preiskorridors mit Mindest- und Höchstpreis von 35 bis 60 Euro. Im Jahr 2025 wird festgelegt, inwieweit Höchst- und Mindestpreise für die Zeit ab 2027 sinnvoll und erforderlich sind.

Perspektivisch setzt sich die Bundesregierung für einen europaweiten übergreifenden Zertifikatehandel für alle Sektoren ein. Die Bundesregierung hat am 16. Oktober 2019 wichtige steuerliche Regelungen des Klimaschutzprogramms beschlossen: die Klima-Schutzziele **sollen** sozial ausgewogen erreicht und die Bürgerinnen und Bürger sowie Unternehmen finanziell nicht überfordert werden.

Nach einem aktuellen UN-Bericht sind in den nächsten Jahrzehnten bis zu eine Million Arten vom Aussterben bedroht.

Um insbesondere das massive Insektensterben zu stoppen, hat die Bundesregierung im August 2019 das "Aktionsprogramm Insektenschutz" beschlossen. Insbesondere soll so auch der Insektenschutz in der Agrarlandschaft gestärkt werden. Zum Schutz der Bio-diversität wird der Einsatz von glyphosathaltigen Pflanzenschutzmitteln ab 2020 deutlich eingeschränkt und gesetzlich Ende 2023 (dem europarechtlich frühestmöglichen Zeitpunkt) beendet.

Durch „Nichtumsetzen" und Ausnahmeregelungen wurde dieses Aktionsprogramm „pulverisiert". Große Teile (nicht alle) der Landwirtschaftslobby legten ein Veto ein.

Deutschland steigt bis Ende 2022 aus der Kernenergie aus.

Wir treiben das Standortauswahlverfahren für ein Endlager für hochradioaktive Abfälle nach dem Prinzip der weißen Landkarte konsequent weiter voran und stellen dabei eine hohe Beteiligung der Öffentlichkeit sicher. Wir werden zügig die weiteren im Klimaschutzpro-gramm 2030 aufgeführten Maßnahmen und Gesetze auf den Weg bringen.

Mit dem Kohleausstiegsgesetz bekommen alle Akteure Planungssicherheit, wie die schritt-weise Reduktion und Beendigung der Kohleverstromung bis spätestens 2038 umgesetzt werden soll. *(Wiederum nur eine Absichtserklärung. Weshalb steht hier nicht: ... muss?)* Mit einem Anpassungsgeld werden wir Übergänge im Bedarfsfall erleichtern. Die Bundes-regierung wird diese Maßnahmen im November 2019 beschließen, so dass erste Kraftwerks-kapazitäten bereits 2020 vom Netzen gehen.

22. Die tickende Zeitbombe,

..... an die schon lange Keiner mehr denkt.

Am 26. Juni 1954 war es das Kernkraftwerk Obninsk in der damaligen Sowjetunion das weltweit erste Kernkraftwerk, welches elektrische Energie in ein öffentliches Stromnetz lieferte. Am 27. August 1956 ging als erstes kommerzielles Kernkraftwerk der Welt Calder Hall in Großbritannien mit einer Leistung von 50 MW ans Netz.

In Deutschland ging als erster Kernreaktor, der Forschungsreaktor München 1957 in Garching bei München in Betrieb.

Das Kernkraftwerk Kahl ging im Februar 1962 als erstes Kernkraftwerk ans Netz.

Als letzter kommerzieller Kernreaktor wurde 1989 der Block 5 des Kernkraftwerks Greifswald mit dem Netz synchronisiert.

Weltweit wurden 2018 noch Neun AKW (KKW) neu in Betrieb genommen. 7 in China und 2 in Russland. Gleichzeitig wurden 6 Blöcke stillgelegt. Die elektrische Gesamt-Nettoleistung der weltweit in Betrieb stehenden Kernkraftwerke betrug Ende 2018 rund 396'900 MW. Das sind 396.900.000kW Strom.

2019 waren weltweit noch 450 Kernkraftwerke in Betrieb.
Das nachfolgende Szenario, ist bei kritischer Betrachtung nicht von der Hand zu weisen. Grundlage dieser Betrachtungsweise, sind die Erfahrungswerte aus den Atombombenabwürfen von Hiroshima und Nagasaki, die bis heute, 75 Jahre später noch auszumachen sind. Es waren die hohen Energiebedarfsmengen von Industrie und Wirtschaft, die in den Jahren 1960 bis 2010 ein immenses Stromvolumen bedurften. Es waren aber auch die wissenschaftlichen Fehleinschätzungen und fehlerhaften Berechnungen für den zukünftig zu erwartenden Energiebedarf, die die Kernkraftwerke „förmlich aus den Boden schießen" ließen.

22.1 Das enorm hohe Risiko der Atomenergie -bei einer Freisetzung

● Tausende bis zehntausende Menschen werden sofort oder zeitnah an den Folgen der Freisetzung der radioaktiven Stoffe sterben.

● Weitere tausende bis zehntausende Menschen werden mit schwersten gesundheitlichen Schäden nur noch „dahin vegetieren".

● Tausende, zehntausende oder gar hunderttausende Menschen werden zeugungsunfähig oder unfruchtbar.

● Tausende bis zehntausende Frauen werden schwerst behinderte Kinder zur Welt bringen.

Es wird Generationen dauern, bis die Auswirkungen dieser Katastrophe nicht mehr unser Leben prägen.

● Und all das nur, weil der „Energiegewinnung" durch Kernkraft, in der Zeit von 1960 bis heute, so ein wichtiger Stellenwert bemessen wurde.

● Und weil dabei **Niemand** die Folgen dieses weltweiten "Wahnsinns" wirklich bedacht hat.
Schlimmer noch, weil die Folgen niemand, obwohl sie bekannt waren, bedenken wollte.

● Und weil sich **Niemand**, bereits im Vorfeld von AKW-Baugenehmigungen um die Entsorgung der „Abfälle" gekümmert hat.

● • Das ist nicht nur „grob fahrlässig" oder gar „vorsätzlich" zu nennen.

 • Das ist „kriminelles" Abhängigkeitsverhalten den Forderungen der Wirtschaft gegenüber, nach mehr und noch mehr Energie.

 • Das ist „kriminelle" Hörigkeit den politisch einflussnehmenden Kernkraftwerks-Betreibern gegenüber.

 • Das ist „kriminelles" Bevormunden lassen durch die Lobbyisten, die damit der Politik den Weg in die Zukunft vorschreiben.

- Und weil sich Niemand um die Beseitigung der lebensbedrohenden Gefahr kümmerte.

- … obwohl sie erkannt wurde.
- … obwohl sie bekannt war.
- … nur, weil es zu teuer war.
- … nur, weil den Atommüll" KEINER wollte.
- … nur, weil die Kanzlerin Merkel, das Problem „aussaß", obwohl sie, als diplomierte Physikerin, das ganze Gefahrenpotenzial, erkennen musste.
- … nur, weil die Kanzlerin Merkel,die Kosten von mehreren Billionen Euro, für eine gesicherte Endlagerung scheute.

- … und obwohl die Kanzlerin Merkel die Gefahren kannte, hat sie die gesamte Kernenergie, bis zum Fukushima - Reaktorunglück, gegen dem Widerstand mehrere Parteien und eines Großteils der Bevölkerung, vehement verteidigt.

Hier lag/liegt die Verantwortung dessen, was oben beschrieben wurde.

Zuständige Bundeskanzler			Zuständige Bundesminister		
			Zuständig: **Innen**- Landwirtschafts- und Gesundheitsministerium		
Zeitraum:			Zeitraum:		
1963-1966	Ludwig Erhard	CDU	1961-1965	Hermann Höcherl	CSU
			1965-1968	Paul Lücke	CDU
1966-1969	K.G.Kiesinger	CDU	1968-1969	Ernst Benda	CDU
1969-1974	Willy Brandt	SPD	1969-1974	H. D. Genscher	FDP
1974-1982	Helmut Schmidt	SPD	1974-1978	Werner Maihofer	FDP
			1978-1982	Gerhard Baum	FDP
			Übergang	Jürgen Schmude	SPD
			Umwewltministerium gegründet; 6.Juni 1986 wird das Bundesministerium für Umwelt, Naturschutz und Reaktorsicherheit (BMU)		
1982-1998	Helmut Kohl	CDU	1982-1989	Jürgen Zimmermann	CSU
			1986-1987	Walter Wallmann	CDU
			1987-1994	Klaus Töpfer	CDU
			1994-1998	Angela Merkel	CDU

1998-2005	Gerh. Schröder	SPD	1998-2005	Jürgen Trittin	Grüne
2005	Angela Merkel	CDU	2005-2009	Sigmar Gabriel	SPD
			2009-2012	Norbert Röttgen	CDU
			2012-2013	Peter Altmaier	CDU
			2013-2018	Barbara Hendricks	SPD
			20018	Svenja Schulze	SPD

Es waren CDU/CSU, SPD und FDP, die entweder den Kanzler stellten oder bis 1986 die zuständigen Ressorts des Innenministeriums, des Landwirtschaftsministeriums, oder des Gesundheitsministeriums inne hatten und damit die direkte Verantwortung trugen. Ab 1986 wurde dann das Ministerium für Umwelt und Reaktorsicherheit geschaffen.

Keiner der nachfolgenden Umweltminister hat während seiner Amtszeit irgend etwas tatsächlich wirksames oder nachhaltiges für den Umweltschutz getan.

Walter Wallmann (wer kann sich an ihn noch erinnern?)
Klaus Töpfer (das war der Rheinschwimmer),
Angela Merkel die spätere **Bundeskanzlerin,**
Jürgen Trittin von den **Grünen,** der erste **Großsprecher,** der aber nichts erreichte
Sigmar Gabriel der Unauffällige, hat der überhaupt etwas bewegt?)
Norbert Röttgen (ein Chef-Lobbyist des Bundesverbands der Deutschen Industrie (BDI)
Peter Altmaier (**der** Lobbyistenvertreter schlechthin,
was er später als Wirtschaftsminister noch deutlicher machte)
Barbara Hendricks (Viel versprochen – ganz wenig erreicht)
Svenja Schulze (Willig, aber total überfordert.
Hatte und hat von wichtigen Dingen ihres Ressorts keine Ahnung)
Das haben diese Leute alles zu verantworten.

Niemand von den genannten verantwortlichen Politikern kann sich hier aus der Verantwortung stehlen. Da nützen auch die „schönsten Reden" nichts.

Jeder für sich, respektive Ihr alle zusammen, tragt die Verantwortung für diesen „Schweinestall".

Atommüll-Fässer
versenkt in der Nordsee

Sie hat das alles gesehen!

Diese unglaublichen, absolut umwelt-
zerstörenden Zustände, haben diese
verantwortlichen Politiker und die Kraft-
Werksbetreiber in gleichen Maßen zu
verantworten. Für dieses umwelt- und
menschenverachtende Handeln gibt es
keine Entschuldigung.

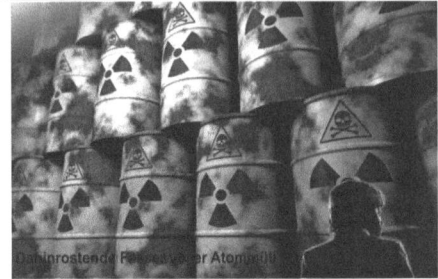

Dahinrostende Fässer voller Atommüll

Diese Gefahr ist „tausend mal größer" als alle derzeit diskutierten Umwelt-
gefahren. *Die oben beschriebenen Zahlen, Daten und Fakten betreffen unser*
Land. Wir können getrost davon ausgehen, dass in Deutschland **deutlich sorg-**
fältiger gehandelt wird, *als in vielen (fast allen) anderen Ländern.*
Jetzt sollte selbst der Dümmste die Gefahr erkannt haben.

Atommüll in unsicheren Zwischenlager-Hallen, in künstlich angelegten unterirdischen Stollen, gefährlichen Abklingbecken oder einsturzgefährdeten ehemaligen Salzbergwerken. Ein weiterer Teil landet bis heute, mit Abluft und Abwasser der Atomanlagen direkt und nicht rückholbar in der Umwelt.
Wie gefährlich Kohlenmonoxid ist, wurde bereits auf Seite 40 aufgezeigt.
Kohlenmonoxid unterbindet den Sauerstofftransport durch das Blut und ist dadurch tödlich. Kohlenmonoxidvergiftungen kann man aber verhindern.

Mit solchen Profi-Warnausrüstungen spürt die Feuerwehr Kohlenmonoxid Gefahrenherde

Dennoch darf die Verweildauer max. 30 Minuten betragen.
Bei industriellen Gefahrenstoffsituationen muss zudem luftunabhängiger Atemschutz eingesetzt werden.

Kommen wir zurück auf die Gefahrenlage der Atommüll-Lager.

Das Gefahrenzeichen für Radioaktivität wurde durch einen Totenkopf und einen rennenden Mann ergänzt und ist jetzt rot.

Die Bedrohung die von den Atommüll-Lagern ausgeht, ist um ein vielfaches höher, als alle anderen, in dem Buch beschriebenen Umweltgefahren. Das albtraumhafte Schreckgespenst der Atomlager lässt niemanden mehr los, der die risikoreiche, unheilvolle Dauergefahr kennt. Man sieht sie nicht, man hört sie nicht, man riecht sie nicht. Sie kommt schleichend, unsichtbar, lautlos und geruchlos. Man bemerkt sie auch nicht, wenn es bereits zu spät ist, denn sie ist absolut tödlich.

Man möge mit die „Überzeichnung" dieses Bildes bitte verzeihen. Man muss der Verantwortung für die Gefahr jedoch einen Namen geben und nichts ist geeigneter, Als dies bildlich zu tun. Frau Merkel trägt nun einmal für Deutschland die **politische** Hauptverantwortung für diese „Büchse der Pandora", die uns die Atomindustrie unter Duldung von Frau Merkel, hinterlassen hat.

Und über allem liegt/lag
der Schatten dieser beiden
„Unberechenbaren".

Während der Machtpoker in Thüringen noch lief, kam etwas unheimliches auf uns und die gesamte Welt zu.
Etwas bisher nie Dagewesenes umklammerte den gesamten Globus.
Darüber später ausführlich mehr.

23. Zwei-bis dreihunderttausend Bäume der E-Mobilität geopfert

Der Auto-Konzern Tesla baut in Brandenburg eine Fabrik für Elektroautos. Dafür hat er bereits 90 Hektar Wald gerodet und will die Fläche schnellstmöglich auf 154,5 Hektar ausdehnen. Das Projekt beinhaltet das Vorhaben, Natur und landwirtschaftliche Flächen für Siedlungen, Straße und Industrie zu planieren. Deutschlandweit werden täglich rund 58 Hektar Naturflächen für Industrieflächen usw. "geopfert". Dieser Flächenfraß muss ein Ende haben! Im Zentrum der Tesla-Ivestition steht jedoch die Waldvernichtung.

Die 300 Hektar große Fläche liegt inmitten des Landschaftsschutzgebietes Müggelspree-Löcknitzer Wald- und Seengebiet. Das gesamte Gebiet ist als Herberge von Fledermäusen, Zauneidechsen und Wölfen ausgewiesen.
Ohne jegliche Untersuchung wurde eine Baugenehmigung erteilt. Die Baugenehmigung erstreckt sich mittlerweile auf den Einbau weiterer Maschinenteile für die Lackiererei, das Presswerk und den Karosserierohbau in bereits errichteten Gebäude.
Mit der Zulassung des Landesamts für Umwelt würden keine zusätzlichen Flächen in Anspruch genommen, erklärte das Ministerium. Deshalb seien Belange des Naturschutzes nicht von der Zulassung betroffen. Zum Schutz des Grundwassers würden aber Auflagen für den Umgang mit Stoffen gemacht, die wassergefährdend sind.
Naturschützer vertreten den Standpunkt, dass der gepflanzte Kiefernforst nicht für die Tesla-Fabrik gerodet, sondern ökologisch aufgewertet werden soll.

Die Vernichtung von Lebensräumen für Pflanzen und Tiere muss ein Ende haben.

Für die von Tesla versprochene Aufforstung gibt es in Brandenburg keine zusammenhängenden Gebiete.

Bislang mussten für die entstehende Giga-factory von Tesla in Grünheide bei Berlin gut 90 Hektar Bäume gefällt werden und weitere 100 Hektar sollen bald folgen – zum größten Teil Industrie-Kiefern, aber auch die spei- chern Kohlendioxid. In Brandenburg ist für jede Rodung der Anbau von mindestens gleich viel neuem Wald vorgeschrieben.
Tesla hat zugesagt dreimal so viel Bäume aufforsten zu lassen, wie für die Gigafactory weichen müssen. Für diese versprochene Aufforstung gibt es in Brandenburg allerdings keine zusammenhängenden Gebiete.

Teslas Gigafactory bei Berlin
Neuer Plan für die Autofabrik in Grünheide

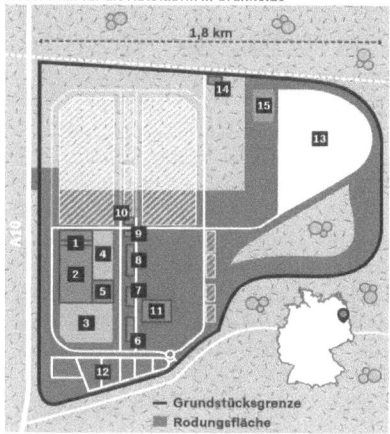

1 Presswerk
2 Karosseriebau
3 Endmontage, Sitzfertigung
4 Lackiererei
5 Gießerei
6 Umspannanlage
7 Abwasserbehandlung
8 Energiezentrale

9 Feuerwehr
10 Abfall- und Gefahrenstofflager
11 Fertigung Antrieb
12 Mitarbeiterparkplätze
13 Logistik-Zentrum und Zwischenlager für 4.300 Neuwagen
14 Bahnstation
15 Rückhaltebecken

HANDELSBLATT-GRAFIK   Quelle: Unternehmen

Die zuständige Flächenagentur Brandenburg hat bereits Grundstücke vermittelt, davon allein 150 Hektar von der Orga- nisation Naturraum für Generationen (NfG). Dort wurden auch bereits die ersten 50 Tesla-Hektar Wald angepflanzt.

50.000 Baum-Setzlinge hätten Helfer Anfang Oktober 2020 innerhalb von zwei Tagen auf sieben verschiedenen Flächen im Osten von Brandenburg gepflanzt, teilte NfG in dieser Woche mit.

Dabei handele es sich wie zuvor auf dem Tesla-Grundstück wieder um Kiefern, die am Ende 30 Prozent des neuen Waldes ausmachen würden.

Nach erster Kritik ergänzte die Organisation, für die übrigen 70 Prozent seien ab November „natürlich" Laubbäume vorgesehen – Monokultur komme auf ihrem Land nicht in Frage. Tesla wird zunächst 48 neue Waldstücke aufforsten, die als Ausgleich der Rodungen dienen.

Die Teilhaber der NfG sind nicht die einzigen, die Flächen dafür zur Verfügung stellen. In den meisten Fällen handelt es sich dabei um Agrarland mit unzureichenden Erträgen, das für Wald eher geeignet ist. NfG und andere rechnen aber damit, es dafür auch bewässern zu müssen. Wo genau Tesla den über die gesetzlichen Vorgaben hinausgehenden Wald anpflanzen möchte, ist nicht bekannt – aus gutem Grund. Wie aus Planerkreisen zu hören ist, wittern Spekulanten, beim Ankauf geeigneter Flächen, ein lukratives Geschäftsmodell. Würden die Tesla Aufkaufsabsichten zu früh bekannt werden, würden sich diese Spekulanten sofort auf die Grundstücke stürzen und die Preise in die Höhe treiben.

Die Flächenagentur Brandenburg hat Tesla rund 143 Hektar Fläche, für die Aufforstung, verteilt auf ganz Brandenburg zugesagt. Die größten Gebiete liegen bei Brandenburg an der Havel, Baruth/Mark (Teltow-Fläming) und Bad Saarow (Oder-Spree). Dort wachsen mittlerweile die ersten Jungbäume. Die meisten Ausgleichsflächen sind ehemalige Felder - doch das birgt Gefahren. "Auf Agrarflächen haben wir immer das Problem der Bodenverdichtung, durch die Fahrzeuge, die vorher über diese Flächen gefahren sind. Ein weiteres Problem ist die sogenannte Vergrasung. "Das Gras wächst schneller als die Bäume. Sie konkurrieren dann um Nährstoffe, Licht und Wasser." Eine Lösung könnten sogenannte Pionierbäume sein, etwa Birken oder Pappeln. Sie wachsen besonders schnell und spenden langsamer wachsenden Bäumen Schatten. Auf ehemaligen Äckern leben Mäuse, die gerne an Baumwurzeln knabbern, was für junge Bäume gefährlich werden kann. Dafür gibt es allerdings Lösungen: An den neuen Aufforstungsflächen werden Sitzstangen für Greifvögel installiert, die die Mäusepopulation niedrig halten. Zäune sollen die jungen Bäume zudem gegen Wildtiere schützen. Um Wälder zu Pflanzen muss ein komplettes Ökosystem neu erstellt werden. Dabei geht manches schief, und man muss ein zweites Mal pflanzen da die Bäume, wegen zu wenig Regen" alle eingegangen sind. Ein derartiges neues Ökosystem, mit neuen Mischwäldern, in denen Nadel- und Laubbäume wachsen, wird neue Lebensräume für Vögel, Insekten und Kleinsäuger schaffen.

Gehen wir einmal davon aus, dass Musk seine Versprechen hält und die gerodeten Flächen großzügig neu aufforstet, muss dennoch beachtet werden: „Bis so ein Wald nachhaltig aufgebaut ist, dass er das Optimum der CO Speicherung erreicht hat, dauert es mindestens 50 bis 100 Jahre. Dem wirtschaftlichen „Fortschritt" wird auch der gesamte Wasserhaushalt des Umlandes geopfert. Ein Teil des ausgewiesenen Industriegebietes befindet sich innerhalb eines Trinkwasserschutzgebietes. Es werden große Probleme für die regionale Wasserversorgung entstehen. Die geplante Fabrik des US-Elektroautobauers wird nach Recherchen rund 3,6 Millionen Kubikmeter Wasser im Jahr verbrauchen. Das wären rund 30% des gesamten Wasservolumens in der Region. Weit mehr, als der Landstrich verkraften kann. Aufgrund von internen Unterlagen des Landesumweltministeriums hat der Wasserverband Brandenburg bereits heute zunehmend Schwierigkeiten, die Nachfrage nach Trinkwasser zu befriedigen. Ein weiteres Problem stellt die bis heute ungelöste gesicherte Abwasserentsorgung dar. Der deutsche Steuerzahler hat Medienberichten zufolge einem der reichsten Menschen der Welt seine neue Fabrik in Brandenburg mitfinanziert. Das Vermögen von Elon Musk wird auf rund 200 Milliarden Euro geschätzt. Wie sehr Tesla die Autoindustrie aufwirbelt und die Politik sich blenden lässt, zeigt ein Blick an die Börse: Mit mehr als 160 Milliarden Euro ist der kalifornische Elektroautospezialist inzwischen sogar mehr wert als Volkswagen und BMW zusammen. Dabei verkaufte Tesla 2020 weltweit nicht mal 370.000 Autos, während es der VW-Konzern und BMW zusammen auf rund 13,5 Millionen Fahrzeuge brachten.

Das Bundeswirtschaftsministerium gab bekannt, das ausgerechnet TESLA , als einer der Hauptkonkurrenten für die deutsche Technik, mehrere Milliarden Euro Bezuschussung für die Fertigung von Batteriezellen erhält. Dabei sollte das EU – IPECEI-Programm eigentlich die Wettbewerbsfähigkeit Europas stärken.

Ziel des Programms war es, ein funktionierendes, europäisches „Ökosystem" für die Batterieinnovation und -produktion zu installieren, um nicht auf amerikanische oder chinesische Technik angewiesen zu sein.

Doch nun bekommt ausgerechnet der wohl größte Konkurrent der deutschen und europäischen Autobauer, den Zuschlag für die Förderung.

Der Bund übernimmt dabei zwei Drittel, das Land Brandenburg ein Drittel der TESLA-Subvention. Deutschland bezuschusst die Fertigung von Batteriezellen mit insgesamt fünf Milliarden Euro. Gedankt hat dies Tesla, mit ungenehmigten, illegal erstellten Gebäuden Altmaier sagte: Wenn TESLA selbst drei bis vier Milliarden Euro investiert, ist eine Milliardenförderung durch den Bund und das Land Brandenburg, gemäß den geltenden Richtlinien durchaus in Ordnung.

23.1 Resümee:

Allein die Vorstellung, welche Flächen durch das Tesla-Projekt für immer versiegelt werden und damit der Umwelt-Regenaration entzogen wird, ist „Grausam".
Zumal das alles direkte Auswirkungen auf das Klima haben wird.

Das ist keine „Grüne-Umweltpolitik". Das ist Zerstörung von Lebensgrundlagen.

Das alles im Namen einer vermeintlichen neuen umwelt- und klimafreundlichen Technologie.

Welch ein Widerspruch. Alle Aufforstungen zeigen frühestens nach 50-100 Jahren Resultate.

Wir sollten uns fragen, was die übernächste Generation von unserer Vorgehensweise hält, wenn die Sprache auf unsere Taten gegen die anthropogene Erderwärmung kommt. War es richtig, dass wir riesige Waldflächen dem Bau einer Autofabrik, mit einer bis dahin vielleicht längst überholten Technik, geopfert haben.

Und dann fehlen hier noch, die nicht wieder gut zu machenden Umweltzerstörungen in Südamerika und Afrika, wegen der unbedingt benötigten Produktion und Förderung von Lithium und Kobalt für die Elektro-Automobile.

Vernichtung von intakten Ökoflächen, nur um der E-Mobilität „auf die Sprünge zu helfen".

Selbst wenn die E-Mobilität und sogar die sog. „Erneuerbare Energie" nur als Brücken-Technologie gelten sollen, ist es zuviel, was an Umwelt dafür, auf Jahrhunderte zerstört wird.
Es werden Billionen Euro an Subventionen und Entschädigungssummen an die Industrie und die multinationalen Konzerne bezahlt
Gleichzeitig wird wenig bis NICHTS dafür getan, bestehende Kraftwerke zu zwingen, technisch machbare und vorhandene Umweltschutzmaßnahmen zu ergreifen.
Stattdessen gibt man ihnen noch die Möglichkeit, sich mit Verschmutzungslizenzen „freizukaufen".
Welch eine Schande, ihr Umweltpolitiker und Strategen.

Vielleicht wird die nahe Zukunft zeigen, dass all diejenigen, die im Zuge der „Erneuerbaren Energie", auf die Elektromobilität gesetzt haben, auf das „falsche Pferd setzten".
Vielleicht werden noch 2022 oder spätestens 2023 die Elektro-Automobile durch Brennstoff-zellen-Fahrzeuge ersetzt. Brennstoffzellen emittieren lediglich Wasser. Dahinter verbirgt sich ein gewaltiges, klimaneutrales Mobilitätspotential. Aus erneuerbarer Energie.
Vielleicht sind dann die heute so „hochgelobten" E-Autos „unverkäufliche Auslaufmodelle"?

Theoretische Anordnung, (*ironisch und sarkastisch dargestellte Schlagzeile*) um einen reibungslosen Ablauf eines „Schneechaos" gewährleisten zu können:

„Februar 2021" **„Die Bundesregierung ordnet an: Pro 10km Autobahn muss ein ständig einsatzfähiges, dieselbetriebenes, THW-Pannen-/Hilfsfahrzeug zur Verfügung stehen".**

Die Finanzierung der THW-Hilfsfahrzeuge wird durch die, mit sofortiger Wirkung, gestrichene Innovationsprämie (Umweltbonus) für Elektro- und Hybridautos E-Auto-Prämie, finanziert. Für die bis 09.02.2021 abgeschlossenen Kaufverträge, wird der Umweltbonus noch angerechnet.
So, oder so ähnlich könnten die Schlagzeilen aussehen, wenn große Anteile an E-Fahrzeugen im Straßenverkehr unterwegs gewesen wären.

Begründung: Aufgrund der Erfahrungen der Wintersituation zwischen dem 8. Februar 2021 und dem 10. Februar 2021 erscheint es unerlässlich, dass die Insassen, in den Staus liegengebliebener E-Fahrzeuge, mit der notwendigen, überlebenswichtigen Wärme versorgt werden müssen. Angesichts der nicht ausreichenden Heizungsmöglichkeiten der E-Fahrzeuge, während der bis zu 15-stündigen (und längeren) Wartezeiten, stellte sich schnell heraus, dass die Heizungen der Fahrzeuge, bereits nach relativ kurzer Zeit, komplett ausfielen.
Es bestand wegen Unterkühlung und dem damit einhergehenden Erfrierungsrisiko, unmittelbare Lebensgefahr.
Bei der immer mehr fortschreitenden E-Mobilität, muss davon ausgegangen werden, dass das Heizungsproblem der E-Autos, im Sommer durch die Klimaanlagen abgelöst wird. Da immer wieder mit längeren Staus auf den Straßen zu rechnen ist, ist es nicht von der Hand zu weisen, dass den Antriebsbatterien der E-Autos, bei starker Beanspruchung, „einfach die Luft ausgeht". Tausende liegengebliebene E-Automobile könnten zum gewohnten Bild werden.

08. Februar / 09. Februar 2021

Schnee und Eis sorgen für kilometerlange Staus auf den Autobahnen. Hunderte Menschen stecken auf der A 2 fest und müssen die Nacht in ihren Fahrzeugen verbringen.
Eine Wetterbesserung ist nicht in Sicht.

Wenn das alles E-Autos wären?!

Starke Schneefälle haben in der Nacht zum Dienstag erneut für Chaos auf vielen Autobahnen in ganz Deutschland gesorgt. Auf der A 2 bei Bielefeld verbrachten Fahrer und Mitfahrende die ganze Nacht auf der Straße und mussten bei klirrender Kälte zum Teil zwölf Stunden lang in ihren Autos ausharren. Zwischenzeitlich bildet sich dort ein 37 Kilometer langer Rückstau, der sich bis Niedersachsen zog. Auf beiden Fahrtrichtungen zusammen, waren es sogar mehr als 70 Kilometer.
„Die Gesamtlage ist äußerst schwierig. Wir sind am Rotieren" sagte ein Sprecher der Bielefelder Polizei am frühen Dienstagmorgen.

Auch am Dienstagfrüh (9. Februar 2021) hält Die Extremwetterlage in Teilen Deutschlands an. Glatte Straßen und eisige Temperaturen Sorgen teilweise für unübersichtliches Chaos. Auf der schneebedeckten A 2 in Sachsen-Anhalt ist ein LKW in den Graben gerutscht.

Und in solchen Situationen müssen auch E-Autos stundenlang im Stau stehen und warten.

Nachdem mehrere Lastwagen schon am Montag-Mittag wegen des Schnees stecken geblieben waren, wurden die Autobahnen in beiden Fahrtrichtungen gesperrt.

„Es wird noch sehr lange dauern, bis sich das Knäuel aufgelöst hat", sagte eine Sprecherin der Leitstelle NRW in der Nacht. .

Trotz einer Umleitung hatte sich der Stau bis in die frühen Morgenstunden kaum verkürzt. Auch auf anderen Autobahnen war die Lage chaotisch. Auf der A 10 bei Spreeau in Brandenburg stellten sich in der Nacht zwei Lastwagen quer auf die glatte Fahrbahn und kamen weder vorwärts noch zurück.

Auf der A4 in Osthessen hatte sich ein Stau in der Nacht zwar aufgelöst – dort hatten Autofahrer laut Polizei aber zum Teil 15 Stunden in ihren Wagen ausgeharrt. Zum Teil kam der Verkehr nur langsam wieder in Gang, weil Polizisten Lkw-Fahrer wecken mussten, die die Wartezeit verschlafen hatten. Am Dienstagmorgen (9. Februar 2021 wurden Staus von 30, 35 und über 70km auf den Autobahnen gemeldet. 15 Stunden und mehr, im Stau auf der Autobahn, bei teilweise minus 20 Grad Außentemperatur.

Bei allem Fortschritt kommen selbst die leistungsfähigsten Antriebsbatterien im Hochsommer (Klimaanlage) und vor allem im tiefsten Winter (Heizungsanlage) an ihre Grenzen. Bei dauerhaften Minusgraden verlieren die Akkus an Leistungskapazität. Jedes Grad Innentemperatur mehr, hat direkte Auswirkung auf die Reichweite des Fahrzeuges. Diese kann durchaus um bis zu 50 Prozent sinken.

Trotz allem Fortschritt und immer leistungsfähigeren Antriebsbatterien bleibt das Thema Reichweite bei der Betrachtung von Elektroautos an erster Stelle. Entsprechend verstärkt sich der Fokus auf dieses Thema, wenn tiefster Winter herrscht. Bei dauerhaften Minusgraden ist nicht nur die Ladetechnik gefordert (die Akkus verlieren bei Kälte an Kapazität), sondern auch der Fahrer: Jedes Grad mehr an Innentemperatur schlägt sich direkt auf die Reichweite nieder.

Je nach E-Modell kann deshalb im Winter die Reichweite um bis zu 50% sinken. Wenn dann aufgrund starker Schneefälle, stundenlange Staus auf den Autobahnen entstehen, wird schnell deutlich, dass die elektrischen Heizungen der E-Autos rasch am Limit ihrer Gesamtkapazität ankommen.

Da nützt es auch wenig, dass viele E-Autos mit effizienten Wärmepumpen-Heizungen ausgestattet sind. „Den Heizungen geht einfach die Luft aus". Übrigens: Startet der Autofahrer mit einem warmen Akku und einer Restreichweite von 100km, so wer- den den daraus, ohne Fahrzeugbewegung innerhalb weniger Stunden „Parkens", nur noch ca. 64km.

Das gravierende Heizungs- und Klimaanlagenproblem aller E-Autos kann durch diverse Zusatzausrüstungen lediglich abgeschwächt werden.

Volvo hatte/hat das Problem, wegen der kalten Skandinavischen Winter, anders gelöst. In seinen E-Auto-Prototypen wurde eine kraftstoffbetriebene Zusatzheizung eingebaut, die entweder mit Benzin oder Bio-Ethanol betrieben wird.
Ein, im Motorraum, eingebauter Brenner versorgt die Fahrzeuginsassen bei tiefen Minustemperaturen mit der zwingend benötigten Wärme. Der ca. 12 Liter fassende Brennstofftank garantiert, dass man warm und gesichert auf den Pannen- oder Hilfsdienst warten kann.

Elektro-Automobile oder Wasserstoff betriebene Fahrzeuge, die Zukunft wird uns zeigen, wohin der Weg uns führt.
Vielleicht kommt es auch ganz anders, als wir derzeit denken.

Wir haben selbst in der Vergangenheit Möglichkeiten der Ressourcen-Einsparung leichtfertig vernachlässigt und als nicht „durchsetzbar" abgetan.

Machbar, da bereits nachgewiesen und angewandt.
Für Strohaufkommen werden dezentrale Schnellpyrolyseanlagen errichtet, in denen die trockene Stroh-Biomasse unter Luftabschluss bei etwa 500 Grad Celsius in eine Flüssigkeit und festen Koks verwandelt wird. Dieser Koks wird gemahlen und mit Flüssigkeit vermischt, bis eine erdölähnliche Brühe entsteht. Der Energiegehalt dieser Slurry (Brühe) ist fünfzehn Mal größer ist als der der ursprünglichen Biomasse. Bei der kommerziellen Nutzung wird die Masse in Kesselwagen in die dreistufigen Raffinerien transportiert, wo sie in umweltfreundliches synthetisches Benzin verwandelt wird. Dieses bioliq-Verfahren beweist, dass es möglich ist, Kraftstoffe langfristig aus „erneuerbaren Energien" zu erzeugen.
Wichtig und entscheidend ist: Bei Treibstoffen aus Biomasse liegt das CO_2-Minderungspotenzial zwischen 85 und 90 Prozent im Vergleich zu konventionellen Kraftstoffen, da sie keinerlei Fremdbestandteile und Rußpartikel enthalten. Hinzu kommt noch, dass ein Drittel der in der Biomasse enthaltenen Energie im Tank landet. Der Rest wird in Form von Strom und Wärme genutzt, um den Energiebedarf des gesamten Herstellungsprozesses zu decken.
Die Kraftstoffe sind mit vorhandenen Motoren kompatibel.

Mit dem, sonst ungenutzten Stroh, könnten jährlich ca. 20 Millionen Tonnen Sprit aus Biomasse hergestellt werden. Genügend Sprit für vier Millionen Autos.

Zum Vergleich: Rund 55 Millionen Tonnen an Otto- und Dieselkraftstoffen fließen pro Jahr aus deutschen Zapfsäulen.

Das ist aber noch längst nicht die ganze Geschichte dessen, was machbar ist, respektive was bereits vor über 30 Jahren „gemacht" wurde.

Zwischen 1987 und 1991 beweist ein „kleiner Erfinder" aus der Rhön, dass es keine Hexerei ist, leistungsstarke Automobile ohne Otto- und Dieselkraftstoffe anzutreiben.

Nur mangelndes kaufmännisches Geschick und die massive Intervention „der Großen" verhinderten den Durchbruch am Weltmarkt.

24. Der Elsbett-Motor

Verglichen mit der Herstellung von Benzin oder Diesel ist die Produktion von Pflanzenöl außerordentlich einfach und umweltfreundlich: Es muss bloß ausgepresst werden, jegliche chemische Behandlung entfällt. Es enthält kein Blei und keinen Schwefel, ist nicht feuergefährlich, nicht giftig, verdirbt nicht das Wasser und verbrennt viel sauberer als Dieselöl; doch vor allem ist es beliebig erneuerbar

Im Deutschen Raum ist der Elsbett-Motor wohl einmalig, und das aus verschiedenen Gründen. Zum einen hat sich damit nicht ein Einzelerfinder, sondern eine ganze Erfinder-Familie beschäftigt, zweitens hat der Motor bewiesen, daß er mit wirklich jeder Art Öl fahren kann, und drittens ist er auch technisch auf dem Niveau der Karossen, in die er eingebaut wird – wie zum Beispiel Wagen der Marke Mercedes. Der Ingenieur Ludwig Georg Elsbett (geb. 1913) kam **1937** zu den Junkers-Flugzeugwerken und leitete dort bis Kriegsende eine Forschungsabteilung für Zündermotoren. Besonderen Erfolg hatte er mit dem von ihm propagierten ,gewaltlosen Umgang' mit der Arbeitsluft der Motoren. Nach dem Krieg machte sich Elsbett in Salzgitter mit der Produktion eines kleinen Zweitakt-Dieselmotors selbstständig, und **1951** stellte er auf der damals in Berlin durchgeführten IAA einen Wagen Vierzylinder-Zweitakt-Diesel-Stern-Motor vor, der weitgehend aus Leichtmetall gefertigt worden war. **1956** konnte er den ersten Einzylinder ohne Wassermantel und Kühlrippen vorstellen. **1959** holte MAN Ludwig Bölkow nach Nürnberg.

Ludwig Elsbett

1964 richtet Ludwig Elsbett zusammen mit seinem Sohn Günter das unabhängige ,Elsbett-Institut für Verbrennungsmotoren' ein, das sich so gut wie ausschließlich mit den Strömungsvorgängen bei der Gemischbildung im Zylinder befaßt. Ziel ist die Vermeidung von unnötigen Wärmeübergängen vom Arbeitsgas an die Brennraumwände. Die Lösung bestand im Wesentlichen darin, die Luftbewegung im Zylinder so kreisen zu lassen, daß die Brennzone in der Brennraum Mitte eingeordnet wird und die nicht an der Verbrennung beteiligte Überschussluft zwischen brenn Zone und Brennraumwand rotiert.

1970 vervollständigte sein zweiter Sohn Klaus das Familien-Team.

Nach weiteren Verbesserungen an den Motoren gelingt es dann sogar ohne jede CO2-Luftbelastung auszukommen, indem roh ausgepreßtes Pflanzenöl als Antriebsmittel eingesetzt wird. Ab **1970** wird das Elsbett-Institut dann zum Mekka für neue Ideen rund um den Motor. Über 400 Patente werden angemeldet und weltweit Lizenzen vergeben.

Auf einer 1.500 km langen Demonstrationsfahrt durch Brasilien wird der PKW von Elsbett ausschließlich mit überschüssigen **Fetten** aus dem örtlichen Angebot versorgt. Ein weiterer Wagen mit seinem Motor wird erfolgreich mehrere Monate lang auf den Kapverden getestet, da die GTZ die kahle Insel Fogo vor der afrikanischen Westküste mit einer von ihr entdeckten Ölpflanze aufforsten will – und dort dann auch Pflanzenölmotoren einsetzen möchte. Die ins Auge gefasste **Purgiernuß (Jatropha Curcas)** wäre auch eine ideale Pflanze für die dürregeplagte Sahelzone, da sie selbst bei äußerst geringen Niederschlägen gut wächst. Außerdem schützt sie ein pflanzeneigener Bitterstoff vor Herden- und Wildtieren.

Die Puglernüsse, Früchte der häufig als Eingrenzung von Gärten verwendete Jatropha-Staude, enthalten etwa 35 % Öl, das für Bio-Diesel geeignet ist (Auch Indien fördert diese Pflanze, die an Bahnlinien wächst und vielfach als Garten-Hecke üblich ist. Das Öl der Nüsse wird dort mit dem herkömmlichen Diesel-Öl verschnitten).
1987 beschäftigen die Elsbetts bereits 70 Mitarbeiter und können ein Dutzend zufriedenstellend laufender Triebwerke vorweisen. Besonders mit einem Fahrzeug, das auf den Kapverden fährt, können sie auch Presseerfolge verbuchen.

Zum damaligen Zeitpunkt bereiteten die Erfinder gerade einen Großversuch mit 20 Fahrzeugen in Niedersachsen vor. Der Auftritt in der ZDF- Fernsehshow ‚Nase vorn' mit Frank Elstner verschafft dem damals 47-jährigen Günter Elsbett bundesweite Aufmerksamkeit, sogar der ‚Spiegel' berichtet über ihn – trotz der dem Blatt gegenüber neuen Innovationen so oft anhaftenden Häme. Ganzseitige Anzeigen des Computer-Herstellers Hewlett Packard mit Sonnenblumen und Elsbett-Motor zeugen von einer erfolgreichen Kooperationen. Bereits **1991** vermeldet die inzwischen in Hilpoltstein ansässige Firma die **Serienreife eines Dreizylinder- Turbo-Aggregats mit 82 PS, das in den neuen Mercedes 190D eingebaut wird und auf 100 km etwa 5 l Rapsöl verbraucht.**
Der Elsbett-190er kostet allerdings rund 35.000 DM mehr als die Normalausführung. Sowohl bei der ersten wie auch der zweiten ECO Tour of Europe 1993 und 1994, an denen sich einige Dutzend verschiedener Wagen beteiligen, erringen die Elsbett-Motoren aufgrund ihres hohen Wirkungsgrades und geringen Kraftstoffverbrauches den ersten Platz.
Die Firma bietet **1995** einen Dreizylinder mit rund 90 PS für Pkws an, sowie einen Sechszylinder mit 135 PS für Unimogs und Traktoren. Zwei bis drei Jahre alte VW Passat werden umgerüstet und komplett für 45.000 DM verkauft. Die Umrüstung der Unimogs und Traktoren kostet 25.000 DM, und das Betanken mit Salatöl 80 Pfennig der Liter. **Elsbett-Pflanzenöl-Motoren sind inzwischen auch als Stromerzeuger, in Blockheizkraftwerken und sogar als Antriebe von Motoryachten im Einsatz.**

Als im Jahre **1996** in Deutschland der Anbau von Faser- und Ölhanf wieder genehmigt wird, veranstalte ich im Auftrag der Berliner ‚Hanfhaus GmbH' ein dreitägiges Festival unter dem programmatischen Titel Ernte '96 – mit Ausstellungen, Konferenzen und einer Fachmesse, zu der ich auch Klaus Elsbett einlade, der mit seinem Pflanzenöl-Mercedes großes Aufsehen erregt. Das Fahrzeug wird während der Messe mit **Hanföl** betrieben, und viele Leute schnuppern mit zunehmender Begeisterung am Auspuff des Wagens.
Elsbett gehört auch zu den wortgewaltigsten Verfechtern eines reinen Pflanzenöl-Betriebs, da die Umwandlung des Öls in ‚Biodiesel' mit Verlusten, erheblichem Aufwand und zusätzlichen Kosten verbunden ist.
Im Gegensatz zu vielen anderen Erfindern hat es der Elsbett-Motor geschafft, seinem Erfinder noch zu Lebzeiten Ehre zu machen:
1984 erhält Ludwig Elsbett vom Kuratorium des Deutschen Instituts für Erfindungswesen die Diesel-Medaille in Gold.
1992 die Ehrendoktorwürde und **1993** die Verdienstmedaille der Bayerischen Staatsregierung. Ludwigs Sohn Günter Elsbett bekommt dann **1988** in Argentinien den Award des Technical College of Cordoba und wird **1990** Gast-Professor der University of Science and Techno- logy in Zhenjiang, VR China. Gemeinsam erhalten Ludwig, Klaus und Günter Elsbett im Jahr **1989** den renommierten Philip Morris Forschungspreis.

 **1992** das risikoreiche Engagement in Südamerika und Russland die Firma finanziell in die Klemme. Anfang **1994** muß die Produktionsfirma verkauft werden. Elsbett-Konstruktion GmbH Günter und Klaus gelingt es zusammen mit einer kleinen Gruppe hochqualifizierter Mitarbeiter die Unabhängigkeit zu bewahren und die Weiterentwicklung der Elsbett-Idee fortzuführen.

Die Anerkennung ihrer technischen Entwicklungen bedeutet für die Elsbetts aber nicht automatisch auch den wirtschaftlichen Erfolg. Im Gegenteil, der Elsbett-Motor wird mehr und mehr als Störenfried auf den angestammten Betätigungsfeldern einer starken Lobby aus Wirtschaft, Wissenschaft und Politik empfunden.

Das Team baut heute am Standort Thalmässing Fahrzeuge um und stellt eigene Pflanzen-öl-Aggregate her. So nimmt z.b. die Stadt Hilpoltstein **1995** ein von der neuen Firma Elsbett Technologie GmbH fertiggestelltes Pflanzenöl-BHKW mit 210 kW Heizleistung und 180 kW Strom in Betrieb – zum damaligen Zeitpunkt das weltweit größte dieser Art. Weitere Projekte laufen in Malaysia, China, Simbabwe, Südafrika. In Indien wurde die Produktion von Motoren und Motorteilen aufgenommen.

Aus einer Elsbett-Broschüre von **1996** stammt die nachstehende Tabelle, aus der sich neben dem Energiegehalt auch der Wirkungsgrad, die Energieumsetzung und die Wirtschaftlichkeit der verschiedenen Energieträger und ihrer Umwandlungsmethoden ablesen lassen:

	Energiegehalt (a)	Wirkungsgrad der Motoren (b)	Energieumsetzung im Motor (a x b)	Wirtschaftlichkeit
Wasserstoff (flüssig,bei minus 252°C)	8,50 Mega-Joule/Liter	23 % (Ottomotor)	1,96 MJ Energie/Liter (bei minus 252°C)	23, 3 %
Methanol	15,56 Mega-Joule/Liter	31 % (Ottomotor)	4,82 MJ Energie/Liter	57,3 %
Ethanol	21,08 Mega-Joule/Liter	30 % (Ottomotor)	6,32 MJ Energie/Liter	75,1 %
Benzin	31,17 Mega-Joule/Liter	26 % (Ottomotor mit Katalysator) 27 % (Ottomotor)	8,42 MJ Energie/Liter	100 % (wurde hier als Bezugsgröße gewählt)
Raps-Methyl-Ester (RME)	32,60 Mega-Joule/Liter	28 % (Kammerdiesel)	9,13 MJ Energie/Liter	108,5 %
Pflanzenöl (kaltgepreßt, nicht behandelt o. verestert)	**33,70 Mega-Joule/Liter**	**40 % (Elsbett-Motor)**	**13,48 MJ Energie/Liter**	**160 %**
Dieselöl	35,10 Mega-Joule/Liter	28 % (Kammerdiesel) 36 % (Direkteinspritzer)	9,83 MJ Energie/l (Kammerdiesel) 12,64 MJ Energie/l (Direkteinspritzer)	116,8 % (Kammerdiesel) 150 % (Direkteinspritzer)

Andere Unternehmen, die sich zu dieser Zeit mit der Pflanzenöl-Technologie beschäftigen, sind die Vereinigten Werkstätten für Pflanzenöltechnologie in München, deren Eingriff in die Motorentechnik jedoch wesentlich geringer ist als bei Elsbett, die Krefelder Maschinenbaufirma Henkelhausen, die BHKWs für den Betrieb mit Pflanzenöl baut (**1998** wird im sächsischen Ostritz das mit 650 kW Leistung größte deutsche Kraftwerk in Betrieb genommen), die Thüringer Anlagen- und Antriebstechnik Nordhausen (AAN), die eine Palette von Motoren zwischen 10 und 460 kW anbietet, sowie die AMS Antriebs- und Maschinentechnik Schönebeck, die aus dem ehemaligen IFA Motorenkombinat der DDR hervorgegangen ist, und die Motoren bis 160 kW herstellt.

1999 sind die Umbaukosten aufgrund verschiedener Mitbewerber von 10.000 auf unter 5.000 DM gesunken, im Supermarkt kostet der Liter Pflanzenöl 1,50 DM, bei der Rapsmühle 90 Pfennig, und aufbereitetes Frittenbuden-Fett bekommt man sogar schon für 40 Pfennig.

Die Bilanz eines Flottenversuchs des bayerischen Wirtschaftsministeriums mit 90 Fahrzeugen bestätigt einen zuverlässigen und wartungsarmen Betrieb, sowie eine Reduzierung der Emissionen an Ruß, Schwefel und krebserregenden Partikeln.

An dieser Stelle soll noch erwähnt werden, daß sich Ludwig Elsbett gemeinsam mit seinen Söhnen Klaus und Günther bereits 1991 mit der Erzeugung von Regen in den Trockengebieten dieser Erde beschäftigt hat - und zwar mittels großer, von Windkraft oder Pflanzenöl angetriebenen Sprinkleranlagen, die in tiefen Tälern oder zu Füßen niedriger Gebirgszüge, Meerwasser als fein verteilten Nebel in der Luft versprühen.

Ein Prototyp dieser Sprinkleranlage wurde damals auf dem Dach der Elsbett-Firma in Salz, Bayern, installiert, existiert inzwischen aber leider nicht mehr.

Grenzen der Nutzung von Biokraftstoffen

Ein kurzer Blick auf die Grenzen dieser Energienutzungsmethode, die auch nur unter gewissen Vorbehalten als ‚alternativ' bezeichnet werden kann.

So beträgt der Heizwert bei Holz z.B. nur die Hälfte dessen von Kohle und sogar nur ein Drittel dessen von Erdöl.

Eine großflächige Entwaldung ist gefährlich – man betrachte nur die schlimmen Folgen des Holzkahlschlags, als dieses seine Anwendung als Heiz- und Reduktionsmittel in der früher Metallurgie fand.

Syrien ist ein ‚gutes' Beispiel für die wiederholten Eingriffe und ihre Folgen.
Man findet dort heute fast nur noch kahle, nackte Berge:
• Die Phönizier bauten viele Schiffe.
• Die Osmanen besaßen viele holzbefeuerte Lokomo tiven und
• die Beduinen viele Ziegen, welche das nachwachsende Grün endgültig ausrotteten
  (Im Gegensatz zu Schafen ziehen Ziegen ihre Nahrung samt Wurzeln aus dem Boden, die Pflanze kann also nicht mehr nach wachsen) .

Zurückkommend auf die heutige Situation finden sich in den neuen großtechnischen Verfahren die Sammlung und der Transport des Holzes oder der anderen Pflanzen über große Entfernungen hinweg als Positionen mit hohen Kosten wieder, außerdem ist das ganze – besonders im Vergleich zum Transport flüssiger oder gasförmiger Medien – recht mühsam, es bedarf ferner spezieller und neu zu entwickelnder Einrichtungen, und schließlich bilden die vorhandenen Nutzflächen eine weitere Grenze.

Fachleute vom Heidelberger Institut für Energie- und Umweltforschung kritisierten außerdem, daß der Biomassenanbau in Monokulturen den Einsatz großer Mengen an Düngern und Pestiziden erforderlich macht. Endgültige Ökobilanzen liegen 1996 noch nicht vor. Für den Anbau und Transport der agrarischen Grundstoffe des Biosprits muß außerdem so viel fossiler Brennstoff eingesetzt werden, daß insgesamt kaum CO_2-Einsparungen erreicht werden.

Zu negativen Seiten des Rapsanbaus gehören der hohe Flächenbedarf und ebenfalls die Notwendigkeit von Dünge- und Pflanzenschutzmitteln. Maximale Erträge werden nur mit hohen Stickstoffgaben erzielt, Raps entzieht dem Boden außerdem Basen. Bei der Düngung der Rapsfelder entstehen erhebliche Mengen Lachgas, das den Treibhauseffekt 300mal mehr beschleunigt als Kohlendioxid. Raps kann auch nur in Fruchtfolge angebaut werden – also alle vier Jahre, und eine Monokultur ist normalerweise nicht möglich.

Pro Hektar Rapsfeld kann maximal eine Tonne Öl gewonnen werden.

Rapsöl-Methyl-Ester ist außerdem leicht giftig, aggressiv gegenüber vielen Kunststoffen, er hat fast lösemittelartige Eigenschaften und hinterlässt sogar auf Autolack hässliche Schlieren. Biodiesel ist nur begrenzt wintertauglich, und bei längerer Lagerung entmischt er sich selbst. Bei der Veresterung treten Verarbeitungsverluste bis zu 30 % auf, und für die dabei anfallenden Abfallstoffe (z.B. Glyzerin) gibt es jedoch mittlerweile sinnvolle Verwendung. Der Anbau lohnt sich nur durch die hohen EG-Subventionen, sonst würde ein Liter Biodiesel aus Raps an der Tankstelle etwa 2,50 DM kosten (Stand 1991).

Die Studie ‚Ökobilanz Rapsöl' des Umweltbundesamtes (UBA) besagt 1992, daß Kfz-Brennstoff aus Rapsöl keine ökologischen Vorteile gegenüber Treibstoffen auf Rohöl-Basis hat. Bei der Verbrennung des Bio-Diesels entstehen sogar 10 % mehr gesundheitsschädliche Aldehyde und 10 % mehr Stickoxide.

Ganz anders sieht die ÖKO-BILANZ bei den Elsbett-Motoren aus.

Beim Lesen aller Berichte über den Elsbett-Motor, muss man berücksichtigen, dass ein Großteil der Daten und technischen Angaben aus den 1980-er und 1990-er Jahren stammt. Es ist dennoch unverständlich, weshalb dieses technische Wissen in der heutigen Zeit nicht umgesetzt wird.

ELSBETT Technologie GmbH
- Pioniere in Sachen Pflanzenöl -

Weißenburger Straße 15 • D - 91177 Thalmässing • ☎ (+49) 09173 79445-0 • 🖷 (+49) 09173 79445-18
umruest@elsbett.com • www.elsbett.com

1-Tank-Pflanzenöl-Umrüstbausatz (UI)

Der Bausatz wurde von uns unter anderem für den angefragten Fahrzeugtyp entwickelt und bereits in unserer eigenen Werkstatt mehrfach verbaut.
Für Fahrzeuge der Marken AUDI, SEAT, Skoda und Volkswagen mit Pumpe-Düsen-Einspritzsystem und einem Steuergerät der Version EDC 15/EDC15+/EDC16/ EDC16+

Der Bausatz ist nicht für Fahrzeugversionen geeignet, welche mit einem originalen Diesel-partikelfiltern ausgerüstet sind! Bei Bestellung von Bausätzen für Fahrzeuge mit Auto-matikgetriebe und / oder Satteltanks bitte vorab gesondertes Angebot einholen.
Der Bausatz wurde von uns unter anderem für den angefragten Fahrzeugtyp entwickelt und bereits in unserer eigenen Werkstatt vielfach verbaut.

1. Technische Beschreibung des Bausatzes
2. Umbauanleitung, Betriebsanleitung
3. Pflanzenöl Standard

1. Technische Beschreibung des Bausatzes
Der für Sie in Frage kommende Eintank-Umrüst-Bau-satz enthält alle für einen Umbau Ihres Diesel-Motors benötigten Teile, zum Betrieb mit Pflanzenöl entspre-chend dem "Weihenstephan- Qualitätsstandard 05/2002".

Dies sind insbesondere:
• Einspritzdüseneinsätze
• Glühkerzen
• Zusätzlicher Kraftstoff-Filter
• Gegebenfalls zusätzliche elektrische. Vorförderpumpe
• Hydraulischer Kraftstoffwärmetauscher
• Elektrische Filterheizung
• Temperaturschalter
• Absperrhahn
• Relais, Relaissockel
• Kraftstoffleitungen
• Kühlwasserleitungen
• Kraftstoffhandpumpe
• Kabel
• Umbauanleitung und Betriebshandbuch Umbauanleitung:

Der Bausatz ist ausschließlich von Personen zu montieren, welche über die notwendigen Fertigkeiten und das notwendige Wissen bezüglich der zu beachtenden Sicherheitsvor-schriften für Arbeiten an Motoren und dazugehörigen Komponenten verfügen.
Die Kabel für die elektrische Ausrüstung werden nur als Rohmaterial geliefert.
Diese sind dann vom Kunden entsprechend abzulängen und mit den entsprechenden Verbindungselementen zu versehen. Die Querschnitte sind aus dem mitgelieferten Schalt-schema ersichtlich. Die Farben der Kabel können vom Schaltschema abweichen. Wichtig bei Bausätzen, welche keine Einspritzdüseneinsätze beiliegen, finden Sie im Bausatz ein Abholauftrag unseres Paketdienstes. In diesem Fall werden die gesamten Düsenhalter-kombinationen bei Ihnen auf unsere Kosten abgeholt und nach den Reinigungs- und Einstellarbeiten wieder an Sie zurückgeschickt. Für diese Arbeiten benötigen wir einen Werktag und senden die Düsen dann umgehend an Sie zurück. Noch etwas: Sofern Sie den Einbau des Umrüstsatzes nicht selbst vornehmen möchten, bieten wir Ihnen die Montage über unsere eigene Werkstatt oder über einen unserer Servicepartner an.

2. Umbauanleitung, Betriebsanleitung, Kraftstoff-Standards

Zu jedem Umbausatz gibt es eine mehr als 30-seitige Anleitung. Diese enthält wichtige Tipps und Hinweise hinsichtlich der Montage der einzelnen Baugruppen, Bedienung und Service. Die Anleitung enthält außerdem alle wichtigen Datenblätter der relevanten Betriebsstoffe. Weiterhin stehen Ihnen auf Anfrage nach Erwerb des Bausatzes Beispielbilder aus unserer umfangreichen Datenbank zur Verfügung.

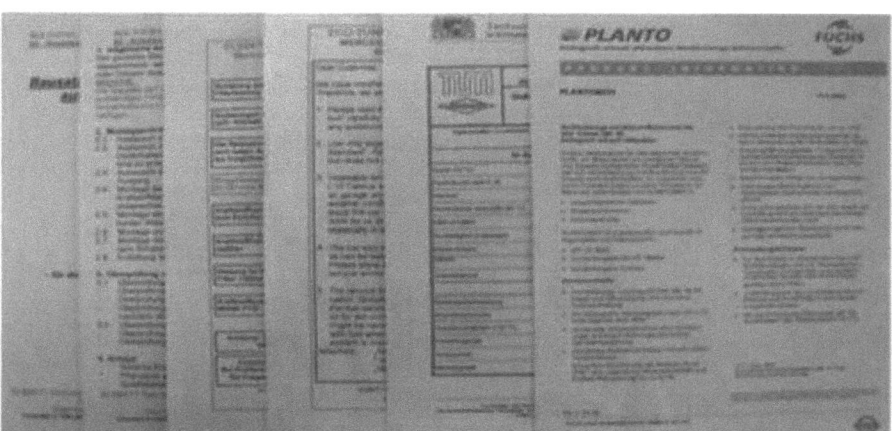

3. Pflanzenölstandard

Die ELSBETT-Umrüstsätze für Verbrennungsmotoren wurden für die Verwendung von Diesel- und Rapsölkraftstoff entwickelt und optimiert. Um Probleme mit der Verwendung von Rapsöl zu vermeiden, wurde ein Qualitäts-Standard für diesen Kraftstoff veröffentlicht. Aufgrund unser langjährigen Erfahrung bestehen auch wir auf die Verwendung von Rapsöl, welches diesem Qualitätsstandard entspricht und auch nicht anderweitig kontaminiert wurde. Stellen Sie sicher, dass Ihr Pflanzenöllieferant das Öl nach diesem allgemein bekannten Standard anbietet.

Der Elsbett-Motor

Vom Forschergeist angetrieben

Der Ingenieur Ludwig Elsbett löste in den 1970er Jahren eine kleine Revolution in der Autoindustrie aus:
Er brachte mit dem Elsbett-Motor den ersten Pkw-Diesel-motor mit Direkteinspritzung auf den Markt.

Was tut man, wenn man auf einem Bauernhof aufwächst? Man interessiert sich vor allem für Landmaschinen. Zumindest bei Ludwig Elsbett, der mit seinen Eltern und Acht Geschwistern auf einem Hof in Unterfranken groß wurde, war das so. Er lernte zunächst Landmaschinenschlosser. Später ging er an die Ingenieurschulen in Bad Frankenhausen und Neustrelitz und studierte Maschinen- und Flugzeugbau. Das Prinzip von Verbrennungsmotoren faszinierte ihn und so wurde er 1937 im Alter von 23 Jahren Abtei- lungsleiter bei den Junkers-Flugzeugwerken in Dessau. Nach dem Zweiten Weltkrieg machte sich Elsbett selbstständig: In Salzgitter begann er mit der Produktion eines Zweitakt-Dieselmotors aus Kriegsschrott.

25. Sensation für die Autoindustrie: der Elsbett-Motor

„Wassermantel und Kühlrippen sind nicht selbstverständlich": Unter diesem Titel veröffentlichte der Ingenieur 1956 einen Artikel in der Motorentechnischen Zeitung – und gab damit schon einen Vorgeschmack auf seine späteren Entwicklungen: tragbare Einzylinder mit 8 KW Leistung, die ohne Wassermantel und Kühlrippen auskommen. 1964 gründete er seine eigene Firma in Hilpoltstein in Mittelfranken. Hier tüftelte er weiter an der Technik von Motoren. Bald gelang ihm ein entscheidender Fortschritt: ein Dieselmotor mit Direkteinspritzverfahren, den er 1973 präsentierte.

Der Clou des nach ihm benannten Elsbett-Motors: Der Kraftstoff wird so in den Verdichtungsraum eingespritzt, dass die umgebenden Wände nicht benetzt werden. Dadurch können Wärmeverluste verringert und das Verkoken des Motors vermieden werden. Das Prinzip lässt sich unabhängig von Bauweise und Arbeitsverfahren der Motoren einsetzen. Und: Auch Pflanzenöl kann als Kraftstoff verwendet werden.

Elsbetts Erfindung löste einen Hype aus – viele Autofirmen und auch Wissenschaftler waren erstaunt, dass das Prinzip funktionierte.

1984 erhielt Ludwig Elsbett die Dieselmedaille in Gold und fünf Jahre später zusammen mit seinen Söhnen den Phillip-Morris-Forschungspreis.

Und dennoch kam der Elsbett-Motor nie in die Großserie.

VARIA: Auto und Verkehr

25.1 Alternative Techniken: Elsbett setzt auf Pflanzenöle

Deutsches Ärzteblatt 1996; 93 (39); A-2478 / B-2135 / C-1985

Wenn es um umweltpolitische Forderungen beim beim Automobilbau geht, ist immer wieder vom sogenannten „Drei-Liter-Auto" die Rede. Manche Hersteller kommen diesem Ziel inzwischen schon recht nahe, doch basieren die Entwicklungen nach wie vor auf der bekannten Antriebs- und Verbrennungstechnik. Tüftler mit ökologischem Anspruch sind unterdessen dabei, Alternativen zu realisieren. Der folgende Beitrag stellt einige der vielen Ansätze vor. Es ist richtig, daß zunehmend umweltschonende und preiswerte Fahrzeuge gebaut werden, deren Verbrauchswerte deutlich gegenüber früheren Modellen reduziert sind. Eine „technische Revolution" sucht man dagegen auf dem Massenmarkt vergebens. Doch es gibt schon Autos beziehungsweise Techniken, die beweisen, daß „es jenseits der eingefahrenen Wege geht". Ein gutes Beispiel hierfür ist der Elsbett-Motor.

Seit 1965 arbeitet der Ingenieur Ludwig Elsbett mit seinen Technikern daran, einen Motor mit pflanzlichen Energien anzutreiben. Der Basisgedanke: Pflanzliche Rohstoffe sind nicht nur einfacher zu haben als Mineralöle, sie können durchaus auch ungeahnte Energien freisetzen. Elsbett gelang es nun im Laufe der Zeit, einen Drei-Zylinder-Motor mit 1,4 Litern Hubraum zu entwickeln. Mit Pflanzenöl ohne Zusätze oder chemische Besonderheiten bringt es der Motor auf eine Leistung von immerhin 90 PS. Der Clou liegt in der Motorkonstruktion. Elsbett entwarf neue Brennkammern für seine Motoren. Darin drückt nicht ein flacher Kolben in eine runde Brennkammer, sondern eine flache Brennkammer den Brennstoff in eine kugelförmige Aushöhlung des Kolbens. Dort wird das Gasgemisch aus „Luft und Pflanzenöl" von zwei gegenüberliegenden Einspritzdüsen gleichzeitig eingeben und dann gezündet. Bei der sogenannten „duothermischen Verbrennung" ist der Brennraum im Kolben kugelförmig ausgebildet.

Die sich im Kreis bewegende Verbrennungsluft teilt sich durch Temperatur- und Dichteunterschied in zwei unterschiedlich heiße Luftzonen auf: in eine heiße „Luftkugel" in der Mitte des Brennraums und in einen kälteren „Luftmantel".

Nur die heiße Luft nimmt an der Verbrennung teil, der Luftmantel wiederum isoliert akustisch, thermisch und mechanisch. Weil beim Motorbau die Materialien entsprechend abgestimmt werden, braucht die Elsbett-Maschine keine Wasserkühlung, Wasserpumpen, Kühlrippen und dergleichen. Die Leistung der Pflanzenöl-Motoren sind mit denen „normaler" Diesel oder Benziner durchaus vergleichbar: 90 PS bei 4500 U/min, Leistungsdichte pro Liter Hubraum 45,3 kW. Nicht vergleichbar sind dagegen die ökologischen Daten: **CO2- Emission null** Stickoxid-Ausstoß wesentlich geringer als beim herkömmlichen Verbrennungsmotor.

Auch bei der „Lebenszeit" der Maschinen ist der Elsbett-Motor klar im Vorteil.

Testfahrzeuge (Mercedes 190) mit Pflanzenöl-Motoren liefen bisher bis zu einer halben Million Kilometer.

Fahrer von Autos mit Elsbett-Motoren berichten über Verbrauchswerte von rund vier Liter auf 100 Kilometer - unter anderem mit einem VW Passat.

Aus dem Experimentalstadium sind die Maschinen aus Roth in Mittelfranken längst heraus. Sie verrichten ihren Dienst unter anderem in Blockheizkraftwerken wie etwa in Hilpolstein. Dort wird ein 8-Zylinder-Elsbett-Motor, mit Pflanzenöl gespeist, zur Stromerzeugung eingesetzt. Auch in der Marine finden Elsbett-Maschinen als preiswerte und umweltfreundlichere Alternative zum Diesel Verwendung. Eine breite Anwendung in der deutschen Automobilindustrie bedarf indes einer politischen Entscheidung der Konzernlenker - und die steht bislang aus. Wie bei einem zweiten Nischenprojekt, den MOTOS-Maschinen. Die Entwickler Heinrich Stallkamp und Günther Osterburg orientierten sich dabei an der hochentwickelten Turbinentechnik und dem bereits im Alltag eingesetzten Wankelmotor. Bisher fanden Turbinen nur in Flugzeugen und im Bootsbau Verwendung; auch deshalb, weil die teuren und schubmächtigen Aggregate erst ab einer gewissen Größe wirtschaftlich werden. Also suchte man eine Lösung, um einerseits die Vorzüge einer Rotationsmaschine (Turbine) zu nutzen, andererseits die Nachteile des Wankelmotors (Dichtung, Verbrauch und Emissionen) zu vermeiden. Das Ergebnis ist ein Motor mit zwei Drehkolben-Rotoren mit ineinandergreifenden Arbeitsräumen, die von einer externen Brennkammer mit Heißgasen versorgt werden. Als Brennstoff soll jeder flüssige oder staubförmige Energielieferant eingesetzt werden können. Die bisherigen Resultate der Forschung ermutigen die MOTOS-Konstrukteure: ihr Aggregat zeichnet sich durch ein günstiges Abgasverhalten, geringe Lärmentwicklung, Vielstofffähigkeit und regenerative Abgaswärmenutzung aus.

Gleichzeitig sollen die Herstellungskosten geringer sein als bei einem klassischen Kolbenmotor, weil weniger Teile benötigt werden. Zahlreiche Patente für verschiedene Einsatzmöglichkeiten liegen vor;
Das Land Nordrhein-Westfalen ließ das Projekt Bereits gutachterlich prüfen:
Mit positivem Ergebnis.
Zur Zeit arbeitet das Unternehmen MOTOS mit Hochdruck an der Vollendung eines Produktions- und Entwicklungszentrums in Thüringen.
Der bisherige Erfolg und der weitere wirtschaftliche Aufbau sollen 1998 zur Gründung einer Aktiengesellschaft führen.

Elsbett war ein genialer Erfinder, aber ein „grottenschlechter" Kaufmann.

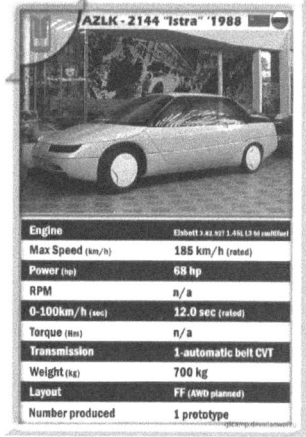

Engine	Elsbett ... 1.4 L 13 hl ...
Max Speed (km/h)	185 km/h (rated)
Power (hp)	68 hp
RPM	n/a
0-100km/h (sec)	12.0 sec (rated)
Torque (Nm)	n/a
Transmission	1-automatic belt CVT
Weight (kg)	700 kg
Layout	FF (AWD planned)
Number produced	1 prototype

Elsbett: Ein geniales Motoren-Prinzip

Frank Nüssel -15. September 2015 **Technik**

Ludwig Elsbett (1913-2003) war ein Sohn der Rhön. Im Dorf Salz geboren, wuchs er im landwirtschaftlichen Umfeld auf. Als gelernter Land- maschinenschlosser studierte er anschließend Maschinen- und Flugzeugbau. Bereits mit 24 Jahren war er Abteilungsleiter bei den Junkers-Flugzeugwerken in Dessau.   Da waren hohe technische Kenntnisse, Kreativität und Fleiß verlangt, als er den Auftrag erhielt, Verbrennungsmotoren zu entwickeln. Der zweite Weltkrieg führte ihn nach Salzgitter, wo er sich mit einem Team mit der Produktion von Zweitakt-Dieselmotoren selbstständig machte. Sein umtriebiges Leben brachte ihn zu MAN nach Nürnberg, um dort Nutzfahrzeugmotoren zu entwickeln. Ein spürbarer Verkaufszuwachs folgte.

Elsbett kreierte 1973 den weltweit ersten Pkw-Dieseltriebling mit Direkteinspritzung. Sein Name wird mit dem Kürzel " TDI " (Turbo Diesel Direct Injection) als Erfinder ewig verbunden bleiben.

Motoreningenieure und Autoindustrie hielten diese Lösung bis dahin für technisch nicht machbar.

Ein 3-Zylinder mit der Leistung eines 6-Zylindermotors war geboren, mit Pflanzenöl betrieben (nahezu alle herstellbaren Pflanzenöle konnten genutzt werden). Nur 1,45 Liter Hubraum genügten, um drehmomentstarke 90 PS zu generieren mit nur knapp über 3 Litern Verbrauch. **1991 stand dann der Produktionsanlauf an, sodass sogar Ferdinand Piech von VW zu Elsbett reiste.** Die exorbitant hohen Kosten der Vorausentwicklungen waren entstanden, weil eine Serienproduktion anfangs nicht im Raume stand und die verkauften Fahrzeuge einzeln umgebaut werden mussten. Die folgende Insolvenz hatte den größten Teil seines Lebenswerks zunichte gemacht. Bereits davor aber arbeitete Elsbett an einem 1-Zylinder-Diesel bis hin zu einem 14-Zylinder-„Taumelscheibenmotor" für ein Privatflugzeug des deutschen Computerpioniers Nixdorf, dessen vorzeitiger Tod (1986) dann das Projekt kurz vor dem Entwicklungsende stoppte. Der kleine 3-Zylinder mit seinen 90 PS wurde in einen Mercedes 190 eingebaut, wird noch heute gefahren und hat nie Schwächen gezeigt. Verbrauchswerte, die aktuell noch nicht für Serienfahrzeuge dieser Leistungsklasse erreicht werden, lassen aufhorchen. Das „Prinzip Elsbett" war also weltweit bekannt geworden.

Als zudem ein Mercedes mit dem 1,45-Liter-Triebwerk eine unter anderem vom ADAC ins Leben gerufene Verbrauchs-Messfahrt (3,96 Liter/100 km) unter vielen namhaften Konkurrenten mit Abstand gewann, unterließ es der Autofahrerclub, das erstaunliche Ergebnis in seiner Mitgliederzeitschrift zu veröffentlichen.

... Ein Schuft, wer Böses dabei denkt.

120

Was macht den großen Unterschied des Elsbett-Motors zu konventionellen Triebwerken aus?

Stichwort »Duothermische Verbrennung«.

Die angesaugte Frischluft wird mit einem Drall mit hoher Geschwindigkeit kreisend in den Zylinder geleitet. Mit dem, für Diesel typischen, hohen Druck, entzündet sich der Kraftstoff. Es entstehen große Mengen heißer Verbrennungsgase, während die unverbrannte, überschüssige Luft übrig bleibt. Heiße, aufsteigende Gase zum einen, kühle, somit sinkende Gase zum anderen im Brennraum. Letztere werden nun mit dem Drall und der Fliehkraft nach außen gepresst und isolieren damit Kolben und Zylinder von den heißen Verbrennungsgasen. Luft ist bekanntlich der beste Isolator.

So wird der Motor nahezu ausschließlich nur durch Strahlungswärme und Reibung erhitzt.

Dieses System führt außerdem zu einer starken Verringerung des NOx-Gases (Stickstoffverbindungen), das heute als gefährliches, Atem schädigendes Umweltgift eingestuft und verrufen ist.

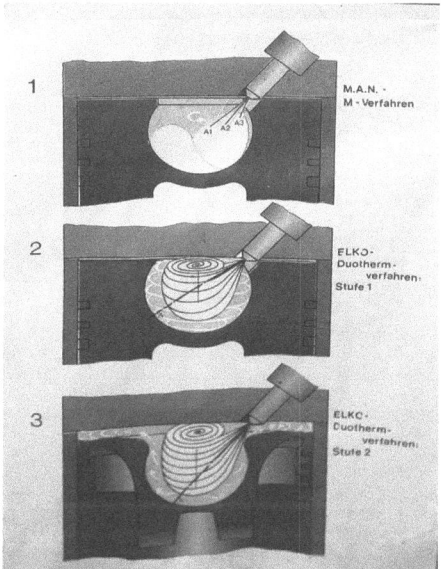

Als sich dann einer der »Autopäpste«, **Gianni Agnelli von FIAT**, bei ihm in Salz anmeldete, entzog sich Elsbett und ließ seine Mitarbeiter die Gespräche führen. Bilanz: **Agnelli reiste verärgert ab**.

Es schlossen sich unerfreuliche Aktionen von außerhalb an:

Mehrere Auto- und Teilehersteller (z. B. Kolben-Mahle) versuchten, die Patente des Elsbett-Motors für Millionenbeträge zu kaufen, um den Motor **NICHT** auf den Markt zu bringen, denn die Motorenhersteller arbeiteten im Bereich Block, Zylinder und Kolben mit Aluminium als Basis.

Elsbett präferierte aber eindeutig Stahl, denn dieses Material ließ sich besser verarbeiten, war weniger spröde, thermisch kaum anfällig und dank geringerer Abmessungen auch nicht schwerer als Leichtmetall.

Bosch hatte sich zudem geweigert, Einspritzdüsen und -Pumpen zu liefern, wohl um Großserienaufträge diverser Autohersteller nicht zu verlieren.

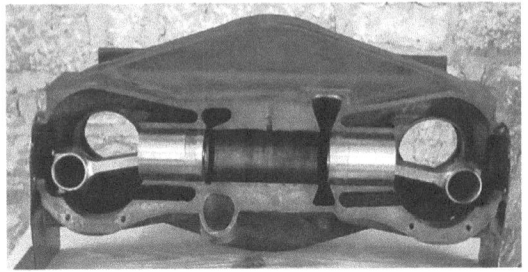

Gegenkolben-Motor

Die Lobby der Autoindustrie, war entweder noch nicht reif für das Elsbett-Prinzip oder sie bangte um ihre hohen Gewinne.
Andererseits hatte Ludwig Elsbett ein etwas ambivalentes Verhältnis zu Geldmitteln: Sie interessierten ihn kaum und wurden so ebenfalls zu einem der Faktoren, die zum Ende der nahezu genialen Lösungen führten. Elsbett starb inmitten weiterer Ideen-Pflege, zu der auch die Weiterentwicklung des „Gegenkolben-Motors" gehörte, einem leistungsstarken und laufruhigen Einzylinder, der zwei Kolben in sich vereinte. Eine durchaus hochmoderne Technik-Philosophie. Das Schicksal eines Propheten zu Lebzeiten eben. In Salz steht das Geburtshaus und daneben eine kleine Halle, in der die verbliebenen Konstruktionen zu sehen sind. Kein Museum
Im landläufigen Sinne, eher an eine liebevoll eingerichtete Werkstatt erinnernd.

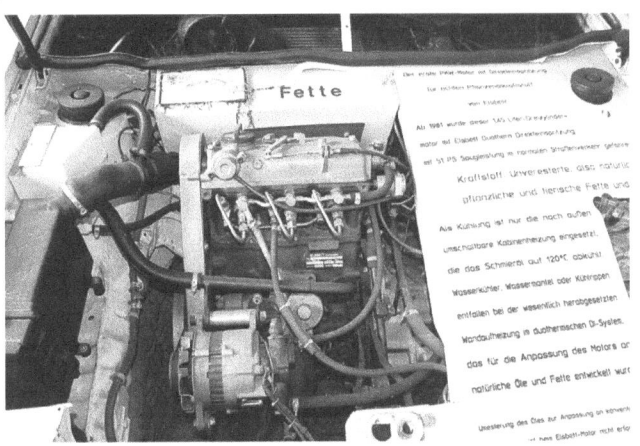

1,45-Liter-Dreizylindermotor Hilpoltstein (HK)
In dem legendären Rundbau in der Hilpoltsteiner Industriestraße wurde der weltweit erste Dieselmotor für Kleinwagen erfunden und gebaut, bis die Firma Elsbett in Turbulenzen geriet. Jetzt soll hier ein Einkaufszentrum entstehen. Ex-Chef Günter Elsbett blickt auf die Geschichte seiner Firma und des Rundbaus zurück.
"Grauenhaft, grauenhaft", sagt Günter Elsbett beim Anblick der Ruine. Die Scheiben sind eingeschlagen, auf dem Boden rollen leere Flaschen, die Wände sind voller Graffiti, auf dem blanken Beton liegt eine herausgerissene Tür, von der Decke bröselt der Putz. Aus dem Dach wachsen junge Birken. "Grauenhaft", sagt Elsbett wieder. Seit zehn Jahren war er nicht mehr hier.

Er steht vor den Resten einer der vielen demolierten Motorenprüfstände, der Wind bläst durch die fensterlosen Scheiben, vom ehemaligen Messgerät ist nur noch ein verbeulter Metallrahmen übrig. "Das habe ich alles selbst konstruiert und gebaut. Ich kenne hier jede Schraube." Der 76-jährige Ingenieur und Erfinder lebt heute mit seiner Frau Ulrike in einer Penthouse-Wohnung am Hilpoltsteiner Bahnhof. Eine schöne Wohnung. Doch wenn Elsbett von der Terrasse aus auf den Altstadtring blickt, wird er immer wieder an die Vergangenheit erinnert. Denn von hier aus sieht man das alte Firmengelände. "Das waren einmal schöne Gebäude", sagt er. Aber seit 20 Jahren verkommen sie."

Für Günter Elsbett jedes Mal ein trauriger Anblick. Er hat die Statik für den Rundbau selbst berechnet. Bei einem Rundgang erklärt er die immer noch hochmoderne Architektur. Im Inneren liegen die Büros, darum herum gruppieren sich Produktion und Montage. Dahinter liegen damals die Motorenprüfstände und das hauseigene Kraftwerk. Jetzt baumeln hier abgeschnittene Kabel von der Decke, auf dem Boden liegen Glasscherben. Schlanke Leimbinder tragen das nach innen gewölbte Dach mit 40 Metern Durchmesser. Eine Rampe führt nach oben.

Hier fahren in den 1970er Jahren die Autos mit den berühmten Elsbett-Motoren im Kreis. "Mehr ein Showeffekt für Fernsehen und Presse", sagt Günter Elsbett und schmunzelt. Wirklich getestet wird auf der Straße.

Vor allem der berühmte Dreizylinder-Turbodiesel mit Direkteinspritzung und 90 PS bei einem Verbrauch von rund vier Litern.

Damals eine Revolution. "Damit haben wir alle Spar-Rallyes gewonnen", erzählt Elsbett stolz. Damals, 1970, gibt es solche Dieselmotoren nur für Lastwagen.

Die Experten winken ab. "Der Elsbett spinnt ja, haben sie gesagt. Aber wir haben nachgewiesen, dass es geht", sagt Elsbett. "Und wir haben alles selbst konstruiert und hergestellt: Kolben, Nockenwellen, Zylinderkopf."

Elsbett fräst die ersten Kolben aus Stahl, mit einer Kugelkammer in der Mitte, in der das Luft-Dieselgemisch verwirbelt wird. Ein Prinzip, das Ludwig Elsbett, Günters Vater, für MAN in Nürnberg entwickelt hatte. Mit dem Geld für die Lizenzen kauft er 1964 das Grundstück für die eigene Firma in Hilpoltstein. "Das war reiner Zufall." Denn in der Industriestraße steht gerade ein Betrieb für Holzspielzeug und Weihnachtsschmuck zum Verkauf.

Die Elsbetts ziehen gleich mit ein und werden in Hilpoltstein heimisch.

Der erste Pkw-Diesel mit Direkteinspritzung löst einen Boom in der kleinen Denkfabrik aus. Die Industrie interessiert sich für diese Technologie, nicht zuletzt aufgrund der Energiekrise 1973, die Deutschland autofreie Sonntage beschert.

Der spätere VW-Chef Ferdinand Karl Piëch kommt immer wieder nach Hilpoltstein.

Damals ist er noch Hauptabteilungsleiter für Sonderaufgaben in der technischen Entwicklung bei Audi in Ingolstadt. "Er hat oft direkt mit uns verhandelt", erinnert sich Elsbett. Er selbst geht für ein Jahr zu Audi nach Heilbronn, um dort einen TDI-Motor zu konstruieren und zu entwickeln.

"Der so genannte TDI stammt zu 100 Prozent von Elsbett", sagt Elsbett.
Mit einem kleinen Nachsatz: "Nur mit der Schummelsoftware habe ich nix zu tun."
Bis der Dieselskandal auffliegt, ist der TDI eine einzige Erfolgsgeschichte für VW .

Volkswagen baut zu dieser Zeit noch Modelle mit Heckmotoren - in alter Käfer-Tradition. Erst 1974 kommt der erste Golf auf den Markt.
Sechs Millionen Mark zahlt Volkswagen am Ende für eine Lizenz von Elsbett.

Nur zur Erinnerung: Hätte Elsbett seine Lizenz von Verkaufszahlen abhängig gemacht, hätte er Milliarden herausholen können.

In Deutschland laufen derzeit ca. 15 Mio. Diesel-Kraftfahrzeuge (ohne LKW).
Schätzung: *Die meisten Autos, zumindest die neueren Fahrzeuge, sind mit einem Motor mit Direktenspritzung ausgestattet. Bei 50 Euro Lizenzgebühr pro Direkteinspritzer-Motor, wären das **375 Millionen Euro** Lizenzgebühreneinnahmen, alleine in Deutschland. Nicht mit eingerechnet die verkauften „Alt" Diesel-Fahrzeuge. Rechnet man das Ganze auf den weltweiten Diesel-KFZ-Verkauf hoch, ist man schnell bei mehreren **Milliarden** Euro.*

Die Firma in Hilpoltstein boomt, zu den Hochzeiten sind bis zu 90 Mitarbeiter engagiert. Günter Elsbett stellt die Konstruktion auf CAD-Technik um, zu einer Zeit, als es kaum Computer gibt. Friedl Salbaum, der Chef der Fertigung, fräst mit modernsten CNC-Maschinen jedes noch so komplizierte Teil, das Ludwig und Günter Elsbett entwickeln. "Alles, was ich konstruiert habe, hat er fantastisch umgesetzt und verbessert", schwärmt Günter Elsbett. Es entstehen viele Prototypen, das verlangen die Kunden aus der Autoindustrie. "Wir haben nichts produziert, nur Lizenzen verkauft", sagt Günter Elsbett. Über 400 Patente meldet die Firma an. Seniorchef Ludwig Elsbett ist auch der erste, der mit **Pflanzenöl als Treibstoff** experimentiert. Denn die Dieselmotoren lassen sich leicht umrüsten. **Und weil der natürliche Treibstoff beim Wachsen Kohlendioxid benötigt, entsteht kein zusätzliches Treibhausgas.**

Elsbett will die Technik an die Natur anpassen, nicht umgekehrt.

In einem umgebauten Mercedes 180 fahren Ulrike und Günter mit einem Elsbett-Pflanzenölmotor durch die Welt. Dank des 100-Liter-Zusatztanks unter der Motorhaube geht es im Urlaub in die Bretagne und zurück - ohne zu tanken.
Der französische Bauer, bei dem sie wohnen, staunt, als er den Namen Elsbett auf dem Auto liest und holt eine Fachzeitschrift für Landwirte hervor.

Die Überschrift: **Der Motor frisst alles.**
"Was ist der toll gefahren", schwärmt Ulrike Elsbett noch heute.
Kürzlich hat sie ihren Golf verschrotten lassen, einer der letzten mit einem Elsbett-Motor.
Im Deutschen Museum München steht noch ein Exemplar.
In den 1990er Jahren gerät die Firma in finanzielle Turbulenzen.
"Wir haben uns auf Geschäfte mit einer südamerikanischen Bank eingelassen", erzählt Günther Elsbett. Die fordert einen Kredit über 20 Millionen Mark zurück.
Elsbett muss die Firma 1993 verkaufen.

"Es lag nicht an der Technik, sondern an unserer geschäftlichen Dummheit", sagt er.
Ein Weißenburger Unternehmer steigt ein, meldet zwei Jahre später aber Konkurs an. Seither steht der Rundbau leer. Nur Ulrike und Günter Elsbett wohnen noch zehn Jahre lang auf dem verfallenden Gelände - zur Miete. "Ich habe gehofft, ich kann das halten und vielleicht irgendwann zurückkaufen", sagt Elsbett heute. Es bleibt ein Traum.

Günter Elsbett hat mit diesem Kapitel abgeschlossen.
Er arbeitet ein Drittel des Jahres in China, wo er als Professor einen Lehrstuhl an der Jiangsu-University hat und einige chinesische Firmen berät.
Dort sei man an seinem Know-how interessiert.
"Ich bringe ihnen bei, wie sie Euro 6 schaffen." Hoffentlich erfolgreich.
"Denn wenn die Chinesen alle unsere Fehler machen, dann gnade uns Gott", prophezeit Elsbett eine ökologische Katastrophe.
Die will er unbedingt vermeiden. "Ich brenne nach wie vor für die Sache", sagt er.

Auch wenn es vor über 20 Jahren schief ging, mit der eigenen Firma und einer revolutionären Technik, deren Prinzipien heute in fast jedem Auto zu finden sind. Von Robert Kofer

Nur zum Nachdenken:

Alleine Deutschland hat über eine Billion Euro an Steuermittel für Subventionen und Entwicklung der sog. „Erneuerbaren Energie" ausgegeben.

Keiner ging auf eine Technik ein, die sich bereits vor über 40 Jahren als machbar, funktionstüchtig und umsetzbar herausstellte. Vor allem aber funktionierte sie und das ohne große Investitionen in Stromtankstellen und umweltvernichtende Batterien.

Wo sind alle die großen Lautsprecher der Umweltschützer?

25.2 Diese Ignoranz, ist eine fast schon vorsätzlich zu nennende Umweltzerstörung

26. Nicht die erneuerbaren Energien retten die Umwelt

26.1 Ohne Wasser kein Leben

Betrachten wir das Umdenken "Pro Umwelt", als zarte Pflanze, die wir hegen und pflegen müssen, und deren Wachstum nicht durch negative Einwirkungen gestört wird.

Die „Fridays For Future"-Bewegung braucht noch etwas Zeit, um sich richtig entfalten zu können. Sie ist wie ein Vogel, der gerade das Fliegen gelernt hat.

Wir dürfen dabei allerdings nicht vergessen, dass unser Umdenken bei der Umwelt-Umgestaltung nicht zu Lasten, eben dieser Umwelt, in andren, fernen Ländern geht.

Es ist jetzt Zeit für eine schmerzhafte aber ehrliche Abschluss-Zäsur

Nicht ist bitterer, als sich einen Selbstbetrug eingestehen zu müssen.

Es ist immer dann höchste Zeit, die Kluft zwischen dem großen Anschein und dem tatsächlichen Sein, aufzuzeigen. Weltweit wird seit Jahrzehnten über den Umwelt- und Klimaschutz geredet. Geredet, aber nur wenig wirklich getan.

Die Europäer, allen Voran jedoch die Deutschen (merkt auf ihr „Grünen-Fraktion") reden besonders laut davon. In Deutschland wird der Müll getrennt. Deutschland hat eine CO_2-Besteuerung eingeführt, die den Namen nicht verdient. Im Gegenteil. Durch die sog. „Verschmutzungsrechte" ist ein regelrechter Emissionsrechtehandel weiter verstärkt worden, der zu unglaublich hohen Gewinnen aller daran Beteiligten führt. Die Zeche zahlen alleine die Bürger als Steuerzahler.

Die, als „Hoffnungsträgerin" mit „blumigen", wohlformulierten Worten gestartete EU-Chefin Ursula von der Leyen, kündigte großspurig einen „Green Deal" an. Das klingt zwar hoch ambitioniert und fortschrittlich, ist letztendlich jedoch nichts als eine Absichtserklärung.

Dabei zeigen wir gerne mit erhobenem Finger auf die Inder, Chinesen und auch Amerikaner und weisen auf ihr mangelndes Umweltbewusstsein und den damit verbundenen hohen Umweltbelastungen hin. Wir machen das anders. Wir programmieren ein neues Umweltdenken, setzen auf außergewöhnliche Umweltmaßnahmen.

Wir suggerieren dem Bürger, dass dies alles zum Schutze unserer Umwelt und des Klimas geschieht. Dabei wird verschwiegen, dass die meisten der sog. Umweltmaßnahmen, voll zu Lasten anderer Länder und der dort lebenden Menschen geht. Das Umwelt- und Klimaproblem ist nicht in Europa und schon gar nicht in Deutschland zu lösen. Dazu bedarf es vorrangig der Reduzierung der Schadstoffe in China, Indien und den USA. Nicht zu vergessen ist dabei, der sofortige Abbruch der globalen Abholzung des Regenwaldes, um die Bedürfnisse Deutschlands, Europas und der gesamten Welt zu befriedigen. Sämtliche Umweltmaßnahmen, die anderswo auf der Welt zu Belastungen der Natur führen, sind sofort einzustellen. Es reicht nicht, wenn uns ein mulmiges Gefühl befällt, wenn wir ab und zu durch den Wald spazieren und dabei die lichten Baumkronen sehen und der vom Borkenkäfer befallenen Bäume gewahr werden. Wir können uns ebenso wenig auf die unbefriedigende Feststellung einlassen, dass es anderswo noch deutlich übler aussieht. Das wäre ein „Wegschieben" des globalen Umweltfrevels.

Rund 180 Millionen Hektar (das sind ca. 243 Millionen Fußballfelder) sind seit Beginn der 1990-er Jahre auf der Erde vernichtet worden.

Um ein „Verhältnis" zu diesem Raubbau an den weltweiten Waldbeständen zu bekommen, sei gesagt, dass dies die 5-fache Fläche Deutschlands ist.

Seit Brasilien vom „Virus" Bolsonaro regiert wird, haben sich die Regenwaldbestände des Amazonasgebiete drastisch reduziert. Die „Regierung Bolsonaro" interessiert der Umweltschutz nicht im geringsten. Der Rechtsextremist erlaubte den großen Agrarunternehmen in den letzten Jahren, jährlich rund 11 Millionen Hektar tropischen Regenwald abzuholzen. Gleichzeitig legten Großkonzerne nach der durchgeführten Brandrodung riesige Soja- und Zuckerrohrplantagen an. Große Flächen werden für die Viehzucht benötigt. Deutschlands Wirtschaftsminister Altmaier drückt immer noch auf das Tempo, um das Mercosur-Abkommen schnell unter Dach und Fach zu bringen. Seiner Meinung nach bietet die Vereinbarung allen Beteiligten wirtschaftliche Perspektiven und enthalte zugleich ein „ambitioniertes Kapitel zur nachhaltigen Entwicklung mit verbindlichen Regeln zu Arbeit, Umwelt und Klima". Und genau hier „liegt der Hund begraben". Die derzeitige brasilianische Regierung kümmert sich weder um CORONA noch um die Vernichtung der so wichtigen Regenwaldbestände. Mehrere EU-Länder (u. a. Frankreich, Finnland, Luxemburg, Irland) haben Bedenken angemeldet. Auch das EU-Parlament lehnt das Verhalten Brasiliens ab.

Rodung im Amazonasbecken nimmt wieder zu

Abgeholzte Waldfläche im Amazonasgebiet seit 1990 (in Quadratkilometer)

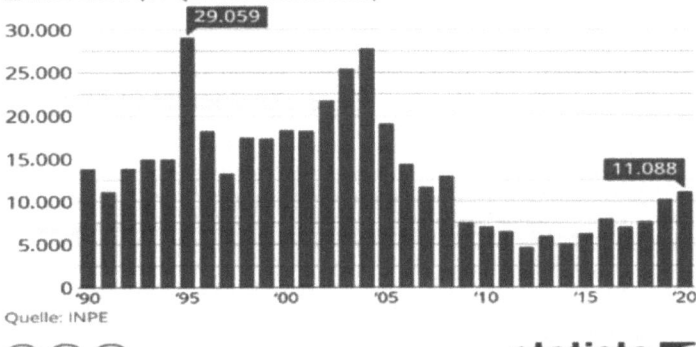

Quelle: INPE

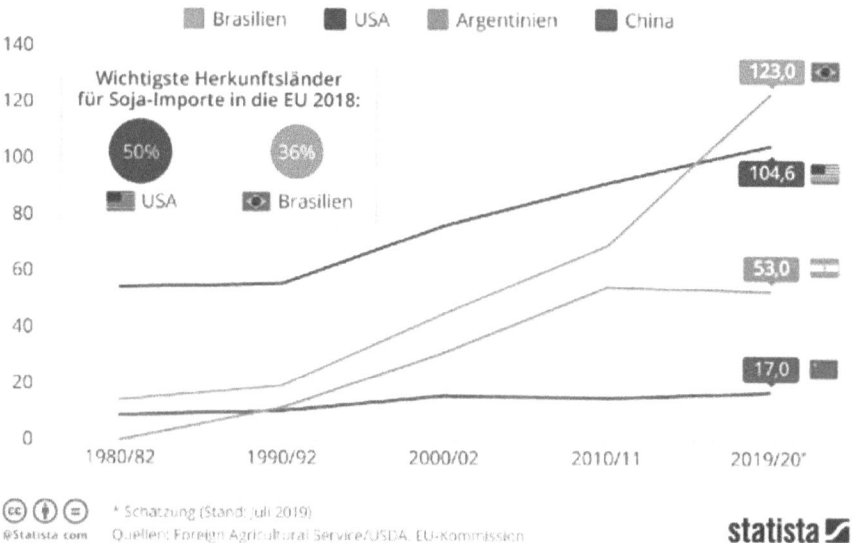

Regenwaldrodung macht Brasilien zum Soja-Produzenten Nr. 1
Erntemenge der führenden Anbauländer von Sojabohnen weltweit in Mio. Tonnen

■ Brasilien   ■ USA   ■ Argentinien   ■ China

Wichtigste Herkunftsländer
für Soja-Importe in die EU 2018:

50%   36%

■ USA   ■ Brasilien

123,0
104,6
53,0
17,0

1980/82   1990/92   2000/02   2010/11   2019/20*

* Schätzung (Stand: Juli 2019)
@Statista.com   Quellen: Foreign Agricultural Service/USDA, EU-Kommission

statista ◪

Ein riesiges Geschäft eben.

„Die Landwirtschaftslobby hat die zuständigen Ministerien fest und bestens im Griff".

Doch das Problem sind nicht nur die Sojabohnen. Es ist auch das Rindfleisch, es sind Palmöl, Kakao, Kaffee und Holz, die EU-Länder massenhaft aus Brasilien beziehen – mit drastischen Folgen, wie die Umweltschutzorganisation WWF herausgefunden hat: Importe in die EU treiben demnach die Abholzung von Tropenwäldern massiv voran.

Hinter China, aber vor Indien, den USA und Japan belegt die Europäische Union damit Platz zwei auf der "Weltrangliste der Waldzerstörer" – und innerhalb der EU liegt Deutschland ganz vorn. Für EU-Einfuhren wurden im Berichtszeitraum bis 2017 pro Jahr Tropenwälder von der vierfachen Größe des Bodensees vernichtet.

Auch ich, als Autor dieses Buches, habe mich dazu verleiten lassen, Corona und der Politik einen großen Anteil zu widmen.

Corona und die Politik haben unsere Welt nun einmal verändert.

Die Gegenwart kann daraus ihre Lehren ziehen.

Die Erde dreht sich weiter, auch wenn wir zum Schutz der Natur und der Umwelt zu drastischen Maßnahmen greifen müssen.

Gott sei es gedankt, Corona hat es bewiesen, dass Wirtschaft und Wachstum nicht das Mantra des Lebens sind.

Es kann aber nicht sein, dass trotz Corona, die wesentlichen Dinge unserer Zeit in den Hintergrund treten. Lt. WWF tragen die europäischen Staaten, und allen voran Deutschland, die Hauptschuld an der Entstehung von gigantischen Mengen an Treibhausgas, alleine durch die sog. „importierte Entwaldung". Auch wenn diese Umweltsünden in keiner offiziellen Statistik direkt auftauchen, liegt das große Regenwaldsterben in unserer Verantwortung. Europa hat mit seinem Verhalten, auch einen großen Anteil am Artensterben.

Die „Rettet die Bienen"-Aktion, respektive Petitionen in Deutschland, bewirken nicht einmal eine, sich im Promillebereich befindende, Umweltschutzmaßnahme.

Das so hochgelobte Mercosur-Abkommen verschlimmert die Lage deutlich. Eine große Zahl deutscher sog. Umweltpolitiker unterliegt hier ständig einem Selbstbetrug. Mit ihren Programmen und Veröffentlichungen halten sie sich für verantwortungsvoll, rücksichtsvoll und sogar für Andere vorbildlich. Solange wir mit unserem Konsumdenken und unserer grenzenlosen Ignoranz den Planeten Erde weiterhin ausbeuten, sind wir rücksichtsloser als die meisten der Länder, die wir kritisieren.

Solange die „Grünen" Vielflieger der Meinung sind, dass sie mit irgendwelchen Geldzahlungen, ihr Umwelt schadendes Verhalten ausgleichen können, solange ist dies ein Selbstbetrug, den man ablehnen muss. Es wird Zeit diese Heuchelei anzuprangern.

Nur so können wir beginnen, wirklich etwas zu verändern, ohne es in andere Regionen der Erde zu verschieben.

Wer weiß schon, dass jeder Erdenbürger jährlich durchschnittlich einen halben Kubikmeter Holz verbraucht? Nach dem derzeitigen Bevölkerungsstand entspricht dies einem Holzverbrauch von über 4 Milliarden Kubikmetern.

Um diesen enormen Holzverbrauch abdecken zu können, benötigt man 100 Millionen Hektar Forstplantagen. Das ist 2,8 mal die Fläche Deutschlands.

Damit ist es jedoch nicht getan. Die Bäume brauchen 30 bis 50 Jahre (und mehr), bis sie wieder zum Einschlagen verwendet werden können.

„Rein mathematisch" wären das in 30 Jahren „Baumwachstum" :

100 Millionen Hektar/Jahr mal 30 Jahre (Wachstumszeit)= 3 Milliarden Hektar Baumbestand

Wenn man weiß, dass Europa (mit dem europä. Teil Russlands) 10,523 Millionen Quadratkilometer (1,0523 Milliarden Hektar) misst, bedeutet der jährliche weltweite Holzerbrauch, **dass rund die doppelte <u>Fläche Gesamt-Europas,</u> nur zur Holzaufforstung benötigt wird. Holz ist einer der größten und wichtigsten globalen Wirtschaftsfaktoren.**

Aufgrund des enormen Ressoucenverbrauchs kann und darf man Holz nicht so ohne weiteres zu den nachwachsenden Rohstoffen zählen.

Holz in Heizungsanlagen zu verbrennen, heißt keinesfalls „eine saubere Energie" einzusetzen. In Wirklichkeit ist das ein Umweltfrevel!

Durch das Verbrennen des Holzes, wird der eigentlich positive Ökowert des Holzes vollständig aufgebraucht. Holz verfeuernde Heizungsanlagen, setzen aus einer halben Tonne Kohlenstoff, die in einer Tonne Holz steckt, bei der Verbrennung etwa 1,83 Tonnen CO_2 frei. Das ist derzeitiges wissenschaftliches Wissen. Wo kann man hier von Klimaneutralität sprechen. Vor allem, wenn man berücksichtigt, wie viel Kohlenstoff ein stehen gebliebener Baum weiterhin binden könnte und welche enormen Mengen er an Sauerstoff erzeugen könnte.

Übrigens hat China, als größter Umweltverschmutzer, jetzt in der Umsetzung seiner gnadenlosen Machtpolitik, einen neuen Weg gefunden, viele verzweifelte Länder unter China-Abhängigkeit zu bringen.

Mit der Lieferung, eines nur wenig wirksamen CORONA-Impfstoffes an arme Länder, weitet der Wirtschaftsgigant seinen Einflussbereich erheblich aus.

27. Wasser, Quell allen Lebens

Zwei Teile Wasserstoff, ein Teil Sauerstoff: H2O.
Ohne Wasser kein Leben. Dennoch verschwendet und verschmutzt der Mensch gedankenlos diese kostbare Ressource.
Weltweit haben etwa 884 Millionen Menschen keinen Zugang zu sauberem Trinkwasser.

Das chemische Element Wasser
Wasser - H2O - ist die einzige chemische Verbindung, die in der Natur als Flüssigkeit, als fester Körper und als Gas vorkommt. Wasser hat viele außergewöhnliche Eigenschaften: die größte Oberflächenspannung und die höchste Wärmekapazität.
Außerdem ist Wasser ein ausgezeichnetes Lösungsmittel.

Wasserverteilung auf der Erde
Zu rund 70 Prozent ist unsere Erde mit Wasser bedeckt. Davon sind allerdings 97% Salzwasser in den Meeren und nur 3% sind Süßwasser. Zwei Drittel des Süßwassers sind im "Ewigen Eis von Nord- und Südpol" gebunden und nur rund ein Drittel ist sauberes Grundwasser, aus dem wir letztendlich unseren gesamten Trinkwasserbedarf decken.

27.1 Wasser als Menschenrecht

2009 erklärten die Vereinten Nationen, dass "sauberes Trinkwasser und die Sanitärversorgung" unverzichtbar für die Menschen sind." Um so unverständlicher ist es, dass weltweit rund 900 Millionen keinen Zugang zu sauberem Trinkwasser und mehr als 2,6 Milliarden Menschen keinen Zugang zu einer sanitären Grundversorgung haben.

Der Mensch vergeudet und verschmutzt die Ressource Wasser.

Dabei gelangen über die globale Landwirtschaft wahrscheinlich die meisten Schadstoffe ins Grundwasser, vor allem Nitrate und Pestizide. Dazu später mehr.
Wer kümmert sich darum, dass die Landwirtschaft durch Dünger und Gülle das gesamte Ökosystem auch in den Fließgewässern und den Seen zerstört?
Wen kümmert´s, dass es in der gesamten landwirtschaftlichen Produktionskette nur noch eine sehr begrenzte Anzahl an Tierrassen und Pflanzensorten gibt. Wissenschaftler gehen davon aus, dass mindestens 1.000, der einst 6.400 Nutztierrassen ausgestorben sind.

Schlimm ist dabei, dass „unsere" **biologische Landwirtschaft** daran nicht viel ändert.
Sie **hat zwar** vielfältige positive Auswirkungen auf die Umwelt, denn die ökologischen Landbaumethoden sind am besten an den Klimawandel angepasst und reduzieren die Klimaemissionen, schützen den Boden und fördern die Humusbildung und haben Einfluss auf die Wasserqualität und "unsere Luft". Die Landwirtschaft hat sich in den letzten 50 Jahren grundlegend verändert. Arbeitskräfte wurden durch immer größere Maschinen ersetzt. Wir haben eine intensive Mechanisierung in der Landwirtschaft.
Rund 11 Prozent der Treibhausgase (THG) kommen aus der Landwirtschaft. Dabei fallen Lachgas- und Ammoniakverluste doppelt ins Gewicht. Sie sind schädlich für das Klima und belasten die Ökosysteme, ohne das Pflanzenwachstum zu fördern.

Vor nunmehr über 40 Jahren haben wir innerhalb unseres großen Familienkreises darüber diskutiert, was wohl der nächste Grund für einen globalen Kriegszustand sein könnte.
Damals dachte noch niemand an Cyberkrieg und den kriegsähnlichen Auseinandersetzungen im und um den virtuellen Raum des Cyperspaces. Die unglaublichen Möglichkeiten aus dem Bereich der Informationstechnik waren noch vollkommen unbekannt.

Das einhellige Ergebnis dieser intensiven Diskussionen war:
Der nächste Krieg geht nicht etwa um Öl oder die bekannten Bodenschätze.
Der nächste weltumspannende kriegerische Konflikt geht um Wasser, bzw. um
Wasserrechte oder das direkte Recht auf Wasser.

Wir gehen zu sorglos mit dem Element Wasser um, ... das nach der „Luft" (Luft besteht zu 78 Prozent aus Stickstoff und zu rund 21 Prozent aus Sauerstoff und ist deshalb eigentlich ein Molekül), das zweitwichtigste Element unseres Planeten darstellt.

Anhand der nachfolgenden Darstellungen und Recherchen aus unserer direkten Umgebung, versuche ich die Problematik Wasser deutlich zu machen. Auch wenn es sich dabei nicht um die weltumspannende Wasserzentralfrage handelt, so ist die Misere dennoch leicht zu erkennen.

Der "Wassertransport"
von Süddeutschland
nach Franken
der "Trockenplatte"

Der Main-Donau-Kanal liefert
Wasser aus Altmühl und Donau
in die Regnitz. Zusätzlich wird
Wasser aus der Altmühl über den
Brombachsee ins Main-Gebiet
geleitet. Beide „Überleitungen"
überwinden damit die Europäi-
sche Hauptwasserscheide.

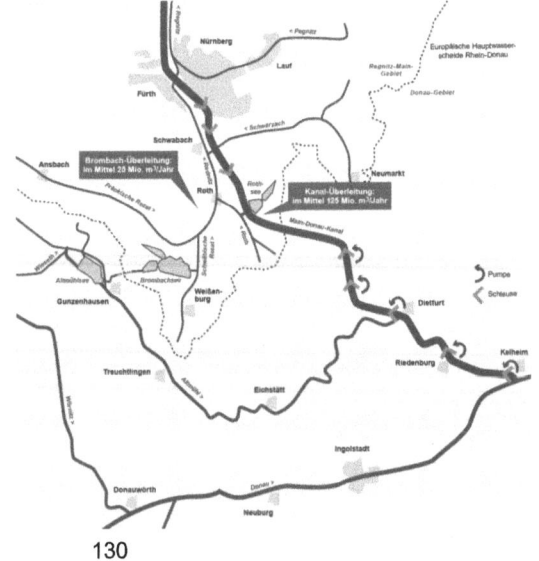

Etwa vier Monate im Jahr wird der Einlauf geöffnet um den Rothsee wieder aufzufüllen. 125 Millionen Kubikmeter Wasser werden durchschnittlich pro Jahr in den See und weiter nach Norden gepumpt. Weitere 25 Millionen Kubikmeter kommen aus dem Brombachsee dazu. Dabei geht es nicht nur um Trinkwasser", sondern vor allem darum, die Wasserqualität in den fränkischen Flüssen stabil zu halten.

130

Durch solche Kegelstrahlschieber wird das Wasser aus den Stauseen in die Flüsse Richtung Norden geleitet.

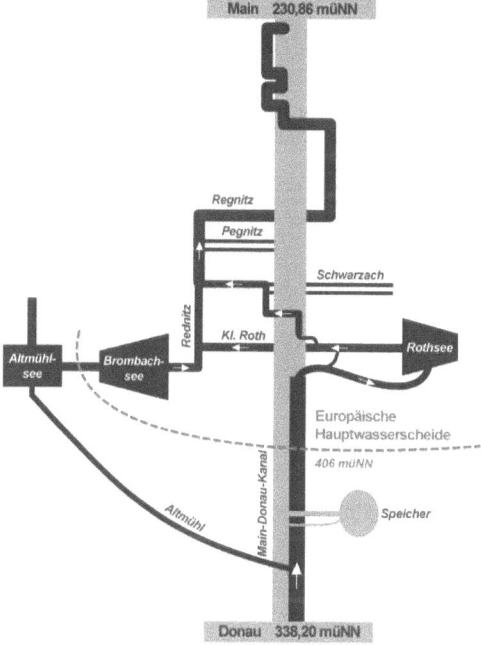

So gelangt das Wasser in den Norden

Evtl. Hochwasser speist den Altmühlsee, der wiederum mit dem Brombachsee verbunden ist, aus dem dann Wasser Richtung Norden geleitet werden kann. So wird jedoch nur verfahren, wenn der Pegel der Donau zu niedrig ist.

Der übliche Weg der Überleitung erfolgt über den den Rhein-Main-Donau-Kanal. Dabei wird Wasser aus der Donau in den Rothsee gepumpt, von wo es über die Kleine Roth in Rednitz, Regnitz und Main fließt.

Damit hier kein Wassermangel herrscht, wird der Rothsee aus dem Rhein-Main-Donau-Kanal, der Altmühl- und der Brombachsee werden aus der aus der Altmühl gespeist.

Die lebenswichtige Ressource Wasser ist zu wichtig, als dass man sorglos damit umgehen kann.

Strategien zum Regenwassersammeln

Die einfachste Strategie hierbei war und ist das Sammeln von Niederschlägen während der regenreichen Jahreszeit. In verschiedenen Senken, wie Sinkhöhlen oder Karsttrichtern, die zwischen 2 und 200 Metern betragen, werden reiche flache, mit Ton abgedichtete, Teiche angelegt. So kann man das Versickern des aufgefangenen Wassers verhindern. Es ist nicht von der Hand zu weisen. Das Wasser wird knapp.

Besonders Franken hat mit der Trockenheit zu kämpfen. Nachdem es z.B. in Oberbayern seit jeher deutlich mehr regnet als im nördlichen Bayern, verschärft der Klimawandel das Gefälle zwischen der Region Südbayern dem trockenen Nordbayern weiter und wird dort zum existentiellen Problem. Das Wasserproblem bezieht sich jedoch nicht nur auf diese Region.

Ein Großteil des Wassers wird als Kühlwasser in der Energieversorgung, im Bergbau, in der Landwirtschaft und in der öffentlichen Wasserversorgung verwendet.

Eine weitere Konfliktsituation ist durch die hohen Nitratbelastungen des Grundwassers, hauptsächlich durch die Landwirtschaft verursacht, entstanden.

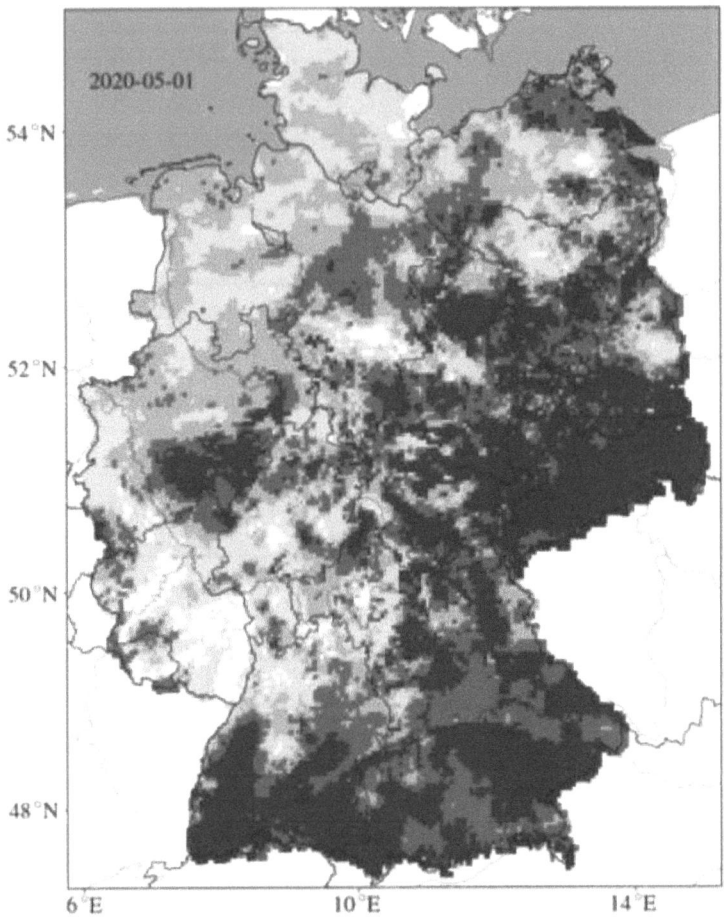

Wenn wir diese hohe Nitratbelastung nicht in den Griff bekommen, steigen die Trinkwasserpreise um 50 Prozent und mehr, ... denn trockene Sommer bedeuten, dass in der Landwirtschaft mehr bewässert werden muss. Besonders der Anbau von Gemüse und Obst erfordern hohe Wassermengen. Selbst die neuen Wasser- Aufbereitungsmethoden helfen wenig in Bezug auf den riesigen Wasserbedarf.

Es sind aber genau diese neuen Wasseraufbereitungsmethoden, die zumindest die Bewässerung von land- und forstwirtschaftlichen Flächen und unsere Gärten wesentlich entlasten können. Hohe Kosten können keine Begründung für den Nichteinsatz von Wasseraufbereitungsanlagen sein.

Die zuständigen Kommunen müssen hier in die Pflicht genommen werden.
Die Belastung unseres Wassers mit gesundheits-und umweltschädlichen Stoffen ist zu hoch. Zu viel Nitrat und Phosphat aus der Agrarindustrie gefährden zudem unsere biologische Vielfalt. Das Düngerecht erfüllt die Anforderungen des Gewässerschutzes nicht und ist mehr dazu geeignet, die Gülleströme schönzurechnen anstatt sie ordentlich zu bilanzieren. Der Bundesverband der Energie-und Wasserwirtschaft warnt vor steigenden Wasserpreisen –die Güllemengen im Grundwasser machen die Reinigung des Wassers immer teurer. Stiftung Warentest fand jüngst sogar Pestizidrückstände in einigen Mineralwässern, die aus sehr tiefen Grundwasserschichten gewonnen werden. Mikroplastik aus Kosmetika, Waschmaschinen oder Abrieb von Autoreifen gelangen in die Kläranlagen. Mit Klärschlamm als Dünger kommt diese Mikroplastik auf die Äcker und in unser Wasser. Ebenfalls als Klärschlamm gelangen Schwermetalle aus den vielen Kohlekraftwerken über Luft und Boden ins Wasser. Flächendeckend über alle Flussgebiete lässt sich mehr Quecksilber in Fischen finden als die Umweltqualitätsnorm vorgibt. Auch Arzneimittel-rückstände aus Ställen und Humanmedizin sind im Trinkwasser, da Kläranlagen diese Stoffe kaum herausfiltern.

Und die Verbraucher zahlen!

Böden haben ein langes Gedächtnis. Heutige Schadstoffe gelangen oft erst Jahrzehnte später ins Grundwasser, aus dem unser Trinkwasser gewonnen wird. Die Zeit drängt: Jeder Tag, den wir verstreichen lassen, unser Trinkwasser besser zu schützen, kommt kommende Generationen teuer zu stehen. Vorsorge und das Verursacherprinzip müssen für uns handlungsleitend werden. Verschmutzer von Wasser, wie die Bergbauindustrie oder die industrielle Landwirtschaft, sind gefordert, stärker auf Vermeidung von Schäden zu setzen und zur Deckung der Kosten der Wasseraufbereitung beizutragen.

Wir brauchen eine Stickstoffstrategie gegen übermäßigen Gülle-Einsatz, mit der die Nitratbelastung massiv reduziert werden kann.
Hierfür brauchen wir ein klares gesetzliches Minderungsziel.
Wir brauchen ein Pestizidreduktionsprogramm, mit dem jedes Jahr weniger Ackergifte in unser Wasser gelangen.
Wir brauchen eine Quecksilber-Minderungsstrategie.
Wir müssen nicht nur aus der Kohleverstromung aussteigen.
Wir wollen den sinnlosen Einsatz von Mikroplastik in Kosmetika unverzüglich stoppen.
Zudem ist es unverzichtbar, dass die Bundesregierung konsequent auf ein internationales Abkommen zur Verringerung von Plastikmüll in den Meeren hinarbeitet.
Wir brauchen weniger Antibiotika in der Tierhaltung, wenn Tiere mehr Platz, Auslauf, Licht und Beschäftigung haben, um gesund zu bleiben.
In der Humanmedizin muss auf Medikamentenverpackungen einfach und klar erkennbar sein, wie Arzneireste über den Restmüll oder die Apotheke gewässerschonend entsorgt werden können.
Die Kommunen sollen über ihre Wasserversorgung selbst entscheiden.

Sie dürfen bei Rekommunalisierungen der Wasserversorgung und Ausweisung von Schutzgebieten nicht Investorenklagen ausgesetzt werden.

Deshalb darf der Bundestag dem Freihandelsabkommen mit Kanada (CETA) so nicht zustimmen.

Europäische Hauptwasserscheide

Die Linie einer Wasserscheide stellt den Grenzverlauf zweier benachbarter Flusssysteme dar, in denen das Oberflächenwasser in verschiedene Richtungen abfließt. Die Europäische Hauptwasserscheide in Mittelfranken trennt die Einzugsgebiete der Donau und des Rheins (inklusive Main) voneinander. Südlich der Europäischen Hauptwasserscheide fließen alle Flüsse über die Donau in das Schwarze Meer, nördlich davon über den Rhein in die Nordsee.

So sehen die Felder in weiten Teilen Deutschlands aufgrund der Trockenheit aus.

Die Komplexität des Wasserbedarfs wird deutlich ersichtlich, wenn man sich den Verlauf der Europäische Hauptwasserscheide ansieht.

Sie verläuft quer durch Franken: Nördlich von ihr fließt alles Wasser in die Nordsee, südlich davon ins Schwarze Meer.

Auf der großen Medienbühne, die Umwelt- und Klimarettung aus Deutschland propagieren und dort, wo es einmal möglich wäre die unmittelbare Umwelt tatsächlich zu schonen, unterwerfen dann diese „Grünen", den Umweltschutz den sog. Sachzwängen. Nur keine Wähler vergrämen.

Solche Pumpanlagen sorgen für die zuverlässige und gesicherte Wasserversorgung ganzer Regionen.
Selbstverständlich sind diese riesigen Wasserverorgungsrohre, alleine aus Sicherheitsgründen, unter der Erde erlegt.

Das ist nicht irgendwo in Asien, Afrika oder Südamerika.

Das ist bei uns in Deutschland. Hier in Franken!

Das ist auch keine Ausnahme. Das ist weitverbreitet bereits die "Regel".

Man darf der E-Mobilität nicht alles opfern!

Ohne Strom könnte die Menschheit überleben, ohne Wasser nicht!

*Nach medizinischem Wissen, kann ein junger, gesunder Mensch ohne Flüssigkeitszufuhr ungefähr **drei** bis **vier** Tage überleben. Im Extremfall kann der Mensch sogar bis zu **elf** oder **zwölf** Tage ohne Wasser auskommen.*

Wie lange kann der Mensch ohne Strom überleben?

Bei aller ÖKO-Euphorie darf man das Wichtigste nicht vergessen!

Annalena Baerbock. ist bereits wenige Tage nach ihrer Proklamation zur Bundeskanzler-

kanditatin von *BÜNDNIS 90 DIE GRÜNEN* an den Mindestansprüchen ihrer Partei gescheitert.

Ursprünglich hatten die Grünen eine klare Position: „Für uns ist die Veröffentlichung der Nebeneinkünfte ab dem ersten Cent ein wichtiger Schritt zu mehr Transparenz." Diesen Grundsatz hatten die 67 Bundestagsabgeordneten klar und unmissverständlich formuliert. Wenn die ertappte Grünen-Kanzlerkanditatin, es als Fehler bezeichnet, bestimmte Zahlungen ihrer Partei nicht an die Bundestagsverwaltung gemeldet zu haben und dies mit den Worten kommentiert: **„Sie habe „nicht auf dem Schirm gehabt", dass dies auch für das Weihnachtsgeld der Grünen gelte**", dann mus man sich bereits jetzt fragen, was hat sie als Absolventin der London School of Economics gelernt? Oder war sie da nur anwesend? Wenn jemand mehrere zehntausend Euro Weihnachtsgeld bekommt, kann er leicht CO_2-Zuschläge für den Umweltschutz fordern. Baerbock hat von ihrer Partei mehr Weihnachtsgeld bekommen, als manche Arbeitnehmer in einem Jahr verdienen. Diese Leute können sich die enormen zusätzlichen Belastungen nicht leisten. Umweltschutz muss sein aber nicht zu Lasten „des kleinen Mannes", ... und schon gar nicht zu Lasten indigener Völker in anderen Erdteilen. Das ist die „gefährliche grüne Doppelmoral.

Ist das angewandter Umweltschutz?

Wer will so etwas sehen?

Sollen dies die einprägenden Bilder für die Sicherung der E-Mobilität in Deutschland sein?

Strom gehört zu unserem täglichen Leben.

Es kommt aber darauf an, wie er erzeugt wird und wie er zu uns in unsere Wohnungen, in die Fabriken und zu allen anderen Verbrauchern und Nutzern kommt.

Unsere Strominfrastruktur ist der, der Vereinigten Staaten z.B. um mehr als 50 Jahre voraus. In den USA herrschen heute noch Zustände, wie wir sie noch aus den späten 1960-er Jahren kennen.

Das ist aber kein Grund, dass wir die Umwelt zerstörenden und belastenden Überlandleitungen so beibehalten, wie wir sie kennen.

So wie wir alle Haus- und Industrieanschlüsse unterirdisch verlegen, so sollte, ja muss es auch mit den Strom-Fernleitungen geschehen.

Damit es solche Bilder nicht mehr zu sehen gibt!

Bei Arbeiten auf dem Feld unterhalb einer Strom-Fernleitung, kam es zu einem Lichtbogen* .
Ein Arbeiter war sofort tot.

* Ein Lichtbogen ist eine elektrische Entladung zwischen zwei Elektronen, die bei hoher Spannung und Stromdichte durch Ionisation entsteht. Aufgrund einer Gasentladung bildet sich ein Plasma, durch das kontinuierlich Strom fließt. Das Gas im Plasma erreicht Temperaturen von 5000 bis 7300 Kelvin. Bei so genannten Hochstrombögen sogar bis zu 50 000 Kelvin, das sind umgerechnet rund 49 727 °C.

Diese Hochspannungsleitungen sind Leitungen zur Übertragung elektrischer Energie über große Distanzen und somit auch Quellen für starke elektrische und magnetische Wechselfelder, die sich negativ auf die Gesundheit auswirken können (z.B. Nervosität, Kopfschmerzen, Schlafstörungen, Müdigkeit, Kreislaufstörungen, Schwächung des Immunsystems usw. Diese gesundheitsschädigenden, absolut negativen Einwirkungen auf unser aller Gesundheit, werden von den Gegnern der Erdverkabelung der Stromleitungen verschwiegen.

Man kann nicht abstreiten, dass es aufgrund des enormen Stromdurchflusses, keine Beeinträchtigungen der Bodentemperaturen, und damit der Flora und Fauna in der direkten Umgebung gibt.

Diese Schattenseite der Erdverkabelung wird durch die Beseitigung sämtlicher oberirdischen Gefahren für die Tierwelt und die Menschen, mehr als aufgewogen.

Es ist nicht verwunderlich, dass immer mehr Windkraftgegner mittels Bürgerinitiativen versuchen, den fast unkontrollierten Bau von Windkraftanlagen zu verhindern. Zahllose Klagen gegen den willkürlichen Bau dieser „alternativen Stromgewinnungsform", beruhen auf den Befürchtungen der Umweltzerstörung, nur um auf lukrativ subventionierte Art und Weise Strom zu gewinnen. Es geht dabei allerdings auch um nachgewiesene Umweltbelastungen, die so nicht einfach von der Hand zu weisen sind.

Windkraftanlagen töten im Sommer täglich Milliarden Insekten und entziehen vielen Vögeln damit die Nahrungsgundlage. Jeden Tag von April bis Oktober werden in Deutschland Milliarden Fluginsekten von den Rotoren der Windräder getötet. Insgesamt summieren sich die Verluste demnach auf 1200to. pro Jahr. Das sind täglich 5 bis 6 Milliarden Heuschrecken, Bienen, Wespen, Zikaden und Käfer an jedem Tag der warmen Saison. Das ist mit der Lichtverschmutzung einer der großen Insekten-Schadensfaktor.

Es ist bekannt, dass Windkraftanlagen für Vögel und auch Fledermäusen tödlich sein kann. Zugegebnermaßen gibt es hierüber kein beweiskräftiges und sicheres Datenmaterial. Es ist jedoch als gesichert anzusehen, dass viele häufige Arten wie Tauben, Möwen, und Enten, aber auch seltene Greifvögel wie Waterfalken und Rotmilane unter den getöteten Vögeln sind. Sie haben keine Chance gegen Rotorblätter, die an der Spitze mit fast 400 Kilometern pro Stunde durch die Luft schneiden. Dem Register zufolge, fielen alleine 158 Seeadler in den letzten Jahren den Windrädern zum Opfer. Da hört sich zuerst als nicht so viel an. Wenn man jedoch davon ausgeht, dass im gesamten Bundesgebiet nur etwa rund 800 Brutpaare leben, bedeutet dies einen Verlust von fast 20 Prozent. Damit bekommt die Zahl von 158 schon einen anderen Wert.

So protestierte die Bevölkerung des Landkreises Verden gegen Bau von drei Windenergieanlagen (WEA) vom Typ Enercon E-160 EP5 mit einer Nabenhöhe von 166 m und einer Gesamthöhe von 246 m in der Gemarkung Benkel (Landkreis Verden), ca. 80 m von der Kreisgrenze (Rotenburg/Wümme) an der Wallenniederung.

Begründung
Natur- und Artenschutz: Die geplanten Flächen liegen mitten in Landschaftsschutzgebieten, Nahrungshabitaten, Zugvogelrastgebieten, Brutvogelschutzgebiete landesweiter Bedeutung, Großvogellebensräume landesweiter Bedeutung, und einem Biotopverbundsystem. Die Artenvielfalt bedrohter und nicht bedrohter Tier- und vor allem Vogelarten ist besonders schützenswert.

Zu diesen schützenswerten Tier- und Vogelarten gehören zum Beispiel der Schwarzstorch, Rotmilan, Schwarzmilan, Mäusebussard, Wiesenweihe, Rohrweihe, Sperber, Habicht, Kranich, Reiher, Wildgänse, Waldschnepfe, Rebhuhn, Kuckuck, Gartenrotschwanz, Schleiereule, Waldohreule, Schwalben, Fledermäuse, Schwarzspecht und Buntspecht.

Die EU-Kommission verklagt Deutschland wegen jahrelanger Verstöße gegen geltendes Naturschutzrecht vor dem Europäischen Gerichtshof am 17.02.2021: Hier wird nicht nur gegen das Bundesnaturschutzgesetz verstoßen, sondern auch gegen EG- Recht, gem. Art 4 Vogelschutzrichtlinie.

Die Windenergieanlage ist mit 246 m nur 13 m kleiner als das größte Hochhaus in der Europäischen Union: Der Commerzbank Tower in Frankfurt am Main ist mit 259 m das größte Hochhaus Deutschlands und der Europäischen Union. Mit 246 m erreicht die Windkraftanlage damit eine ähnliche Höhe.

Nur 500 m bis zum nächsten Wohnhaus: Bei WEA dieser unverhältnismäßigen Größe müssen auch die Abstände zu den nächsten Wohnhäusern entsprechend groß sein. Die Häuser vom Wüstenbrook liegen nur 500 m entfernt. Danach folgt der Ort Vorwerk mit nur 730 m und der Ortsteil Hollinghausen mit 900 m. Nach dem Regionalen Raumordnungs- programm Rotenburg müssen mindestens 1.000 m bis zum nächsten Wohnhaus einge- halten werden.

Veränderung des Landschaftsbildes: Bisher ist dieser schützenswerte Bereich (Linnewedel, Stapler Forst, die Beekeniederung und die Walleniederung) ein Naher- holungsgebiet für Mensch und Tier. Besonders an sonnigen Tagen wird diese Gegend von Radfahrern, Wanderern und Spaziergängern genutzt, um aus ihrem Alltag zu entfliehen und um ein letztes Stück intakter Natur zu genießen. Dadurch dass der Mensch in dieser Gegend noch keine Straßen, Hochspannungsleitungen, Gebäude, Industrieanlagen usw. gebaut hat, ist dieses eines von wenigen noch völlig unberührten Gebieten.

Mehr als 1.000 m³ Beton und 100 Tonnen Stahl pro WEA: Keine 35 m läge das süd- lichste Windrad von einer Wallhecke (Rückzugsgebiet für Niederwild und Brutvögel) entfernt, die unter Naturschutz steht (§ 29BNatSchG) und als Verbund zwischen den Biotopen eine wichtige Rolle spielt. Welcher Sinn hat dieser Naturschutz, wenn dieses Rückzugsgebiet für Tiere dann von einem Fundament von 30 Metern Durchmesser zerstört wird.

Schwerlasttrassen statt idyllischer Radwege: Der Bau einer solch riesigen Anlage bedeutet, dass die Zuwegung über Kilometer verbreitert und vor allem befestigt werden muss. Aus den idyllischen Schotterwegen, die vor allem als Radwege genutzt werden, werden breite, stabile Straßen, die von 100-Tonnen schweren Fahrzeugen befahren werden können. Zudem ist dieses Gebiet extrem feucht, wodurch die Wege Meter tief ausgekoffert und befestigt werden müssen, was die Bodenfauna in der Gegend vermutlich komplett zerstören wird.

Erdbebenmess-Station in Vorwerk: In einer Entfernung von nur 2,3 km zu den geplanten WEA steht die Erdbeben-Messstation in Vorwerk. Durch den Bau solcher Anlagen werden die Messdaten durch die Schwingungen der 246 m hohen Anlage gestört. Der Abstands- Richtwert zu WEA beträgt mindestens 5 km, damit die Messdaten nicht verfälscht werden.

Laut Regionalen Raumordnungsprogramm Verden und Rotenburg (Wümme) ungeeignet für die Windkraftnutzung: Im RROP Verden 2016 und im RROP Rotenburg (Wümme) 2020 wurde dieses Gebiet ganz klar für die Windkraftnutzung ausgeschlossen. Aufgrund Avifauna-Gutachten, des Landschaftsbildes, Artenschutzes, der Abstände zum nächsten Wohnhäusern, der Erdbebenmessstation „Vorwerk 1" und signifikanter Erhöhung des Tötungsrisikos für den Schwarzstorch und Rotmilan.

Planung des Baus nach § 35 BauGB: Das Regionale Raumordnungsprogramm Verden wurde im Mai 2020 vor dem Oberverwaltungsgericht gekippt. Dadurch darf so lange es kein neues RROP Verden gibt nach § 35 BauGB gebaut werden. Dieses hat sich die Firma NWind zu Nutzen gemacht und setzt sich über alle Entscheidungen und Gutachten, die im Vorfeld getroffen wurden, hinweg.

Plan von drei weiteren WEA „Am Linnewedel": Sollte der Bau dieser drei Anlagen in Benkel erfolgen, wird die Firma NWind mit allen Mitteln versuchen direkt auf der anderen Seite der Landkreisgrenze drei weitere WEA derselben Größe zu bauen. An diesen Flächen führen direkt der offizielle Jakobsweg und der viel befahrene Radweg zwischen Hamburg und Bremen entlang.
Quellen: kreiszeitung.de/lokales/rotenburg/sottrum

Die Menschen stehen auf, ... und lassen sich nicht alles gefallen.

Wenn Naturschutz bedeutet, dass anderswo die Umwelt geschädigt wird, nur um zweifelhaften sog. Naturschutz umzusetzen, dann ist dieses Verhalten verwerflich.

Es sind weder die Politik noch die Fridays For Future - Bewegung, die unsere Zukunft steuern. Es sind die multinationalen Konzerne, die erdumspannend ihre Lobbyisten in den Regierungen der Länder etablieren.

Es sind diese mächtigen Wirtschaftsunternehmen, die über ihre Interessensvertreter direkten Einfluss auf die Weltpolitik nehmen und die Richtung vorgebe, in der eine Gewinnmaximierung erfolgen kann.

Schlimm dabei ist, dass diese Fürsprecher der Wirtschaft als Politikberater auftreten und mittlerweile direkt an Gesetzgebungen beteiligt sind, wenn sie die Novellen nicht sogar im Ganzen selbst erstellen und dann nur noch für die Umsetzung in die politische Gesetzgebung sorgen zu brauchen.

Deshalb habe ich der Wirtschafts-Lobby die nachfolgenden Seiten gewidmet. Ein Umdenken der Politik in Sachen Umwelt kann nicht funktionieren, wenn diese „Politikberater" nicht enttarnt und entmachtet werden.

28. Die Macht der Lobbyisten

Will man Umweltschutz in den Fokus der Menschen bringen, kommt man nicht umhin, im Vorfeld jeglicher Bemühungen, den Einfluss der Wirtschaft und ihrer Lobbyisten auf die Politik zu brechen.

Die Interferenz (Einflussnahme)der Wirtschaft auf die Regierungen gibt die tatsächliche politische Ausrichtung mehr oder weniger vor, respektive sie übt einen dermaßen Einfluss aus, dass den Ökonomie-Interessen alles andere unter geordnet wird.

Wirtschaftliches Wachstum ist das Mantra aller Regierungserklärungen.

Umweltschutz nimmt da in den Zukunftszielsetzungen der Politik nur einen kleinen Stellenwert ein.

Das kann man bei den Koalitionsverträgen an den Formulierungen der Vereinbarungen unschwer erkennen. Die entsprechenden Passagen sind in den nachfolgenden Koalitions-Vereinbarungsauszügen kenntlich gemacht worden.

Auszüge aus dem Koalitionsvertrag CDU/CSU und SPD 2019
Die Wirtschaft **wird** in den kommenden Jahren ihren Beitrag dazu leisten **müssen**, die CO2-Emissionen zu verringern.
Die Formulierung ... wird ... müssen ist ein „Annahme". In der Deutschen Sprache wird der Konjunktiv für die Darstellung einer Möglichkeit benutzt und daher auch als **Möglichkeitsform** *bezeichnet.*
Dazu haben wir den „Innovationspakt Klimaschutz" geschlossen. Das nationale Dekarbonisierungsprogramm **soll** (*das ist eine Absichtserklärung und keine Verpflichtung. Bei einer Verpflichtung würde hier: „***muss***" stehen*) die Entwicklung von Technologien unterstützen, die die Klimaschädlichkeit heute besonders emissionsintensiver Güter reduzieren, Prozessketten optimieren und die Umstellung auf erneuerbare Energieträger und Rohstoffe fördern. Dazu unterstützen wir die Wirtschaft, zum Beispiel mit dem Aufbau eines Kompetenzzentrums für Klimaschutz in energieintensiven Industrien in der Lausitz.
Deutschland **will** (*Absichtserklärung*) Leitmarkt für Elektromobilität werden. Die Batteriezellenfertigung ist Schlüssel für die Elektrifizierung automobiler Antriebe. Deswegen wird sich die Bundesregierung für die Entwicklung und industrielle Fertigung leistungsstarker, nachhaltig produzierter und kostengünstiger Batterien in Deutschland und Europa einsetzen und Unternehmen in diesem Bereich finanziell mit rund einer Milliarde Euro unterstützen. Der führende Technologiestandort und die Exportnation Deutschland sind auf eine sichere Ressourcenversorgung angewiesen. Wir werden noch in diesem Jahr die Rohstoffstrategie von 2010 fortschreiben. Angesichts einer Vielzahl neuer, globaler Herausforderungen wollen wir Unternehmen bei einer sicheren und nachhaltigen Rohstoffversorgung unterstützen und damit die internationale Wettbewerbsfähigkeit der Industrie stärken.
Die Energiewende ist eine unverzichtbare Voraussetzung, um die Klimaziele zu erreichen. Für ein Gelingen der Energiewende müssen insbesondere erneuerbare Energien gestärkt, Stromleitungen ausgebaut und die Energieeffizienz gesteigert werden.
Dafür haben wir die Grundlagen geschaffen. Um die Klimaziele zu erreichen, setzen wir den Ausbau erneuerbarer Energien fort und heben das EE-Zielfür 2030 auf 65% an. Die Bundesregierung unterstützt die Wirtschaft mit Förderprogrammen für Einsatz und Entwicklung energieeffizienter Technologien und beim Ausbau der erneuerbaren Energien.
Die CO2-Einsparungen sollen weiter gesteigert werden. Mit dem Investitionsprogramm „Energieeffizienz und Prozesswärme aus erneuerbaren Energien in der Wirtschaft" werden fünf bestehende Förderprogramme gebündelt und weiterentwickelt.

Gefördert werden Investitionen in energiesparsame Produktion. Um der Windenergie an Land und Photovoltaik einen deutlichen Schub zu geben, haben wir 2018 für diese Technologien Sonderausschreibungen beschlossen. Insgesamt je vier Gigawatt werden in den Jahren 2019 bis 2021 zusätzlich ausgeschrieben. Damit gehen wir einen wichtigen ersten Schritt, um das 65 Prozent Erneuerbare Energien Ausbau-Ziel zu erreichen. Das 2019 novellierte Netzausbaubeschleunigungsgesetz **soll** (*Absichtserklärung*) Genehmigungsverfahren für Neubau, Verstärkung und Optimierung von Stromleitungen vereinfachen und beschleunigen. Im Mai 2019 haben sich Bund und Länder mit der Bundesnetzagentur und den Übertragungsnetzbetreibern auf konkrete Zeitpläne und Meilensteine verständigt.

Eine wichtige Rolle bei der Beteiligung aller Akteure an der Energiewende spielt die Möglichkeit von Vermietern, eigenen, regenerativ erzeugten Strom an die Mieter abgeben zu können, ohne dass dabei Kostenbestandteile wie Netzentgelte, netzseitige Umlagen, Stromsteuer und Konzessionsabgaben anfallen – das sogenannte Mieterstrommodell. Wir haben zudem ab dem Veranlagungszeitraum 2019 die Mieter- Stromregelung für Vermietungsgenossenschaften optimiert, damit diese beim Angebot von Mieterstrom ihre Steuerbefreiung nicht gefährden. Im Bereich der Kraft-Wärme-Kopplung haben wir die Förderung bis 2025 verlängert und folglich Rechts- und Planungssicherheit geschaffen, damit diese emissionssparenden Anlagen zügig realisiert werden und die Energiewende als emissionsmindernde Brückentechnologie begleiten können.

Im Klimaschutzprogramm haben wir weitere Schritte vorgesehen.

Nach den Empfehlungen der Kommission „Wachstum, Strukturwandel, Beschäftigung" **sollen** (*Absichtserklärung, weshalb heißt es nicht: ...dürfen*) Kohlekraftwerke bis 2030 nur noch 17 Gigawatt Strom produzieren, bis spätestens 2038 **soll** (*ebenfalls nur eine Absichtserklärung*) es keinen Strom aus Kohle mehr geben.

Die Bundesregierung hat das Strukturstärkungsgesetz für die Kohleregionen vorgelegt. Das Sofortprogramm für die Braunkohleregionen ist ein erster Schritt, um den Strukturwandel aktiv zu gestalten.

Im Rahmen einer EEG-Novelle wollen wir eine bessere regionale Steuerung des EE-Ausbaus umsetzen. Wir werden sicherstellen, dass die Kommunen finanziell stärker als bisher an den Erträgen aus dem Betrieb von Windrädern beteiligt werden (Grundsteuer). Wir werden den Deckel für die Förderung des Ausbaus von Photovoltaik-Anlagen abschaffen und das Ziel für den Ausbau von Offshore-Windenergie von 15 GW auf 20 GW im Jahre 2030 anheben. Um die Akzeptanz für Windkraft in den Kommunen zu erhöhen, wird die Rechtssicherheit durch klare Abstandsregelungen verbessert. Länder und Kommunen *werden die Möglichkeit erhalten*, geringere Abstände festzulegen.

Strombasierte Kraft- und Brennstoffe werden für unsere Volkswirtschaft künftig eine bedeutende Rolle spielen. Wir erarbeiten deshalb noch in diesem Jahr eine Strategie der Bundesregie-rung, die die nachhaltige Produktion und Nutzung dieser Stoffe fördert. Dazu zählt Wasserstoff, der zentral für den Umbau zur klimafreundlichen Wirtschaft und die nachhaltige Produktion und Nutzung ist. Die Bundesregierung wird bis Ende des Jahres eine Wasserstoffstrategie vorlegen. Wir **wollen** (*Absichtserklärung – in den Textpassagen vorher, wird von „wir werden" gesprochen*) die technologischen Chancen der Wasserstoff-Technologie für Industrie, Energie, Mobilität und Klimaschutz nutzen. Wir leisten damit einen Beitrag zum Umbau zu einer in der Perspektive CO2-neutralen Volkswirtschaft sowie zur Stärkung der Zukunfts- und Wettbewerbsfähigkeit zentraler Branchen.

Wir wollen das Kraft-Wärme-Kopplungsgesetz bis 2030 verlängern und weiterentwickeln. Im kommenden Jahr **wollen** *erneute Absichtserklärung*) wir mit einer mehrere Sektoren umfassenden Energieeffizienzstrategie der Einsparung und effizienten Nutzung von Energie einen Schub geben, hierbei wird der Gebäudesektor eine wichtige Rolle spielen. Bis Jahresende **sollen** (*nur eine Absichtserklärung*) die weiteren Empfehlungen der Kommission „Wachstum, Strukturwandel und Beschäftigung" umgesetzt werden. Nachdem das Gesetz zur Stärkung der vom Strukturwandel besonders betroffenen Regionen auf dem Weg ist, wird derzeit das Gesetz zum schrittweisen Kohleausstieg erarbeitet. Es soll im November im Kabinett beschlossen werden. Damit bekommen alle Akteure Planungs- sicherheit. Mobilität ist eine zentrale Grundlage für individuelle Freiheit, wirtschaftliches Wachstum, für Arbeitsplätze in allen Regionen und für ein gutes Leben in der Stadt und auf dem Land. Eine moderne, umweltgerechte, sichere und bezahlbare Infrastruktur ist dafür die Voraussetzung.

Mit dem im November 2018 von Bundestag und Bundesrat beschlossenen Planungs- Beschleunigungsgesetz sorgen wir dafür, dass Verkehrswege schneller geplant und gebaut werden können. Mit dem Gesetzentwurf zur weiteren Beschleunigung von Planungs- und Genehmigungsverfahren im Verkehrsbereich wird die Realisierung bestimmter Infrastruktur- projekte in Zukunft zügiger erfolgen. (*Hier wird keine Absichtserklärung abgegeben. Hier werden einzuhaltende Vorgaben geschaffen*).

Auf der Grundlage klimagerechter und moderner Mobilität entwickeln wir gemeinsam mit der Industrie eine Strategie zur Zukunft des Automobilstandorts Deutschlands.(*Aufgrund der Formulierung, ist auch dies lediglich eine Absichtserklärung*) Hierdurch schaffen wir die Voraussetzungen für die Zukunfts- und Wettbewerbsfähigkeit der Automobilindustrie als wichtigen Wirtschaftszweig. Im Rahmen einer „Konzertierten Aktion Mobilität" gehen wir zusammen mit Industrie- und Arbeitnehmervertretern sowie der Nationalen Plattform Zukunft der Mobilität die großen Transformationserfordernisse in der Automobilindustrie an.

Der Klimawandel ist eine große globale Herausforderung. Deutschland trägt als eine der führenden Industrienationen besondere Verantwortung. Deutschland bekennt sich zum Klimaschutzziel 2030, mindestens 55 Prozent weniger Treibhausgase im Vergleich zum Jahr 1990 zu erreichen, und setzt sich für das Ziel der Treibhausgasneutralität bis 2050 in Europa ein. Klimaschutz ist eine gemeinsame Kraftanstrengung, gleichzeitig stärkt es Deutschland als innovativen Wirtschaftsstandort. Der planbare Ausstieg aus der Kohleverstromung ist für wirksamen Klimaschutz von maßgeblicher Bedeutung. Da dies nur in einem breiten gesellschaftlichen Konsens möglich ist, haben wir 2018 die Kommission Wachstum, Strukturwandel und Beschäftigung eingesetzt. Sie hat Anfang 2019 einmütig Empfehlungen für einen sozialverträglichen Kohleausstieg vorgelegt.

Die Bundesregierung setzt den gesellschaftlichen Konsens, der in den Empfehlungen enthalten ist, in enger Abstimmung mit den betroffenen Ländern um.In einem ersten Schritt zur aktiven Gestaltung des Strukturwandels haben der Bund und die betroffenen Länder ein Sofortprogramm für die Braunkohleregionen mit einem Bundesanteil von 240 Millionen Euro vereinbart. Mit dem Sofortprogramm werden noch in diesem Jahr konkrete Projekte gefördert. Die weiteren Empfehlungen der Kommission Wachstum, Strukturwandel und Beschäftigung sollen durch das von der Bundesregierung im August beschlossene Strukturstärkungsgesetz und die geplanten gesetzlichen Regelungen zum Ausstieg aus der Kohleverstromung noch in diesem Jahr umgesetzt werden.

Mit dem Strukturstärkungsgesetz gestaltet die Bundesregierung zusammen mit den betroffenen Ländern den Strukturwandel in den vom Ende des Tagesbaus besonders betroffenen Regionen und bietet zukunftsfeste Perspektiven für die Heimat der Menschen. Finanzhilfen von bis zu 14 Milliarden Euro bis 2038 und Unterstützungsleistungen im Zuständigkeitsbereich des Bundes in Höhe von bis zu 26 Milliarden Euro ermöglichen insbesondere den Infrastrukturausbau und die Forschungsansiedelung als aktive Strukturpolitik.

Zur verbindlichen Erreichung der Klimaziele 2030 hat die Bundesregierung am 9. Oktober 2019 das Klimaschutzprogramm 2030 und das Klimaschutzgesetz beschlossen. Weitere gesetzliche Maßnahmen zur Umsetzung des Klimaschutzprogramms **sollen** *Absichtser-klärung -Es müsste heißen: „werden")* bis Ende des Jahres verabschiedet werden. Das Klimaschutzprogramm 2030 sieht Investitionen in den Klimaschutz und ordnungsrechtliche Regelungen für das Auslaufen besonders klimaschädlicher Technologien, eine CO2-Bepreisung in den Bereichen Wärme und Verkehr, Maßnahmen zur Unterstützung von Bürgerinnen und Bürgern und Unternehmen beim Klimaschutz sowie einen Über-prüfungsmechanismus für die Erreichung der jeweiligen Klimaschutzziele vor. 2031 2032 Mit dem Klimaschutzgesetz schaffen wir einen transparenten und verbindlichen Rahmen, damit die Klimaziele 2030 erreicht werden und wir unsere europäischen und internationalen Verpflichtungen einhalten.

Der Fortschritt bei der Erreichung der Klimaschutzziele für jedes Jahr und jeden Sektor wird durch die Bundesregierung jedes Jahr genau ermittelt und durch einen Expertenrat begleitet. Das Klimakabinett überprüft Jahr für Jahr, wie wirksam und zielgenau die Maßnahmen sind. Bei Nichterfüllung der Ziele in einem Sektor legt das zuständige Ministerium dem Klimakabinett innerhalb von drei Monaten ein Sofort-programm zur Nachsteuerung vor.

(Hier werden die Klimaschutzziele nicht verbindlich vorgegeben, sondern nur die Ergebnisse überprüft.)

Die Bundesregierung berät über die zu ergreifenden Maßnahmen und beschließt diese schnellstmöglich. Zudem wird die Treibhausgasneutralität bis 2050 als langfristiges Ziel verfolgt. Um die Klimaziele bis 2030 zu erreichen, wird ab 2021 über einen nationalen Emissionshandel (nEHS) eine CO2-Bepreisung für die Sektoren Verkehr und Gebäude eingeführt. Hierzu hat die Bundesregierung im Oktober 2019 ein Brennstoff-Emissions-handelsgesetz beschlossen. Orientiert an den Regelungen des europäischen Emissions-handels für die Energiewirtschaft und die energieintensive Industrie wird klimaschädliches Verhalten beim Heizen und Autofahren in Zukunft einen Preis bekommen.

Nach dem Beschluss der Bundesregierung soll der Festpreis von 10 Euro pro Tonne CO2 bis 2025 auf 35 Euro ansteigen. Ab 2026 bildet sich der Preis dann am Markt innerhalb eines fest-gelegten Preiskorridors mit Mindest- und Höchstpreis von 35 bis 60 Euro. Im Jahr 2025 wird festgelegt, inwieweit Höchst- und Mindestpreise für die Zeit ab 2027 sinnvoll und erforderlich sind. Perspektivisch setzt sich die Bundesregierung für einen europaweiten übergreifenden Zertifikatehandel für alle Sektoren ein. Die Bundesregierung hat am 16. Oktober 2019 wichtige steuerliche Regelungen des Klimaschutzprogramms beschlossen: die Klimaschutzziele **sollen** sozial ausgewogen erreicht und die Bürgerinnen und Bürger sowie Unternehmen finanziell nicht überfordert werden.

Nach einem aktuellen UN-Bericht sind in den nächsten Jahrzehnten bis zu eine Million Arten vom Aussterben bedroht. Um insbesondere das massive Insektensterben zu stoppen, hat die Bundesregierung im August 2019 das "Aktionsprogramm Insektenschutz" beschlossen. Insbesonders soll auch der so wichtige Insektenschutz in der Agrarlandschaft gestärkt werden. Zum Schutz der Biodiversität wird der Einsatz von glyphosathaltigen Pflanzenschutzmitteln ab 2020 deutlich eingeschränkt und gesetzlich Ende 2023 –dem europarechtlich frühestmöglichen Zeitpunkt– beendet.

28.1 Deutschland steigt bis Ende 2022 aus der Kernenergie aus.

Wir treiben das Standortauswahlverfahren für ein Endlager für hochradioaktive Abfälle nach dem Prinzip der weißen Landkarte konsequent weiter voran und stellen dabei eine hohe Beteiligung der Öffentlichkeit sicher.
Wir werden zügig die weiteren im Klimaschutzprogramm 2030 aufgeführten Maßnahmen und Gesetze auf den Weg bringen.

Mit dem Kohleausstiegsgesetz bekommen alle Akteure Planungssicherheit, wie die schrittweise Reduktion und Beendigung der Kohleverstromung bis spätestens 2038 umgesetzt werden soll (wiederum nur eine Absichtserklärung).
Weshalb steht hier nicht: ... muss).

Mit einem Anpassungsgeld werden wir Übergänge im Bedarfsfall erleichtern.
Die Bundesregierung wird diese Maßnahmen im November 2019 beschließen, so dass erste Kraftwerkskapazitäten bereits 2020 vom Netzen gehen.

29. Milliarden an Steuergeldern verschwendet und somit für den Umweltschutz vernichtet

29.1 Die Maut, als unendliche Geschichte

Aus dem Koalitionsvertrag zwischen CDU/CSU und SPD von 2014

Originalauszug
Für die Verkehrsinfrastruktur des Bundes **schaffen** wir eine verlässliche Finanzierungsgrundlage. Wir **werden** in den nächsten vier Jahren die Bundesmittel für Verkehrsinfrastruktur substanziell erhöhen. Diese **werden** wir durch zusätzliche Mittel aus der Nutzerfinanzierung durch LKW ergänzen.
Die bestehende LKW-Maut **wird** auf alle Bundesstraßen ausgeweitet.
LKW-Maut wird –unter Berücksichtigung der Ergebnisse des neuen Wegekostengutachtens– weiterentwickelt.
Orientierungspunkte hierbei könnten sein: die Tonnage, das Netz, externe Kosten.

Wir **stellen sicher**, dass die Netto-Einnahmen aus der Nutzerfinanzierung ohne Abstriche in die Verkehrsinfrastruktur investiert werden. Zur zusätzlichen Finanzierung des Erhalts und des Ausbaus unseres Autobahnnetzes **werden** wir einen angemessenen Beitrag der Halter von nicht in Deutschland zugelassenen PKW erheben (Vignette) mit der Maßgabe, dass kein Fahrzeughalter in Deutschland stärker belastet **wird** als heute. Die Ausgestaltung **wird** EU-rechtskonform erfolgen.

Ein entsprechendes Gesetz **soll** (*die erste Absichtserklärung in diesem Koalitionsvereinbarungspunkt*) im Verlauf des Jahres 2014 verabschiedet werden. Zur Sicherstellung einer nachhaltigen Finanzierung der Verkehrsinfrastruktur sowie zur Gewährleistung überjähriger Planungs- und Finanzierungssicherheit **werden** im Bundeshaushalt die notwendigen haushaltsrechtlichen Voraussetzungen geschaffen. Nicht verbrauchte Investitionsmittel im Verkehrsbereich **werden** überjährig und ungekürzt zur Verfügung gestellt. Zwischen den Verkehrsträgern **wird** eine wechselseitige Deckungsfähigkeit mit Ausgleichspflicht ermöglicht. Die Nettoeinnahmen aus der Nutzerfinanzierung **werden** ohne Abstriche der Verkehrsinfrastruktur zugeführt.

Für den Leser ist es interessant zu vergleichen.
Bei den Passagen, die sich mit Umwelt- und Klimaschutz beschäftigen heißt es meistens: „soll".
Bei der Maut und ihren Folgen heißt es immer: werden, wird o.ä.).
Hier wurden keine Absichtserklärungen abgegeben, sondern Festlegungen getroffen.

Zusätzliche Daten
Im Vorfeld des Koalitionsvertrages getroffene Feststellungen

Die LKW-Maut soll auf alle Bundesstraßen ausgeweitet und weiterentwickelt werden. (mittlerweile umgesetzt)

Auf deutschen Autobahnen sollen Halter im Ausland registrierter Pkw in Form einer Vignette eine Maut entrichten. Fahrzeughalter deutscher Pkw sollen durch die Maut nicht belastet werden. Die Ausgestaltung der Maut soll dem EU-Recht konform sein.
Die Maut soll im Laufe des Jahres 2014 beschlossen werden und in den Erhalt und Ausbau des Autobahnnetzes investiert werden.
Während der Debatte wurde deutlich, dass die Einführung der Pkw-Maut in Deutschland nach wie vor heftig umstritten ist. Sowohl die Linksfraktion als auch Bündnis 90/Die Grünen lehnen das Vorhaben strikt ab, weil die geplante Maut ausländerdiskriminierend und damit europarechtswidrig sei. Die SPD-Fraktion steht der Maut ebenfalls skeptisch gegenüber, kündigte aber an, das Vorhaben zu unterstützen, da es im Koalitionsvertrag enthalten sei. Gleichzeitig forderten Redner der SPD-Fraktion ein deutliches Wort von Bundesfinanzminister Wolfgang Schäuble (CDU), welche Einnahmen durch die Maut tatsächlich zu erwarten seien.
Aus Sicht der Unionsfraktion ist die Frage der Europarechtskonformität durch den zwischen EU-Kommission und Bundesregierung Ende 2016 gefundenen Kompromiss geklärt. Durch die nun vorgelegten Änderungen, hieß es, liege ein ausgewogener Gesetzentwurf vor.
Bundesverkehrsminister Alexander Dobrindt (CSU) sieht mit der Infrastrukturabgabe den „notwendigen Wechsel von der Steuer-finanzierung zur Nutzerfinanzierung" erreicht. Zudem entfalte die Maut durch die Steuererleichterungen für besonders schad-stoffarme Autos eine ökologische Lenkungswirkung.
Man beachte, dass das Verkehrsministerium es nicht „auf die Reihe brachte", von 2014 - 2019, eine EU-konforme Regelung zu erzielen.
Wenn es stimmt, dass die Frage der Europarechtskonformität durch den zwischen EU-Kommission und Bundesregierung Ende 2016 gefundenen Kompromiss geklärt gewesen war, muss man sich fragen:

„Weshalb hat sich die Bundesregierung diese Einigung mit der EU-Kommission nicht rechtsgültig bestätigen lassen?
Haben wir in den verantwortlichen Ministerien nicht entsprechende kompetente und mit Sachverstand ausgestattete Beamte/Mitarbeiter sitzen, die die einfachsten Rechtsgrundlagen bei Verträgen, ausarbeiten und abschließen können?
Mit einer vertraglichen Zusicherung der EU-Kommission wäre die Vereinbarung verbindlich abgesichert gewesen und der EuGH hätte die Deutschen Mautpläne 2019 nicht kanzeln können.
Wichtigste Frage: Haben die CDU/CSU und die SPD nichts aus den Versuchen der CSU von 1998 gelernt?

29.2   Die 1998er Story der Strassenmaut – Lust auf das schnelle Geld.

Nach einem Sieg bei der Bundestagswahl 1998 will die CSU in der Koalition die Autobahnvignette durchsetzen. Das hatte die bayerische Staatsregierung geschickt eingefädelt. Der CSU-Parteitag beschloss, strecken- beziehungsweise Zeit bezogene Autobahngebühren einzuführen. Selbst Parteichef und Bundesfinanzminister Theo Waigel stimmte dem Lieblingsprojekt seines Widersachers Edmund Stoiber zu.
Noch im März hatte Waigel prophezeit: „Die Vignette wird nicht kommen."
Nun aber singt der bayerische Chor der Mautförderer unisono.

Ein zusätzliches Einnahmesystem soll kommen und das sofort nach der Bundestagswahl. Bei einem Wahlsieg will die CSU bundesweite Mautgebühren in den nächsten Koalitionsverhandlungen durchsetzen. „Wir sehen in der Autobahnvignette eine wichtige Finanzierungsmöglichkeit des wachsenden Verkehrs", begründet Bayerns Ministerpräsident Stoiber (CSU). Der Vorsitzende des Bundestags-Verkehrsausschusses, Dionys Jobst (CSU), sagt, wo es langgeht: „Wir wollen die Autobahnvignette schon Anfang 1999 einführen."
Die Bayern beweisen Mut zur Vignette, obwohl die Kraftfahrer bei der Finanzierung der öffentlichen Haushalte schon jetzt eine feste Bank sind. Rund 60 Milliarden Mark kassiert Bonn durch die Mineralölsteuer. 14,4 Milliarden Mark erbringt die Kraftfahrzeugsteuer. 734 Millionen Mark spült die Jahresgebühr für in- und ausländische Lastwagen in Waigels Kassen.
Nicht einmal die Hälfte der insgesamt 75 Milliarden Mark kommt dem Straßenbau zugute.
„Vor den Koalitionsverhandlungen 1998 kommt gar nichts", versucht Bundesverkehrsminister Matthias Wissmann (CDU)zu bremsen. Er ist kein Fan der Vignette, kann aber mit dem CSU-Beschluss leben. Wissmanns Motto: Wenn die Erlöse einer Vignette zweckgebunden dem Straßenverkehr zugute kämen, werde er sich zusätzlichem Geld nicht verweigern. Der Bonner Verkehrslenker laviert zwischen den Fronten und setzt auf Zeit. Die Einführung einer Autobahnvignette hält er erst für vertretbar, „wenn die neue emissionsbezogene Kfz-Steuer wie vorgesehen um die Jahrtausendwende absinkt und 2002/3 ganz verschwin- det". Zudem präferiert Wissmann eine streckenbezogene Maut, die schon 2001 für den Lkw eingeführt werden soll. Frühestens 2005 könnte sie auch für Pkws gelten. Statt pauschalem Vignettenpreis für alle, zählt bei der elektronischen Streckenmaut jeder Kilometer. Die Regel: Vielfahrer berappen mehr. Zwischenzeitlich tüftelten Ingenieure sogar an einem simplen Öko-Fahrtenschreiber für zirka 100 Mark, der den tatsächlichen Schadstoffausstoß mißt. Von einer Chipkarte werden so die Kosten für schnelles oder langsames, häufiges oder weniges Fahren abgebucht. „Das ist ein ökonomisches und ökologisches Maut- system", schwärmt Sachsens Verkehrsminister Kajo Schommer (CDU).

Die Maut sollte eine zweckgebundene Verwendung für den Straßenbau finden.

Der Drang zur Vignette und zum schnellen Geld wird größer. Neidisch blicken die Bayern auf ihre Nachbarn. In Österreich ist das „Pickerl" ein Verkaufsschlager. Umgerechnet über 500 Millionen Mark nehmen die Mautjäger in diesem Jahr ein. Außerdem haben die deutschen Südstaatler in Europa eine grassierende Mautseuche ausgemacht. Ergo sollen ausländische Kraftfahrer, die das gute deutsche Asphaltnetz kostenlos nutzen, jetzt zahlen – auch wenn ihr Verkehrsanteil bei nur sechs Prozent liegt.

Der Bund und Bayern streiten noch über die wahren Erlöse einer Wegegebühr nach österreichischem Vorbild mit Wochen-, Zweimonats- und Jahresvignette zu umgerechnet zehn, 20 und 80 Mark. Bonn kalkuliert mit Einnahmen von 2,6 Milliarden Mark bei einem Verwaltungsaufwand von 600 Millionen Mark. Der Beitrag ausländischer Kraftfahrer liege bei nur 62 Millionen Mark. Das bayerische Gutachten sieht diesen dagegen bei 266 Millionen Mark. Verwaltungsaufwand und Gesamterlös lägen bei 300 Millionen und 3,2 Milliarden Mark. In jedem Fall wird vor allem der deutsche Autofahrer zahlen. Eine breite Mehrheit der Bevölkerung würde für eine Vignette sein. Trotzdem hat Bayern einen Vignetten-Vorstoß im Bundesrat nicht gewagt. Auch die Vignetten-Sympathisanten Baden-Württemberg, Sachsen, Hessen und Brandenburg halten plötzlich still. Statt dessen beklagten sich die Verkehrsminister bei Wissmann, daß sie vom Bund für Investitionen und Erhalt von Bundesfernstraßen jährlich vier Milliarden Mark mehr bräuchten. Dabei haben die Länder in ihren eigenen Haushalten die Bauausgaben für Landesstraßen in den letzten fünf Jahren um 826 Millionen Mark (fast 30 Prozent) gekürzt.

Verkehrspolitik paradox: Während Landesverkehrsminister aus der SPD über fehlende Bundesgelder jammern, versuchte die SPD-Bundestagsfraktion allein 1997 rund 200 Millionen Mark im Straßenbau zu streichen.

Entnommen: Focus online vom 1.12.1997

Das sind über 23 Jahre her.

Resultat:
• Beim Versuch der Mauteinführung wurden enorme Summen an Steuermittel „verbrannt".
• Im gesamten Zeitraum wurden externe Berater hinzugezogen, die noch einmal mehrere hundert Millionen Euro an Kosten verursacht haben.
• In diesem Zeitabschnitt beschäftigten sich die regierenden Parteien nur bedingt mit der dringend notwendigen **Umorientierung** im **Umweltschutz**.
• In unserer schnelllebigen Zeit ist das fast in Vergessenheit geraten. Wer aber aktiven Umweltschutz betreiben will, muss sich dessen erinnern. Man darf sich nicht mit den Worten von Jens Spahn abspeisen lassen. Spahn sagte, angesprochen auf seine Versäumnisse und seines schlechten Corona-Managements während der Corona-Pandemie: „Was bringt es, wenn wir hier weiter über falsche Entscheidungen reden? ...... Was bringt´s"?
Es bringt die Erinnerung an ein „katastrophales" und vielleicht sogar „inkompetentes" Krisen-Management. ... Und solche Leute sollen den Umweltschutz nach Vorne bringen?

Es nützt nichts, immer nur ein strahlendes Lächen „aufzusetzen".

Diese vergeudeten Steuergeld-Milliarden fehlen für den Umweltschutz, deshalb muss dieser Verschwendungswahn hier aufgezeigt werden.

30. Unglaublich skandalös, Tierwohl verachtend

Auszüge aus einem Interview mit Julia Klöckner:
In deutschen Ställen werden jedes Jahr 20 Millionen männliche Ferkeln ohne Betäubung die Hoden abgeschnitten.

Klöckner: Ich führe dazu gerade Verhandlungen mit den Ländern und Verbänden.

Aber wie finden Sie das denn? Zack Hoden ab, ohne Betäubung.

Klöckner: Die Verbraucher möchten kein Fleisch mit Ebergeruch, das gehört zur Wahrheit dazu.

Und andererseits: Der Tierschutz verlangt es, Schmerzen zu vermeiden, und das ist richtig.

In Wahrheit sind Sie eingeknickt. Eigentlich sollte das Kastrieren ohne Betäubung ab 2019 verboten sein. Die Bauern hatten fünf Jahre Zeit, sich auf die neuen Vorschriften einzustellen. Aber die haben die Sache einfach ausgesessen. Jetzt soll das Tierschutzgesetz geändert werden, damit weiter ohne Betäubung geschnitten werden kann.

Klöckner: Ich bin erst seit einigen Monaten in dem Amt, und es hilft jetzt niemandem, über davor vergossene Milch zu jammern.

Ich bin ganz bei Ihnen: Die jetzige Praxis sollte so nicht weitergehen.

Aber wenn Ferkelproduktion künftig im Ausland unter Bedingungen stattfindet, die wir nicht tolerieren, und dennoch das Fleisch importieren, ist dem Tierschutz auch nicht gedient. Wenn der Bundesrat und der Bundestag die Frist verschieben bis eine Lösung gefunden ist, muss diese Zeit im Sinne des Tierschutzes genutzt werden. Wenn dann danach die betäubungslose Ferkelkastration in Deutschland Geschichte ist, haben wir doch etwas erreicht für den Tierschutz.

Dieses Interview mit angehört oder gelesen zu haben, bedeutet „Höchststrafe". So einen Müll zu „verzapfen", da gehört schon eine Menge Vacuum (dort wo normalerweise das Hirn ist) dazu. Wer sich in der Öffentlichkeit so präsentiert, wie Frau Klöckner, muss diese Satire „vertragen".

„Die Koalition schreibt in ihrem Gesetzentwurf schwarz auf weiß, dass die unternehmerischen Interessen der Landwirte wichtiger sind als das Staatsziel Tierschutz – ein Kniefall vor der Agrarlobby.
Die Große Koalition bringt einen Gesetzentwurf ein, mit dem sie wissentlich gegen das Grundgesetz verstößt und massives Tierleid verursacht. Dabei steht im Koalitionsvertrag sogar, dass Deutsch-land eine Spitzenposition im Tierschutz einnehmen möchte."

Das deutsche Tierschutzgesetz schreibt in Paragraph 5 vor,
dass ein schmerzhafter Eingriff bei einem Wirbeltier nicht ohne Betäubung durchgeführt werden darf. Es lässt allerdings die Ausnahme zu, dass Ferkel bis zu ihrem siebten Lebenstag ohne Betäubung kastriert werden dürfen (Tierschutzgesetz, Paragraph 5, vierter Abschnitt "Eingriff an Tieren").
Nachdem das Tierschutzgesetz 2013 geändert wurde, war die betäubungslose Kastration nur noch bis 31.12.2018 erlaubt.

Mit Mehrheit der Abgeordneten der CDU, CSU, SPD und der AfD wurde aber am 30.11.2018 im Deutschen Bundestag entschieden, die Qualen der betäubungslosen Ferkelkastration um weitere zwei Jahre zu verlängern.

Dieser Beschluss ist Verrat an den Ferkeln und am Staatsziel Tierschutz – die Branche bewegt sich nicht und die Regierungskoalition verlängert daher einfach das Leid der Ferkel, weil nun die Zeit für Anpassungen im Ferkelsystem angeblich nicht mehr reicht.

Eine Schande

Schweine sind Lebewesen und Lebewesen gehören zu unserer Umwelt.

Die Landwirtschafts-Lobby ist zusammen mit den Lobbyisten der Automobilbranche, die politisch am besten vernetzte Gruppierung.

So gelingt es ihnen immer wieder, ihre Interessen durchzusetzen.

Dies bringen sie auch gegen den Willen eines Großteils der Volksvertreter fertig.

Sie haben eben den richtigen Zugriff auf die richtigen Leute und zeigen der Politik damit, „wo es lang geht".

Der ordnungshalber muss hier festgehalten werden, dass aufgrund des dauernden Aufschreis in der Bevölkerung, das „Schreddern" von männlichen Küken ab 2022 verboten ist.

Das ist allerdings nicht dem Einsehen der Geflügelzüchter, oder gar den Bemühungen von Juli Klöckner, zu verdanken, sondern tatsächlich der ständigen negativen Berichterstattung über diesen Frevel an Lebewesen, ... den männlichen Küken.

Das globale Leben erbebte.

Der Menschheit wurde ihre Grenze dargelegt.

Die Umwelt „stand auf" und rüttelte die Welt heftigst durch.

Eine Pandemie musste her, um der Menschheit aufzuzeigen, dass Wirtschaft und Welthandel nicht „ALLES" sind.

Diese Pandemie machte uns allen klar, dass es sehrwohl möglich ist, allen Konsum auf ein Minimum einzufrieren, um das eigene Leben zu retten.

Es muss deshalb auch möglich sein, den Welthandel und unser aller Leben, so zu gestalten, dass sich die Umwelt, von den Sünden der Vergangenheit, wieder erholen kann.

Deshalb musste CORONA ein großer Teil dieses Buches gewidmet werden.

31. Corona

Der "Trump-Virus"-Sturm "verseucht" den Planeten

Die Rache
der Natur
Das Corona-Virus

Noch nie zuvor hat der Planet Erde eine ähnliche Situation durchleben müssen. Ein Großteil der globalen Wirtschaft steht still. Schuld daran hat das Coronavirus. Zu dessen wirksamer Bekämpfung müssen die Menschen plötzlich Abstand zu einander halten. Dieses Abstandhalten zieht schwerwiegende Konsequenzen nach sich und bringt uns dennoch einander deutlich näher. Noch nie gab es einen solchen weltumspannenden Einbruch.

Obwohl rund 70 Prozent der Weltwirtschaft im März/April 2020 still standen, herrschte überall, eine vorher nicht einmal in den kühnsten Erwartungen vorstellbare Verhaltensdisziplin. In einer Krisenzeit epischen Ausmaßes zeigte die Weltbevölkerung Verständnis und den Willen zur Eindämmung der Corona-Pandemie.
Die Politik reagierte, traf Entscheidungen und die Menschen zeigten Verständnis, selbst für die größten persönlichen Einschränkungen. Nur wenige Uneinsichtige verweigerten sich der Verantwortung der Allgemeinheit gegenüber und betrachteten, die offensichtlich notwendigen Beschränkungen, als Einschränkung ihrer Persönlichkeitsrechte und stellten sich mit diesem Egoismus außerhalb der gesamten Gemeinschaft.

Wie unangenehm musste die Verunsicherung sein, sich in dieser Zeit ausgerechnet in den USA aufzuhalten. Jeder dieser, sich in den Vereinigten Staaten aufhaltende Mensch, musste die immer offensichtlicher zu Tage tretende, ständige Inkompetenz und Unschlüssigkeit, bis hin zu absolut kontroversen Entscheidungshaltung der gesamten amerikanischen Politik in der bedenklichen Direktheit wahrnehmen und erleben.
Es zeigt sich, dass D. Trump ganz offenkundig ein absolut hoffnungsloser Fall ist. Hinzu kommt, dass er zweifelsohne ein ganz schlimmer Präsident ist, dessen Präsidentschaftszeit, als eine der dunkelsten Präsidentschaften in die amerikanische Geschichte eingehen wird. Trump kann einfach nicht anders, als ständig mit irgendwelchen populistischen Aussagen aufzutreten. Einer von Trumps größten Fehlern war, seine kompetenten Berater zu entlassen, um sich mit „genehmen und willfährigen Ratgebern" zu umgeben.
Die Einen sagen ihm, dass er „das" tun müsse, damit er die Lage unter Kontrolle halten könne. Die andere Hälfte versucht ihn davon zu überzeugen, dass er gerade „das" nicht tun dürfe, da sonst die Situation eskalieren und erst richtig problematisch werden würde.

Das sind die öffentlichen Äußerungen von Donald Trump aus Interviews und Tweets vom 22. Januar 20230 an bis zum 10. März 2020, einen Tag bevor die WHO den globalen Coronaausbruch zur Pandemie erklärte.

22. Januar: „Wir haben es völlig unter Kontrolle. Es ist eine Person, die aus China kommt. Wir haben es unter Kontrolle. Es wird gut. "
Trump in einem CNBC-Interview.

30. Januar: „Wir denken, wir haben es sehr gut im Griff. Wir haben im Moment sehr wenig Probleme in diesem Land - fünf - und diese Leute erholen sich alle erfolgreich. Aber wir arbeiten sehr eng mit China und anderen Ländern zusammen und wir denken, dass es ein sehr gutes Ende für uns haben wird ... das kann ich Ihnen versichern. "
Trump in einer Rede in Michigan.

23. Februar: "Wir haben es in diesem Land sehr gut im Griff."
Trump im Gespräch mit Reportern.

24. Februar: „Das Coronavirus ist in den USA sehr gut unter Kontrolle. Wir stehen mit allen und allen relevanten Ländern in Kontakt. CDC & World Health haben hart und sehr klug gearbeitet. Die Börse sieht für mich schon sehr gut aus! "
Trump in einem Tweet.

26. Februar: "Wir sind also auf dem niedrigen Niveau. Wenn sie besser werden, nehmen wir sie von der Liste, so dass wir bald nur noch fünf Leute haben werden. Und wir könnten in der nächsten kurzen Zeit nur ein oder zwei Leute sein. Wir hatten also sehr viel Glück. "
Trump bei einem Briefing im Weißen Haus.

26. Februar: "Und wieder, wenn Sie 15 Leute haben und die 15 innerhalb weni-ger Tage auf Null sinken werden, ist das eine ziemlich gute Arbeit, die wir geleistet haben."
Trump bei einer Pressekonferenz.

26. Februar: „Ich denke, jeder Aspekt unserer Gesellschaft sollte vorbereitet sein. Ich denke nicht, dass es dazu kommen wird, besonders mit der Tatsache, dass wir runter gehen, nicht rauf. Wir gehen sehr stark runter, nicht rauf. "
Trump auf einer Pressekonferenz, als er gefragt wurde, ob „sich die Schulen in den USA auf eine Ausbreitung des Coronavirus vorbereiten sollten."

27. Februar: "Es wird verschwinden. Eines Tages - es ist wie ein Wunder - wird es verschwinden. "
Trump bei einem Treffen des Weißen Hauses mit afroamerikanischen Führern.

29. Februar: "Und ich habe diese Profis kennengelernt. Sie sind unglaublich. Und alles ist unter Kontrolle. Ich meine, sie sind sehr, sehr cool. Sie haben es geschafft und sie haben es gut gemacht. Alles ist wirklich unter Kontrolle.
Trump in einer Rede auf der CPAC-Konferenz außerhalb von Washington, D.C.

4. März: „Wir haben eine sehr kleine Anzahl von infizierten Menschen in diesem Land. Wir haben ein großes Land. Die größte Wirkung hatten wir, als wir die über 40 Leute [von einem Kreuzfahrtschiff] nahmen. Wir haben sie zurückgebracht. Wir haben sie sofort unter Quarantäne gestellt. Aber das addieren Sie zu den Zahlen. Aber wenn Sie das nicht zu den Zahlen hinzufügen, sprechen wir von sehr kleinen Zahlen in den USA. "
Trump bei einem Treffen des Weißen Hauses mit CEOs der Fluggesellschaft.

4. März: "Nun, ich denke, die 3,4% sind wirklich eine falsche Zahl."
Trump in einem Interview auf Fox News, das sich auf den Prozentsatz der diagnostizierten Covid-19-Patienten weltweit bezieht, die gestorben sind, wie von der Weltgesundheitsorganisation berichtet.
Trump fuhr weiter fort: "Nun, das ist nur meine Vermutung", begann Trump, "basierend auf vielen Gesprächen mit vielen Leuten, die dies tun, weil viele Leute dies haben werden und es sehr mild ist - sie werden es bekommen." Besser sehr schnell, sie sehen nicht einmal einen Arzt, sie rufen nicht einmal einen Arzt an." Er fuhr fort: "Man hört nie von diesen Menschen, des-halb kann man sie nicht in die Kategorie der Gesamtbevölkerung einordnen, was diese Corona-Grippe und /oder das Virus betrifft. Das kannst du einfach nicht."

7. März: "Nein, ich bin überhaupt nicht besorgt. Nein, wir haben großartige Arbeit geleistet. " Trump, als er von Reportern gefragt wurde, ob er über die Ankunft des Coronavirus in der Gegend von Washington, DC, besorgt sei.

9. März: „Letztes Jahr starben 37.000 Amerikaner an der Grippe. Es liegt im Durchschnitt zwischen 27.000 und 70.000 pro Jahr. Nichts wird abgeschaltet, das Leben und die Wirtschaft gehen weiter. Derzeit gibt es 546 bestätigte Fälle von CoronaVirus mit 22 Todesfällen. Denk darüber nach!" Trump in einem Tweet.

10. März: "Und wir sind vorbereitet und machen einen großartigen Job damit. Und es wird verschwinden. Bleib einfach ruhig. Es wird verschwinden. " - Trump nach einem Treffen mit republikanischen Senatoren.

Einen Tag später, am 11. März, erklärte die WHO den weltweiten Ausbruch zur Pandemie.

14. März: US-Präsident Donald Trump ruft wegen der Ausbreitung des Coronavirus in den USA den nationalen Notstand aus. Gleichzeitig erklärt er, dass die USA beim Kampf gegen Corona „Einen gewaltigen Fortschritt" gemacht hätten.

Er stellte dies vor allem in den Vergleich „zu anderen Regionen in der Welt". Das ist eine Schuldzuweisung an andere Länder in der Welt, so intoniert er schon während seiner denkwürdigen Fernsehansprache 3 Tage vorher, am Mittwoch den 11. März. Da hatte Trump Corona einen „ausländischen Virus" und die Bedrohung in den USA „sehr, sehr gering" genannt. Inzwischen sind 1920 Coronainfizierte Menschen in den USA registriert, 41 sind gestorben. Die Fallzahlen steigen rasant. Vor allem aber: Die Dunkelziffer dürfte höher liegen. In den USA sind zu der Zeit gerade einmal rund 11.000 Menschen getestet worden, also so viele wie in Südkorea an einem Tag. Mehr Kapazitäten gibt es bisher nicht. Das soll sich ändern, deswegen ist Trump hier – übrigens genau eine Woche nachdem er in Freizeitkleidung und roter Baseballmütze die Seuchenschutzbehörde besucht und dort behauptet hatte: „Jeder, der einen Test haben will, kann einen Test bekommen." Das war durchweg falsch. Anschließend behauptete er noch ähnlich kreativ, die weltgesund-heitsorganisation (WHO) habe die Einreisesperre für Menschen aus den 26 Schengen-Staaten als richtig bestätigt. „Ich rufe offiziell einen nationalen Notstand aus", sagt Trump. Nationaler Notstand – „das sind zwei sehr große Wörter", fügt er verzückt hinzu. Dieser Mechanismus erlaubt es dem Präsidenten, 50 Milliarden Dollar (etwa ein Prozent des Haushaltes) in den Kampf gegen Corona zu investieren. Damit will er etwa Krankenhäuser besser ausstatten. Doch der Notstand erlaubt es zudem, Regularien außer Kraft zu setzen, etwa solche, die zu normalen Zeiten passen, nicht aber zur Phase einer Pandemie.

Trump würdigt die Zusammenarbeit mit Kalifornien, New York und Washington State, wo es bisher die meisten Fälle gibt. Das Lob ist erstaunlich, die Gouverneure aller drei Staaten sind Demokraten. „Die Demokraten tun nicht, was gut ist für unser Land", sagt er wenig später. Damit weist er ein Gesetzespaket des Repräsentantenhauses zurück, das unter anderem eine Lohnfortzahlung im Krankheitsfall vorsieht.

Die Republikaner sind bei diesem Thema skeptisch.

„Ich trage überhaupt keine Verantwortung", antwortet Trump auf die Frage nach dem Mangel an Corona-Tests. Das also ist die Masche des Präsidenten selbst in der gefährlichsten Krise seiner Amtszeit, einer Krise, die die Gesundheit von allen Amerikanern potenziell gefährdet, die Sicherheit des Landes, aber auch seine politische Zukunft. Läuft etwas schlecht, hat Trump damit nichts zu tun. Dann war es Obama, China, Europa oder Merkel. Funktioniert etwas, hat es Trump erfunden. Und dann ist es nicht nur gut, sondern „großartig und gewaltig", mindestens.

„Vermutlich" 1,4 Millionen Corona-Tests für die kommende Woche kündigt Trump an, fünf Millionen Tests im kommenden Monat – freilich eine lange Zeitspanne angesichts eines derart aggressiven Virus. Per Durchfahr-Test sollen Millionen Amerikaner getestet werden, sie könnten währenddessen im Auto sitzen bleiben, sagt Trump. 1700 Google-Mitarbeiter bereiteten dies vor, behauptet er.

Auch diese Behauptung war eine Trumpsche „Fake News". Gefragt nach Travel-Ban gegen die Schengen-Staaten und der Ausnahme für – das mit vielen Corona-Fällen geplagte – Großbritannien, stellt Trump baldige Änderungen in Aussicht. Die Reisebeschränkung, die in der Nacht auf Samstag in Kraft tritt, soll also sogleich wieder reformiert werden. Womöglich werde man Großbritannien hinzufügen, sagt Trump, „vielleicht fügen wir andere dazu", vielleicht nehme man andere von der Liste.
Wie lange der nationale Notstand andauern werde, lässt Trump nicht erkennen.

Gleichzeitig bestätigt der einflussreiche Virologe Anthony Fauci, der pikanter Weise ein Trump Berater ist, dass die USA nicht schnell genug auf das Coronavirus reagiert hätten. Es hätten Leben gerettet werden können, wenn öffentliche Einrichtungen früher geschlossen worden wären, sagte Fauci dem Sender CNN. Fauci, der bereits sechs US-Präsidenten in Folge beriet, sagte CNN, es habe anfangs großen Widerstand gegeben, das öffentliche Leben herunterzufahren. Die "New York Times" hatte Trump in einem Bericht zuvor vorgeworfen, er habe zu spät reagiert, weil er sich zum einen auf sein Bauchgefühl verlassen und zum anderen den Staatsbediensteten misstraut habe.

Letztendlich waren es wieder einmal die Anderen, denen die Trump die Schuld an seinem politischen Komplett-Versagen aufbürden wollte.
Und die amerikanische Wirtschaft und die Wähler glauben diesem Scharlatan.
Niemand hätte sich vor dem Jahreswechsel träumen lassen, dass so etwas, wie es gerade abläuft, einmal passieren könnte.

Die gesamten Umweltaktivisten werden sich jetzt bestätigt sehen.
Weltumspannend forderten sie 2019 aus Klima- und Umweltschutzgründen einen solchen wirtschaftlichen Stillstand. Eine solche Forderung muss auch heute noch als unseriös bezeichnet werden.
Dennoch haben wir die globale Wirtschaft auf ein absolutes Minimum zurück-gefahren, um das derzeitige Extrem-Gesundheitsproblem zu lösen.

Obwohl die Corona-Pandemie längst abzusehen war, wurde sie zu einer, von allen Politikverantwortlichen ignorierten, Katastrophe mit Ansage.
Das Coronavirus war jedenfalls ganz sicher kein unvorhersehbares Ereignis. Allein seit der Jahrtausendwende gab es immer wie-der Warnschüsse: SARS oder etwa die Schweinegrippe. Nicht nur deshalb steht das Stichwort "Pandemie" seit langer Zeit ganz weit oben auf den Listen der Institutionen, die uns vor möglichen Risiken warnen sollen. Die Politik ignorierte diese Warnzeichen einfach. Es war dann die Wirtschaft und die Finanzwelt, die als erstes auf die „beängstigenden" Nachrichten aus China, betreffend der neuen Krankheit reagierten.
Bereits am 23. Januar 2020 berichteten die „Financial Times" und das „Wall Street Journal" über das Coronavirus. Die Märkte reagierten bereits zu diesem Zeitpunkt nervös und sensibel auf die Nachrichten aus China.
Weshalb und warum? Wuhan und Hubei sind in der globalen Wirtschaftswelt längst keine unbekannten Größen mehr, denn dort sind fast 10% der chinesischen Automobilindustrie angesiedelt, und Chi-nas Autoindustrie ist halt nun einmal die größte der Welt.
Die Märkte reagierten aber erst am 22. Februar 2020 so richtig ernst, als aus Italien die katastrophalen Coronavirusmeldungen an die Öffentlichkeit gelangten.
Die Stimmung an den Weltmärkten kollabierte. Die Börsen gingen in den radikalen Sinkflug und es gab einen Riesenrutsch in Richtung Staatsanleihen, um in eine relative Sicherheits-lage einzutauchen. Der „gesamte Westen" reagierte immer noch nicht adäquat auf die Bedrohung.

Während Chinas Führung bereits Mitte Januar den Ernst der Lage erkannt hatte und innerhalb einer Woche entsprechend reagierte, zogen die internationalen Märkte erst Ende Januar ihre Schlüsse.

Sie reagierten dann aber sofort, während die Politik im Westen noch sechs Wochen wertvolle Zeit verstreichen ließ, bis sie dann endlich aktiv wurde.

In Deutschland begann die Politik den Ernst der Lage zu erkennen und stellte die strategischen Weichen für eine Abwehr der Pandemie.

Obwohl verschiedenen Gesundheitsbehörden längst vor der Corona-Pandemie warnten, lief gleichzeitig in den Vereinigten Staaten alles schief. Die „Centers for Disease Control and Prevention" (CDC)konnten Trump nicht dazu bewegen, aktiv tätig zu werden.

Trump ignorierte selbst die Alarmrufe seiner persönlichen Berater, wie Perter Navarro. Er nahm das Risiko einfach nicht ernst. Er ordnete lediglich einen Einreisestopp für Ausländer aus China an. Dabei waren Amerikaner als Einreisende vom Stopp ausgenommen.

Gleichzeitig muss die gesamte Welt anerkennen und akzeptieren, dass sowohl Südkorea, als auch Taiwan, als Vorbildnationen in der Bekämpfung der Epidemie zu bezeichnen sind. Und das völlig zu Recht. Diese Staaten haben deshalb erheblich früher und deutlich effektiver gehandelt, weil sie aus den Erfahrungen der jüngsten Vergangenheit (MERS 2015) ihre Lehren gezogen hatten. In der Zeit mussten wir im Westen diese schmerzhaften Erfahrungen erst einmal am eigenen Leib verspüren, um zu erkennen, dass schnelle Reaktionen jetzt dringend erforderlich sind.

Und wir im Westen müssen nun schmerzhafte Erfahrungen machen, was passiert, wenn man bei solch einer Pandemie nicht schnell genug reagiert. Denn dann gibt es sehr schnell keine guten Optionen mehr. Es ähnelt in seiner Logik der Klimakrise. Nur eben im Zeitraffer.

Die Erklärung dafür.... von Professor Tooze

Greta Thunberg hat uns zwölf Jahre Zeit prophezeit, um die schlimmsten Folgen des Klimawandels noch abwenden zu können. Beim Coronavirus hatten wir plötzlich nur zwölf Tage Zeit. Wir haben aber fast zwei Monate gezögert und stehen nun vor einem gewaltigen Scherbenhaufen.

Wie groß ist dieser Scherbenhaufen bislang genau?

Riesig. Mir fallen nur wenige Beispiele aus der jüngeren Geschichte ein:

Etwa der Zusammenbruch der Wirtschaft des Deutschen Reiches am Ende des Zweiten Weltkriegs. Oder der der sozialistischen Wirtschaftssysteme nach 1990.

Wobei diese Ereignisse jeweils nicht von globalem Ausmaß waren, so wie es jetzt der Fall ist. In der Weltwirtschaft erleben wir einen beispiellosen Einbruch.

Und Europa befindet sich dabei noch in einer relativ komfortablen Position.

Wie ist das gemeint?

In Deutschland etwa ist der Lockdown zumindest halbwegs sozial abgemildert. Zum Beispiel durch Kurzarbeit und Arbeitslosengeld. In den USA dagegen haben 17 Millionen Menschen ihren Job innerhalb von drei Wochen verloren und es werden noch mehr. Und das in einem Land, in dem die Arbeitslosenversicherung nicht einmal diese Bezeichnung verdient. Oder nehmen sie Indien. Dort spielten sich apokalyptische Szenen ab. Millionen flüchten in ihre Dörfer zurück. In China wiederum verdunkelt die Statistik, dass rund 200 Millionen Wanderarbeiter durch das Coronavirus ihre Arbeit verloren haben.

Bleiben wir kurz bei den USA als größter Volkswirtschaft der Welt. Wie schlägt sich das Land in der Krise Ihrer Meinung nach? Die USA machen jetzt einen Crashtest durch. Was geschieht, wenn man eine Gesellschaft, mit hoher Abhängigkeit vom Dienstleistungssektor und sehr geringer Arbeitsplatzsicherheit, einem solchen Schock aussetzt? Das ist sehr schwer abzuschätzen. Die Experten bei den großen Banken, denen alle denkbaren Informationsströme zur Verfügung stehen, wissen es auch nicht.

Ihre Schätzungen für die USA bewegen sich jedenfalls in Größenordnungen, die man sich kaum vorstellen kann: Von anfangs drei Prozent Verfall des Bruttosozialprodukts für das ganze Jahr 2020 gerechnet, sind sie jetzt locker bei zehn angekommen. Genauso weiß auch niemand, wie hoch die Arbeitslosenzahlen steigen werden. 25 Prozent? 30 Prozent? Das sind furchterregende Werte.

"Lehman Brothers":
Der Zusammenbruch der US-Investmentbank wurde zum Symbol der Finanzkrise vor mehr als zehn Jahren. (Quelle: ZUMA Press/imago images)

Und das in einem Wahljahr.
Genau. Es wird ja nicht nur der Präsident neu gewählt, sondern der Kongress noch dazu. Zumindest die Märkte haben sich wieder etwas beruhigt.
Die Leistungen der Zentralbanken zur Stabilisierung sind wirklich beachtlich. Wir haben jetzt seit Wochen etwa in den USA Arbeitslosenzahlen, die das Schlimmste befürchten lassen. Aber die Märkte haben es mit einiger Gelassenheit aufgenommen.

Stichwort Zentralbanken: In der Eurozone sorgt die Europäische Zentralbank mit massiven Ankäufen von Anleihen für eine gewisse Stabilität, das Thema Corona-Bonds, also gemeinsame Schuldverschreibungen der Euro-Länder, sorgt aber weiter für Streit. Deutschland und die Niederlande lehnen sie kategorisch ab. Die Reaktion der Deutschen und Niederländer war ein Desaster sondergleichen. In Italien etwa wird der rechtspopulistische Lega-Chef Matteo Salvini diese unsolidarische Haltung nach der Corona-Krise genüsslich ausschlachten. Darüber sollte man sich in Deutschland im Klaren sein. Warum sollte er die Gelegenheit auch nicht nutzen? In zwei, drei Jahren wird es in Europa dann aber eigentlich erst besonders interessant.
In welcher Hinsicht?
Italien etwa muss dringend seine Wirtschaft stimulieren. Was nur durch neue Schulden möglich ist. Wenn es dann aber in ein paar Jahren heißt, dass Italien nun Schulden in Höhe von rund 150 Prozent des Bruttosozialprodukts aufgetürmt hat, wären Konsequenzen fällig. Und zwar durch eine strikte Sparpolitik. Die für die Wirtschaft aber wiederum fatal wäre. Also müsste dringend eine Klärung her. Zumal Deutschland ja auch seine Schuldenbremse wegen der Corona-Krise suspendiert hat.
Haben Sie Hoffnung auf eine solche Einigung? Bislang gerierte sich Deutschland als unnachgiebig in solchen Fragen. Mit dem Kompromiss in der Eurogruppe vom 9. April wurden alle wichtigen Entscheidungen vertagt. Aber möglich ist alles. Nehmen Sie den amerikanischen Kongress. Selbst da haben Republikaner und Demokraten es geschafft, sich auf ein Zwei-Billionen-Dollar- Hilfspaket zu einigen.

New Yorker Börse:
1929 kam es dort zum
sogenannten schwarzen
Donnerstag. (Quelle: Ann Ronan)

Die Corona-Krise ist die schwerste, aber nicht die erste Wirtschaftskrise in der Geschichte. Gibt es Parallelen, aus denen wir lernen können?

Die Reaktion der Finanzmärkte auf das Coronavirus hat eine gewisse Ähnlichkeit zur Weltfinanzkrise vor gut zehn Jahren. Die Vertrauensbasis wurde damals wie heute massiv gestört; und zwar das Vertrauen der Anleger, dass ihre Anlage Ertrag bringen wird. Warum sollte auch sonst jemand Kredit geben? Im Markt für Währungen hat Misstrauen in die Zukunft Mitte März 2020 zu einer panikartigen Liquidierung an den Märkten geführt und der Flucht in den Dollar. Der Rückfluss vor allem aus den Schwellenländern hat gefährliche Ausmaße angenommen. Bisher haben mehr als 90 Länder beim IWF Finanzierungsbedarf angemeldet – das ist fast die Hälfte der Länder der Welt.

Was folgte noch?

In den schlimmsten Momenten in der zweiten und dritten Märzwoche waren selbst amerikanische Staatsanleihen betroffen, die für die Stabilität der internationalen Finanzmärkte von zentraler Bedeutung sind. Zeitweise steigerten sich die Stabilisierungskäufe der US-Zentralbank auf bis zu knapp 90 Milliarden am Tag! Mir wurde berichtet, dass die Fed bei einzelnen Banken in einer einzelnen Transaktion 50 Milliarden Staatsanleihen gekauft hat – wir reden hier über Störungen epischen Ausmaßes! Neben der schweren Krise von 2008/09 ist das Jahr 1929 bis heute traumatisch. Bis weit in die Dreißigerjahre hinein erschütterte die damals entstandene Weltwirtschaftskrise den Globus. Können wir heute eine Lehre aus dieser Katastrophe ziehen? Vor allem gibt es einen wichtigen Unterschied in wirtschaftlicher Hinsicht zur Corona-Krise: Wir haben uns heute ganz bewusst dafür entschieden, die Wirtschaft in einem nie dagewesenen Ausmaß stillzulegen. Um der gesundheitlichen Bedrohung durch das Coronavirus zu begegnen. Das war bei den vorherigen Abstürzen an den Börsen und Wirtschaftskrisen ganz anders. Auch beim Schwarzen Donnerstag 1929.

Also keine Lehre aus der Geschichte?

Doch, aber es ist eher ein Appell. Und zwar an die demokratischen Politiker der Welt: Vergesst nicht die Menschen in Schwellen- und Entwicklungsländern, die von dieser Krise hart getroffen werden! Denn wenn nicht die Demokraten und Liberalen vernünftig auf diese Krise reagieren, werden es mit großer Sicherheit Demagogen tun. Kein Land darf dafür bestraft werden, in der Krise die richtigen Entscheidungen gefällt zu haben. Für Europa besteht in der Krise aber auch eine Chance.

Welche wäre dies?

Ideal wäre es natürlich, wenn die europäischen Staaten sich untereinander solidarisch stützen würden. Später könnten alle Europäer stolz darauf sein, auf einem Kontinent zu leben, der für alle seiner Bürger in dieser Krise da war.

Halten Sie es für möglich, dass die Politik den Stillstand in der Zukunft bereuen wird?

Gute Frage. Wir werden jedenfalls lange darüber nachdenken müssen, warum wir auf diese Weise reagiert haben. Als Historiker verdaue ich dies alles gerade noch.   *Professor Tooze*

32. Es war einmal:

In einem Ranking von über hundert Staaten, an dem der Thinktank derzeit noch arbeitet, liegen die USA z.B. nur auf Platz 70. Unter den weltbesten zehn Ländern finden sich darin gleich hinter Israel und Deutschland Südkorea, Australien und China.

"Deutschland hat im Vergleich zu den anderen Ländern derzeit das beste Sicherheits- und Stabilitätsranking in Europa und gehört auch weltweit zu den führenden Nationen in Sachen Krisenmanagement", erklärt Datenexperte Dimitry Kaminsky, Gründer von DKG.

"Deutschland war angesichts seiner anfangs hohen Infektionszahlen äußerst effizient und hat eine weitere Ausbreitung der Krankheit erfolgreich gestoppt, ohne das Niveau anderer Staaten zu erreichen.
Dadurch wird Deutschland nach der Pandemie erhebliche wirtschaftliche Vorteile haben."
Unternehmen suchten in diesen Zeiten nach einem Hort der Sicherheit. Der Thinktank DKG nutzt für seine Rankings öffentliche Datenquellen, beispielsweise der Weltgesundheitsorganisation oder der Johns-Hopkins-Universität und füttert damit einen Algorithmus.
Auch andere Datenanalysten loben die deutsche Regierung: "Deutschland steht als bevölkerungsreiches Land richtig gut da", erklärt Anastasia Lauterbach, KI- und Datenexpertin sowie Multiaufsichtsrätin. "Dass Israel vorn liegt, überrascht nicht, wenn man beachtet, dass das Land in einem permanenten Krisenzustand ist und sehr viel Erfahrungen mit Grenzschließungen und Ausnahmezuständen hat."
Wichtig für die Wirtschaft.
Lauterbach hält das Ranking aufgrund seiner hohen Datendichte für aussagekräftig: "Das Ranking ist allerdings nur eine Momentaufnahme, weil die Daten ständig aktualisiert werden", so Lauterbach, die selbst mit Big Data operiert. Wenn Deutschland die falschen Entscheidungen trifft, könnte es in der Bewertungsskala abrutschen.
Die Daten nützten vor allem der Wirtschafts- und Finanzwelt. Unternehmen könnten sich dank des Rankings auch in der Krise orientieren, wo sie am sichersten investieren und wo sie eventuell auch längerfristig große Risiken eingehen.
Andere Länder könnten sich von Deutschland etwas abschauen. "Wir wollen mit den Daten auch zeigen, von welchen Ländern wir derzeit lernen können", erklärt Datenexperte Dimitry Kaminsky. So könnten schlechter gestellte Länder von den guten Erfahrungen anderer profitieren.
Doch jetzt bietet der Corona-Krach auch uns eine Chance: Europa erhält überraschend die Chance, das Vakuum, das der amerikanische Rückzieher im Geldbeutel der WHO hinterlassen hat, mit Großzügigkeit zu füllen. Die Gelegenheit, der erdrückenden Umarmung von Herrn Xi und dem Großmachtgehabe von Herrn Trump, etwas Konstruktives entgegenzusetzen und dafür zu sorgen, dass mehr Objektivität und Unabhängigkeit in den UN-Institutionen Einzug halten, dürfen wir uns nicht durch die Lappen gehen lassen. Denn wer zahlt, der redet mit. Der kann die internationale Politik entscheidend prägen. Jetzt, wo der Schreihals aus Washington den Saal verlassen hat, sollten wir zügig die Stimme erheben.

...... das sieht im März 2021 leider schon ganz anders aus.

Niemand muss sich IMPFEN lassen, aber alle haben eine **Schutzpflicht** gegenüber allen anderen Menschen, außerhalb ihres Hausstandes.

Kein I M P F Z W A N G durch den Staat, aber S C H U T Z - P F L I C H T durch staatliche Anordnung !

Wer sich nicht schützen lässt, sollte im Corona-Krankheitsfall aber auch keinerlei Lohnfortzahlung erwarten. Er befreit die Krankenkassen gleichzeitig von ihren Kostenübernahmeverpflichtungen. Er trägt das Risiko der alleinigen Kostenübernahme aller Folgekosten.
Er kann nicht erwarten, dass die „Geschützten" für die, durch seine Verweigerungshaltung entstandenen Kosten eintreten.
In Deutschland lief und laufen die Anstrengungen Corona einzudämmen, teilweise vollkommen ins Leere.

Die ersten Ausgangs-Beschränkungen und was daraus wurde.

Ein Appell an die Jugendlichen, an die junge Generation im Ganzen.

Vor wenigen Wochen gingt ihr noch für die Umwelt auf die Straßen und forderte die Welt auf, alles für die Rettung der Natur zu tun.

Heute haben wir eine globale Corona-Pandemie,
bei der es um nicht nicht weniger, als das Überleben Vieler, geht.

Und was tut ihr, ... zumindest ein Großteil von euch?

• Ihr tut so, als wäre nichts geschehen.

• Ihr macht immer noch Party.

• Ihr chillt weiterhin gemeinsam, obwohl ihr wisst, dass das mit einem sehr hohem Ansteckungs-und Verbreitungsrisiko verbunden ist.

• Euch interessieren die Warnungen der Virologen „einen Scheiss".

• Wenn es euer Streben nach Spaß und Party einschränkt, interessiert euch die Gesundheit eurer Mitmenschen nicht.

Für Kinder gesperrt! Von "schulbefreiten" Jugendlichen ohne Hirn besetzt und zum Zeitvertreib genutzt

Diese Jugendlichen haben die Ideale ihrer Generation für eine intakte Umwelt komplett verraten. Wer soll euch jetzt allen Ernstes noch etwas von dem glauben, was ihr als zwingende Ihr habt euer „FUN-Streben" leichtfertig und vorsätzlich über „das Recht auf Leben" eurer Mitmenschen gestellt.

Ihr habt mit eurem Verhalten in den Anfängen und den Mitten des März 2020, eurer gesamten Generation einen „Bärendienst" erwiesen.

Eurer Generation wird dieses „leichtsinnige und gefährliche" Verhalten in der schwierigsten Überlebenssituation unseres Landes, seit dem 2. Weltkrieg, für immer anhaften bleiben.

Wenn ALLE mitgemacht hätten, als es gefordert wurde, hätten wir in 10-14 Tagen die ersten Erfolge zu verzeichnen. 3-4 Wochen später hätte man vielleicht zum Alltag zurückkehren können. Ihr disziplinlosen, arroganten, „sicherheitsverachtenden" Menschen tragt die Verantwortung für das Ganze. Redet euch nicht raus. Ihr habt grenzenlos versagt.

Nehmt Ihr die nachfolgenden Worte einer 60-er Generation einfach einmal zur Kenntnis.
Wir, in den 1950-er und 1960-er Jahren oder früher Geborenen, mussten uns in der Vergangenheit von euch immer wieder anhören, dass wir das Klima zerstört haben.

So, wie ihr es vorgebracht und vertreten habt, meint ihr das allen Ernstes. Dabei habt ihr etwas nicht bedacht.
Wir alle haben, alleine schon gezwungenermaßen, weitaus nachhaltiger gelebt, als ihr.
Die Strümpfe und Jacken wurden noch gestopft. Bei Löchern in den Kleidern wurden Flicken drauf genäht. Eine Tafel Schokolade war noch ein richtiges Geschenk. Wenn sie in Geschenkpapier eingewickelt war, wurde das vorsichtig geöffnet, um es wieder verwenden zu können. Wer kannte damals schon Urlaub? Und wenn, dann höchstens einmal, und das irgendwo in der Nähe. Vielleicht mit dem Auto irgendwohin. Manchmal sogar in eines unserer Nachbarländer. Fliegen konnten sich damals nur „die Reichen" leisten. Zur Schule und zum Einkaufen mussten wir noch laufen. Heimgetragen wurde das Ganze in Taschen oder im Rucksack.

Das „Eltern-Taxi" zur Schule oder zum Sport war noch nicht erfunden, denn damals hatten noch nicht so Viele ein eigenes Auto. Die Bauern fuhren noch mit dem Pferdefuhrwerk, oder wenn sie schon einen Traktor hatten, mit dem in die Stadt, um größere Einkäufe zu tätigen.
Fleisch zu essen, gab es nur am Sonntag. Getränke gab es nur aus Pfandflaschen und man bekam auch nur wieder Getränke zu kaufen, wenn man die Flaschen zurückgab.
Und jetzt müssen wir uns von euch fragen lassen: ....."wie könnt ihr es wagen"
Ihr, die ihr mit euren dauernd neuesten Handys, Tablets usw. mehr Umweltschäden verursacht als Generationen vorher im Gesamten.
Ihr, die ihr mit 2 to. SUV´s zur und von der Schule kutschiert, nur am Handy hängt, meist alles vergesst, was um euch herum geschieht, die achtlos die Straßen überquert, jeden neuesten Modetrend mitgeht, um die Klamotten anschließend achtlos wegzuwerfen.
Ihr, die ihr eure Chillplätz anschließend beschämend verdreckt zurück lasst.
Ihr, die ihr jetzt bei der Corona-Pandemie zu unsäglich verantwortungslos, teilweise menschenverachtend gehandelt habt, Ihr wollt uns maßregeln?
Maßregeln das darf nur jemand, der selbst mit gutem Beispiel voran geht.
Ihr habt all denen, die Vernunft zeigen und gezeigt haben, das Gleiche angetan, wie es die Hooligans und Schläger in den Fußballstadien mit den vernünftigen Zuschauern getan haben und tun.
Ihr habt eure Generation beschämt.
Ihr werdet in die Geschichte eingehen, als diejenigen, die viel gefordert haben, die aber sobald sie selbst gefordert waren, kläglich und jämmerlich versagt haben und ihre Ideale alle über Bord geworfen haben.

Diese Darstellung ist populistisch und voller Emotionen, vielleicht sogar ungerecht.
Nur, es tut auch den älteren Altersklassen im Herzen weh, wenn ihnen von der jungen
Generation vorgeworfen wird, dass sie fahrlässig mit der Umwelt umgegangen sind.

Das Pamphlet bedarf einer weiteren Zusatzerklärung.
Immer dann, wenn Emotionen im Spiel sind, werden die Argumentation bissig, schonungslos, bis sogar feindselig. Die Erklärungen werden zu Rechtfertigungen, die mit beißenden Kommentaren überzogen sind. Wird die Grenze gegenseitigen Respekts nicht überschritten, können solche provokanten Diskurse, durchaus effizient sein.
Selbst wenn die Sachlichkeit der Diskussion in den Hintergrund tritt, kann pragmatisch und erfolgreich an Lösungswegen gearbeitet werden.
Immer dann, wenn die einzelnen Lager erkennen, dass jede Partei verletzlich ist, ist der Weg zu einer produktiven Verständigung nicht mehr weit.

Der FDP-Vorsitzende Christian Lindner sagte einmal:
Schüler sollten nicht während der Schulzeit gegen den Klimawandel protestieren – und Klimaschutz sei am Ende ohnehin eine „Sache für Profis".
„Von Kindern und Jugendlichen kann man nicht erwarten, dass sie bereits alle globalen Zusammenhänge, das technisch Sinnvolle und das ökonomisch Machbare sehen." Das sei vielmehr „eine Sache für Profis".

Nur, Herr Lindner, ... wo sind diese Profis?
Sind es diese Profis, die in Thüringen für eine „Staatskrise" sorgte? Sind es die
Professionellen, die die Autobahnmaut gegen die Wand gefahren haben? Sind es gar
die Fachkräfte, die in der Corona-Pandemie, so kläglich versagt haben? Oder sind es
die Könner, die nicht einmal eine wirksame Impfstoff-Bestellung aufgeben konnten.
Entscheidend ist „am Ende des Tages" nicht, wer recht hat.
Ausschlaggebend ist, dass alle, die nachfolgende Parabel verstehen, respektive verstanden haben.

Der alte Großvater und sein Enkel

Es war einmal ein steinalter Mann, dem waren die Augen trüb geworden, die Ohren taub, und die Knie zitterten ihm. Wenn er nun bei Tische saß und den Löffel kaum halten konnte, schüttete er Suppe auf das Tischtuch, und es floss ihm auch etwas wieder aus dem Mund. Sein Sohn und dessen Frau ekelten sich davor, und deswegen mußte sich der alte Großvater endlich hinter den Ofen in die Ecke setzen. Sie gaben ihm sein Essen fortan in einem irdenen Schüsselchen und dabei noch nicht einmal genügend, um davon satt zu werden. Der Großvater sah betrübt nach dem Tisch und die Augen wurden ihm nass. Einmal konnten seine zittrigen Hände das Schüsselchen nicht festhalten. Es fiel zur Erde und zerbrach. Die junge Frau schalt ihn. Er sagte nichts und seufzte nur. Da kaufte sie ihm ein hölzernes Schüsselchen für ein paar Heller. Daraus mußte er nun essen.

Wie sie da so sitzen, trägt der kleine Enkel von vier Jahren, auf der Erde kleine Brettlein zusammen. „Was machst du da?" Fragte der Vater. „Ich mache ein Tröglein," antwortete das Kind, „daraus sollen Vater und Mutter essen, wenn ich groß bin."

Da sahen sich Mann und Frau eine Weile an, fingen endlich an zu weinen.

Sie holten sofort den alten Großvater an den Tisch und ließen ihn von nun an immer mitessen, sagten auch nichts, wenn er ein wenig verschüttete.

Wir alle haben während der Corona Pandemie Fehler gemacht.
Egal ob Jung oder Alt, Europapolitiker, Bundes- oder Landespolitiker.
Keiner kann mit dem Finger auf Andere zeig

Es würden mindestens 3 Finger
auf einen selbst zeigen.

33. Die Corona Pandemie hat die Welt verändert

Eine schlimme Anfangsphase der „2020-er Jahre".
Dennoch ist uns in dieser Zeit vor Augen geführt worden, dass die Welt nicht Still steht, wenn die Weltwirtschaft einmal eine Zeitlang „einfach kürzer tritt". Genauso wenig wie in Baden-Württemberg die Lichter ausgegangen sind, als die CDU nach 58 Jahren die politische Macht verloren hatte, genauso wenig ist die Welt untergegangen, als Corona die gesamte globale Wirtschaft in Schockstarre versetzte.
Deshalb ist die Chronologie der Corona Pandemie so wichtig für unser Umwelt-Verstehen.

34. Die HISTORIE der Corona -Covid-19-Pandemie

Am 31. Dezember 2019 meldete China, dass in WUHAN eine neue „Art Lungenentzündung", mit noch unbekannter Ursache, ausgebrochen sei. Bereits im Januar 2020 entwickelte sich diese Krankheit zu einer Epidemie in China. Am 11. Februar 2020 benannte die WHO diese Atemwegserkrankung Covid-19, respektive gab ihr den Oberbegriff Corona-Pandemie. Gleichzeitig meldeten deutsche Medien, dass es bereits im Dezember in Frankreich zu Covid-19 Erkrankungen gekommen sei. Die WHO rief aufgrund dieser Informationen bereits Ende 2019 andere Staaten dazu auf, ähnliche Fälle auf eine Corona-Infektion hin zu überprüfen.

Es bestünde der begründete Verdacht, dass sich mehrere als Lungenentzündung diagnostizierte Krankheitsfälle, tatsächlich als Covid-19 Fälle entpuppen könnten. Nachdem ein französisches Krankenhaus alte Proben von Lungenentzündungen überprüften und neu testeten, entdeckte man, dass ein, am 27. Dezember 2019 behandelter Mann, eindeutig Corona, Covid-19 hatte. Die WHO erklärte, dass das Ergebnis dieser Studie nicht überraschend komme und warnte noch einmal alle Staaten vor einer evtl. zu erwartenden Pandemie. Die Wichtigkeit der genauen Ermittlung des Ursprungs von Covid-19 wurde immer wieder herausgestellt. Die ersten belastbaren Corona-Test in Frankreich sind auf dem 24. Januar 2020 datiert, was aber die Dezember-Erkenntnissen noch nicht beinhaltet.

Dass später die USA, vorrangig der US-Präsident Trump, China vorwarf, Informationen über Corona bewusst zurückgehalten zu haben und so zur weltweiten Ausbreitung des Covid-19 Erregers beigetragen zu haben, beruht zum Großteil auf dem „verzweifelten Versuch" der Trump-Administration, die unzähligen Fehler bei der Corona-Pandemiebekämpfung, anderen zuzuschieben. Das Ganze grenzte, in der niemals nachgewiesenen Behauptung, dass das Virus in einem Labor in der chinesischen Großstadt Wuhan entstanden sei. Diese Anschuldigung wurde sogar dann noch aufrecht erhalten, als Wissenschaftler längst davon ausgingen, dass das Virus tierischen Ursprungs ist.
Die Medien in Deutschland reagierten, lediglich ihrem Informationsauftrag gemäß.
Die Berichterstattung war eher „gelangweilt", als dass man ob der Informationen aus China und von der WHO, besorgt sein sollte.

Anfang Dezember 2019
In Wuhan bricht unbekannte Lungenkrankheit aus
In der Stadt **Wuhan** in der chinesischen **Pro-vinz Hubei** treten im Dezember Fälle einer bisher unbekannten Lungenkrankheit auf. Kurz vor dem Jahreswechsel meldet China die Krankheitsfälle offiziell an die Weltgesundheitsorganisation (WHO).

7. Januar 2020
Neues Coronavirus wird identifiziert
Wissenschaftler identifizieren den Erreger der unbekannten Lungenkrankheit als neue Art aus der Familie der Coronaviren.

11. Januar 2020
Erster Toter in China
China meldet den ersten Todesfall. Zwei Tage später meldet Thailand die erste bestätigte Infektion mit dem neuartigen Coronavirus außerhalb von China.

NDR Info Podcast: Der Zug der Seuche
Corona - ein Virus verändert die Welt. In Norddeutschland verfolgt die Deutsch-Chinesin Ting die Ausbreitung von Wuhan nach Hamburg - und wie unterschiedlich auf die Pandemie regiert wird.

Mitte Januar 2020
Experten sehen geringe Gefahr für Deutschland
Mitte Januar stehen Wissenschaftler noch ganz am Anfang ihrer Erkenntnisse über das neuartige Virus. Noch wird gerätselt, ob der Erreger von Mensch zu Mensch übertragbar ist, auch wenn China dies bereits vermutet. Für eine Ausbreitung bis nach Deutschland sehen Experten vom Robert Koch-Institut (RKI) zunächst ein geringes Risiko.

Die Politik reagiert hier größtenteils noch gar nicht.
Einzelne Statements enden in beruhigende, wenn nicht sogar verharmlosende typische Politiker-Plattitüden. Einhelliger Tenor: China ist viel zu weit weg, als dass eine direkte Gefahrensituation für Europa bestehen würde.

23. Januar 2020
Erste Infizierte in USA und Europa
In den USA wird am 23. Januar der erste Infektionsfall öffentlich. Wie schon in Thailand gibt es eine Verbindung mit Reisen nach Wuhan. Einen Tag später treten die ersten Fälle in Frankreich auf.

27. Januar 2020
Coronavirus erreicht Deutschland
Die Webasto-Zentrale in Gauting musste geschlossen werden. In Deutschland gibt es den **ersten Fall** - im Kreis Starnberg in Bayern. Der Patient hat sich wohl bei einer chinesischen Mitarbeiterin seines Unternehmens **Webasto** angesteckt. Der Autozulieferer schließt vorübergehend seine Zentrale. Bei dieser Infektionskette werden später insgesamt 14 Fälle nachgewiesen.

Die Politik hält sich immer noch bedeckt und verweist auf die hervorragenden klinischen Bedingungen, mit der man eventuell entstehen-den Problemsituationen gelassen entgegen sehen kann. Man verweist auf die Fülle der „Infektions-Bettenanzahl" in den Institutionen.

Die weitere Corona Chronologie:
Die Situation bisher:
Eine unbekannte Lungenkrankheit bricht Ende 2019 in China aus. Ende Januar wird der erste Infizierte in Deutschland gemeldet. Es gibt mehrere Verdachtsfälle. Ende Januar treten auch erste Verdachtsfälle in Norddeutschland auf, die sich jedoch als grippale Infekte entpuppen.

Im Februar 2020 startet NDR Info mit Professor Drosten den mittlerweile mehrfach ausgezeichneten Podcast "Coronavirus Update". Am Ende des Monats gab es dann aber doch den ersten Covid-19 Fall im Norden der Republik.

30.01.2020
Erster Coronavirus-Verdachtsfall im Nordosten
In Mecklenburg-Vorpommern gibt es einen ersten Coronavirus-Verdachtsfall. Ein vor wenigen Tagen aus China zurückgekehrter junger Mann habe sich mit Erkältungssymptomen an der Universitätsmedizin Greifswald vorgestellt. Weltweit, besonders aber in China, steigt die Zahl der Infizierten mit dem neuartigen Coronavirus an. Am Donnerstag übertraf sie mit mehr als 8100 die Zahl der Sars-Infektionen 2003 (8096). Die Zahl der Todesfälle betrug 170, meistens ältere Patienten mit schweren Vorerkrankungen. Frankreich meldete einen fünften Krankheitsfall. Deutschland bestätigt nach wie vor 4 Infektionsfälle in Bayern.

Zur gleichen Zeit will die Pflegeberufskammer über eine Anschubfinanzierung verhandeln. Nachfolgend das Ergebnis. Die Zukunft der Pflegeberufekammer in Schleswig-Holstein bleibt ungewiss. "Als autonome Selbstverwaltung ist es uns nicht möglich, die Anschubfinanzierung ohne Klärung der offenen Fragen mit dem Landtag anzunehmen - so gerne wir dies im Sinne unserer Mitglieder würden", sagte Kammerpräsidentin Patricia Drube nach einer Kammerversammlung. Den Vorstand forderte die Kammerversammlung auf, ein Konzept zu einer Mitgliederbefragung inklusive Zeitplan vorzulegen.
Die Jamaika-Koalition hatte im Haushalt drei Millionen Euro bereitgestellt - verbunden mit einer verpflichtenden Urabstimmung über den Bestand oder die Abschaffung der Kammer im ersten Quartal 2021. Die Pflegeberufekammer beruft sich auf ein Rechtsgutachten, wonach die Verknüpfung der Finanzierung an Bedingungen nicht rechtskonform sei. Dieser Darstellung widersprach das Gesundheitsministerium. **Die Förderung sei ein Angebot.** Über dessen Annahme und die damit verbundenen Bedingungen entscheide alleine die Kammerversammlung.
Man muss die dreiste Vorgehensweise der politisch Verantwortlichen, einmal genauer betrachten. Hier werden 3 Millionen Unterstützung, verknüpft mit Bedingungen für die Pflegeberufe angeboten.

*Nur wenige Monate später, muss das Bundesland, „wie aus dem Nichts" das **tausendfache** an Corona-Finanzmitteln aufwenden, um die Cocid-19 Pandemie auch nur annähernd in den Griff zu bekommen.*
Und die Geldmittel werden fließen. Das Ergebnis: Über 4,5 Milliarden neue Schulden. Davon entfallen mind. 2,5 Milliarden Euro alleine auf die Coronabekämpfung.

Die CDU-Sozialpolitikerin Katja Rathje-Hoffmann zeigte sich damals offen für weitere Gespräche. Mit dem Angebot des Landtags habe die Kammer die Chance, sich bei den Mitgliedern zu etablieren und ihre Vorteile unter Beweis zu stellen. "Wir verstehen deshalb nicht, warum die Kammer offensichtlich Schwierigkeiten mit einer Befragung ihrer Mitglieder hat. Diese halten wir für zwingend notwendig und sie sollte angesichts des drohenden doppelten Beitragsbescheides in jedem Fall zügig stattfinden." Die erst 2018 gegründete Pflegeberufekammer hat bereits 28.000 registrierte Pflichtmitglieder. Alleine an der „kalt-schnäutzigen" arroganten Bemerkung der CDU-Sozialpolitikerin Rathje-Hofmann kann man unschwer erkennen, mit welch einer inkompetenten Art und Weise die Politik im Alltags-geschäft arbeitet. Hoffentlich bleiben solchen Volksvertreterinnen ihre eigenen Worte im Mund stecken, ob der Problematik, die sich nur wenige Wochen später, vor ihnen auftat.
Es sind genau diese Volksvertreter/innen, die später außer Lob, wenig für die unglaubliche Leistung der Pflegekräfte übrig gehabt haben.
Hinzu kommt noch die Politiker Bonus-Lüge für die Pflegekräfte.

31.01.2020
In Deutschland gibt es den sechsten Coronafall. Ein Kind ist erkrankt. Dabei handelt es sich um das älteste Kind (5 Jahre) von drei Kindern des Mannes, der bei Webasto arbeitet und gestern als fünfter Fall bekannt geworden war. Wahrscheinlich ist die ganze Familie infiziert, so die Ärzte des Klinikums in Trostberg, auch die Ehefrau. Alle fünf sind im Klinikum isoliert. Eine neue Studie Chinas hat den Krankheitsverlauf und die Folgen der Corona-Infektion untersucht. Nach Auswertung der Erkrankungen vom 1. bis 26. Januar 2020 ist das Durchschnittsalter der ersten Todesfälle 75 Jahre. Die Letalität (die Wahrscheinlichkeit an der Krankheit zu sterben) liegt danach bei 2,48 Prozent, so die Forscher, könnte aber auch deutlich geringer sein, da viele Fälle nicht bekannt sind, da sie mit milden oder ganz ohne Symptome ablaufen. Das Auswärtige Amt gab eine offizielle Reisewarnung für China heraus: Das bedeutet: Von China-Reisen wird abgeraten, vor Reisen in die Provinz Hubei wird ausdrücklich gewarnt.
Die Luftwaffe hat heute dorthin ein Flugzeug zur Evakuierung von rund 90 Deutschen entsandt.

Droht eine Corona-Pandemie?
Inzwischen haben sich in China, nach Angaben der Gesundheitskommission in Peking, knapp 10.000 Menschen mit dem Virus angesteckt. Außerhalb Chinas sind mittlerweile in 20 Ländern mehr als 100 Infektionen bekannt geworden. Eein fünfter Fall in Deutschland, ebenfalls ein Mitarbeiter von Webasto. Das ist ein Fallanstieg gegenüber 2002/003 bei der Schweren Akute Atemwegssyndrom (Sars). Damals gab es 8.096 Fälle.
Deutsche Forscher haben eine Substanz entdeckt, die verschiedene Coronaviren hemmt. Der Naturstoff kommt aus Asien und wirkt auch bei anderen gefährlichen Krankheiten wie Ebola, Lassa- oder Zikavirus. Der Ausbruch des Coronavirus ist eine "gesundheitliche Notlage von internationaler Tragweite". Das hat die Weltgesundheitsbehörde WHO. Das sei kein Misstrauensvotum gegen China, so WHO-Generaldirektor Tedros Adhanom Ghebreyesus. Damit sollen vor allem Länder geschützt werden, deren Gesundheitssysteme weniger gut ausgestattet seien. Gesundheitsnotstand bedeutet, dass die WHO-Länder ihre Maßnahmen koordinieren müssen. Für alle Länder gelten Handlungs-Empfehlungen, um die Ausbreitung über Grenzen hinweg einzudämmen.

Mittlerweile gibt es 7.711 Fälle in China, wo bereits 170 Menschen gestorben sind, und 50 Fälle weltweit. Diese geringe Zahl sei auch den rigorosen Maßnahmen Chinas zu verdanken, so die WHO. Rund 90 Deutsche sollen, wenn sie keine Symptome aufweisen und freiwillig ausreisen wollen, aus China ausgeflogen werden. Geplant ist ein Bundeswehr-Flug, anschließend sollen die Passagiere zunächst 14 Tage in Quarantäne in eine Kaserne nach Germersheim (Südpfalz) kommen.

Verschiedene Fluggesellschaften, darunter auch die Lufthansa, stellen ihre Flüge nach China vorübergehend ein. IKEA hat seine Filialen im Land vorerst geschlossen.

01.02.2020

Die deutsche Bundeswehr holt 120 Deutsche und andere Staatsbürger aus der Region um die chinesische Stadt Wuhan und bringt sie in die Bundesrepublik. Wuhan gilt als Ursprung des Corona-Ausbruchs. In China haben sich inzwischen 11.791 Menschen mit Corona infiziert, die Zahl der Toten stieg auf insgesamt 259. In Deutschland haben sie aktuell sieben Menschen mit dem Virus angesteckt, darunter auch ein Kind. Die USA haben ein Einreiseverbot verhängt für alle Nicht-US-Staatsbürger, die sich in den vergangenen beiden Wochen in China aufgehalten haben. US-Präsident Trump rief eine „gesundheitliche Notlage" in den Vereinigten Staaten aus. US-Bürger, die sich in der vom Corona-Virus stark betroffenen chinesischen Provinz Hubei aufgehalten haben, müssen nach ihrer Rückkehr in die USA zudem 14 Tage in Quarantäne verbringen.

02.02.2020

Aus Wuhan wurden 125 Personen nach Deutschland ausgeflogen. Ein Großteil von ihnen wurde für 2 Wochen in eine Quarantänestation gebracht. Zwei der Menschen wurden inzwischen positiv auf eine Infektion mit Corona getestet. Sie wurden von der Quarantäne zur Universitätsklinik in Frankfurt gebracht, wohin zuvor auch elf andere Passagiere gebracht wurden.

Die Zahl der mit Corona infizierten Deutschen hat sich auf acht erhöht. Alle Fälle stehen in Zusammenhang des Autozulieferers Webasto in Bayern. Bei sieben von ihnen handelt es sich um Angestellte, einer hat sein Kind infiziert. Außerdem bekannt wurde der Fall eines infizierten Deutschen, der sich auf der Kanareninsel La Gomera aufhält.

In China sind inzwischen 45 weitere Menschen am Coronavirus gestorben, damit erhöhte sich die Zahl aller Todesopfer in China auf 304. Die meisten von ihnen starben in der stark betroffenen Provinz Hubei. Inzwischen gibt es auch das erste Todesopfer außerhalb Chinas. Es handelt sich um einen 44-jährigen Chinesen aus der Metropole Wuhan, der mit seiner ebenfalls infizierten Partnerin am 21. Januar auf die Philippinen gereist war.

03.02.2020

An der University, Shanghai und dem Wuhan Institut of Virology ist das Genom des Corona-Virus entschlüsselt worden. Beide Analyse zeigen, dass es eng mit einer Gruppe von SARS-ähnlichen Coronaviren verwandt ist, und wie Sars von Fledermäusen stammt, so die Forschenden in ihren Veröffentlichungen in "Nature". In China sind 16 Ausländer mit dem Coronavirus infiziert.

Italienischen Forschern ist es nach eigenen Angaben gelungen, das Corona-Virus zu isolieren. Die Forschungsergebnisse werden der internationalen Gemeinschaft zur Verfügung gestellt.

Der Corona-Ausbruch hat inzwischen in China mehr Todesopfer gefordert, als die Sars- Pandemie vor 17 Jahren. Am Montag wurden 57 neue Todesfälle gemeldet. Damit stieg die Gesamtzahl auf 361 - an Sars waren damals 774 Menschen gestorben.

Nach den verlängerten Ferien öffneten erstmals wieder die chinesischen Aktienmärkte. Die Kurse sackten um neun Prozent ab. Mit einer ungewöhnlich Geldspritze von 1,2 Billionen Yuan (rund 156 Milliarden Euro) für Geschäftsbanken bemühte sich die Notenbank, den chinesischen Geldmarkt und das Bankensystem zu stabilisieren.

04.02.2020:
Der hallesche Virologe Alexander Kekulé fordert Flughafenkontrollen auch an deutschen Flughäfen: "Hier bin ich der Meinung, **dass es ein grober Fehler war**, wirklich wochenlang Reisende aus China völlig unkontrolliert einreisen zu lassen, während in den USA und anderswo bereits die Einreisekontrollen stattgefunden haben. Eigentlich hat die Lufthansa hier der Bundesregierung einen Riesengefallen getan, indem sie die Flüge abgesagt hat." Man könne nur hoffen, dass bisher wenige Infektionen eingeschleppt worden sind und diese sich ähnlich wie beim Fall in München verfolgen ließen. Nach Einschätzungen von Kekulé werden die Industrieländer mit dem Virus gut klarkommen". * Es bestehe aber gerade für ärmere Länder die Gefahr, das Virus dort für längere Zeit nicht unter Kontrolle zu bekommen.

• *Diese Aussage sollte sich wenige Wochen später als eine bedrückende Fehleinschätzung her ausstellen.*

Außerhalb Festlandchinas hat es einen zweiten Todesfall gegeben: In Hongkong ist ein 39-jähriger Mann durch das Corona-Virus gestorben. In China sind innerhalb eines Tages 64 Menschen an dem Virus gestorben. Damit liegt die Zahl der Todesopfer bei 426, mehr als 20.400 Menschen sind an dem Erreger erkrankt.

Macau schließt alle Spielcasinos
In der chinesischen Sonderveraltungszone Macau sollen in den nächsten zwei Wochen die Casinos geschlossen bleiben. Sie ist die einzige Stadt in China, in der Glücksspiele erlaubt sind. Die dahinterstehende Industrie gilt dort als die wichtigste Einnahmequelle.
Es müssen „gewichtige Gründe" vorliegen, damit China das „Vegas" Asiens dicht macht.

05.02.2020
Die Weltgesundheitsorganisation (WHO) hat 250.000 Testsets an 70 Labore weltweit verschickt, um den Nachweis von Infektionen zu beschleunigen. Um ärmeren Ländern zu helfen, sich auf einen möglichen Ausbruch vorzubereiten, braucht die WHO über 675 Millionen Dollar – das sind 613 Millionen Euro. Nach aktuellen Informationen ist die Zahl der Erkrankten rasant angestiegen: Mittlerweile sind 24.000 Menschen mit dem Virus infiziert. In der chinesischen Provinz Hubei, dem Zentrum der Epidemie, seien weitere 65 Menschen an den Folgen gestorben.

Kreuzfahrtschiff unter Quarantäne
Nachdem auf einem japanischen Kreuzfahrtschiff zehn Fälle einer Corona-Infektion aufgetreten sind, wurde das Schiff unter Quarantäne gestellt. Unter den Passagieren befinden sich acht Personen aus Deutschland. Aufgrund von Untersuchungen sollen die mehr als 3.700 Menschen an Bord nun vierzehn Tage auf dem Schiff bleiben. Der Sender BR 24 meldet: Das Coronavirus ist von Infizierten übertragbar, die selbst keine oder nur leichte Symptome zeigen. Er beruft sich auf Erkenntnisse von Virologen der Berliner Charité und dem Institut für Mikrobiologie der Bundeswehr, sowie auf Berichte des Robert- Koch- Instituts. Dieses Wissen sei wichtig für die Kontrolle der Ausbreitung des Virus. Die Forschungsgruppe konnte Hinweise bestätigen, dass sich das Virus im Verdauungstrakt vermehrt und dass es sich wahrscheinlich auch im Nasen- und Rachenraum vermehrt.

06.02.2020
Am Flughafen Wien werden ab sofort Einreisende, die mit einem Direktflug aus Peking landen, auf ihre Körpertemperatur gecheckt. Damit soll sicher gestellt werden, dass Reisende, die womöglich mit dem neuartigen Coronavirus 2019-nCoV infiziert sind, schnell erkannt und behandelt werden können. Wissenschaftler halten das für wenig hilfreich, da so nur Menschen erkannt werden, bei denen die Krankheit bereits ausgebrochen ist. Die Wahrscheinlichkeit, dass die Maßnahme in Österreich einen Effekt haben wird, geht gegen Null. Es handelt sich mehr um Aktionismus.
Prof. Dr. Ralf Reintjes, Epidemiologe, Hochschule für Angewandte Wissenschaften Hamburg

• Nur wenige Wochen später sollte sich diese Sichtweise als komplett
Falsch herausstellen.
• Der Temperaturcheck wird durch Testverfahren ersetzt, und so zu einem
wichtigen Mittel der Corona-Pandemie Bekämpfung.

Coronavirus: Mythen und Fakten:
Impfstoff aus Deutschland in wenigen Monaten anwendbar
Beim Tübinger Biotechnologie-Unternehmen CureVac könnte bereits in wenigen Monaten
ein Impfstoff gegen das neuartige Coronavirus entwickelt sein. Beim dortigen Thera-
pieansatz werden nicht die Krankheitserreger selbst für die Impfstoffentwicklung genutzt,
sondern Botenstoffe, die Informationen über ein bestimmtes Eiweiß in den Körper bringen,
woraufhin Antikörper gebildet werden können. Dieses Verfahren wurde bereits bei einem
anderen Virus erfolgreich getestet. Bei einem Treffen der Weltgesundheitsorganisation
(WHO) in der kommenden Woche sollen hunderte Experten über die Entwicklung von
Medikamenten zur Behandlung von 2019-nCov diskutieren.
Mittlerweile ist CureVac mit seiner Impfstoffentwicklung gescheidert, während Biontech und
Moderna, ihren Impfstoff erfolgreich weltweit auf den Markt gebracht haben.
Die Zahl der Toten in China ist auf 563 Menschen gestiegen, das sind 73 Todesfälle
innerhalb eines Tages. Über 28.000 seien inzwischen infiziert, zu Beginn der Woche waren
es noch 20.000. Inzwischen gibt es aber auch Zweifel an der Zuverlässigkeit der
Informationen chinesischer Behörden.

07.02.2020
Kann das Virus auch zu Hause behandelt werden?
Deutsche Forscher haben die erste Infektion mit dem Coronavirus rekonstruiert.
Ergebnis: Die chinesische Mitarbeiterin war symptomfrei, als sie die Viren verbreitete. Es besteht
die Möglichkeit, dass Menschen auch nach ihrer Genesung noch infektiös sein könnten, das müsse
jedoch noch mittels Viruskultur nachgewiesen werden. Die Forscher geben nach ihrer Untersuchung zu bedenken, dass nicht alle Fälle unbedingt klinisch behandelt werden müssen: Da die
Krankenhauskapazitäten begrenzt sind - insbesondere in Anbetracht des gleichzeitigen Höhepunkts
der Influenzasaison auf der Nordhalbkugel - muss untersucht werden, ob solche Patienten mit
angemessener Anleitung und Aufsicht außerhalb des Krankenhauses behandelt werden können.
Corona-Studie, TU München

Die Corona-Epidemie könnte zu einer weltweisen Krise bei der Versorgung mit Arznei-
mitteln führen. Wie die Tagesschau, hängt inzwischen ein Großteil der Produktion von
Medikamenten, wie etwa Antiobiotika, von Fabriken in China ab. Dort aber stehen aufgrund
von Corona inzwischen zahlreiche Fabriken still und das öffentliche Leben ist zum Erliegen
gekommen. Deutsche Hersteller wie Höchst hatten ihre Produktion aufgrund des starken
Preisdrucks vor einigen Jahren eingestellt. Die Strafe für das Preisgeschachere folgt jetzt!!

Virus-Entdecker gestorben.
In China ist der 34-jährige Augenarzt Li Wenliang aus Wuhan gestorben. Er hatte im Dezember auf den Ausbruch einer neuen Krankheit hingewiesen und war daraufhin von den
Behörden wegen der Verbreitung von Gerüchten vor- geladen und verwarnt worden. Später
steckte er sich selbst bei einer Patientin an. Behörden zufolge infizierten sich am Freitag
3.143 Menschen mit dem Virus. Insgesamt sind inzwischen 31.161 Infektionen bestätigt,
636 Menschen starben an der Krankheit. Forscher gehen **auf Basis von**
Modellberechnungen* ebenfalls davon aus, dass sich die Ausbreitung des Virus im
Februar weiter bremsen und eindämmen lässt.

Ich komme nicht umhin, diese Feststellung, einer Vielzahl von seriösen Forschern, an dieser Stelle festzuhalten, verbunden mit dem Hinweis, was die nahe Zukunft zeigte.

• *Die Modellberechnungen waren allesamt **falsch**.*

• *Bereits wenige Wochen nach Bekanntgabe der wissenschaftlichen, aber dennoch rein spekulativen Schätzungen, mussten die gleichen Wissenschaftler zugeben, dass ihre gesamten Modellberechnungen, **komplett falsch** waren.*

• *Weshalb dieser Hinweis auf die falschen Bewertungen und Berechnungen der forschenden Gelehrten und Theoretikern?*

*Sämtliche **Klimavoraussagungen** beruhen ausschließlich auf Datenauswertungen der Wetteraufzeichnungen und auf **Modellberechnungen**, auf die Zukunft.*

*Wie vorsichtig man mit den Bewertungen dieser **Zukunftsvoraussagen** sein muss, sehen wir hier.Sie taugen nichts,wenn sie von den tatsächlichen Gegebenheit ad absurdum geführt werden.*

*Sie können lediglich als eine „**vielleicht** eintretende Situation" bewertet werden.*

*Sie sind damit letztendlich nichts als „**rein spekulative**" Annahmen.*

*Der explizite Hinweis auf die falschen Corona-Modellberechnungen ist ein bloßer Hinweis auf die **Unzu-länglichkeiten aller Überlegungen**, in denen angenommene oder spekulative Entwicklungen der Zukunft, als Ansatz der Berechnungen dienen.*

Die Ergebnisse sind nichts als Vermutungen, respektive Spekulationen auf die Zukunft.

08.02.2020
Corona-Viren überleben bis zu neun Tage auf Oberflächen
Das hat ein Forschungsteam der Uni Greifswald und der Ruhr-Universität Bochum nach Auswertung der aktuellen Studienlage ermittelt. Im Krankenhaus können das zum Beispiel Türklinken sein, aber auch Klingeln, Nachttische, Bettgestelle und andere Gegenstände im direkten Umfeld von Patienten, die oft aus Metall oder Kunststoff sind.
Prof. Dr. Günter Kampf, Institut für Hygiene und Umweltmedizin der Unimedizin Greifswald
Die Flächen können jedoch durch Oberflächendesinfektionsverfahren mit 62-71% Ethanol, 0,5% Wasserstoffperoxid oder 0,1% Natriumhypochlorit innerhalb von nur einer Minute wirksam inaktiviert werden, so die Forschenden in ihrer Veröffentlichung.

Die Zahl der Todesfälle in China ist mittlerweile auf über 700 gestiegen. Bis auf fünf, alle aus der Provinz Hubei. Inzwischen sind auch 34.500 Menschen infiziert. Die USA wollen den Kampf gegen das neuartige Coronavirus mit 100 Millionen Dollar unterstützen.
Das kündigte das Außenministerium in Washington an. Das Geld solle China und weiteren betroffenen Ländern zugute kommen. Zudem seien in dieser Woche mehr als 16 Tonnen Hilfsgüter nach China gebracht worden, darunter Masken, Kittel und Atem- Schutzgeräte.
Der Internationale Kreuzschifffahrt-Verband hat die Vorsorgemaßnahmen gegen eine Ausbreitung der Lungeninfektion verschärft. Demnach werden ab sofort keine Passagiere und Besatzungsmitglieder mehr an Bord gelassen, die in den vergangen zwei Wochen in China waren oder auf einem Flughafen des Landes umgestiegen sind.

09.02.2020
Chartermaschine holt weitere 20 Deutsche zurück
20 Deutsche aus Wuhan sind in Berlin ankommen, werden dort untersucht und isoliert untegebracht.

Mehr Tote als bei Sars

Die Zahl der Todesopfer hat sich weiter erhöht. 811 Menschen sind am Virus gestorben, das sind mehr als bei der Sars-Epidemie 2002/2003, die 774 Todesopfer zur Folge hatte. Nach 2.656 neuen Ansteckungen wuchs die Zahl der Fälle inzwischen auf über 37.000. Auch in Europa gibt es Neuerkrankungen. Fünf Briten, darunter ein Kind, haben sich in einem französischen Skigebiet angesteckt. In der Unterkunft hatte ein weiterer Brite gewohnt, der aus Singapur angereist war und bei dem die Erkrankung kurz zuvor festgestellt worden war.

WHO arbeitet mit Influencern.

Die Weltgesundheitsorganisation WHO hat in ihrem aktuellen Briefing erklärt, dass sie mit Influencern auf Instagram und Youtube vor allem im asiatisch-pazifischen Raum zusammenarbeitet, um mit Fakten gegen Falschinformationen vorzugehen. Auch die Zusammenarbeit mit Facebook, Google, Tencent, Tik Tok, Weibo, Pinterest und anderen Plattformen wird dafür fortgesetzt. "Menschen müssen Zugang zu genauen Informationen haben, um sich und andere zu schützen", so WHO-Generaldirektor Tedros Adhanom Ghebreyesus.

In China viele Übetragungen im Krankenhaus

Eine neue Untersuchung in China zeigt die Verbreitung der Krankheit. Bei der Auswertung von 138 Fällen errechneten die Forscher eine Sterberate von 4,3 Prozent, ein Viertel der Betroffenen war auf der Intensivstation. Bei 41 Prozent der Patienten bestand der Verdacht auf eine Krankenhausbedingte Übertragung von 2019-nCoV von Mensch zu Mensch. Darunter waren in der Fallserie allein 40 medizinisches Personal sowie 17 Patienten, die wegen anderer Krankheiten bereits behandelt wurden.

10.02.2020

20 Rückkehrer nicht infiziert

Die 20 Deutschen, die gestern aus Wuhan zurückgekehrt sind, haben sich nicht mit dem neuen Coronavirus infiziert. Die Rückkehrer - 16 Erwachsene und vier Kinder - werden 14 Tage lang in einem Verwaltungsgebäude einer DRK-Klinik in Berlin-Köpenick wohnen, strikt getrennt von den anderen Patienten, wie das DRK mitteilte.

An Bord des unter Quarantäne gestellten Kreuzfahrtschiffes "Diamond Princess" in Yokohama (Japan) wurden 66 weitere Infizierte nachgewiesen, 45 davon Japaner. Damit erhöhte sich die Zahl der in Kliniken gebrachten Infizierten auf 136, so der japanische Fernsehsender NHK am Montag. Die übrigen der insgesamt 2.666 Passagiere und 1.045 Crewmitglieder - darunter auch zehn Deutsche, die nach Angaben der deutschen Botschaft in Tokio nicht infiziert sind - sollen voraussichtlich bis zum 19. Februar an Bord bleiben.

Wissenschaftler der Humboldt-Universität Berlin (HU) und des Robert Koch-Institutes haben einen Risikomonitor für die Verbreitung des Coronavirus entwickelt. Grundlage sind weltweit 51.000 Flugverbindungen auf 4.000 Flughäfen. Wir können für jeden Ursprungsort, für jeden Referenzknoten die wahrscheinlichsten Wege zu allen anderen Flughäfen von diesen Referenzknoten berechnen. Und so berechnet sich das Risiko.
Prof. Dr. Dirk Brockmann, HU

Deutschland ist nach diesem Monitor derzeit in Westeuropa das Land mit dem größten Risi- ko für die Ausbreitung des Virus.
An den Bundes-Gesundheitsminister Spahn gerichtet:
„Haben Sie diese Meldung nicht bekommen ?"
Oder „haben Sie diese Warnung einfach in den Wind geschlagen"?

..... *Oder bewegten sich Ihre Gedankengänge Herr Spahn, bereits im Februar 2020, nur noch hauptsächlich um den Erwerb einer millionenschweren Villa in Berlin-Dahlem, die Sie dann im Oktober 2020, zusammen mit Ihrem Ehemann Daniel Funke gekauft haben.*
Nachdem das Amtsgericht Schöneberg sämtliche Informationen über den Hauskauf offen legte, musste Spahn wieder seine ganze Kraft darauf verwenden, solche Informationen gerichtlich zu verhindern. Es entsteht der Eindruck, dass Spahn Fehlvorstellungen darüber unterliegt, welche Informationen Behörden gegenüber der Presse mitzuteilen verpflichtet sind – und die demnach auch in die öffentliche Debatte gehören. Sieht man sich die Situation genauer an, überkommt einem das beklemmende Gefühl, dass Jens Spahn in dieser Phase der aufkommenden zweiten Pandemie-Welle, mit seinen gesamten Gedanken überall war, nur nicht bei seiner Arbeit als Bundes-Gesundheitsminister. So ließe sich auch sein fatales „Nichtstun", verbunden mit den haltlosen Versprechungen, erklären
Während dessen steigt die Zahl der Todesopfer weiter an. Gestern starben 97 Menschen, die offizielle Gesamtzahl der Todesopfer der Epidemie in Festlandchina stieg damit auf 908. Laut dem Gesundheitsausschuss der Regierung sind dort 40.171 Menschen erkrankt. Die WHO schickt eine Expertengruppe nach China.
Die chinesischen Behörden haben nach einem Bericht der staatlichen Nachrichtenagentur etwa 6.200 medizinische Fachkräfte mit 47 Charterflügen nach Wuhan gebracht, um bei der Bekämpfung der Epidemie zu helfen. Die Zentralbank in Peking hat 39 Milliarden Euro für Hilfsmaßnahmen zur Verfügung gestellt. Unternehmen, die zur Prävention und Eindämmung der Krankheit beitragen, sollen demnach mit Krediten unterstützt werden.

11.02.2020
Die Krankheit hat einen neuen Namen
Seit heute heißt die Corona-Lungenkrankheit Covid-19. Das gab die WHO zu Beginn einer Konferenz bekannt, bei der rund 400 Experten nach Lösungen für die weltweite Bedrohung suchen. "Es ist wichtig, einen Namen zu haben, um die Verwendung anderer Namen zu verhindern, die ungenau oder stigmatisierend sein können", so WHO-Chef. Es musste ein Name sein, der sich nicht auf einen geografischen Ort, ein Tier, eine Person oder eine Gruppe von Menschen bezieht und der auch aussprechbar ist und mit der Krankheit zusammenhängt. *Tedros Adhanom Ghebreyesus, WHO*

Auch das Virus, bisher 2019-nCov genannt, erhielt einen neuen Namen. Es heißt jetzt Sars-CoV-2 und zeigt die enge Verwandtschaft mit dem Sars-Virus, die Virologe Alexander Kerkulé aus Halle bereits festgestellt hatte.

Zwei weitere Fälle in Bayern
In Deutschland ist die Zahl der bestätigten Coronavirus-Fälle um 2 auf 16 gestiegen. Auch die beiden neuen Fälle stehen im Zusammenhang mit dem Automobilzulieferer Webasto. Am Mittwoch will der Bundestag über die Vorbeugemaßnahmen gegen das Virus beraten.
Virus hat bis zu 24 Tage Inkubationszeit.
Noch sind die Ergebnisse der chinesischen Forscher vorläufig. Aber sie besagen: Das Virus kann bis zu 24 Tage benötigen, bis die Krankheit ausbricht, zehn Tage länger als bisher gedacht. Das haben die Forscher nach Auswertung von 1.100 Krankheitsverläufen festgestellt. Wissenschaftler der Max-Planck-Gesellschaft in Deutschland berichten inzwischen von einem neuen Ansatz der Corona Therapie. Dabei geht es um eine Art Müllentsorgung in den Zellen, wenn diese unter Stress stehen. Dabei entdeckten die Forscher ein Protein, dass für diese Müllentsorgung zuständig ist. Und das lässt sich mit Substanzen steuern, die bereits in zugelassenen Medikamenten vorhanden sind.

Mers-Coronaviren können damit eingedämmt werden, zeigen erste Versuche von Max-Planck-Forschern mit Virologen der Charié Berlin. Ob die zelluläre Müllabfuhr zur Abwehr von Coronaviren im Menschen eingesetzt werden kann, muss sich erst noch zeigen.
Theo Rein, Universitätsklinikum Bonn

In China stieg die Zahl der Menschen, die an den Folgen des Virus gestorben sind, auf mehr als 1.000. Wie die chinesische Regierung mitteilte, gibt es die meisten Opfer weiter in der Provinz Hubei. Landesweit seien mehr als 42.000 Menschen mit der Krankheit infiziert. Die chinesischen Behörden haben allerdings seit dieser Woche die Erfassung der Infizierten geändert. Entgegen den Vorgaben der WHO werden jetzt nicht mehr alle Infizierten gezählt, sondern nur noch Personen, die Krankheitssymptome zeigen. Außerhalb Chinas ist das Coronavirus bislang in rund 30 Ländern nachgewiesen worden. Mehr als 300 Erkrankungen sind bestätigt, 14 davon in Deutschland.

Frage: Was tat Spahn, außer großspurige Reden schwingen?
Nicht viel, wenig, bis gar nichts.
Ohh, halt, musste er sich nicht um seinen Villenkauf kümmern?

12.02.2020
Höhepunkt der Epidemie im März?
Es stellt sich die Frage, ob die die strenge Abschottung in China die Ausbreitungsdynamik des neuen Coronavirus verändert hat? Chinesische Wissenschaftler stellen die Prognose auf, dass die Kontrollmaßnahmen der Regierung in Peking geholfen haben, die natürliche Ausbreitung einzudämmen. Nach ihren Berechnungen wird der Höhepunkt der Virusübertragung demnach in Wuhan um den 10.03. erreicht sein und in Peking um den 31.3. Diese Berechnungen allerdings auf Modellen, deren Parameter teilweise nur geschätzt werden können.

Auch hier stützten sich die Berechnungen auf Modellen, deren Parameter durch Schätzungen erstellt wurden. Wir wissen heute, dass diese Modell-Berechnungen sowas von falsch waren, dass man sie durchaus als „gefährlich" bezeichnen kann.

Innerhalb der letzten 24 Stunden hat das Coronavirus fast 100 Todesopfer gefordert. Landesweit kamen in China im Vergleich zum Vortag 97 Todesfälle hinzu, und 2.015 neue Infektionen. Am Dienstag waren noch 108 Todesfälle und 2478 neue Infektionen gemeldet worden. Allerdings wird eine hohe Dunkelziffer vermutet. An Bord des unter Quarantäne gestellten Kreuzfahrtschiffes "Diamond Princess" im japanischen Yokohama ist bei weiterer 39 Menschen eine Infizierung mit dem Virus festgestellt worden. 4 Personen zeigten ernste Symptome. Damit erhöht sich die Zahl der Infizierten an Bord auf 174. Die Quarantäne gilt mindestens bis zum 19. Februar. An Bord des Kreuzfahrtschiffes sind auch zehn Deutsche.

13.02.2020
Erster Patient in Deutschland als geheilt entlassen
Infektion Covid-19 – „Corona ist ein Naturphänomen"
Der erste von 16 Coronavirus-Patienten in Deutschland ist in München aus der Klinik entlassen worden. Der Mann sei wieder vollständig gesund und nicht mehr ansteckend, teilte das bayerische Gesundheitsministerium am Donnerstag mit. Prof. Dr. Clemens Wendtner, Chefarzt der Infektiologie und Tropenmedizin, München Klinik Schwabing, bestätigte am Nachmittag, dass man im Körper es dort entlassenen Patienten neutralisierende Antikörper nachweisen konnte. Wir können hier eine Imminutät im Rahmen von Covid-19 belegen.
Prof. Clemens Wendtner, München Klinik Schwabing

Es stellt sich die Frage: Kann das Coronavirus über Waren aus China übertragen werden? Neue Diagnosemethode – die Zahl der Fälle ist in China sprunghaft angestiegen. Die Chinesischen Behörden haben neu gezählt und die Ergebnisse sind drastisch: Die Zahl erfasster Todesfälle habe sich mit 254 landesweit innerhalb eines Tages mehr als verdoppelt, berichtete die Gesundheitskommission am Donnerstag in Peking. Damit sind mehr als 1.300 Tote zu beklagen. Die Zahl neuer Infektionen versiebenfachte sich im Vergleich zu den Tagen davor: Mehr als 15.100 Fälle kamen hinzu. Landesweit sind fast 60.000 Menschen infiziert. Auf dem Kreuzfahrtschiff "Diamond Princess" im japanischen Yokohama sind 44 weitere Infektionsfälle nachgewiesen worden. Erleichterung dagegen auf dem Kreuzfahrtschiffs "Westerdam": Das aus Hongkong kommende Schiff, das aus Sorge vor einer Einschleppung von Covid-19 in mehreren Ländern Asiens nicht andocken durfte, erreichte am Donnerstag Kambodscha. Auf dem Schiff sind 2.300 Menschen, darunter 57 Deutsche. Bisher ist kein einziger Sars-CoV-2-Fall bekannt.

Impfstoff in 18 Monaten?

Die Weltgesundheitsorganisation WHO rechnet damit, dass frühestens in 12 bis 18 Monaten ein Impfstoff zur Verfügung steht. Mindestens, so Prof. Christian Drosten, Direktor des Instituts für Virologie an der Berliner Charité, im Deutschlandfunk. Denn damit ist der Zeitraum bis zu einer möglichen Zulassung gemeint, aber auch Herstellung, Verteilung und Impfung brauchen ihre Zeit. Drosten sieht das deutsche Gesundheitswesen im Augenblick schlecht auf Corona vorbereitet. Die Krankenhäuser seien extrem kostenoptimiert und hätten kaum Reserven; außerdem seien die Gesundheitsämter personell nicht ausreichend ausgestattet.

Sehr geehrter Herr Spahn, diese Feststellungen wurden am 13. Februar 2020 gemacht. Unabhängig davon, ob man dieser Prognose die nötige Aufmerksamkeit schenkte, sie kam von einem Experten. Spätestens nach diesem 13. Februar 2020 hätte im Bundes-Gesundheitsministerium „alle Glocken klingeln" müssen. Statt sofort alle Möglichkeiten für eine Pandemiebekämpfung zu eruieren, haben Sie nur „große und beschwichtigende Reden" geschwungen.

14.02.2020
Kann Mers-Medikament bei Corona helfen?
Ein Forscherteam aus den USA stellt in einer aktuellen Studie ein Medikament vor, mit dem das Mers-Coronavirus in Tierversuchen erfolgreich behandelt werden konnte. MERS-CoV hat seit seiner Entdeckung im Jahr 2012 * fast 2.500 Fälle von Atemwegssyndom im Nahen Osten verursacht, wobei in etwa 35 Prozent der Fälle tödlich verliefen. Die Forscher konnten nun mit dem antiviralen Medikament Remdesivir bei Mäusen und Affen Mers-CoV eindämmen. Wegen seiner breiten antiviralen Wirkung, könnte das Medikament auch gegen Coronaviren/Sars-CoV-2-, nützlich sein.

* Hier ist er wieder, der Hinweis auf die Entdeckungen aus dem Jahre 2012, in denen das Coronavirus erstmals nachgewiesen wurde. Das Robert-Koch-Institut hat 2012, in seinem Hinweis an die Bundesregierung, die Gefahren, die von diesem neuen Virus ausgehenden können, expli- zit aufmerksam gemacht. Herr Spahn, das war 8 Jahre vor Ausbruch der Corona-Pandemie.
Es dreht sich hier nicht um das gänzliche Versagen des verantwortlichen Gesundheitsministeriums. Es geht hier um das Nichtbeachten von Gefahrenhinweisen und um das Unterlassen von Sicherungsmaßnahmen, die für die Bekämpfung einer evtl. entstehenden globalen Pandemie, unbedingt notwendig sind.

Neue Zählweise - ohne Labortests

Grippe & Coronavirus – Wann ein Mundschutz sinnvoll ist.

Wie viele Virusfälle gibt es wirklich?

Nach der neuen Zählweise in China kamen innerhalb eines Tages 4.823 nachgewiesene Infektionen hinzu, wie die Gesundheitskommission der Provinz am Freitag berichtete. 64.000 Infizierte und fast 1.400 Tote sind jetzt bekannt. Experten wie der Charité-Virologe Prof. Christian Drosten ("Man muss davon ausgehen, dass die Menschen in China völlig überlastet sind.") befürchten immer noch eine hohe Dunkelziffer. Für die neue Zählweise werden in China jetzt auch die Fälle mitgerechnet, bei denen Ärzte ohne Labor-Tests eine Lungenentzündung, Fieber, Atemprobleme und andere typische Covid-19-Symptome festgestellt haben. Allein gestern waren das rund 3.000, also mehr als die Hälfte der gemeldeten Infektionen.

Keine Messeabsagen in Deutschland

In Deutschland sind wegen des Coronavirus derzeit keine Messeabsagen wie die der Mobil Funkmesse in Barcelona geplant. Das teilte der Verband der deutschen Messewirtschaft - Auma - mit. Die Messe in Barcelona war abgesagt worden, nachdem viele Unternehmen wegen des Coronavirus nicht teilnehmen wollten. Auma-Chef Harting erklärte, der deutsche Messeverband stehe in engem Kontakt mit den Gesundheitsbehörden und habe zusätzliche Maßnahmen für den Gesundheitsschutz ergriffen.

15.02.2020

Erster Todasfall durch Coronavirus in Europa

In Frankreich ist ein 80-jähriger gestorben. Der Mann hatte sich im Urlaub in China mit dem Virus angesteckt. Es ist der erste Fall eines an Covid-19 verstorbenen Patienten in Europa.

Coronakrise in Thüringen – Die Wirtschaft erwartet spürbare Folgen

Erster Coronafall in Afrika

Die ägyptische Regierung hat den ersten Fall der neuartigen Coronavirus-(Covid-19) Infektion auf dem afrikanischen Kontinent gemeldet. Es handele sich um einen Patienten aus dem Ausland, der keine Symptome der Atemwegserkrankung zeige. Dennoch sei er in einem Krankenhaus in Kairo isoliert worden. Die Experten befürchten, bei einer Ausbreitung des Virus in Afrika könnte die Kontrolle über den Erreger endgültig verloren gehen. In Ländern mit schlechten Gesundheitssystemen gäbe es kaum Möglichkeiten, das Virus einzudämmen. Es würde sich dann dauerhaft als Krankheitserreger etablieren. Bereits Ende Januar hatten die Vereinten Arabischen Emirate (VAE) vier Infektionen mit dem Covid19-Virus gemeldet.

Stand Corona-Infektionen und Todesfälle am Samstag

In China wurden laut offizieller Statistik inzwischen 66.492 Infektionen mit dem neuartigen Coronavirus gezählt. Insgesamt 1.523 Menschen starben an der Krankheit. Außerhalb des chinesischen Festlands wurden bislang rund 600 Erkrankungen gezählt. In Deutschland wurden inzwischen insgesamt 16 Infektionen festgestellt. Bei keiner von ihnen kam es zu Komplikationen. Die ersten Patienten wurden inzwischen ohne Symptome aus den Krankenhäusern in München und Frankfurt am Main entlassen. Sie seien nicht ansteckend, teilten die Ärzte mit. Auch die Quarantäne für die aus Wuhan ausgeflogenen Passagiere kann voraussichtlich am Wochenende aufgehoben werden.

Babys überstehen Corona-Infektion ohne Probleme

Chinesische Mediziner beschreiben im Fachblatt JAMA Krankheitsverläufe von neun Babys unter einem Jahr. Sieben von ihnen waren Mädchen, zwei Jungen. Bei ihnen wurde zwischen dem 8. Dezember und dem 6. Februar das neue Corona-Virus (Covid-19) diagnostiziert. Vier von ihnen hatten Fieber, zwei litten an leichten Symptomen der oberen Atemwege, ein Säugling hatte gar keine Symptome obwohl er den Erreger in sich trug. Bei den übrigen beiden Kindern lagen keine Informationen zu Symptomen vor. Bei keinem der neun Kinder zeigten sich gefährliche Krankheitsverläufe, kein Baby musste intensiv gepflegt werden.

Dass Babys Coronainfektionen leichter überstehen können, mag durch die Studien der chinesischen Mediziner, belegt sein. Fest steht jedoch, dass sich auch Babys anstecken können.

16.02.2020
Deutsche werden aus Quarantäne entlassen
Rund 120 Menschen, die vor zwei Wochen von der Bundeswehr aus China ausgeflogen wurden, verlassen heute die Quarantäne. Nach Behördenmitteilung, hätten alle abschließenden Tests gezeigt, dass keine Infektionen mit dem Coronavirus (offizelle Bezeichnung Sars-CoV-2) vorliegen.

Neue Corona-Infektionen in Deutschland wahrscheinlich
Der Virologe Professor Ulf Dittmer (Foto) vom Uniklinikum Essen rechnet damit, dass es zu weiteren Corona-Infektionen in Deutschland kommt. Es gebe eine Rückreisewelle aus China, auf diesem Weg könne das Virus in die Bundesrepublik kommen, sagte der Mediziner der Nach-Richtenagentur dpa. Dittmer geht aber nicht davon aus, dass es beim Straßenkarneval kommende Woche schon zu Infektionen kommen könne. Das sei unwahrscheinlich.

Welch ein fataler Irrtum!
In Cina sind mittlerweile 65.800 Menschen erkrankt. 2.009 Neuinfektionen meldete die nationale chinesische Gesundheitskommission. Experten gehen jedoch von einer hohen Dunkelziffer aus. Bis jetzt hat die Lungenkrankheit Covid-19 in Festlandchina 1.665 Menschen das Leben gekostet.

17.02.2020
Über 70.000 Erkrankte in China
In der chinesichen Provinz Hubei gilt ab sofort ein Fahrverbot für alle Privatfahrzeuge. Unter den 60 Millionen Einwohnern gibt es die meisten Krankheits- und Todesfälle. Von den 70.548 Erkrankten (Stand heute) Leben 58.000 in Hubei, 1.696 der bisher 1.770 Todesfälle wurden dort registriert.Außerhalb Festland-Chinas sind 5 Patienten gestorben. Mehr als 700 Virusfälle wurden in mehr als zwei Dutzend Ländern entdeckt - die meisten in Japan wegen des Kreuzfahrtschiffes. Unter den Reisenden des Kreuzfahrtschiffes Westerdam, gibt es mindestens einen Coronafall. Eine 83-jährige Amerikanerin wurde bei der Weiterreise in Malaysia positiv getestet und ins Krankenhaus gebracht. Auf der Westerdam waren auch 57 Deutsche, einige sind noch an Bord, andere bereits auf der Heimreise, meldet die dpa.

Babys können angesteckt werden
Auch Kinder von unter einem Jahr können an Covd-19 erkranken, kommen mit dem Virus nach bisherigem Erkenntnisstand aber zurecht. Da diese Kinder sich jedoch nicht selbst schützen können, raten die Forscher in ihrer Veröffentlichung zu Vorsichtsmaßnahmen. Wer Kinder betreut, "sollte Masken tragen, sich vor dem engen Kontakt mit Säuglingen die Hände waschen und das Spielzeug und Geschirr der Säuglinge regelmäßig sterilisieren".

17.02.2020 | 16:22 Uhr
Coronavirus: Sachse gefangen auf dem Kreuzfahrtschiff
Die USA haben Hunderte Bürger, die auf der "Diamond Princess" waren, nach Hause geholt. Ein Krisenstab in Berlin prüft ähnliche Schritte für mehr als 60 Deutsche auf zwei von Corona betroffenen Kreuzfahrtschiffen. Ziel sei es, dass alle Passagiere, die das wünschten, möglichst bald nach Deutschland zurückkehren können, so ein Sprecher des Auswärtigen Amts. Nach Angaben des Gesundheitsministeriums wird überlegt, Rückkehrer nicht zentral unterzubringen, sondern eine Quarantäne im häuslichen Umfeld vorzunehmen.

18.02.2020
Weltweite Medikamenten-Engpässe – Lieferketten unterbrochen
Coronavirus: Wirtschaftsvertreter warnt vor Medikamentenengpass
Mehr und mehr werden die wirtschaftlichen Auswirkungen der Epidemie auf den Welthandel spürbar. So warnt der Präsident der EU-Handelskammer in China, Jörg Wuttke, vor einem weltweiten Engpass bei Antibiotika und anderen Medikamenten.

Was für Medikamente gilt, wirkt auch bei vielen anderen Produkten, wenn die Lieferketten wegen der Lungenkrankheit zusammenbrechen. Fiat Werke in Serbien stehen wegen fehlender Lieferungen aus China bereits still. Apple hat seine aktuelle Umsatzprognose nach unten korrigiert.

"Die negativen wirtschaftlichen Folgen für die chinesische Wirtschaft werden auch die Exportunternehmen im Europaraum zu spüren bekommen", sagt Commerzbank-Experte Christoph Weil. Deutsche Autobauer vermelden bereits Rückgänge bei Verkäufen in China seit Jahresanfang.

Man beachte, dass Wirtschaftsexperten bereits Mitte Februar 2020 vor Liefer- und Produktionsengpässen warnten.

Hätte die Politik diesen Warnungen die Beachtung gewidmet, die sie verdienten, dann wären die Impfstoff-Beschaffungsprobleme Ende 2020 und im gesamten Jahr 2021 nicht aufgetreten.

Anders ausgedrückt: *„Hätten die Verantwortlichen in den politischen Ämtern, ihre Hausaufgaben gemacht, wären sie unweigerlich „drauf gekommen": „Halt, wir müssen nicht nur einen Impfstoff entwickeln, wir müssen ihn auch produzieren".*

So aber haben ALLE einen der wesentlichsten der vorausschauenden Aspekte, komplett übersehen, respektive deutlicher ausgedrückt, einfach verschlafen.

Höhepunkt der Epidemie Ende Februar?
Ende Februar könnte die Ausbreitung der Lungenkrankheit Covid-19 in China ihren Höhepunkt erreicht haben. Das schätzt der Chef der Expertengruppe der chinesischen Re- gierung, Professor Zhong Nanshan. Der Höhepunkt sei jedoch noch nicht der Wendepunkt. Erst Ende April wird sich die Lage möglicherweise stabilisieren, so Zhong Nanshan. Inzwischen meldeten die chinesischen Behörden weitere 1.886 neue Infektionen und 89 Todesopfer. Insgesamt sind damit China jetzt 72.436 Menschen erkrankt und 1.868 gestorben. Unter den Toten ist auch der Chef eines Krankenhauses in Wuhan, der Hauptstadt der am schlimmsten betroffenen Provinz Hubei. Am Freitag war bereits eine Krankenschwester in dem Krankenhaus an dem Virus gestorben. Insgesamt haben sich nach chinesichen Angaben rund 1.7000 Ärzte und Pflegekräfte angesteckt.

Deutsche Kreuzfahrer soll nach Hause geholt werden
Kreuzfahrtschiff "MS Westerdam" liegt nach Irrfahrt vor der Küste Kambodschas.

19.02.2020
Russland verhängt Einreisesperre
Russland hat aus Sorge vor einer Einschleppung von Covid-19 von Donnerstag an eine Einreisesperre für Chinesen verhängt. Betroffen seien alle Einreisen zum Arbeiten oder für touristische und Studienzwecke, heißt es in einer Verfügung von Regierungschef Michail Mischustin. Das Verbot gilt nur für chinesische Staatsbürger, nicht für andere aus China kommende Reisende, so die Zeitung "Kommersant".

Covid-19 -Stammt das Coronavirus aus einem Genlabor?

Inzwischen meldeten die chinesischen Behörden weitere 1.886 neue Infektionen und 89 To- desopfer. Insgesamt sind damit China jetzt 72.436 Menschen erkrankt und 1.868 gestorben. Unter den Toten ist auch der Chef eines Krankenhauses in Wuhan, der Hauptstadt der am schlimmsten betroffenen Provinz Hubei. Am Freitag war bereits eine Krankenschwester in dem Krankenhaus an dem Virus gestorben. Insgesamt haben sich nach chinesichen Angaben rund 1.7000 Ärzte und Pflegekräfte angesteckt.

Erste Kreuzfahrtpassagiere dürfen an Land

Nach zwei Wochen Quarantäne sind die ersten Kreuzfahrtpassagiere in Yokohama von Bord der "Diamond Princess" gegangen. 443 vor allem ältere Passagiere, die negativ getestet wurden, durften als erste an Land, darunter mindestens ein Deutscher. Innerhalb der kommenden drei Tage sollen alle verbleibenden der noch rund 3.000 Passagiere vom Schiff ge-holt und vorerst in Yokohama untergebracht werden. Anfangs waren 3.700 Menschen an Bord, 542 hatten sich infiziert. Erste Rückkehrer nach Deutschland gab es vom Kreuzfahrtschiff "Westerdam" in Kambodscha: Zwei Brandenburger kehrten am Dienstag heim. Beide weisen keine Symptome auf und befinden sich in häuslicher Isolation, so das brandenburgische Gesundheitsministerium.

Über 2.000 Todesopfer - Die Zahl der Covid-19 gestorbenen Menschen ist mittlerweile um weitere 136 auf 2.004 gestiegen, gab die Nationale Gesundheitskommission Chinas bekannt. Die Zahl der Neuinfektionen stieg um 1.749 auf jetzt 74.185 Menschen. Nach einer Analyse sterben im Land 2,3 Prozent der mit dem Virus Sars-CoV-2 Infizierten, vor allem alte Menschen und solche mit schweren Vorerkrankungen wie Herzkreislauf-Erkrankungen oder Diabetes. Bei Menschen über 80 Jahren liege die aus den vorliegenden Daten errechnete Todesrate bei knapp 15 Prozent.

20.02.2020
Zwei Passagiere der "Diamond Princess" gestorben.

Zwei mit dem Coronavirus Sars-CoV-2 infizierte Passagiere von Bord des im japanischen Yoko-hama liegenden Kreuzfahrtschiffes "Diamond Princess" sind gestorben. Bei den Opfern handelt es sich um zwei 87 bzw. 84 Jahre alte Japaner. Bis zum Mittwoch waren 621 Infektionen unter den Passagieren der "Diamond Princess" nachgewiesen worden. Die rund 3.000 Passagiere des Kreuzfahrtschiffes sollen bis zum Freitag alle ausgeschifft werden.

Zahl der Neuinfektionen in China gesunken in China ist die Zahl der Neuinfektionen mit dem Coronavirus auf den tiefsten Stand seit Wochen gefallen. Nach Mitteilungen, ging die Zahl neu bestätigter Infektionen auf 394 Fälle zurück. Am Vortag waren es noch 1.749 gewesen. Die Zahl neuer Todesopfer wurde mit 114 angegeben. In der Provinz Hubei, wo das Virus seinen Ursprung hatte, ging die offizielle Zahl der Neuinfektionen im Vergleich zum Vortag von 1.649 auf 349 zurück. Der markante Rückgang dürfte allerdings mit einer neuen Zählweise im Zusammenhang stehen: So sollen klinische Diagnosen, nicht mehr als offiziell bestätigte Fälle in die Statistik einfließen. Insgesamt haben in China nach den offiziellen Angaben bislang 74.576 Menschen die Covid-19 genannte Lungenkrankheit, die vom Coronavirus ausgelöst wird.

Experte warnt: Virus verschwindet vielleicht nie.

Ein führender chinesischer Wissenschaftler hat davor gewarnt, dass das Coronavirus zu einer etablierten Krankheit wie die Influenza-Grippe werden könnte. "Das neue Coronavirus könnte zu einer Langzeitkrankheit werden, die genau wie die Grippe mit dem Menschen koexistiert", sagte Wang Chen, Präsident der China Academy of Medical Science.

21.02.2020
Verwirrung um steigende Infektionszahlen

Keine Entwarnung. Nach dem Rückgang gestern ist die Zahl der Neuinfektionen und Todesfälle wieder gestiegen. 118 neue Todesfälle melden die Behörden, 2.236 Menschen sind in China damit bisher der Erkrankung zum Opfer gefallen. Gleichzeitig stieg die Zahl neu bestätigter Virusfälle um 889 auf jetzt 75.465. Allerdings wurde in China erneut die Zählweise der Infizierten geändert. Daher herrscht Verwirrung um das wahre Ausmaß der Epidemie. Außerhalb von Festland-China sind inzwischen mehr als zehn Covid-19-Tote erfasst, Dutzende Menschen sind in kritischem Zustand. Donnerstag berichtete der Iran von drei neuen Virusfällen, nachdem er am Vortag die ersten zwei Todesfälle gemeldet hatte. Auch in Südkorea starb erstmals ein Mensch am Virus.

Deutsche aus China werden zurückerwartet. In Stuttgart werden weitere Deutsche aus Wuhan eintreffen. Das DRK übernehme im Auftrag der Bundesregierung die Betreuung. Morgen sollen in Ber-lin Passagiere der "Diamond Princess" landen, die dann zuhause isoliert werden. Sechs deutsche Passagiere der "Westerdam" sind bereits wieder in Deutschland, vier weitere sollen heute folgen.

22.02.2020

Erster Corona-Toter in Italien - Zwei Coronavirus Todesfälle

italienische Städte schließen öffentliche Gebäude. In Italien ist ein 78-Jähriger an Covid-19 gestorben, einer Infektion mit dem neuartigen Corona-Virus. Der Mann war wegen einer anderen Krankheit in einer Klinik behandelt worden. Er ist das erste europäische Todesopfer der Corona-Epidemie. In Norditalien hatten die Behörden am Freitag in zehn Städten die Schließung von Schulen und Ämtern angeordnet. Geschäfte sollen zum Schutz vor einer weiteren Ausbreitung des SARS-CoV-2 geschlossen bleiben.

WHO warnt: Zeit für Eindämmung von Corona wird knapp. Die Weltgesundheitsorganisation WHO hat gewarnt, das Zeitfenster für die Eindämmung des neuartigen Corona-Virus schließen sich. Der Krankheitserreger setze sich inzwischen an immer mehr Orten außerhalb der besonders betroffenen chinesischen Provinz Hubei und ihrer Millionenstadt Wuhan fest. China zählt mittlerweile über 75.000 Infektionen und 2200 Todesfälle. Außerhalb des Landes wurden bislang 1100 Infektionen und 13 Todesfälle erfasst. WHO-Chef Ghebreyesus sagte, wenn die Welt jetzt nicht hart gegen das Virus vorgehe, stünde sie vor einem schwerwiegenden Problem. Ein Eindämmung sei aber nach wie vor möglich. Forscher aus London gehen zugleich davon aus, dass zwei Drittel der aus China exportierten Corona-Fälle unentdeckt geblieben sind. Grundlage für diese Vermutung sind Berechnungen auf der Basis von Vergleichsdaten zwischen China und Singapur, und China und der verschiedenen Ländern in Asien, Europa und Amerika. Die Wissenschaftlern warnen, dass diese möglichen Quellen weiterer Ansteckungen bislang den Behörden nicht bekannt seien.

Coronavirus: Lage in Deutschland entspannt

In Bayern werden nur noch zwei von 14 Patienten mit Covid-19 in Krankenhäusern behandelt. Die übrigen konnten genesen entlassen werden. Am Sonntag können auch 20 China-Rückkehrer in Berlin die zwei Wochen andauernde Quarantäne verlassen. Alle Tests auf das Virus verliefen negativ. In Stuttgart landeten 15 weitere Rückkehrer aus der besonders betroffenen chinesischen Provinz Hubei. Sie werden jetzt für 14 Tage unter Quarantäne gestellt.

23.02.2020

Italien weist Sperrgebiete aus

Coronavirus in Italien. Österreich stellt Zugverkehr nach Italien ein. Um die Ausbreitung des Neuartigen Coronavirus einzudämmen, hat die italienische Regierung eine Sperrzone im Norden eingerichtet, konkret in den Regionen Lombardei und Venetien. Demnach sind davon allein in Codogno und neun umliegenden Orten insgesamt 50.000 Menschen von der Sperre betroffen. Sie dürfen das Gebiet ohne Ausnahmegenehmigung nicht verlassen, andernfalls drohen ihnen Haftstrafen. Auch innerhalb der Sperrzonen sollen die Bewohner ihre Häuser nach Möglichkeit nicht verlassen. Schulen, Ämter und viele Betriebe bleiben in den kommenden Tagen geschlossen.

Möglicher Ausgangspunkt der Infektion in Italien ist ein 38-jähriger Mann, der mit Fieber und Grippesymptomen in die Notaufnahme des Krankenhauses kam. Wie er sich mit dem Erreger SARS-CoV-2 angesteckt hat, ist noch unklar. In Italien wurden inzwischen insgesamt 100 Menschen positiv auf Corona getestet, zwei Menschen sind dort mutmaßlich an der Covid-19-Krankheit gestorben. Italien ist damit das am stärksten betroffene Land in Europa. Die wirtschaftlichen Schäden sind enorm, da die Regionen Lombardei und Venezien zu den wirtschaftlichen Zentren Italiens zählen.

Südkorea ruft höchste Alarmstufe aus

Südkoreas Regierung hat im Kampf gegen Covid-19 die höchste Alarmstufe ausgerufen. 5 Corona-Tote und 556 Neuinfektionen machen Südkorea, nach China zum am stärksten betroffene Land.

Neue Infektionen und Todesopfer in China, Japan und Iran
In China, dem Ausgangspunkt/Zentrum der Covid-109 Epidemie, sind rund 77.000 Menschen mit dem Virus infiziert, etwa 2.400 Menschen starben in Folge der Krankheit. Außerhalb von China wurden über 1000 Infektionen und mehr als ein Dutzend Todesopfer in 25 verschiedenen Ländern gemeldet.
In Deutschland sind 20 Rückkehrer aus China nach 14 Tagen aus der Quarantäne entlassen wurden. Die Menschen konnten den isolierten Bereich bei den DRK-Kliniken in Berlin-Köpenick verlassen.

Spahn erklärt: „Jährlich sterben bis zu 20.000 Menschen an der Grippe".
Das sei das Risiko, das wir jeden Tag haben. Die neue Lungenkrankheit sei, vom Infektionsgeschehen her, milder. Der Informationsaustausch mit China funktioniert und wir sind gut vorbereitet.

Diese folgenschwere Fehleinschätzung sollte wenige Monate später zu den schlimmsten Mangelsituationen an medizinischen Hilfsmaterial, wie Masken und Schutzkleidung führen, die Deutschland je erlebt hatte.

Solche katastrophalen Zustände der Versorgung kannte man bisher nur von der Mangelwirtschaft der ehemaligen DDR und den damaligen „Ostblockländern".

Der zuständige Bundes-Gesundheitsminister trägt die alleinige Verantwortung für die dramatischen Zustände in den Deutschen Kliniken, Pflege- und Altenheimen und bei der gesamten Bevölkerung.

Für dieses desasträse Fehlverhalten gab und gibt es keine Entschuldigung Herr Spahn. Andere hätten dafür längst „den Hut genommen"!

Währenddessen liefen in Deutschland die Karnevals-Massenveranstaltungen auf Hochtouren. Aufgrund eines Orkans fielen die großen Rosenmontagszüge dann aus. Was wäre, wenn diese stattgefunden hätten?
In Deutschland sind 20 Rückkehrer aus China nach 14 Tagen aus der Quarantäne entlassen wurden. Die Menschen konnten den isolierten Bereich bei den DRK-Kliniken in Berlin-Köpenick verlassen.

24.02.2020
Hallescher Virologe: Corona ist eine Pandemie
Seuchenschutz: Ab sofort Coronavirus-Test bei Grippeverdacht
Der hallesche Virologe Alexander Kekulé stuft Corona als Pandemie ein. "Wann die WHO diese erklärt, ist nur eine politische Entscheidung", so der Direktor des Instituts für medizinische Mikrobiologie am Uniklinikum Halle. Gleichzeitig fordert er mehr Tests auf das neue Corona-Virus in Deutschland. Die Ausbreitung des Erregers in Italien sei zwar kein Grund zur Panik, so Kekulé gegenüber dem MDR. Aber die neuen Fälle hätten nichts mehr mit Reisen nach China zu tun. Deshalb müsse man bei der Abwehr der Epidemie in den zweiten Gang schalten. Kekulé sagte am Morgen, schwer kranke Patienten mit Grippe-Symptomen sollten immer zugleich auf das neue Corona-Virus getestet werden. Diese Tests werden nach Angaben des Robert Koch-Instituts vom Montagmittag ab sofort bei allen Patienten mit Grippe-Verdacht durchgeführt. Demnach werden Rachenabstriche bei Verdacht auf Influenza und Erkältungsviren ab sofort auch auf den neuen Erreger der Lungenkrankheit Covid 19 getestet. *„Wir müssen diese glimmenden Zigaretten austreten, bevor es zu einem Flächenbrand kommt".*

Österreich hatte gestern für etwa vier Stunden den Zugverkehr über den Brenner gestoppt. Die Sperre war verhängt worden, nachdem in einem Zug von Venedig nach München zwei deutsche Frauen Symptome einer möglichen Erkrankung gezeigt hatten. Ein Test fiel aber negativ aus.

Italien weiter im Krisenmodus
Nach Radiomeldungen ist mittlerweile eine vierte Person an dem Virus gestorben. Die Zahl der Infizierten ist bis zum Sonntagabend auf mehr als 150 Fälle angestiegen, wie der Zivilschutz erklärte. Nicht nur der Karneval und viele Sportgroßveranstaltungen finden nicht statt, auch Geschäfte, Universitäten, Schulen und Museen bleiben geschlossen und die Mailänder Scala sagte bis auf weiteres alle Aufführungen ab.

150 neue Todesfälle in China - Volkskongress verschoben
Die nationale Gesundheitskommission in Peking meldete am Sonntag weitere 150 neue Covid-19-Todesfälle - so viele wie noch nie innerhalb eines Tages. Damit stieg die Zahl der Todesopfer in der Volksrepublik auf 2.592. Die Zahl der neu nachgewiesenen Infektionen wurde mit 409 angegeben. Damit sind in Festlandchina jetzt 77.150 Infektionsfälle registriert.

25.02.2020
Meldungen von Infektionen in Europa
Die Meldungen über Infektionen mit dem Corona-Virus in Europa mehren sich: Auch aus Kroatien, der Schweiz und Spanien wurden Infektionen gemeldet. Auf der kanarischen Insel Teneriffa ist nach einem Coronavirus-Fall ein großes Hotel mit 1.000 Gästen unter Quarantäne gestellt worden.

„Die Corona-Epidemie ist damit als Epedemie endgültig in Europa angekommen", sagte Jens Spahn.

Wenn der Bundes-Gesundheitsminister das erkannt hat und dennoch tatenlos weiter „wurschtelte", so wie er es getan hat, dann ist sein Nichtstun das schwerwiegendste Fehlerhalten eines deutschen Bundesministers, in den letzten Jahrzehnten.

Auch in Deutschland könne sich das Virus ähnlich wie in Italien ausbreiten, das sei eine dynamische Lage, auf die entsprechend reagiert werden müsse. "Von der Absage von Großveranstaltungen, der Schließung von Einrichtungen wie Schulen oder Kitas bis zum kompletten Abriegeln ganzer Städte gibt es noch viele Zwischenstufen." Der Präsident des Robert Koch-Instituts, Lothar Wieler, bezweifelt, dass in Deutschland ganze Städte unter Quarantäne gestellt werden könnten.*   in China sei dies nur mit dem Einsatz von Militär gelungen.

* Diese Bemerkung sollte sich als falsch herausstellen. Schwerwiegender ist der Hinweis, dass China zur Durchsetzung einer Quarantäne, das Militär benötigte. Damit wurde den späteren Corona-Leugnern und den sog. „Querdenkern" Munition geliefert.

Mindestens Sieben Tote in Italien
In Italien sind bis zum frühen Montagabend mindestens sieben Infizierte gestorben, alle hatten Vorerkrankungen, so die Behörden. Die Zahl der nachgewiesenen Infektionen stieg trotz drastischer Maßnahmen wie Sperrzonen auf mehr als 220, wie Zivilschutzchef Angelo Borrelli sagte. Mehr als 25 Menschen seien auf der Intensivstation. Am Vorabend waren es noch rund 150 gemeldete Infizierte. Am Dienstag wollen die Gesundheitsminister aus Deutschland, Slowenien, Frankreich, der Schweiz und Österreich, die Lage mit ihrem italienischen Amtskollegen beraten.

Starker Anstieg in Südkorea und China
Die Gesundheitsbehörden in Seoul meldeten am Montag 231 neue Fälle. So viele wie noch nie. Damit sind (Stand Montag) 833 Menschen mit dem Virus Sars-CoV-2 infiziert, sieben gestorben. Die Gesundheitskommission in China berichtete von weiteren 150 Covid-19-Todesfällen. Inzwischen sind nun mehr als 77.000 Infektionen und rund 2.600 Todesfälle erfasst. Außerhalb Chinas gibt es nach dpa-Angaben derzeit mehr als 2.200 bekannte Infektionen und über 25 Todesfälle.

27.02.2020
Wissenschaftler sehen Covid-19 als Pandemie
Laut einer Onlinemeldung des wissenschaftlichen Journals **nature** bezeichnen immer mehr Wissenschaftler den Ausbruch der Covid-19 Infektion als Pandemie. Damit widersprechen sie der Ansicht der Weltgesundheitsorganisation (WHO). Da immer mehr Fälle außerhalb Chinas auftreten, müsse sich die Strategie im Kampf gegen das Virus Sars-CoV-2 verändern. Oberstes Ziel muss jetzt die Abschwächung der Ausbreitung sein.

Krankenhäuser in Deutschland:
Genug Betten aber fehlendes Personal der Gesundheitsökonom Bern Mühlbauer von der westfälischen Hochschule- Gelsenkirchen warnt davor, dass bei einer Covid-19 Epidemie in Deutschland nicht genügend Krankenhauspersonal gibt. Seiner statistischen Berechnung zufolge, würde die Zahl der Betten zwar ausreichen, um zahlreiche Patienten behandeln und lange genug isolieren zu können. Personal lasse sich in der Kürze der Zeit allerdings nicht ausreichend aufstocken.

Herr Spahn – Nur zur Erinnerung: Das sagte ein Kenner der Materie am 27. Februar 2020

28.02.2020
Deutschland: Über 30 Infizierte
Mehr als 30 Menschen in Deutschland haben sich mit Covid-19 infiziert. Behördenberichten und der Nachrichtenagentur dpa zufolge gibt es derzeit allein 14 Fälle in Nordrhein-Westfalen. Dort sind zahlreiche Betroffene inzwischen unter Quarantäne gestellt worden. Dazu kommen fünf Fälle aus Baden-Württemberg, und weitere aus Rheinland-Pfalz, Hessen, Bayern, Hamburg und Schleswig-Holstein. Viele Fälle stehen in Zusammenhang mit Italien-Reisen.
Gleichzeitig meldet sich der Weltärztebund zu Wort:
Covid-19 führt bei meisten Betroffenen nur zu Erkältungssymptomen
Welch ein folgenschwerer Trugschluss!
Frank Ulrich Montgomery, Vorsitzender des Weltärztebundes, schätzt einem Bericht der dpa zufolge, dass es mindestens ein Jahr dauert, bis ein Impfstoff gegen Covid-19 auf dem Markt ist. In der "Passauer Neuen Presse" warnte er zugleich vor Panikmache: Covid-19 sei letztlich eine grippeartige Erkrankung, mit der man in einigen Jahren wie mit der Influenza leben werde und gegen die man impfen könne. "Das Virus kann bei manchen Menschen zu schweren Erkrankungen führen. Bei über 80 Prozent führt es aber nur zu erkältungsähnlichen Symptomen. „Dies sei aber nicht der Weltuntergang", sagte er.

Ach hättest Du doch nur geschwiegen! So aber, hast Du dich als Nichtswisser geoutet.

Mit dieser folgenschweren Fehleinschätzung gab auch der Vorsitzende des Weltärztebundes den Verschwörungstheoretikern das nötigte Material, um später alle Anstrengungen der politischen Führung, in Frage zu stellen.
Mit der Gewichtung der Worte des Vorsitzenden des Weltärztebundes endet der Auszug der Presseveröffentlichungen der ersten beiden Monate 2020.
Die Dokumentation dient dem Nachweis, dass die Politik rechtzeitiginformiert war.
Vielleicht nicht zuverlässig, aber dennoch aussagekräftig genug, um die kommenden Wochen und Monate zu nutzen, um die Bevölkerung vor dem Schlimmsten zu bewahren.
Statt umgehend alle kompetenten Fachkräfte dahingehend zu mobilisieren, dass eine umsetzbare Notfallstrategie entworfen und „festgezurrt" wird, hielten der verantwortliche Bundesminister und viele Länder-Ministerpräsidenten große, aber inhaltslose Reden.

Keiner kümmerte sich sofort (sofort heißt sofort, und nicht erst irgendwann) um die dringend benötigten Hygienehilfsmittel und um das sofortige Aufstocken des unbedingt notwendigen Pflegepersonals.

Im März 2021 sollte sich dann herausstellen, dass einige CDU/CSU Mandatsträger sich an der schwierigen Beschaffungssituation bereichert hatten.

Diese Leute sind nach dem Aufdecken ihres „raffgierigen" Verhaltens auch noch der Meinung, dass mit der Niederlegung ihrer politischen Mandate, das Ganze erledigt sei.
Es sind genau diese Leute, die mit „großsprecherischem Getue"ihre Person ins Licht bringen, um in dessen Schatten die Geschäfte machen zu können, die sie machen.

Was wohl die Gerichte dazu sagen werden? Wird das Ganze mit einer geringen Haftstrafe, die dann zur Bewährung ausgesetzt wird, abgehakt werden?
Wir werden es genau beobachten und wir werden es zu gewichten wissen.

Es ist nicht „fünf vor Zwölf", meine Damen und Herren Politiker aller Nationen.
Es ist längst „zehn nach Zwölf".
Der Corona-Virus hat den gesamten Globus im Würgegriff.
Und dennoch dreht sich die Erde weiter.
Den „TRUMP-Virus" ist die Welt los geworden.
Dessen erpresserisches unter Druck setzen aller anders Denkenden, war für den gesamten Erdball bedrohlich.

Was will der Armin denn jetzt von uns?
Erst rinn in die Kartoffeln, dann raus aus die Kartoffeln

Da kennt sich doch niemand mehr aus.
Typisch Laschet halt

Die Epidemologen und Experten haben alle keine Ahnung. Die ändern genau wie ich ständig ihre Meinung. Nur dass ich jeden Tag etwas anderes sage. Ha,ha,ha

Der Schatten, den das "Wetterfähnchen" Laschet nicht los wird

35. 1,9 Billionen Euro Kosten

Lt. einer Analyse der Deutschen Bank kostet die Corona-Pandemie den deutschen Staat bis zu 1,9 Billionen Euro.
1900.000.000.000 Euro – das wäre so viel, wie die deutsche Wiedervereinigung gekostet hat, und mehr als fünfmal so viel wie der gesamte Bundeshaushalt des vergangenen Jahres.
Die Pandemie, sie ist auch ein nie dagewesener Ausnahmezustand der Finanzpolitik.

.... Und dennoch wird der Betrag aufgebracht und das Leben geht weiter.

Über 34.000 Betriebe haben bei der KfW um Notkredite angeklopft.

Wenn auch eingeschränkt, es geht aber weiter.

.... Und die Erde dreht sich auch noch.

Wer ein Verhältnis zu dieser gewaltigen Summe haben möchte, dem sei gesagt:

3.615 Menschen müssten 1.000 (eintausend) Jahre lang,
jede Minute einen Euro sparen,
um nach 1.000 Jahren diesen Betrag angehäuft zu haben.

Lt. Umwelt-Bundesamt hat Deutschland die untenstehenden statistischen Werte anzuzeigen.

95,2 Milliarden Euro Einnahmen aus **umweltbezogenen Steuern**, sonstigen **Abgaben** und **Umlagen** im Jahr 2019. Im Jahr 2019 beliefen sich die umweltbezogenen **Steuereinnahmen** auf 60,7 Milliarden Euro; gegenüber dem Vorjahr bedeutet dies eine Steigerung um 2 %.

Unabhängig von den Umweltausgaben der Bundesregierung für die Umwelt, muss festgehalten werden, dass die Bürger Deutschlands, jährlich mehr an Gebühren und Steuern aufwenden, als der Staat für den Umweltschutz ausgibt.
Lt. Bundesregierung, allen voran Wirtschaftsminister Altmaier, darf die Wirtschaft nicht zu sehr mit Umweltaufgaben belastet werden, damit „das Leben" nicht kollabiert.
Die Corona-Pandemie hat bewiesen, dass Deutschland das 20-fache dessen aufwenden kann, was es für die Umwelt ausgibt, um eine Pandemie zu bekämpfen.
..... Und die Erde dreht sich weiter.

Es gibt zwar einige „Hohlköpfe" und Deutschland galt einst, als das Land der Dichter und Denker.
Jetzt sind wir halt das Land, einiger nicht ganz dichten Querdenkern geworden.
Die Corona-Leugner denken auch noch, dass die Erde eine Scheibe ist.
..... Und die Erde dreht sich doch.

Die „Altmaier-Theorie" und die Horror-"Weissagungen der globalen Wirtschafts-Lobbyisten wurde widerlegt, nein sie wurden ad absurdum geführt.
Wenn es um das „nackte Überleben" geht, ist plötzlich sogar ein fast kompletter „Shutdown" möglich.
..... Und die Erde dreht sich immer noch.

Bei der Umwelt geht es um unser aller Überleben,
Glaubt den „Schwarzmalern" und Schwaflern nicht mehr. Zeigt ihnen die rote Karte und sortiert sie aus.
Folgt aber auch den Phantasten und Leuten ohne Plan nicht.
Diesen Leuten fehlt „unter dem Deckmantel grüner Philosophie", jeglichen Respekt und Rücksichtnahme anderen Völkern und der dortigen Umwelt gegenüber.
Sie sind die neue „Art der Umweltsünder", die Verbrechen an der Umwelt begehen.

Lasst nicht zu, dass uns neue „Rattenfänger" eine tolle Zukunft vorhersagen. Wenn sie sich als einzige und „alternativlose" politische Zukunft darstellen, muss man bedenken: Was sie bisher vorgeschlagen haben und durchsetzen wollten, hat der Vernichtung ganzer Landstriche und der dort lebenden Bevölkerung Vorschub geleistet. Vorsicht vor diesen Phantasten und Lautsprechern. „Die Kobolde lassen grüßen".

September 2020
Die Modalitäten der Auszahlung einer Corona-Prämie für Pflegekräfte stehen fest. Kliniken können ihren Pflegekräften einmalig jeweils bis zu 1.000 Euro auszahlen. Der Bonus soll insbesondere Beschäftigten im Bereich der „Pflege am Bett" zugutekommen, die Häuser können die Gelder aber nach eigenem Ermessen auch an andere Mitarbeiter auszahlen. Damit sollen die besonderen Belastungen honoriert werden, denen die Beschäftigten im Krankenhaus während der Covid-19-Pandemie ausgesetzt waren. Die Krankenhäuser erhalten dafür ein individuelles Budget, das sich je zur Hälfte nach der Anzahl Covid-19 Patienten und dem Personalumfang richtet. So sieht es das Krankenhauszukunftsgesetz vor, das der Bundestag am 18. September 2020 verabschiedet hat.
Man beachte: Das war inmitten des gesamten Coronageschehens.
Da kann man in der Nachbetrachtung nicht mehr von mangelndem Wissen sprechen.
Das war im vollem Wissen, die Phrasenversprechungen über die Hilfen, auszuhöhlen.
Um die Mittel zu erhalten, mussten die Kliniken bestimmte Mindestfallzahlen vorweisen: Kleinere Einrichtungen mit bis zu 500 Betten hatten einen Anspruch auf die Gelder, wenn sie bis zum 31. Mai des Jahres mehr als 20 Covid-19-Patienten behandelt hatten; größere Häuser (über 500 Betten) brauchen mehr als 50 solcher Fälle. Auf der Basis der Krankenhausdaten berechnete das Institut für das Entgeltsystem im Krankenhaus (InEK) die individuellen Budgets der Krankenhäuser.
Wie die Mittel innerhalb des Hauses verteilt würden, können die Träger intern entscheiden. Alle Prämien sollten ohne Abzüge bis zum 31. Dezember ausgezahlt sein. Finanziert wird die Corona-Sonderprämie mit ihrem Volumen von 99 Millionen Euro aus der Liquiditätsreserve des Gesundheitsfonds, sieben Millionen Euro steuert die Private Krankenversicherung bei. Die Bundesländer sind aufgefordert, die Prämien um bis zu 500 Euro pro Pflegekraft aufzustocken. Von den 100 Millionen Euro des Bundes für Corona-Prämien an Krankenhaus-Pflegekräfte kommt bei vielen Kliniken in Deutschland nichts an.
In Sachsen-Anhalt bekamen nur zwei von 57 Krankenhäusern Prämien-Geld vom Bund, in Thüringen neun von 51 und in Sachsen 14 von 78. Das berichtet das MDR-Magazin "Umschau" unter Bezug auf eine Liste des Instituts für das Entgeltsystem im Krankenhaus.
Demnach profitierten bundesweit lediglich 433 der rund 1.600 Kliniken von der Prämien-Sonderzahlung. In den Medien verbreiten die Politiker aller Couleur, welche tollen finanziellen Leistungen bereit gestellt wurden.

35.1 Eine Schande!

Um die großspurigen Reden unseres Bundes-Gesundfheitsministers Herrn Spahn einmal auf den richtigen Pfad zu bringen und seine Aussagen zu relativieren, sei festgestellt:

Spahns vollmundige Ankündigungen soviele Masken einzukaufern, wie benötigt werden, beruht auf dem Zwang, dies tun zu müssen. Aber, weder er, noch sein gesamtes Ministeriums waren in der Lage, diese Aufgabe zu bewältigen.

Dafür wurden zeitweise 50 Anwälte der Ernst & Young Rechtsanwaltsgesellschaft (EY Law) beschäftigt. Die letzte Lieferung aus dem Open-House-Verfahren über rund 475.000 FFP2 Masken erfolgte Ende November 2020.

Was nur die Wenigsten wissen und was Spahn wohlweislich verschweigt ist die Tatsache: **Bereits im Dezember 2012** unterrichtete das Robert-Koch-Institut die Bundesregierung per Bundes-Drucksache 17/12051 über eine ausgearbeitete Risikoanalyse (zu finden auf der Internetseite bundestag.de). Darin wurde ein außergewöhnliches Seuchengeschehen beschrie Ben, das auf der Verbreitung eines neuartigen Erregers basiert.

Bereits damals wurden Probleme angesprochen, die bis heute noch nicht behoben sind. Hygieneschutzmaßnahmen, Schutzmasken, Schutzbrillen und Handschuhe standen allem voran. Infizierten- und Krankenabsonderungen standen ebenfalls in dem Dokument.

Interessant dürfte sein, wer in der Zeit von 2012 bis heute die verantwortlichen Minister waren.

Philipp Rösler	* 1973	FDP	28. Oktober 2009	12. Mai 2011
Daniel Bahr	* 1976	FDP	12. Mai 2011	17. Dezember 2013
Hermann Gröhe	* 1961	CDU	17. Dezember 2013	14. März 2018
Jens Spahn	* 1980	CDU	14. März 2018	*amtierend*

Herrn Lindner als FDP-Vorsteher sei gesagt, dass es seine FDP-Minister waren, die damals die Informationen ignorierten. Genauso wie anschleißend Gröhe und Spahn von der CDU.

Hätten Führungskräfte in der freien Wirtschaft eine derartige Historie, die vom Versagen auf der ganzen Linie gezeichnet ist, wäre sie längst dem Arbeitsmarkt zur Verfügung gestellt worden.

Herr Lindner, so wie sie sich im „Skandalfall Kemmerich" äußerten, um alles wenig später, als „ganz anders" darzustellen und sich davon distanzierten, genauso wie Sie es jetzt tun. Großsprecherische Reden schwingen kann Jeder, solange er keine Verantwortung trägt.

In anderen Fällen von Dummheiten und moralisch fehlgeleiteten Aktionen ist das größte Problem, dass eine ganze Branche darunter leidet. Nachdem Bodo Ramelow bei der App "Clubhouse" erzählt hatte, während einer Bund-Länder-Konferenz mit Kanzlerin Angela Merkel und den anderen Ministerpräsidenten zehn Level "Candy Crush" zu schaffen, wundert es kaum noch, wenn die Virologin Melanie Brinkmann im "Spiegel"-Interview über die Treffen der Ministerpräsidenten sagt: "Ich will der Politik gar nicht vorwerfen, dass sie nicht ihr Bestes gibt. Viele sind wirklich bemüht, aber es gibt Teilnehmer in diesen Runden, **die sind nicht richtig im Thema."**

Nicht im Thema nach einem Jahr Pandemie?
Ein böser Vorwurf. Wenn der zutrifft, ist es wirklich ein Skandal.

Das Ganze wirft kein gutes Licht auf die Ministerpräsidenten.
Uneins sind die in der Regel ohnehin. Aber ahnungslos?
Man kommt nicht umhin, um festzustellen, dass sie schlecht informiert sind, wenn es um Leben und Tod in ihrem Bundesland geht?

Dafür spricht, dass Baden-Württembergs Ministerpräsident Winfried Kretschmann verlautbarte, dass der „Lockdown light, im November falsch war. Die Einschränkungen seien einfach nicht weit genug gegangen".

Ramelow erklärte Anfang Januar 2021 bei Markus Lanz über seine Meinungsverschiedenheiten mit Kanzlerin Angela Merkel: "Sie hat recht gehabt und ich habe unrecht gehabt".

Brinkmann erklärt sich die Fehler so, "dass einige aus der Politik zuerst mal sehen wollen, ob es wirklich so schlimm kommt wie vorhergesagt."
Im November war das der Fall. Da kam es so wie vorhergesagt und der „Lockdown light" fiel den Teilnehmern des Bund-Länder-Treffens auf die Füße.

Das eigentliche Problem liegt aber woanders:
Die Gegenwert und die nahe Zukunft beweisen, dass keiner unserer Großsprecher unter den Mandatsträgern etwas aus dem ganzen Fehlverhalten gelernt hat.

Hinzu kommt noch, dass viele Verwaltungsgerichte mit Ihren Entscheidungen über einzelne Demonstrationsgenehmigungen, Aufhebungen von Beschränkungen usw. *wider besseren Wissens*, nicht an den Gefahren der Corona-Pandemie ausgerichtet haben.
Diese Gerichte setzten z.B. das Demonstrationsrecht, über das Recht der Bevölkerung, Corona ohne gesundheitliche Schäden zu überstehen.
Dabei schützt das Grundrecht auf Unversehrtheit des Körpers, sowohl die physische als auch die psychische Gesundheit eines Menschen.
Das soziale Wohlbefinden Einzelner ist hier nicht inbegriffen.

36. An den Bundes-Gesundheitsminister Spahn gerichtet:

36.1 Was ist die Steuer-ID ?
Direkt nach der Geburt wird jedem Deutschen Bürger eine **Steuer-Identifikationsnummer** zugewiesen, die er unverändert bis zum Tode beibehält. Vorausgesetzt, die Person hat einen festen Wohnsitz in Deutschland. Die Steuer-ID setzt sich aus 11 Ziffern zusammen.

Was hat es mit dieser Steuer-ID sich?
Jede Steuer-ID gibt es nur einmal und sie ist unveränderlich.
Mit der **Steuer-ID** werden relevante Daten zur Person gespeichert, dazu gehören:
Geschlecht, Tag und Ort der Geburt, Familienname, Vorname, eventuell frühere Namen, geänderte Namen, die gegenwärtige bzw. letzte bekannte Anschrift, die zuständigen Finanzbehörden (und evtl. sogar der Sterbetag).

Wozu diese Feststellungen?

Jeder kennt sie - die elektronischen Gesundheitskarten

..... nur Herr Spahn und sein gesamtes Ministerium nicht.

Auf der elektronischen Gesundheitskarte sind sämtliche notwendigen administrativen Daten der jeweiligen Person gespeichert. Z.B. Name, Geburtsdatum und Anschrift sowie viele weitere Angaben.

Es wäre eine Einfaches gewesen, eine **Steuer-ID-Karte** auszustellen, die sämtliche Steuer-ID-Daten und ein Lichtbild des Betreffenden beinhaltet hätte.

*Die Erstellung und Herstellung wäre **kostengünstig**, vor allem aber **schnell** zu bewerkstelligen gewesen.*

Was wurde stattdessen getan: Die Gastronomie und alle anderen mussten „**händisch**", Formulare mit den Kundenadressen erfassen und 4 Wochen aufbewahren, um diese Unterlagen danach evtl. den Gesundheitsämtern zur Verfügung stellen. Bei begründeten Corona Verdachtsfällen mussten anschließend diese Belege wiederum „**händisch**" gesichtet werden, um sie per Telefon, Fax oder gar per Brief, nachverfolgen zu können. Mit einem QR-Code auf den Handys, verbunden mit einem Lichtbild des Nutzers, wären diese Daten noch leichter einzulesen.

Mit der angewandten Verfahrensweise liegt Deutschland, in puncto Datenerhebung, unter den letzten 20 Prozent der gesamten Staatengemeinschaft des Erdballs.

Herr Spahn, sie haben uns in das 19. Jahrhundert zurück katapultiert. **Eine Schande !**

Stattdessen hat Herr Spahn 50 hochdotierte Anwälte mit der FFP2-Maskenbeschaffung beauftragt. Dabei stehen dem Gesundheitsministerium 700 Bedienstete zur Verfügung. Waren da keine Leute darunter, die in der Lage gewesen wären, Bestellungen aufzugeben?

Vor allem kennt/kannte das gesamte Ministerium nicht den Unterschied zwischen:

• einer Anfrage,
• einer Absichtserklärung
• ... und einer verbindlichen Bestellung. ...und der Prüfung der Bestellbestätigung.

Interessant wäre es, Einsicht in die Auftragsbestätigungen der jeweiligen Bestellungen zu nehmen. Dabei würden die „phantastischen Erklärungen" des Herrn Spahn, entweder als Geschwafel enttarnt werden, oder die Lieferanten, stünden als vertragsbrüchige Lügner da.

Die Pandemie hat bereits im vergangenen Jahr diverse Schwächen offengelegt – von der schleppenden Digitalisierung bis zum (alles) lähmenden Föderalismus.

Das Frühjahr 2021 deckt nun allerdings grundlegende Defizite von Staat und Verwaltung auf. Das gilt für die EU genauso, aber eben auch für die Bundesländer und den Bund.

Deutschland scheitert an der Bürokratie und an seinen Amtsträgern.

Jeder „noch so kleine" Oberbürgermeister oder Landrat fühlt(e) sich berufen, einen „gewichtigen" abzuliefern. Die Verwaltungsgerichte treffen Entscheidungen, die formal nicht zu kritisieren sind. Die sich im Nachhinein jedoch meist als falsch oder zumindest kontraproduktiv erwiesen haben. Man muss auch einmal den Volksvertretern zugestehen, dass sie Entscheidungen treffen, die das „Große Ganze" im Auge haben. Weil eben aufgrund von Zeitzwängen sofortige Entschlüsse getroffen werden müssen, kann man nicht erst die Juristen einschalten. *Wenn man das tun würde, dann wäre die Pandemie längst beendet, bevor auch nur die erste Anordnung „rausgegangen" wäre.*

Die sich selbst im Wege stehende, typisch deutsche Bürokratie, trägt nicht alleine die Verantwortung dafür, dass wir es nicht einmal geschafft haben,

den wenigen Impfstoff, den es gibt, schnellstmöglich zu Verimpfen.

Es liegen Millionen Impfstoff-Dosen ungenutzt herum. Herr Spahn, das ist Ihr Desaster.

Es fehlt an Schnelltests, mit denen die Lockerung der Corona-Maßnahmen eigentlich begleitet werden sollte. Herr Spahn, das liegt einzig und alleine in Ihrer Verantwortung. Der Discounter ALDI kommt am 8 März 2021 mit Schnelltestpaketen auf den Markt. Und das Bundes-Gesundheitsministerium hat nichts!!! *Herr Spahn, das ist Ihr Desaster. Allerdings muss man berücksichtigen: ALDI hat Einkäufer, die ihr Handwerk verstehen. ALDI braucht auch keine 50 hochbezahlte Rechtsanwälte, um eine Bestellung auszulösen.* Her Minister Spahn:

In Sachen Mangelverwaltung, haben Sie die ehemalige DDR eindeutig auf der Überholspur rechts und links „stehen" gelassen.

Sorry, ihre Mitbürger aus den östlichen Bundesländern. Es liegt dem Schreiber fern, hier anzügliche oder verletzende Worte zu Papier zu bringen. Aber, wahrscheinlich hat Spahn für die Bekämpfung der Corona-Pandemie auch einen 5-Jahresplan aufgestellt. Er ist ja der Meinung, er sei kreativ.

Spahns destruktive Arbeitsweise zerstört nicht nur alles Erarbeitete, sondern hat Auswirkung auf das bisher Erreichte. Es ist unser aller Leben, um das es hier geht.

Das „Spahntypische Permanentlächeln" und sein ständiges Floskel-Gerede kann die Menschen schon lange nicht mehr beruhigen.

Da muss man „Macher-Qualitäten" haben.
..... Und die hat Spahn definitiv nicht.

Am Freitag, 6. März 2021 soll Spahn, einem Medienbericht zufolge bei der Schnelltest-Logistik seinem Ärger über die Länder Luft gemacht haben. Eigentlich sei er nicht zuständig. Aber die Länder „kriegen es nicht hin." Bundesgesundheitsminister Jens Spahn soll bei einem Treffen der Taskforce Testlogistik mit Unternehmen das Verhalten Länder kritisiert haben. Bei der Videokonferenz soll Spahn gefragt haben, warum er sich als Bundesgesundheitsminister mit dem Einkauf von Schnelltests beschäftigen solle. Die Beschaffung sei Ländersache, der Bund zahle nur die Rechnung. Auch Verkehrsminister Andreas Scheuer soll an der Konferenz teilgenommen haben.

Man beachte folgendes:
Spahn und Scheuer sollen die Taskforce für die Corona-Testlogistik anführen und steuern. Wer den beiden das angetan hat, muss eine besonders große Abneigung gegen Scheuer und Spahn haben. Wer solche Freunde in der eigenen Partei und in der Regierung hat, braucht keine Feinde.

Da hat man „die Böcke zu Gärtnern" gemacht! Entschuldigung an alle Gärtner von Beruf. Das ist nur eine Redewendung und keine Drohung.

Jung, dynamisch und erfolglos, aber große Reden schwingen!

Deutschlands "Panik-Duo" als Corona-Test-Taskforce

In der Konferenz sollen die Vertreter von Drogerie- und Supermarktketten ihre Hilfe angeboten haben. Sie könnten ihre Logistikzentren zur Verfügung stellen, wenn der Bund die Schnelltests zentral beschaffen kann. Spahn sieht aber hier keine Zuständigkeit. „Ich weiß nicht, warum wir denen immer die Dinge regeln sollen, weil die Länder es irgendwie nicht hinkriegen", wird er zitiert. Ihm sei in der Runde der Kragen geplatzt, bestätigte Spahn später. Hallo Herr Spahn, lassen Sie all ihre großsprecherischen Ankündigungen und Versprechen einmal Revue passieren. Es wird schnell offensichtlich, dass Sie selbst „nichts, respektive äußerst wenig, auf die Reihe bekommen haben".

Ihr ständiges Bestreben, ihre politische Verantwortung zu vergesellschaften – und uns alle mit ins patriotische Boot zu holen, für ihre gesamten Fehler und Versäumnisse.

Man könnte sagen, dass Sie versuchen ihre Zuständigkeit zu verweigern.

Wir werden einander verzeihen müssen, sagten Sie. Sie erwarten von den Menschen, dass sie weiterhin Verständnis für ihre Unzulänglichkeiten haben, Geduld ausüben und ob Ihrer katastrophalen Ergebniswerte, immer noch zuversichtlich auf das Jahr 2021 schauen.

• Es ist offensichtlich, dass Spahn von Anfang an versucht, den politischen Raum zu moralisieren. Ein Großteil der Journalisten beschreibt dieses Verhalten die Probe aufs Exempel, um das Problem vom Virus aller oppositionellen Kritik zu desinfizieren.

• Niemand kann seine desaströse Leistung einfach nur mit irgendwelchen Floskeln entschuldigen. Nicht einmal als zuständiger im Amt befindlicher Minister.

• Für das eigene Versagen, muss man gerade stehen. Nachsicht üben, können nur die anderen. Es sind auch nur die Anderen, die verzeihen können.

Entschuldigen muss man den anderen überlassen, denn darum geht es ja beim Verzeihen. Der römisch-deutsche König Heinrich IV. begab sich von Dezember 1076 bis Januar 1077 auf den Gang nach Canossa, um dort den Papst Gregor VII, um Verzeihung zu bitten.

Glaubt man den Aufzeichnungen bat er drei Tage lang kniend um Einlass.

Ihnen Herr Spahn würde es auch gut zu „Gesichte stehen", wenn sie das Deutsche Volk um Vergebung für ihren angerichteten Super-GAU bitten würden.

Mit Sprüchen wie:

„Ob sich das Coronavirus ausbreite oder nicht, sei nicht nur eine Sache politischer Entscheidungen, sondern von uns allen. Es braucht entschlossenes staatliches Handeln, aber auch verantwortungsvolles Verhalten jedes Einzelnen. Wir sitzen alle in einem Boot."

Oh Gott, wo bist Du?

Deutschland sucht verzweifelt nach „einem" Helmut Schmidt", der nicht schwafelt, sondern entscheidet, handelt und durchsetzt. Der keinen Widerspruch duldet, im Wissen, dass seine getroffenen Entscheidungen zu diesem Zeitpunkt, die einzig Richtigen sind.

Dessen Aussagenklarheit auch den Verwaltungsgerichten keinen Spielraum für irgendwelche „weit hergeholten" juristischen Interpretationen lässt.

Der sich der Judikative und der Bevölkerung stellt, wenn die Gefahr beseitigt ist.

Und was haben wir stattdessen: Einen Gesundheitsminister und eine Anzahl an Länder-Ministerpräsidenten, die sich als Schiffbrüchige der Corona-Havarie sehen, der sie als Kapitän genauso hilflos ausgeliefert sind, ist wie alle übrigen Passagiere.

Es gelingt den verantwortlichen Führungskräften nicht, sich beim Rudern über eine gemeinsame Richtung zu einigen. Spahn hat längst die Grenzen zur Verantwortungsflucht überschritten. Die Gazetten schreiben, dass Sie nicht von einer „patriotischen Erzählung, wie wir durch die Krise kamen" reden sollen.

„Verschmalzen" sie jetzt nicht eine polithandwerkliche Kompetenzkrise zu einer schwarz-rot-goldenen Seifenoper, verstecken Sie jetzt nicht Ihre Zuständigkeit hinter nationalen Kollektivformeln, versuchen Sie sich nicht in säkularisierten Balkonreden. Denn klar ist doch wohl auch: Sie bestimmen immer (mit), ob und wann Geschäfte und Schulen schließen, Kontaktsperren verhängt, Grenzen geschlossen und Impstoffe geordert und verteilt werden. Und natürlich haben vor allem auch Sie (mit Ihren Entscheidungen und Nicht- Entscheidungen) dafür gesorgt, dass das Virus außer Kontrolle geriet und die Impf-kampagne läuft, wie sie läuft. Der „herausragende" sächsische Ministerpräsident, erkannte viel zu spät, welche dramatische Auswirkung seine Fehleinschätzung der Pandemie hatte. Da nützt es der Bevölkerung auch nicht viel, wenn Kretschmer der Bevölkerung Anfang Dezember 2020 weismachen will: „Ich habe im Einklang mit allen Deutschen gefehlt: „Wir haben dieses Virus unterschätzt, alle miteinander."

Nein, lieber Herr Kretschmer, das haben wir nicht. Nein, lieber Spahn, das haben wir nicht.

Die Regierung und der größte Teil der Länder-Ministerpräsidenten haben das Virus unterschätzt. Jetzt kommen sie mit den Enthaftungserklärungsversuchen daher.

Noch einmal sei an dieser Stelle klar und deutlich festgestellt:

Die politischen Verantwortlichen ...:

• wissen spätestens seit Jannar/Februar 2020 über die Corona Pandemie-Gefahr Bescheid.

• sind seit den ersten Shut- und Lockdowns über die Auswirkungen unterrichtet.

• haben 6 Monate Zeit gehabt, um bundesweit geltende strategische Entscheidungen zu treffen.

• Wissen seit Anbeginn der Pandemie, dass es zu Impfungen keine Alternative gibt. Und Dennoch haben sie „großsprecherisch hinausposaunt", dass es keine Impfpflicht geben werde. Wie kann man als Verantwortlicher einen solchen „Müll" verlautbaren. Mit diesen Aussagen wurde den Corona-Leugnern, den AHA- und Impfverweigerern Tür und Tor ge-öffnet. Und jetzt ist das Geschreie groß, dass sich eine Vielzahl nicht impfen lassen will. Jedem das Seine. Ungeschützt kann man jedoch nicht am öffentlichen Leben teilnehmen.

• Jeder wusste, dass sich die gesamte Welt auf die ersten, zur Verfügung stehenden Impf-stoffe, stürzen würde.

• TRUMP orderte für die USA Impfdosen, als würde es nichts anderes zu kaufen geben, Im Gegensatz zur EU und Deutschland haben die USA und viele andere Länder Impfstoff genug. Während unsere „Schlafer" von Ordern sprachen und Absichtserklärungen abga-ben, haben Andere verbindlich gekauft und bezahlt.

• Es gibt noch zahllose Feststellungen dieser Art.

Der absolute Hammer aber ist, dass die Bundesregierung und der gesamte Bundestag seit Dezember 2012, dass in einer vom RKI ausgearbeiteten Risikoanalyse, ein außergewöhn-liches Seuchengeschehen beschrieben wird, das auf die Verbreitung eines neuartigen Erregers basiert.

Weder der damals verantwortlichen FDP-Minister Daniel Bahr, noch dessen Nachfolger Gröhe (CDU) und Spahn (CDU) nahmen diese Risikoanalyse des RKI zum Anlass, wie es ihr Amt eigentlich zwingend einfordert, sofort entsprechende Vorkehrungen zu treffen.

Eine Schande!

16.02.2021 - von Silvia Gralla-entnommen der Main-Post Würzburg Hier wurde Arnold Berger wegen Wasser in den Beinen behandelt: das St. Elisabeth-Krankenhaus in Bad Kissingen.

37. Ohne Wissen der Familie, mit Corona aus der Klinik entlassen

37.1 Ein 76-jähriger Patient hat sich vermutlich im Krankenkaus mit Corona infiziert

Als er entlassen wird, ist er noch positiv.Die tragische Geschichte der Familie Berger. „Arnold Berger (Name auf Wunsch der Familie von der Redaktion geändert) wird am Morgen des 12. Dezember ins St. Elisabeth-Krankenhaus in Bad Kissingen eingeliefert. Der 76-Jährige hat zu viel Wasser in den Beinen. Zweieinhalb Wochen später verlässt er das Krankenhaus wieder. „Als er vom Eli weg war, war das mit dem Wasser geregelt", sagt eine seiner Töchter. „Aber dafür hatte er Corona."Hat Arnold Berger sich im St. Elisa-beth-Krankenhaus angesteckt? Sein PCR-Test bei der Einlieferung war negativ. Der PCR-Routinetest einige Tage später in der Klinik aber fällt positiv aus. In der Stellungnahme der Unternehmenskommunikation des Helios St. Elisabeth-Krankenhauses heißt es zu dem Fall von Arnold Berger: „Eine Übertragung des hochansteckenden Virus während eines Klinikaufenthaltes kann trotz all unserer strikten Schutz- maßnahmen nicht ausgeschlossen werden. Dieses Restrisiko ist zutiefst bedauerlich." „Sich in einem Krankenhaus mit Corona anzustecken - für viele eine Horrorvorstellung. Auszuschließen ist sie nicht. Auch ein Hausarzt aus dem Landkreis Bad Kissingen sagt, ihm seien Fälle bekannt, bei denen sich Patienten im Krankenhaus mit dem Coronavirus infiziert hätten. "

„Schutzkonzept sieht Isolation und gesonderte Maßnahmen vor

Arnold Bergers Familie erzählt, dass auch seine Zimmergenossen positiv getestet worden seien. Dazu schreibt das Krankenhaus in seiner Stellungnahme nichts, aber: „Wir haben umgehend alle Wege des Patienten in unserem Haus nachverfolgt und unser Schutzkon-zept detailliert überprüft. Hierzu gehören neben dem Besuchsverbot, Maskenpflicht und Hygienemaßnahmen auch das regelhafte Testen aller Patienten bei deren Ankunft."

Das Schutzkonzept erklärt das Krankenhaus so: Bis zur Vorlage des Ergebnisses und bis zur Freigabe durch einen Arzt werden die Patienten isoliert versorgt. „Patienten mit negativem Testergebnis werden im sogenannten grünen Bereich behandelt, Patienten mit unklarem oder bestätigtem Befund im roten Bereich mit gesonderten Schutzmaßnahmen."

Arnold Berger kann zu den Geschehnissen nichts mehr sagen. Er ist im Januar gestorben. Doch sein Fall zeigt, dass das Schutzkonzept nicht lückenlos funktioniert. Und er macht auf weitere Missstände aufmerksam. Die Familie ist noch immer fassungslos über das, was der 76-Jährige bei täglichen Gesprächen am Telefon berichtet hatte. Es sind Berichte, die niemand gerne hört, der einen Angehörigen im Krankenhaus hat.

Falsche Tabletten für den Patienten ausgegeben
Was Arnold Berger seiner Familie geschildert hatte: An einem Morgen stellt ihm jemand falsche Tabletten hin und fordert ihn auf, diese zu nehmen. Berger weist darauf hin, dass er die verordneten Tabletten bereits genommen hat, und weigert sich, zusätzliche „falsche" Tabletten zu nehmen. „Mein Vater war nicht dement", sagt seine Tochter. Er habe erzählt, dass der Pfleger, der wohl nur gebrochen Deutsch sprach, auf seine Einwände nicht eingegangen sei. Er habe immer nur „nehmen, nehmen" gesagt. Das Krankenhaus bestätigt den Vorfall und schreibt, dass es beinahe zu einer falschen Medikamentengabe gekommen sei. „Wir legen großen Wert auf die Sicherheit unserer Patienten und haben Standardprozesse, mit denen wir eine korrekte Medikamentengabe sicherstellen", heißt es in der Stellungnahme. Trotz dieser eingespielten Mechanismen seien in diesem Fall beinahe falsche Medikamente gegeben worden. Dies sei „umgehend nachvollzogen und besprochen worden".

Verbal angegangen: Vorfall mit Pflegerin
Auch die Wortwahl, mit der eine Pflegerin mit ihm sprach, muss den 76-Jährigen entsetzt haben, schildert seine Tochter. „Er war fix und fertig." Eine Pflegerin soll zu ihm gesagt haben: „Jemanden wie Sie würde man in einem anderen Land verrecken lassen."
Warum es zu diesen Worten kam? Ihr Vater sei ein ruhiger Mensch gewesen, sagen die Töchter. Er sei oft guter Dinge gewesen. Auch der Hausarzt bestätigt, dass er seinen Patienten als „wenig aufbrausend erlebt" habe. Die Familie vermutet: „Er ist vielleicht angesichts der Umstände etwas mürrisch geworden."

Corona - und dann? Was Würzburger Mediziner über Spätfolgen wissen
Als eine der Töchter erfährt, wie ihr Vater von einer Pflegerin verbal angegangen wurde, ruft sie wütend im St. Elisabeth-Krankenhaus an und fordert, die Geschäftsführung zu sprechen. „Unangemessene Sprache oder gar verbale Entgleisungen werden in unserem Krankenhaus nicht toleriert und unverzüglich geahndet – so auch in diesem Fall", heißt es in der Stellungnahme des Krankenhauses. Die Klinikleitung habe sich umgehend nach Bekanntwerden bei dem Patienten entschuldigt, der Pflegedirektor sei dazu persönlich am Bett des Patienten gewesen. „Der Patient hat die Entschuldigung angenommen." Die Klinikleitung habe telefonisch auch mit seiner Frau gesprochen.

Als er das Krankenhaus verließ, war er noch ansteckend
Erlebnisse, die die Familie zwar verärgerten, sie aber noch nicht dazu gebracht hätten, den Fall öffentlich werden zu lassen. Dann aber geschah etwas, das für sie nicht mehr tragbar erschien. Was geschah: Arnold Berger wurde am 28. Dezember aus dem Krankenhaus entlassen - obwohl er noch ansteckend war. „Weder ihm noch uns war das bewusst", berichten die Angehörigen. „Bist du negativ?", habe ihn seine Frau am Telefon gefragt, bevor die Familie ihn mit dem Auto vom Krankenhaus abholte. Er habe geantwortet: „Sonst würden sie mich nicht rauslassen."

Das Krankenhaus beschreibt in seiner Stellungnahme die Situation anders: „Wir haben dem mehrfach ausdrücklichen Wunsch von Herrn B. entsprochen, nach Hause entlassen zu werden, da sein Allgemeinzustand soweit stabil war. Er wurde über seinen Corona-positiven Test und die damit verbundenen Quarantänemaßnahmen mehrfach aufgeklärt. Wir durften davon ausgehen, dass Herr B. sich seiner Ansteckungsgefahr bewusst ist, sein Verhalten danach ausrichtet und seine Familie in Kenntnis ist."

„Patient bei der Abschlussuntersuchung über mögliche Komplikationen informiert

Der Patient sei am 22. Dezember, als das positive Testergebnis vorlag, mündlich durch den behandelnden Arzt darüber informiert worden, heißt es in einer zweiten Stellungnahme des Krankenhauses. Außerdem sei er umgehend auf die Isolierstation verlegt worden. Der behandelnde Arzt habe bei der Visite am folgenden Tag mit dem Patienten über die Erkrankung und die möglichen Komplikationen im Zusammenhang mit seiner schweren Grunderkrankung gesprochen.

Am Tag der Entlassung am 28. Dezember sei die Information, dass Arnold Berger weiter ansteckend sei, vom entlassenden Arzt nochmals im Gespräch mit dem Patienten thematisiert worden. Bei der Abschlussuntersuchung, zu der auch eine Ultra-schalluntersuchung eine Stunde nach der Visite gehöre und die einige Zeit in Anspruch genommen habe, habe der Arzt die Information mündlich vorgenommen. Hierbei sei nicht nur über den Befund der Ultraschalluntersuchung, sondern auch über das Risiko, welches von der weiterhin bestehenden Covid-19-Infektion ausgeht, gesprochen worden.

Klinik: „Patient orientiert und entscheidungsfähig"

Außerdem sei Arnold Berger darauf hingewiesen worden, bei einer Verschlechterung des Zustandes umgehend die Notaufnahme der Klinik aufzusuchen. In der Stellungnahme heißt es weiter: „Der Patient war am Tag seiner Entlassung orientiert und entscheidungs-fähig und hat auf Nachfrage versichert, dass im heimischen Umfeld Schutzmaßnahmen getroffen werden." Wer was mit wem gesprochen hat, es ist schwer zu klären. Es scheint kein Dokument zu geben, auf dem Arnold Berger mit seiner Unterschrift versichert, dass er trotz seiner bestehenden Corona-Erkrankung aus dem Krankenhaus entlassen werden will und sich des Risikos einer Ansteckung bewusst ist. Auf die Nachfrage der Redaktion, ob solch eine schriftliche Versicherung vorliege, heißt es in der ersten Stellungnahme der Klinik nur: Die angeführten Probleme im Zusammenhang mit der Entlassung des Patienten würden im Moment intern aufgeklärt. Wie handhaben andere Krankenhäuser solche Fälle? Beim Leopoldina in Schweinfurt, bei dem die Redaktion stellvertretend nachfragte, lautet die Antwort: Infektiöse Patienten, die keine stationäre Behandlung mehr benötigen, könnten nach Rücksprache mit dem Gesundheitsamt in die häusliche Quarantäne entlassen werden. Das weitere Management übernehme dann das Gesundheitsamt.

Durch den Hausarzt erfuhr die Familie, dass der Vater noch ansteckend ist

Das Tragische im Fall von Arnold Berger bleibt: Keinem seiner Angehörigen war bewusst, dass der 76-Jährige noch das gefährliche Virus in sich trug. Nicht der 54-jährigen Toch- ter, die an Brustkrebs erkrankt ist und auf der Heimfahrt von der Klinik mit ihm im Auto saß. Nicht seiner Frau, die ihn pflegte und mit ihm in einem Bett schlief. Nicht dem Sohn, der seine Urlaubstage im Elternhaus verbrachte.

Dass der Vater noch ansteckend ist, erfuhr die Familie am nächsten Tag durch den Hausarzt. Dieser wollte Arnold Berger auf die Bitte seiner Frau hin untersuchen und die Medikamenteneinnahme abklären. Der Vater hochgradig ansteckend? „Wir sind aus allen Wolken gefallen", sagt die Tochter.

Befund nur aus den Laborwerten ersichtlich

Seine Praxis habe einen Anruf vom Krankenhaus erhalten, mit dem Hinweis, dass der Patient positiv sei, berichtet der Hausarzt. Da sei Arnold Berger aber schon entlassen gewesen. Im schriftlichen Bericht, der ihm vorliege, sei mit keinem Wort erwähnt, dass Arnold Berger positiv auf SARS-CoV-2 getestet worden war. Dieser Befund, sagt der Hausarzt, sei „in den Laborwerten versteckt".

Das Bad Kissinger Krankenhaus teilt mit, dass im Fall Berger am 29. Dezember die elektronisch übermittelte Meldung der Entlas- sung an das Gesundheitsamt erfolgte. Mit dem Gesundheitsamt sei inzwischen vereinbart worden, dass künftig bei ähnlichen Fällen eine zusätzliche, direkte Information erfolge.

Die Ehefrau und der Sohn haben sich schon infiziert

Als die Nachricht vom weiter positiven Befund schließlich die Familie erreicht, ist es schon zu spät: Die 76-jährige Ehefrau hat sich infiziert und erkrankt sehr schwer an Covid-19. Vollständig erholt hat sie sich bis heute nicht. Der Sohn hat sich auch angesteckt und leich-te Erkältungssymptome. Es folgen drei Wochen Quarantäne für die beiden. Am 4. Januar verschlimmert sich die Situation. Arnold Berger wird mit massiver Atemnot ins St. Josef Krankenhaus in Schweinfurt eingeliefert. Die Diagnose: doppelseitige Lungenentzündung. Der Zustand des Patienten verschlechterte sich von Tag zu Tag. Am 9. Januar bricht er zu-sammen und kommt auf die Intensivstation.

Seine Frau kann sich nicht am Sterbebett von ihm verabschieden. Ein paar Tage später ruft das Krankenhaus die Familie an. Es zeichne sich ab, dass es der 76-Jährige nicht schaffen werde.

Die Töchter dürfen zu Arnold Berger ins Zimmer. In Schutzmasken und Schutzkittel gehüllt sehen sie ihren Vater das letzte Mal und verabschieden sich von ihm. Seine Frau darf nicht zu ihm, da sie noch Corona hat. 56 Jahren waren die beiden verheiratet. Sie wäre so gerne noch bei ihm gewesen, sagen die Töchter. Das St. Elisabeth-Krankenhaus hat der Familie im Nachgang der Ereignisse ein Gespräch angeboten.

Die Töchter lehnten es ab, weil sie sich nichts davon erwarteten: „Das bringt nichts. Man kann es nicht mehr rückgängig machen."

„Da nützen keine Gespräch mehr etwas. Eine solche Nachlässigkeit, mehr noch Fahrlässig-keit müsste ein juristisches Nachspiel haben, um die Verantwortlichen zur Rechenschaft zu ziehen."

Es ist kaum zu glauben.

Man kann auch keinerlei Verständnis dafür aufbringen und dennoch ist es eine Tatsache.

38. Die nächste Panne mit Corona

Eine EU-Richtlinie ermöglicht es, im Corona-Kampf auf die Mehrwertsteuer für Impfmittel zu verzichten. Die Regierung hat davon keinen Gebrauch gemacht.

Die Impfstoffversorgung in Deutschland läuft so schleppend, dass die Regierung mit dem Spitzenbeamten Christoph Krupp nun sogar einen Sonderbeauftragten einsetzt, um die Produktion zu steigern. Gleichzeitig macht es Schwarz-Rot den Versorgern, etwa Krankenkassen und der Pflegeversicherung, finanziell unnötig schwer.

Sie müssen Millionen zahlen, die sie nicht zahlen müssten, da es eine EU-Richtlinie gibt, die sie von der Zahlung der Mehrwertsteuer befreien könnte. Sie müsste halt nur in Deutschland angewendet werden. Die Richtlinie sieht vor, dass Impfstoffe, Impfzubehör und Dienstleistungen gänzlich von der 19-prozentigen Umsatzsteuer befreit werden können oder unter den ermäßigten Steuersatz von sieben Prozent fallen. Die Be stimmung trat am 11. Dezember in Kraft. Die Bundesregierung allerdings überlegt Wochen danach immer noch, ob sie die Befreiung in Anspruch nehmen will. Das geht aus einer Antwort der Regierung auf eine Anfrage der FDP-Bundestagsfraktion hervor, die der Redaktion vorliegt.

Erschwinglicherer Zugang zu Lieferung von COVID-19-Impfstoff.

Die entsprechende EU-Richtlinie 2020/2020 ist in ihrer Aussage eindeutig. Über die Mehrwertsteuerregelung soll „so bald wie möglich, die Sicherstellung eines erschwinglicheren Zugangs zu der Lieferung von COVID-19-Impfstoffen" gewährleistet werden.

Rund 8,9 Milliarden Euro hat die Regierung eingeplant, um dafür 635,1 Millionen Dosen Impfstoff zu kaufen. Bei 19 Prozent Umsatzsteuer kommt da zunächst einmal eine erhebliche Summe zusammen.

„Eine Mehrwertsteuer auf den Impfstoff verteuert das Impfen unnötigerweise für Krankenkassen und Pflegekassen, die anteilsmäßig die Kosten übernehmen müssen". „Die Bundesregierung hat in der Corona-Krise so viel falsch gemacht - jetzt sollte sie die Gelegenheit ergreifen, endlich etwas richtig zu machen," erklärte die Vorsitzende des Bundestags-Finanzausschusses, Katja Hessel (FDP). Auch Corona-Schnelltest wären betroffen.

Das Einsparpotenzial geht über die Impfstoffe hinaus. Die EU-Mitgliedstaaten haben die Mehrwertsteuer-Systemrichtlinie auch auf die Erbringung von Schnelltests ausgedehnt sowie auf andere Dienstleistungen, die zur Bekämpfung der Corona-Pandemie eingesetzt werden. Wird die Möglichkeit der temporären Umsatzsteuerbefreiung nicht genutzt, fallen auf diese Bereiche ebenfalls 19 Prozent Umsatzsteuer an. Dieses Steueraufkommen insgesamt fließt zwar auch an den Bund. Aber nur zum Teil, der Rest geht an Länder und Kommunen. Problematisch ist die Besteuerung für Pflegeversicherungen, die für die Impfungen in Pflegeheimen oder Pflegediensten anteilig Kosten übernehmen. Das gleiche gilt demnach ebenso für die Krankenkassen. Die Umsatzsteuerbefreiung würde für mehr Kosteneffizienz und deutlich weniger Bürokratie sorgen.

Regierung soll auf die Steuer verzichten.
Andere Länder sind der Abgeordneten zufo
schon viel weiter als Deutschland. Österreic
Italien, Spanien, Frankreich, Belgien und di
Niederlande haben von der EU-Richtlinie
bereits im Dezember Gebrauch gemacht.
Tschechien folgte im Februar.

(Entnommen einem Artikel der Main-Post Würzburg

Altmaier
sollte eigentlich als
Wirtschaftsminister agieren.
Sein Ministerium bringt
aber nichts auf die Reihe.
Große Reden
und nichts
dahinter!

39. Jens Spahn kündigte rasche kostenlose Schnelltests an.

39.1 **Weder mit der Kanzlerin noch mit den Länderchefs abgesprochen, begab er sich mit seiner „vollmundigen" Ankündigung auf dünnes Eis.**

Gefährdet er mit einem wiederholt voreiligen Schnellschuss
die Bekämpfung der Pandemie?

Es ist Mittwoch, 24.02.2021 – 13.07 Uhr, als Jens Spahn einen Wettlauf beginnt. Er absolviert ihn stehend, von der Regierungsbank des Bundestages aus.

Spahn muss seinen eigenen Worten hinterherlaufen. Er hatte selbstsicher angekündigt, dass es in Deutschland ab dem 1. März flächendeckend kostenlose Corona-Schnelltests geben solle. Und was wird nun daraus? Spahn windet sich in der Regierungsbefragung und formuliert es so: „Ich bin sehr zuversichtlich, dass wir Tag um Tag und Woche um Woche deutlich mehr Tests verfügbar haben werden." Spahns Vorstoß war offenbar nicht abgesprochen noch vor wenigen Tagen klang das ganz anders. Der 1. März als Starttermin galt als sicher, dafür gab es reichlich Lob, Jens Spahn stand als Macher da. Nachdem Österreich bereits seit Wochen Schnelltests für weite Teile der Bevölkerung anbietet, sollte Deutschland nachziehen. Endlich gerät etwas in Bewegung, so schien es. Doch jetzt wird klar: Spahn stimmte seinen Vorstoß offenbar weder mit der Kanzlerin noch mit den Minister-präsidenten ab. Über ihren Regierungssprecher ließ Merkel bereits vor der Regierungs-befragung am Mittwoch ausrichten, dass über die Teststrategie bei der nächsten Minister-präsidentenkonferenz am 3. März gesprochen werden solle. Dann werde ein Plan gemacht. Zunächst müsse geklärt werden, so hieß es aus dem Kanzleramt weiter, ob überhaupt genügend Tests zur Verfügung stünden, ob die Kosten vertretbar seien. Spahn war düpiert, die Opposition spottete derweil über den „Ankündigungsminister".
Jens Spahn ist ein Mann, dem Schlagzeilen wichtig sind.

Das merkt man unter anderem daran, dass er beim Grundbuchamt erfragen ließ, welche Journalisten sich nach dem genauen Kaufpreis seines neuen Hau-s es erkundigten. Das öffentliche Bild zählt für ihn. Und gleichzeitig spürt er, dass die Corona-Stimmung schlechter wird. Auch deshalb versprach er die Schnell-tests.
Er ist halt doch kein „Macher".
Früher mussten Minister für weniger/ge-ringere Fehler gehen.

Gelungene Karrikatur

196

39.2 Spahn ist ein Politiker, der schöne Worte unfallfrei in eine gute Rede zu verwandeln vermag.

Das hat er am Mittwoch, 24.02.2021 im Bundestag einmal mehr bewiesen.
„Wir wähnten uns auf einem guten Weg", sagte Spahn da, als er dem Parlament seine Corona-Politik erklären musste. „Aber dieses Virus gibt nicht einfach auf. Wir sind vielfach pandemiemüde – das Virus ist es nicht."
Er kann reden, ... und reden muss ein Politiker können.
Das ist einer der Gründe dafür, warum Spahn vielen in der CDU schon lange vor der Corona-Krise als einer der begabtesten Politiker seiner Generation galt. Zwischenzeitlich wurde er sogar als Kanzlerkandidat gehandelt. Das stellte sich mittlerweile als Falschannahme heraus, denn daraus wird erst einmal nichts. Es liegen schwierige Wochen vor dem Bundesgesundheitsminister. Zum einen liegt das an der Pandemie, zum andern steht fest, dass Reden allein in der Politik nicht ausreicht. Spahns Worte sind meist schöner als seine Taten und gehen oft an den tatsächlichen Gegebenheiten einfach vorbei. Im Bundestag musste Spahn seinen Worten mal wieder hinterherlaufen. Spahn hatte wenige Tage vorher angekündigt, ab dem 1. März 2021 kostenlose Schnelltests anbieten zu wollen. Nach längerem Zögern und öffentlicher Kritik wollte er in die Offensive kommen, mal wieder eine positive Schlagzeile über sich lesen. Nur war weder der Kanzlerin noch den Ministerpräsidenten klar, wie das eigentlich von jetzt auf sofort funktionieren soll mit den Schnelltests. Spahn hatte etwas versprochen, ohne vorher mit allen Beteiligten zu sprechen und die Organisation zu klären.
Deutlicher gesagt: Spahn hat dies getan, ohne seine politische Arbeit zu machen. Die Kanzlerin pfiff ihn wieder einmal zurück. Spahn stand ganz dumm da. Und auf die wichtigen, von Spahn versprochenen Tests, müssen wir alle warten. Deutlicher gesagt: Spahn hat dies getan, ohne seine politische Arbeit zu machen.

Spahn als Siebenschläfer, der sich von September weit in den Mai hinein im Winterschlaf befindet.

Die Kanzlerin pfiff ihn wieder einmal zurück. Spahn steht dumm da. Und auf die wichtigen, von Spahn versprochenen Tests, müssen die Menschen nun doch länger warten.
So oder so ähnlich lief es nicht das erste Mal.
• Bei den Impfungen folgten auf große Ankündigungen nur kleine Fortschritte.
„Impfen ist der Weg heraus aus der Pandemie und wir sind auf diesem Weg gut vorbereitet", sagte Spahn Mitte Dezember. Inzwischen ist klar: Andere Länder waren wesentlich besser vorbereitet, und dafür trägt auch Spahn die politische Verantwortung.
• Schon Anfang Januar hatte er aber erst einmal die nächste Ankündigung:
Einen Termin, bis wann jedem Deutschen ein Impfangebot gemacht werden könne.
Gute Nachrichten nach einem schwierigen Weihnachten.
• Doch aus Ende Juni wurde irgendwann „im Sommer" und daraus „bis Ende Sommer", also bis zum 21. September.
Ob sich bis dahin dann wirklich jeder impfen lassen kann, der das will?
Kann sein, muss aber nicht.
Spahn hat es auch jetzt noch mit in der Hand.
Doch dafür braucht es eben mehr als Ankündigungen.
Man kann es Spahn nicht vorwerfen, wenn er versucht gute Politik gut zu präsentieren.
Aber man kann es ihm vorwerfen, wenn er mehr Wert auf gute Präsentation als auf erfolgreiche Politik legt, ... *denn effiziente Politik geht anders.*
Beenden wir damit das CORONA-SPAHN - D RA M A

40. Die tragische Wahrheit der TRUMP-Irrungen

40.1 Biden: Mehr tote Amerikaner durch Corona als in den beiden Welt-Kriegen

Die USA überschritten am Montag (22.2.2021) die Schwelle von mehr als einer halben Million Corona-Toten. „Damit sind in einem einzigen Jahr wegen dieser Pandemie mehr Amerikaner gestorben als im Ersten Weltkrieg, dem Zweiten Weltkrieg und dem Vietnamkrieg zusammengenommen", erklärte US-Präsident Joe Biden, als er vor dem Weißen Haus um die Opfer trauerte.

Das „gefährlichste Virus" der Gegenwart D. TRUMP, verlautbarte in seiner Zeit als US-Präsident, Folgendes:

01. März 2020: Glaubt man Donald Trump, wird das neuartige Corona-Virus schon bald verschwinden. Konkret soll der Covid-19-Ausbruch bereits im April eingedämmt sein - meint zumindest der US-Präsident. Die dann steigenden Temperaturen würden die Viren schließlich abtöten.

Trumps Regierung warnte in der jüngsten Vergangenheit nachdrücklich vor Panikmache und betonte dabei stets, dass das Virus schon im April komplett verschwunden sein werde.

Trump wiederholte immer wieder, dass dann die Hitze käme, welche die Viren abtöten und den Covid-19-Ausbruch schließlich eindämmen werde. Es bestehe somit kein Grund zur Sorge. **Kein Land sei „besser vorbereitet" als die USA.**

30. März 2020: US-Präsident Donald Trump hat die Amerikaner in der Coronavirus-Krise auf dramatische Opferzahlen vorbereitet. Wenn es gelinge, die Todeszahl durch Eindämmungsmaßnahmen auf 100.000* zu begrenzen, „dann haben wir alle zusammen einen guten Job gemacht", sagte Trump am Sonntagabend (Ortszeit) bei einer Pressekonferenz im Weißen Haus.

Juli 2020: Immer wieder versuchte Trump, das Ausmaß der Corona-Katastrophe in den USA zu relativieren. Auf Twitter behauptete er Anfang September, die Zahl der Coronavirus-Todesfälle in den USA liege bei 9210 - und nicht bei rund 180.000 zu diesem Zeitpunkt.

* *Solche Angaben verbreitete Trump kontinuierlich. Selbst als es für jedermann klar ersichtlich war, dass diese Zahlen nicht stimmen können, beharrte er auf seine Daten.*

Kommen wir wieder zum eigentlichen Thema dieses Buches, das ohne Corona und ohne Kritik an, und ohne Blick auf die Politik, dem Problem Umwelt nicht gerecht werden würde.

41. Die Corona-Pandemie hat uns allen gezeigt:

..... Und sie bewegt sich doch

Die Corona-Pandemie hat uns allen gezeigt:

Die Welt geht nicht unter.

- **Wenn die Menschen die AHA-Regeln einhalten müssen.**
  - 1,6m Mindest-**A**bstand halten, **H**ygiene -Hände waschen, **A**lltags-Maske tragen

- **Wenn die Menschen Einschränkungen im täglichen Leben hinnehmen müssen.**
  - wenn sich die Einschränkungen auf Rücksichtnahme auf Andere und lediglich auf zeitliche Kürzungen beziehen.
  - wenn sich diese auf überschaubare Eingrenzungen für Kultur- und Sportaktivitäten bezieht.
  - Selbst wenn Restaurants schließen müssen, geht davon die Welt nicht unter.

- **Wenn die Produktionen in der weltweiten Autoindustrie "zurückgefahren" wird.**

- **Wenn selbst die gesamte Industrieproduktion auf ein Mindestmaß reduziert wird.**

- **Wenn der weltweite Handel sich einem notwendigen Minimum anpassen muss.**

- **Wenn die gesamte globale Wirtschaft „eingefroren" wird.**

- *Deutlicher:* **Wenn Wirtschaftswachstum nicht mehr die alleinige Maxime der Politik ist.**

- **Wenn die Urlaubs- und Reisewellen, "fast zum Erliegen" kommen.**
  - Wenn die Hotels schließen müssen.
  - Kein Bade- oder Ski-Urlaub
  - Wenn der weltweite Flug- und Schifffahrtsverkehr nahezu komplett eingestellt wird.
  - Wenn die gesamte Tourismus-Industrie „schließen" muss.

- **Wenn die Einkaufsmalls geschlossen sind.**
  - Zumindest wenn dies lediglich für absehbare Zeiträume gilt.
  - und wenn die Internetanbieter den örtlichen Unternehmen nicht die Geschäftsbasis entziehen und damit die Arbeitsplätze an den Standorten gefährdet.
  - es liegt im Kaufverhalten der Kunden, ob sich lokale Geschäfte „halten" können.
  - ..... und es liegt an der Politik, Gefahrenquellen aller Art auszuschalten.

- **Wenn nicht jeden Tag „Party-Time" ist.**
  - Wenigstens für eine absehbare Zeit.
  - Es geht, ... auch wenn es für die junge Generation besonders beschwerlich ist.
  - Wenn durch die Beschränkungen die Umweltverschmutzungen an den Partyplätzen reduziert wird, hat Corona eine „gute Nebenwirkung" für die gesamte Umwelt.
  - Und ganz nebenbei dokumentiert die „Jugend", hier ist eigentlich die gesamte weltweite „Fridays for Future"-Bewegung gemeint, wie weit sie bereit ist, für die Umwelt zu gehen.

Denn eines dürfte unzweifelhaft feststehen:

- Jegliches Leben zu schützen ist die Hauptaufgabe der gesamten Menschheit.
- Der ausnahmslose Schutz des Lebens Anderer, kann niemals hinter irgendwelchen eigennützigen Interessen stehen. Schon gar nicht wenn es um „Chillen" geht.
- Das Leben ist das wertvollste Gut.

Die vorgenannten Punkte sind nur ein verschwindend geringer Teil dessen, was uns die Corona-Pandemie an Einschränkungen und Belastungen gebracht hat.
Vielleicht hilft es etwas, unserer Niedergeschlagenheit ein "bisschen zu helfen".
Die Welt muss davon ausgehen, dass die Corona Pandemie verhindert hat, dass das schlimmste Virus der Gegenwart (weit vor Corona), nämlich TRUMP nicht mehr Präsident der Vereinigten Staaten ist. Es ist kaum zu bestreiten, dass Trump, ohne seine unverzeihlichen Fehler bei der Corona-Pandemie-Bekämpfung, die US-Wahlen gewonnen hätte. Selbst seine täglichen Fake News und Lügen hätten daran nichts geändert. Ohne Corona, wäre Trump heute immer noch US-Präsident und würde die Welt täglich an den Rand einer globalen Katastrophe führen.
Übrigens, so ganz nebenbei hat er die USA zu einem Schuldenberg gebracht, der höher ist, als die Summe des gesamten US-Bruttosozialproduktes eines ganzen Jahres.

Vielleich hat sich die Natur dafür gerächt, dass Trump nichts für sie übrig hatte und dass die USA nach China der größte globale Umweltverschmutzer der Erde ist.
Mit mehr CO 2 Ausstoß als Indien, Russland und Japan zusammen, hat "Amerika First", als führende Technik-Nation, katastrophale Umweltwerte.

Rangliste der weltweiten CO_2-Emittenten

- China. 11.256. 29,7.
- USA. 5.275. 13,9.
- Indien. 2.622. 6,9.
- Russland. 1.748. 4,6.
- Japan. 1.199. 3,2.
- Deutschland. 753. 2,0.
- Iran. 728. 1,9.
- Südkorea. 695. 1,8.

...... Und Keiner der Führer der Nationen und ihre Wirtschaftsminister hatten den Mut, für das wirtschafliche Aggressorverhalten Trumps, entsprechende Sanktionen zu verhängen.
Bei Sanktionen kleinen Staaten gegenüber waren meist alle schnell dabei, obwohl sie genau wussten, dass sie mit solchen Aktionen nur die ärmsten der jeweiligen Bevölkerung trafen.

Die Wirtschaft geht über die Umwelt!

Da musste erst Corona kommen, um uns zu zeigen, dass es auch anders geht.
Und es geht anders.
Wenn auch schwierig, aber die Welt kann es, ... wenn es denn sein muss.
Und es muss sein.

Aber nicht so, wie es einige "Phantasten" wollen, indem sie die Wirtschaft ruterfahren und ihre dilettantischen, unausgegorenen Pläne, auf Kosten anderer Länder, Kontinente und Menschen durchführen wollen.

Eine derartige Ausbeutung anderer Länder und deren Bevölkerung ist ein Verbrechen gegen die Menschheit.

Daran sollten die Völker bei den nationalen Wahlen denken.
Vielleicht gibt es die eine oder andere gesellschaftlich-politische Bewegung, die alles besser machen könnte, als es die etablierten Parteien oder die Großsprecher gatan haben oder zu tun beabsichtigen.

nell

42. Die Corona-Pandemie ist nicht der Titel dieses Buches

42.1 Die globalen Handlungsweisen der Politik, sind der beste Beweis, dass Umweltschutz „geht".

Die politischen Verlautbarungen der führenden Wirtschaftsnationen sind enttarnt.

Die Corona-Aktivitäten haben den unwiderlegbaren Beweis erbracht.

Dem Schutz des weltweiten Handels und eines ständigen Wirtschaftswachstums, wird jeglicher aktiver und wirksamer Umweltschutz geopfert. Es kommt lediglich zu „unverbindlichen" Absichtserklärungen, deren festgelegte Zeiträume, zwar angestrebt, aber meist nie eingehalten, respektive erreicht werden. Deutschland muss sich seiner Verantwortung stellen. Das Land der „Dichter und Denker" darf freilich nicht so überheblich sein, dass es Anderen deren Verhalten vorschreibt.

Unser „kleines Land" kann nicht der Kompass für eine weltumfassende Klimapolitik sein. Schon gar nicht, solange unter dem Deckmantel „grünen Denkens", sog. erneuerbare Energien vorangetrieben werden. Wenn diese Erklärungen dazu führen, andere Länder zu Sklaven „grüner Politik" zu machen, ist das komplett abzulehnen.
Die Zeiten des ausbeuterischen Kolonialismus sind längst vorbei.
Zumindest für uns Deutsche.

Corona hat uns gezeigt dass es geht, die Wirtschaft allem anderen unterzuordnen.
Obwohl der weltweite Handel fast zum Erliegen kam, ging es weiter.
Und die Erde hat nicht aufgehört sich zu drehen.

Bei einem Rückblick werden wir in einigen Jahren feststellen, dass nur wenige Menschen gestorben sein, weil das öffentliche Leben und die Weltwirtschaft auf ein absolutes Mindestmaß zurückgefahren wurden.

Eines aber wird fest in den Köpfen der Deutschen verankert bleiben.
Die auf der ganzen Linie versagenden Gestalten der Politik, werden für immer im Gedächtnis der Menschen eingebrannt sein.

Deutschland hat sich bei der Beschaffung von Impfstoffen viel zu sehr auf die Europäische Union und auf einige politische Großsprecher verlassen und hat sich in der Welt der Lächerlichkeit preisgegeben.

Donald Trump war eine vollendete Katastrophe im Weißen Haus, aber das mit der Impfung hat selbst er hinbekommen. Das sagt alles, über die Unfähigkeit der Europäer/Deutschen aus.

Man darf jedoch annehmen, dass große Teile der Weltbevölkerung heute noch leben, weil die Umweltverschmutzung deutlich verringert wurde.

Beenden wir damit die Betrachtung der schlimmsten Pandemie der Neuzeit.
Und stellen wir fest:

42.2 Es geht alles. Man muss es nur wollen.

Dabei müssen wir alle jedoch aufpassen, dass wir für die Umsetzung einer umweltgerechten Klimapolitik nicht das richtige Augenmaß verlieren. Wir dürfen der Verwirklichung der Mobilität und der „Erneuerbaren Energie" keinesfalls die bestehende und intakte Umwelt opfern. Leider sind wir davon nicht so weit entfernt!

Die Umwelt muss es sich leider gefallen lassen, dass einige „Geistig Verirrte" großen Einfluss auf die Gestaltung des Lebens auf der Erde nehmen (können).

Ein Stück Zeigeschichte

„Realos" – Phantasten – Mystiker – Verirrte - Verwirrte
Gernegroß – „Marktschreier - Schwafler – Dummschwätzer - Lügner

Die Politik spielt verrückt.
Es sind die Verblendeten, die die Gesellschaft in Deutschland zu beeinflussen versucht.
Auf der einen Seite, sind es diejenigen,

- die eine Aufnahme und Einbürgerung von Flüchtlingen und Migranten, bedingungs- und grenzenlos befürworteten/befürworten.
  - Die Deutsche Bevölkerung hat die Flüchtlinge herzlich, wohlwollend und hilfsbereit empfangen. Einige zehntausend Bundesbürger haben Wohnungen, Kleidung, Lebensmittel und Geld u.a. bereitgestellt.
  - Viele Menschen haben Urlaubstage u.a. für die Bewältigung des nicht enden wollenden Flüchtlingsstroms eingesetzt. Eine Vielzahl Frauen und Männer haben sich bei der späteren Integration ehrenamtlich zur Verfügung gestellt.
  - Sie stellen Wohnungseinheiten zur Verfügung, helfen beim „Antrags-Wirwarr" der Formulare für die Anerkennung als Flüchtlinge, oder der Einbürgerung.
  - Andere helfen bei der Eingliederung und beim Lernen der deutschen Sprache, oder stellen Ausbildungs- und Arbeitsplätze zur Verfügung.
  - Sie setzen sich weiterhin seit Jahren für die Migranten ein.
    Sie tun dies für die Menschen, die zu uns kamen.
    Sie tun dies, weil Kinder niemals von ihren Eltern zwangsgetrennt aufwachsen sollen.
    Sie tun dies, im Wissen, dass ein Großteil davon Wirtschaftsflüchtlinge sind.
    Manche sogar als Straftäter in ihren Heimatländern gesucht werden.

All denen stehen die Bundesbürger gegenüber, bei denen der Hype um die „damalige" Willkommenskultur, der Realität gewichen ist.

- Sie mussten feststellen, dass die Versprechungen und großen Reden der Politiker jetzt in der Wirklichkeit ganz anders aussehen.
  - Die Not an „bezahlbaren" Wohnungen ist noch einmal deutlich größer geworden.
    Durch die hohen Zahlungen der Länder und des Bundes für Mietwohnungen für Migranten, wurde die Mitpreisspirale noch einmal deutlich angeheizt.
  - Die finanziellen Zuschüsse für die Migranten, übersteigen oft die staatlichen Leistungen und die Renten für die „ärmere", bzw. ältere deutsche Bevölkerungsschicht.

- Der Sozialstaat wir über Gebühr belastet.
  - … zum Nachteil von „Wenigverdienern", Hartz IV Empfängern, Arbeitslosen, und Niedrig-Rentnern.
  - … zum Nachteil derer, die sich eine legitime Anwartschaft auf Altersruhegeld erarbeitet haben.
    Aufgrund der Nachholung von Familienmitgliedern (teilweise über mehrere Generationen und mehrerer Familienzweige) wird die „Staatskasse" über Gesundheitskosten, Kindergeld, Wohnungsbeihilfe, Arbeitslosenunterstützung, und spätere Renten usw. erheblich beansprucht.
  - Diese Mehrbelastung muss der Steuerzahler aufbringen.
    Fairness halber muss festgehalten werden, dass ein Großteil der neuen Mitbürger auch ihre Arbeitsleistung einbringen und Steuern und Beiträge zahlen.
- Die Eingliederung von Kindern und Jugendlichen wird über den Regel-Schulbetrieb vorgenommen.
  - 2018 fehlten in Deutschland (lt. UN-Bericht) alleine 42.000 Lehrer für die Beschulung von Einwanderern.
    Die Kultus-Minister-Konferenz (KMK) erwartet einen durchschnittlichen Einstellungsbedarf von knapp 32.000 Lehrern pro Jahr, im Jahr 2015 hatte die KMK noch einen jährlichen Lehrerbedarf von 25.200 Lehrkräften erwartet.
  - Das deutsche Schulsystem versagt bei der Förderung von Zuwanderer-Kindern. Zu diesem Schluss kommt eine aktuelle OECD-Studie.
  - Solange die Eltern von Zuwanderer-Kindern nicht bereit sind, selbst schnell die Deutsche Sprache zu lernen, solange werden es ihre Kinder in den Schulen schwer haben.
  - Immer dann, wenn eine Vielzahl von Zuwandererkindern in den Schulklassen sind, fällt das Niveau der deutschen Kinder, denn das Unterrichtslevel muss angepasst werden.

Die anfängliche Begeisterung unter großen Teilen der Bevölkerung, ist mittlerweile längst der Nüchternheit gewichen.

Die Probleme des täglichen Lebens, überdecken die ehemals entstandenen Euphorie der Hilfsbereitschaft.

- Man kann nicht immer nur Toleranz zeigen.
- Man muss auch irgendwann an „das Hemd denken, das einem nun einmal näher ist, als die Hose".
- Man muss irgendwann auch wieder an die eigenen Verpflichtungen denken. Die eigenen Familien haben ein Anrecht darauf.

Irgendwann muss die „Pflege" einer Multikulturellen Gesellschaft in den Hintergrund treten.

Irgendwann muss diese Multi-Kulti-Gesellschaft auch bereit sein, sich den Gepflogenheiten ihres neuen Gast- oder gar Heimatlandes anzupassen.

Irgendwann muss diese Multi-Kulti-Gesellschaft beweisen, dass sie mit der Integration die Werte der Gemeinschaft akzeptiert. Auf der einen Seite „predigen" viele Politiker Toleranz und Respekt, Andersdenkenden gegenüber. Sie reden davon, dass die Bevölkerung diese Toleranz und den Respekt „lebt" und „leben" soll.

Dabei vergessen sie, dass sie, zusammen mit den Medien zum Großteil dafür verantwortlich zeichnen, das das „wirkliche Leben" ein ganz anderes Bild aufzeigt.

Es sind aber auch diese „Lautsprecher", die anderen Ländern und Nationen, ihre politischen und wirtschaftlichen Ansichten als allein richtige und gültige Philosophie aufoktroyieren wollen. Sie können nicht verstehen, dass ihre doch so offensichtlichen „Wahrheiten" nicht mindestens die Begeisterung finden, die sie selbst dafür aufbringen.

Wenn sie später feststellen, dass sie selbst es waren, die dafür verantwortlich gemacht werden müssen, dass Freunde das „Weite" suchen, um ihre Verantwortungsbereiche vor diesen „Dummschwätzern" zu schützen.

Andererseits gibt es, unabhängig von den sog. Querdenkern, Reichsbürgern und Verschwörungstheoretikern auch einige „Pseudo-Volksvertreter", die die Tatsachen verdrehen.

- Die anders Aussehenden ablehnen und negativ darstellen.
  - Die ihnen demokratiefeindliche Gesinnung unterstellen.
  - Die ihnen demokratiefeindliche Handlungen andichten.
    Hinzu kommen noch die Verdächtigungen von Straftaten.
- Die Andersdenkende als demokratiefeindlich hinstellen.
  - Sie unterstellen auch 30 Jahre nach der Wiedervereinigung LINKEN Abgeordneten, dass sie kommunistisches Ideologien in der Bundesrepublik Deutschland verwirklichen wollen.
  - Sie unterstellen LINKEN Abgeordneten, dass sie sich immer noch nicht vom Unrechtsstaat der DDR distanziert hätten.
  - Sie sprechen LINKEN Parlamentariern erforderliches Demokratieverhalten- und Verständnis ab.
  - Sie sprechen LINKEN Politikern Ehrlichkeit, Redlichkeit, Vertrauenswürdigkeit und Anständigkeit ab.
  - Diese borniete und engstirnige Art und Weise, den eigenen, längst widerlegten Behauptungen Nachdruck zu verleihen oder sie so darzustellen, als würden sie der Wahrheit entsprechen, ist „allerunterste Schublade" und zeugt von eingeschränktem Wissen um tatsächliche Sachverhalte.

Leider sind dies oft nur die nachplappernden Schwätzer, die dabei meist nicht einmal in der Lage sind, einem Gegenüber ihre Thesen zu erläutern.

Man muss kein Anhänger der Linken sein, um den obigen Standpunkt zu vertreten. Vielmehr sollte man die Gegebenheiten der Gründerjahre der Bundesrepublik Deutschland kennen. Woher rekrutierten denn damals die meisten Parteien, in den ersten Jahrzehnten ihrer Regierungszeit, ihre politischen Mandatsträger und Abgeordneten?
Die kamen doch nicht einfach so aus dem Nichts.
Keiner bezeichnete diese Politiker der 50-er und 60-er Jahre (und noch danach) als Nazis, obwohl später mehrere hohe Mandatsträger wegen ihrer politischen Vergangenheit belangt wurden und zurück treten mussten.
Jeder weiß, dass es sich hier um ein heikles Thema handelt, mit dem man sich viel Ungemach einhandeln kann. Dennoch muss das Szenarium offen und kritisch thematisiert werden.

Es sind gerade diese Großsprecher, vor deren Wichtigtuerei und Effekthascherei sich die Menschen in acht nehmen sollten.

- Die ihre Sichtweise oder Anschauung, als die alleine Richtige propagieren.
  - Die dabei ihre aufgestellten Thesen weder gewissenhaft recherchieren noch gründlich hinterfragen.
  - Die, die Schwachpunkte ihrer Theorien verschweigen oder sogar unterdrücken, nur um den Mist unter der Decke zu halten, den sie da „wiedergeben".
  - Die „ewig Gestrigen".
    Für die alles richtig ist, was schon immer gemacht wurde.
    Die dabei neue Wege, wie der „Teufel das Weihwasser" fürchten.

Und dann gibt es da noch die Fakten- und Wahrheitenverdreher, die Tatsachenleugner und die Lügner und „Hassprediger".

- Es gibt keine elitären Menschen
  - Weder Deutsche, noch Europäer, weder Weiße noch Andersfarbige Besitzen einen privilegierten Status.

- Den Vertretern einer „Herrenrasse" sei diese alte Französische Karikatur vorgehalten:

  „Der *arische Typus*:
  Blond wie Hitler,
  schlank wie Göring,
  groß wie Goebbels

  Wie nennt man solche „intelligenten Rechten" wenn sie die Toilette benutzen? „Braune Klugscheißer"

- Man muss davon ausgehen, dass diese „elitär denkenden Leute" aufgrund mangelnder Intelligenz und fehlendem geistigen Horizont, solche wirren Theorien aufstellen.
- Elitarismus ist die Ideologie, die vom Bewusstsein lebt, einer Elite anzugehören, und sich deshalb in einer elitären Haltung manifestiert. Jegliche Ethik und Moral wird dabei unterdrückt.

- Aufgrund des Elitedenkens dieser Menschen, sind sie der Meinung:
  - Dass IHNEN und ihrem Anhang die politische Führung zusteht.
  - Dass Sie die Qualität besitzen, die Wirtschaft zu lenken.
  - Dass es ihrem Sachverstand überlassen werden muss, die Gesellschaft zu führen.
  - Dass Kinder aus elitärem Kreis im allgemeinen und speziell im Falle hochbegabter Kinder, besser sind, als die anderen Kinder

Übrigens sollten die westdeutschen „Wichtigtuer" einmal 30 Jahre zurückdenken. Es war die damalige DDR, die ein ausgebautes Netz von Spezialschulen und -klassen hatte. Alle Pädagogen drängten darauf, dieses System auszubauen. In den Hochschulen und Universitäten gab es Sonder/Leistungsklassen für Mathe, Physik, Informatik, Chemie, Musik u.a. Die Schüler „spielten im weltweiten Spitzenfeld".

Diese „Luxus-Förderung" wollte man im „reichen Westen" nicht, weil sie Eliten hervorbringe und dem Gleichheitsgrundsatz schade.

Zugemachte, abgewickelte und umprofilierte Spezialschulen sind der Beweis für ein solch „beschränktes" Handeln westdeutscher Politiker.

- Die Verleugner, schlimmer noch, die Lügner, sind einfach nur eine Schande für unser Land.

  . Ihre Theorien, sind voller Unfug, Falschdarstellungen und entbehren meist jeglicher nachvollziehbaren Logik.

  • Mit großen Gesten, mit grimmiger Mimik versuchen sie, unsinnige Behauptungen und Tatsachenverdrehungen „unter die Leute" zu bringen.
    Dabei sind ihre Ausdrucksweise und ihre Reden hohl und ohne Hirn und Verstand.

  . Ihre „Fake News" sind noch schlechter, als die von „DT".

Das kommt einem doch irgendwie bekannt vor, oder nicht?

Wenn diese Phantasten - Mystiker - Verirrte - Verwirrte - Gernegroß, die Politik beeinflussen könnten/würden, wäre es mit einer verantwortungsbewussten und zielgerichteten Umweltpolitik vorbei.

Situationskommentar März/April 2021

Es gibt solche und solche Menschen.

Was im momentanen Zeitgeschehen heraussticht, ist die Tatsache, dass vor allem bei den sog. Querdenker-Demos, immer mehr Menschen der Meinung sind, dass das Hauptanliegen des Staates darin zu stehen hat, dass er ihnen Rechte zu garantieren hat. Gleichzeitig vertreten diese Menschen den Standpunkt, dass der Staat ihnen jedoch nichts abzuverlangen hat.

Und genau hier liegt der gravierende Irrtum dieser Leute.

Der Staat hat nicht nur das Recht, er hat vielmehr die Pflicht, von seinen Bürgern zu verlangen, dass die Maßnahmen, die der Staat ergreift um Schwache zu schützen, strikt eingehalten werden. Dieses starke Motiv zeigt den unmittelbaren Zusammenhang zwischen den bestehenden Bürgerrechten und der Einhaltung von Bürgerpflichten.

Was Rechte und Pflichten bedeuten, lernen selbst Kinder bereits in jungen Jahren. Diese Kenntnis und das Umsetzen des Wissens, ist eine der wichtigsten Reifeprüfungen, die wir unseren Kindern aufgeben, und muss folglich für das gesamte Staatsbürgertum gelten. Es kann, nein es darf nicht Sache von Verwaltungsgerichten sein, in Notsituationen erarbeitete und ausgegebene staatliche Sofortmaßnahmen, auf die letzte juristische Ausformulierung hin zu überprüfen. Entscheidend muss hierbei sein, dass der Sinn der staatlichen Verordnung um- und durchgesetzt wird. Selbst auf die Gefahr hin, dass einzelne Punkte der staatlichen Maßnahmen juristisch nicht ausgereift formuliert wurden, darf es nicht zu Aufhebungen der staatlichen Maßnahmen kommen. Das Recht der Allgemeinheit auf die Unversehrtheit von Geist und Körper, hat über dem Recht Einzelner zu stehen. Das Grundgesetz ist hier nach seinen Grundsätzen und keinesfalls nach juristischen Auslegungsmöglichkeiten anzuwenden. In der Zeit nach der Pandemie, mögen sich „spitzfindige" Juristen „aller Couleur" mit der Bewertung von Grundgesetz und juristischer Auslegung auseinander setzen. Sie haben dann Jahre, respektive sogar Jahrzehnte für eine evtl. Problemlösung Zeit.

In Zeiten einer globalen Pandemie oder Katastrophe zählen einzig und alleine schnelle, zielführende Entscheidungen. Verwaltungstechnisches Abarbeiten von Katastrophenfällen oder Pandemien ist der eindeutig verkehrte Weg.

Genauso falsch ist es, einem schnellen Handeln, rechtliche, verfahrens- oder haftungstechnische Fragen voran zu stellen.

Es ist das Anspruchsdenken, auf dem die Tatsache beruht, dass jeder Politiker, der irgendeine Wahl gewinnen will, Versprechungen über Steuerentlastungen, Erhöhungen von Freibeträgen oder Zuwendungen usw. macht.

Es wird nicht mit Sachargumenten und Strategien geworben, sondern fast ausschließlich mit Versprechungen in die Zukunft, die dann zumeist nicht einmal eingehalten werden, da die Umsetzung der **VERSPRECHEN** bereits an der Finanzierung scheitert.

Ein Großteil der Menschen haben mittlerweile das Gefühl verinnerlicht, sie würden in einer Welt leben, in der der Staat wie ein Unternehmen auftritt und sie dessen Vertragspartner seien. Das Ganze geht soweit, dass sie erwarten, dass sie das ultimativ Beste für sich herausholen können, wenn sie nur lange genug Forderungen stellen. Folglich benehmen sich die Menschen nicht wie Staatsbürger, sondern sie werden zu Kunden des "Unternehmens".

Und hierin birgt sich die besondere Gefahr, dass sich die "Denke" der sog. "Reichsbürger", dass die Bundesrepublik Deutschland lediglich eine GmbH ist, auf genau dieses Verhaltensweisen beruft.

Wir müssen alle lernen, endlich objektiv zu sein, respektive objektiv zu werden. Wir müssen deutlich sachlicher werden. Wir müssen das ICH hinten an stellen. Es ist das WIR, das die gesamte Menschheit letztendlich dorthin gebracht hat, wo wir heute sind.

Eine kundenartige Erwartungshaltung der Bürger, dass der Staat ihnen alles zu liefern hat, ihnen aber gefällig nichts abzuverlangen hat, ist weit verbreitet.

J.F Kennedy sagte 1961 in seiner Antrittsrede als US-Präsident:

> **„Frage nicht, was dein Land für dich tun kann –**
> **frage, was du für dein Land tun kannst."**

Er erinnerte sich dabei an einen Ausspruch des Leiters seines Internats:
„Der Jugendliche, der seine Alma Mater liebt, wird niemals fragen:
„Was kann sie für mich tun?', sondern „Was kann ich für sie tun?"

Das reine Anspruchsdenken und die damit verbundene Erwartungshaltung bildet keine Basis, mit der man „Staat machen kann". Der Staat ist immer auf das Verantwortungsgefühl seiner Bürger angewiesen, das sie der Gemeinschaft entgegen bringen.
Die Staatsbürger müssen erkennen, dass ein Mindestmaß an Solidaritätsgefühl da sein muss. Zu einem Grundbedürfnis geworden, kann die Solidarität auch gelebt werden.
Nur täglich gelebtes Füreinandereintreten ist ein realer Gemeinschaftsgeist.

Jede auf Freiheit und Liberalismus beruhende Staatsform ist an Bedingungen gebunden, die er jedoch nicht selbst produzieren kann. Er kann und muss zwar vorausgehen. Er kann das alles bloß nicht einfordern. Er kann auch nicht Moral, Religiosität oder Lebensweisen vorgeben. Wenn der Staat in seinem Wesen dieses Erwartete vorlebt, wird er die Menschen finden, die gemeinwohlorientiert, sozial und auch moralisch sind. So kann der Staat vorankommen und funktionieren, wie es seine Bevölkerung von ihm erwartet.
Bloßes Nutznießertum schadet jeder Gemeinschaft.

Leider stellt sich hier die Frage:

„Woher soll eine solche Einstellung denn kommen"?

„Was fördert in Deutschland die Gemeinwohlorientierung"?

„Woraus sollen sich Rücksichtnahme und Empathie bilden"?

„Wie kann man solch positiven Grundeinstellungen fördern"?

„Wie kann eine stark auf egoistischem Erfolg konditionierte Gesellschaft, sich auch ökonomisch und ökologisch auf die Werte einstellen, die global erforderlich sind, um unser aller Leben zu sichern"? In einer Zeit, in der es immer nur darum geht, des „Günstigste" abzuzocken. Egal um was es dabei geht. Die „Geiz ist geil"- Mentalität hat uns dahin gebracht, dass selbst staatliche Unternehmen nach den Prinzipien, des Gerissensten oder Schlauesten, oder am besten Vernetzten, funktionieren. Wer zuerst bucht, bekommt den besten Preis. Alte Mitbürger und Menschen, die nicht online kaufen oder buchen können, müssen am meisten bezahlen.

Das ist bei vielen Geldinstituten, der Bahn, Geschäften usw. so, und die CLEVEREN finden das noch toll und „voll gerecht", dass sie den „dummen Alten" eins ausgewischt hat. Bei der Bahn gibt es fast keine Schalter mehr und am Automaten muss auch mehr bezahlt werden. Selbst Handyverträge oder Zeitungs-/TV-Abos sind deutlich teurer, wenn sie nicht sofort nach Vertragsabschluss wieder gekündigt werden, um den Vertragspartner dazu zu bewegen, ein noch einmal erheblich verbessertes Angebot anzubieten.

Alte Menschen und Computerunerfahrene bezahlen somit die „Billigpreise" der „Findigen und Cleveren". Auch treue Kunden werden so ausgenutzt. Im Kampf um Marktanteile, erhalten Neukunden fast immer bessere Konditionen als langjährige treue Kunden.

Wir leben in einer Gesellschaft, in der ich der Doofe bin, wenn ich diese Cleverness nicht besitze. Bei fehlendem „Abgezocktsein" wird man ständig nur übervorteilt.

.... So können ähnliche Verhältnisse entstehen, wie wir sie aus den USA kennen.

Irgendwann werden wir sie haben.

Das sollte in uns allen möglichst die Angst erzeugen, die uns dazu bewegt, doch noch den Hebel umzulegen, um in die richtige Richtung zu wechseln.

Ich muss sehen, dass ich an mich denke.

Diese Haltung darf sich nicht irgendwann überall im täglichen Leben festsetzen.

Wenn die Menschen diese Haltung annehmen, setzen sie dieses Verhalten über kurz oder lang auch dem Staat gegenüber ein.

Dann kann es bereits zu spät sein, zumindest bröckelt in diesem Moment unser gesamtes Gemeinwesen, **und es entstehen eben diese oben angesprochenen"schlimmen" amerikanischen Verhältnisse.**

Niemand will das wirklich und dennoch ist dieses „Cleversein" das Momentum der Gegenwart.

Wir alle kennen den Wahlspruch der „Drei Musketiere" – Einer für alle, alle für einen

Der deutsche Philosoph Arthur Schoppenhauer sagte einst: „Der Mensch für sich allein vermag gar wenig und ist ein verlassener Robinson, nur in der Gemeinschaft mit den anderen ist und vermag er viel".

Vor nicht allzu langer Zeit war dieser Ausspruch existentiell. Heute ist er fast individuell.

43. Wie pervers können politische Entscheidungen im Vergleich untereinander sein

Am 5. November 2020 beschloss der Deutsche Bundestag, nach wochenlangen Diskussionen, eine Änderung der Ermittlung und Ausgestaltung der Regelbedarfe in der Grundsicherung für Arbeitssuchende (Hartz IV) in der Sozialhilfe und im Asylbewerber-Leistungsgesetz. Der Abstimmung lag ein Bericht des Haushaltsausschusses, gemäß § 96 der Geschäftsordnung des Bundestages zur Finanzierbarkeit (19/24047) zugrunde. Das Ziel des angenommenen Gesetzentwurfes 19/22750 ist eine **verfassungskonforme Ermittlung** der Regelbedarfe in der Grundsicherung der Arbeitssuchenden in der Sozialhilfe und im Asylbewerberleistungsgesetz. Dem Beschluss zufolge steigt der Eckregelsatz von 432 Euro monatlich auf 446 Euro. Nachfolgend die neuen Regelsätze.

	Regelsätze 2021	Regelsätze 2020
Alleinstehende Erwachsene	446 Euro	432 Euro
Partner in Bedarfsgemeinschaft	401 Euro	389 Euro
Kinder im Haushalt bis 25 Jahren	357 Euro	345 Euro
Kinder 14 bis 17 Jahre	373 Euro	328 Euro
Kinder 6 bis 13 Jahre	309 Euro	308 Euro
Kinder bis 5 Jahren	283 Euro	250 Euro

Ausgabenbereich	Betrag	Zeit	Regelsatz für Alleinstehende	so viel Geld gibt es zusätzlich
Nahrungsmittel und alkoholfreie Getränke	154,78 EUR	ab Januar 2005	345 EUR in Westdeutschland, 331 EUR in Ostdeutschland	
Freizeit, Unterhaltung, Kultur	43,52 EUR	ab Juli 2007	347 EUR	2 EUR bzw 16 EUR
Nachrichtenübermittlung	39,88 EUR	ab Juli 2008	351 EUR	4 EUR
Wohnen, Energie, Wohninstandhaltung	37,81 EUR	ab Juli 2009	359 EUR	8 EUR
Bekleidung, Schuhe	37,01 EUR	ab Januar 2011	364 EUR	5 EUR
Verkehr	40,01 EUR	ab Januar 2012	374 EUR	10 EUR
Andere Waren und Dienstleistungen	35,53 EUR	ab Januar 2013	382 EUR	8 EUR
Innenausstattung, Haushaltsgeräte und -gegenstände	27,17 EUR	ab Januar 2014	391 EUR	9 EUR
		ab Januar 2015	399 EUR	8 EUR
Gesundheitspflege	17,02 EUR	ab Januar 2016	404 EUR	5 EUR
Beherbergungs- und Gaststättendienstleistungen	11,65 EUR	ab Januar 2017	409 EUR	5 EUR
Bildung	1,61 EUR	ab Januar 2018	416 EUR	7 EUR
		ab Januar 2019	424 EUR	8 EUR
		ab Januar 2020	432 EUR	8 EUR
Insgesamt	**446 EUR**	ab Januar 2021	446 EUR	14 EUR

	Regelsätze 2021	Regelsätze 2021
Alleinstehende Erziehende	446 Euro	432 Euro
mit einem Kind (bis 5 Jahre)	+ 283 Euro	+ 250 Euro
Mit einem weiteren Kind (6 bis 13 Jahre)	+ 309 Euro	+ 308 Euro
	1.038,00 Euro	990,00 Euro

D.h. Nach wochenlangem Ringen im Haushaltsausschuss und anderen Ausschüssen und tagelangen Debatten im Bundestag wurde beschlossen, dass Familien mit einem Elternteil und 2 Kindern, statt 990 Euro, ab 2021, Euro 1.038, das sind 48 Euro im Monat mehr bekommen sollen. Welch ein Verhältnis zu den nachfolgenden Zahlen!

Diäten- und Kostenpauschaleentwicklung

Zeitraum	Spalte 1	Spalte 2
1.1.2005 – 31.12.2005	7.009 €	3.589 €
1.1.2006 – 31.12.2006	7.009 €	3.647 €
1.1.2007 – 31.12.2007	7.009 €	3.720 €
1.1.2008 – 31.12.2008	7.339 €	3.782 €
1.1.2009 – 31.12.2009	7.668 €	3.868 €
1.1.2010 – 31.12.2010	7.668 €	3.969 €
1.1.2011 – 31.12.2011	7.668 €	3.984 €
1.1.2012 – 31.12.2012	7.960 €	4.029 €
1.1.2013 – 31.12.2013	8.252 €	4.123 €
1.1.2014 – 30.06.2014	8.252 €	4.204 €
1.7.2014 – 31.12.2014	8.667 €	4.204 €
1.1.2015 – 31.12.2015	9.082 €	4.267,06 €
1.1.2016 – 30.06.2016	9.082 €	4.305,46 €
1.7.2016 – 30.06.2017	9.327,21 €	4.318,35 €
1.7.2017 – 31.12.2017	9.515,60 €	4.318,35 €
1.1.2018 – 30.06.2018	9.515,60 €	4.339,97 €
1.7.2018 – 31.12.2018	9.753,48 €	4.339,97 €
1.1.2019 – 30.06.2019	9.753,48 €	4.418,09 €
1.7.2019 – 31.12.2019	10.055,84 €	4.418,09 €
1.1.2020 – 31.12.2020	10.055,84 €	4.497,62 €
1.1.2021 – 30.6.2021	10.055,84 €	4.560,59 €

Nebenstehend die Bundestags- Abgeordneten Entschädigungs- und Kostenpauschaleentwicklung

Die Entschädigung (Spalte 1) muss versteuert werden, während die allgemeine Kostenpauschale (Spalte 2) **steuerfrei** ausgezahlt wird.

Die Entschädigung (Spalte 1) stieg im Zeitraum 1.1.2005 bis 1.1.2021 um **3.046,84 Euro.**
Das entspricht einer Steigerung von 43,47 Prozent.

Die steuerfreie allgemeine Kostenpauschalestieg im gleichen Zeitraum um **971,59 Euro.**
Das entspricht einer Steigerung von 27,07 Prozent.

Im gleichen Zeitraum erhöhte sich der Hartz IV-Regelsatz von **345 Euro** auf **446 Euro.**
Das entspricht einer Steigerung in 17 Jahren von **101 Euro.**
Das entspricht einer Steigerung von 29,28 Prozent. (So etwas nennt man Statistik)

Letztendlich bedeutet dies, dass die Abgeordneten im gleichen Zeitraum, in dem die Hartz IV Empfänger 101 Euro mehr bekamen, 3.046,84 Euro mehr erhielten, zuzüglich der 971,59 Euro steuerfreie Kostenpauschale.
All das, bei einer Inflationsrate von 24,7 Prozent in dem angegebenen Bemessungszeitraum.

Das ist eine Schande, die alle Parteien im Deutschen Bundestag betrifft.
2021 gibt es in Deutschland (lt. statista) 3.907.837 Hartz IV: Empfänger von Arbeitslosengeld II
Lt. obigen Regelsätzen betragen die Gesamtkosten der monatlichen Steigerungen von 48 Euro für eine 3-köpfige Familie, „ganze" 187.576.176 Euro.

Absurd und pervers Schutzverweigerer sollen belohnt werden

Anfang Juni 2021 kamen verschiedene Politiker auf die Idee, Impfunwillige und Impfgegner Mit „Anreizprämien" zum Impfen zu „bewegen". Ärzte und Impfzentren sollten dorthin gehen, wo sich Impfunwillige und Impfgegner aufhalten, um die Schutzquote gegen Corona auf den notwendigen Stand zu bringen, um alle Bewohner gegen die Pandemie zu schützen.

Man muss sich das mal auf der „Zunge zergehen" lassen. Menschen, die nicht bereit sind sich zu gegen Corona zu **schützen**, bzw. die sich weigern, den **Schutz für Alle** ablehnen, sollen kostenaufwändig belohnt werden, wenn sie ihrer eigentlichen Verpflichtung sich selbst, den Angehörigen, den Kollegen an den Arbeitsplätzen und der Allgemeinheit gegenüber, nachkommen. **Das ist absurd und pervers.**

Diejenigen, die sich registrieren ließen und dennoch monatelang auf die 1. Impfung warteten, die Angehörigen all derer, die einen lieben Menschen durch die Corona-Pandemie verloren haben, müssen sich angeführt und verhöhnt vorkommen.

Die Menschen, die sich vorbildlich an die Corona-Bestimmungen hielten und ihre gesamten Lebensumstände nach der Pandemie ausrichteten, werden mit einem solchen Ansinnen, nicht nur als „die Deppen der Nation" hingestellt, sondern obendrein noch von solchen Politikern und den Impfverweigerern verspottet.

Die Kosten einer Impfung im Impfzentrum werden mit rund 150 Euro pro Impfung angegeben. Hier sind die enormen Kosten für die gesamte neu geschaffene Infrastruktur enthalten.) (Selbst bei den politischen „Schönrechnerei" entstehen noch Kosten von 40 Euro pro Fall. Den zugelassenen Ärzten wird eine Pauschale von 20 Euro zugestanden. Lt. publiziertem Zahlenmaterial gibt es zwischen 6 und 13 Prozent Impfverweigerer. 13% Impfverweigerer bei 83 Millionen Einwohnern ergeben einen Anteil von 10,79 Millionen. Annahme: Das Impfverweigerer „Zugeh-Programm" betrifft nur diese, über 10 Mio. „Schutzverweigerer". Sollte es komplett erfolgreich sein, würde es dem Steuerzahler, 1,5 Milliarden Euro kosten. Und das für nur eine Durch-Impfung dieser Schutz-Ablehner.

Wenn diese „Einmal-Geimpften" dann auch ein zweites mal besucht werden müssen, liegen wir bei rund 3 Milliarden Euro Steuergelder. All das für diejenigen, die sich geweigert haben, sich schützen zu lassen. Kommen dann noch, die angesprochenen „Anreizprämien" hinzu, ergibt sich schnell ein Betrag von viertausendfünfhundert Millionen Euro. (4,5 Milliarden.)

Das ist das doppelte des gesamten staatlichen Jahres-Mehraufwandes für alle Hartz IV-/ Arbeitslosengeld II - Empfänger Deutschlands

Entnommen: Schweinfurter Tagblatt vom 9.7.2021

Sollten Impftermin-Versäumer bestraft werden?
Nein, da jedoch durch diese Nachlässigkeit Kosten für die Allgemeinheit , die Krankenkassen und den Steuerzahlern entstehen, müssen die vom Versicherungsnehmer ausgeglichen werden. Es ist heutzutage kein Problem, per eMail oder Smartphone, einen vereinbarten Termin zu kanzeln.
Diese Vorgehensweise gibt es tagtäglich.
Man sollte hier jedoch nicht von einer Strafe sprechen. Eine Aufwandsentschädigung für einen nicht eingehaltenen Impftermin in Höhe von 35 Euro ist angemessen. Diese Aufwandsentschädigung wird durch die Krankenkassen abgerechnet.
Damit sind die Aufwände von Impfzentrum, Arzt und Krankenkasse abgegolten.

Sollten Impf-Verweigerer bestraft werden?

Nein, wie bereits mehrfach erwähnt, hat der einzelne Impf-Verweigerer das Recht, das Risiko einer Corona(Covid 19-Erkrankung selbst zu steuern. Wer sich nicht gegen Corona impfen lassen möchte, muss auch die Corona-Behandlung bei Erkrankung, selbst bezahlen. Das ist ganz im Sinne des Krankenkassensystems. Mit der Impfverweigerung verletzen die Personen das Solidarprinzip der Krankenversicherung, und dürfen deshalb auch nicht auf die Solidarleistung zurück greifen, sollten sie selbst verschuldet später an Covid-19 erkranken. Wer sich nicht gegen Corona impfen lassen möchte, verzichtet auf die 6-wöchige Lohnfortzahlung durch seinen Arbeitgeber. Mit der Weigerung, sich zu schützen, riskiert Jeder schwer zu erkranken. Das Risiko, andere anzustecken, wird ebenfalls wissentlich und fahrlässig in Kauf genommen. Kein Arbeitnehmer kann erwarten, dass ein solches Risiko durch die Arbeitgeber und Arbeitnehmergemeinschaft abgedeckt wird, zumal die Mutationen von Covid 19 mittlerweile das Ansteckungsrisiko von Windpocken erlangt haben.

Die vorgenannten Punkte stellen keine Strafe dar, sondern eine freiwillige Kopplung des Erkrankungsrisikos ,der betreffenden Person, an die Kosten, die dadurch entstehen.
Hinzu kommt die Verpflichtung der täglichen Testierung, mit einer Eigen-Kostenbeteiligung von 5 Euro pro Testat.
Mit dem täglichen Corona-Test ist eine möglich Erkrankung, (an der man durch die Verweigerung des Impfschutzes und somit eigenem Verschulden), leicht und mit hoher Zuverlässigkeit nachzuweisen.
Selbstverständlich würde die Maskenpflicht in der Öffentlichkeit weiterhin bestehen.
Damit bedürfte es keiner Reglementierung durch evtl. Strafen oder Bußgelder.
Jeder wäre frei in seiner Entscheidung, ….. und die Allgemeinheit müsste nicht die Kosten der Schutzverweigerer tragen.

Nur zur Erinnerung:
Wer kennt das System des „Zahnarzt-Bonusheftes" ?
Hier profitieren Patienten von einem lückenlos gefüllten Bonusheft:
Wer fünf Jahre ohne Unterbrechung die geforderten Vorsorgetermine nachweisen kann, bekommt 70 Prozent Festzuschuss für einen Zahnersatz. Bei zehn Jahren sind es 75 Prozent.
Wer keine lückenlose Nachweise im Bonusheft vorweisen kann, erhält nur 60 Prozent.
Bei einer größeren Zahn-/Gebissbehandlung in Höhe von 3000 Euro, wird das Versäumnis der regelmäßigen Zahnuntersuchung, mit bis zu 450 Euro sanktioniert.
Da gibt es kein Wenn und Aber. Das ist so.
Weshalb soll es bei den Verweigerern des Corona-Schutzes anders sein?

Ein anderes Beispiel: Fordert eine Krankenversicherung einen Patienten nach einer Krankheit auf, eine Reha-Maßnahme durchzuführen, kann man diese Aufforderung nicht einfach ablehnen. Immer dann, wenn der Versicherte durch die Krankenkasse, die Bundesagentur für Arbeit oder die Deutsche Rentenversicherung Leistungen erhält und die Leistungsträger den Versicherten auffordern, eine Reha-Maßnahme durchzuführen, muss man dieser Aufforderung folgen, da man sonst wegen fehlender Mitwirkung seine Ansprüche gegen die Kostenträger verliert, respektive sogar ein evtl. Rentenantrag abgelehnt wird. Diese oft als „Gestaltungsrecht" bezeichnete Maßnahme ist völlig rechtens. Ihre Krankenkasse darf Sie zur Reha zwingen. Jeder hat zwar immer die Möglichkeit, den Bescheid einer Sozialbehörde mithilfe eines Widerspruchs anzufechten, aber im Grundsatz ist es das Recht der Krankenversicherung, Ihre Erwerbsfähigkeit durch die Reha überprüfen zu lassen.
Hier gibt es kein Recht auf Verweigerung. Der „Zwang" stellt nicht die geringste Diskriminierung und auch keine Einschränkung der persönlichen Freiheiten dar.

Es ist zwar eine andere Situation und Gesetzeslage, nichtsdestotrotz wurden durch die Einführung des **Nichtraucherschutzgesetzes** die Rechte der Bürger (Raucher) erheblich eingeschränkt. Das Nichtraucherschutzgesetz hielt jedoch allen Überprüfungen durch den Bundesgerichtshof und das Bundesverfassungsgericht stand. Seit dem 20. Juli 2007 ist das Gesetz zum Schutze vor den Gefahren des Passivrauchens in Kraft. Es regelt das Rauchverbot in allen öffentlichen Einrichtungen sowie in öffentlichen Verkehrsmitteln. Dazu gehören Behörden, Kliniken, Schulen, Theater, Kitas, Heime, sämtliche Transportmittel wie Busse, Züge, Bahnen, Flugzeuge, Taxen, Bahnhöfe und Flughäfen. Hinzu kommen Bars, Cafés, Restaurants und Diskotheken. Manchmal gibt es hier gekennzeichnete Bereiche, in denen das Rauchen erlaubt ist. Verstöße gegen das Nichtrauchergesetz stellen eine Ordnungswidrigkeit dar und sind deshalb Bußgeld bewehrt.

Frage: Weshalb soll das "Passivrauchen" um soviel höher schützenswert eingestuft werden, als das Risiko der Menschen, gegenüber den Corona-Schutzverweigerern. **Die Corona Schutzverweigerer setzen die Mitbürger einer tödlichen Virus-übertragung aus.** Wenn die "Impfverweigerer" in der Öffentlichkeit <u>permanent</u> Schutzmasken tragen, den Mindestabstand von 1,5m dauernd einhalten und sich täglich einem selbst bezahlten PCR-Test unterziehen, dann haben sie zumindest das Mindestmaß an Sicherheit für alle anderen getan.

Wir werden sehen, was uns die Zukunft bringt.
Wir müssen die globalen Umweltprobleme sofort angehen.
Dabei müssen wir die „Sünder" namentlich nennen, um sie zu demaskieren.
Wir müssen die weltweiten pandemischen Probleme lösen.
Wir müssen allen Menschen kostenlos sauberes Trinkwasser zur Verfügung stellen.
Wir müssen der globalen Vernichtung des Regenwaldes Einhalt gebieten und weder Palmöl, Soja, Viehzucht u. dgl. rechtfertigen diesen Raubbau an der Natur.
Wir müssen den umweltschädigenden weltweiten Vertrieb von Früchten unterbinden. Man muss nicht alles zu jeder Zeit haben.
Wir müssen die Leute demaskieren, die vorgeben, dass sie einen schlechten ökologischen Fußabdruck, durch Zahlungen ausgleichen. Das können sie nämlich nicht.Sie treten derzeit häufig in der Politik auf und wollen uns weis machen, dass ihre politische Ansicht, die einzig Richtige sei. Wir dürfen nicht zulassen, dass sog. „Erneuerbare Energie" zu Lasten anderer Länder und Völker durchgeführt wird.
Wir können nicht in 10 Jahren das wieder gut machen, was wir in über hundert Jahren zerstört haben. Das können wir nicht. Wir müssen es jedoch versuchen. Koste es was es wolle.
Nur nicht, um deswegen Kriege zu führen.
Und auch nicht, um den „Rattenfängern der Politik und Medienlandschaft" auf den Leim zu gehen.

Wie schnell Parolen zu polemischen und gar sozialpolitischen Auseinandersetzungen führen:
Wohnungsnot: Gibt es überhaupt eine Wohnungsnot in Deutschland ?
Lassen wir die „nakten Zahlen" sprechen: In Deutschland gab es im Jahr 2019 rund 41,5 Millionen Privathaushalte. Den häufigsten Haushaltstyp stellen dabei die Alleinlebenden (Ein-Personen-Haushalte / Single-Haushalte) dar - 17,56 Millionen Einpersonenhaushalte gab es im Jahr 2019. 42,3 Prozent aller Haushalte sind folglich Single-Haushalte. Nach den Berechnungen des Statistischen Bundesamts aus dem Jahr 2019 ging der Trend in Deutschland zur kleineren Wohnung. Ende 2019 hatten die Haushalte im Schnitt 91,9qm Platz – egal ob Wohnung, Ein- oder Zweifamilienhäuser. Das macht den Statistikern zufolge 47 Quadratmeter pro Kopf. Demnach stehen jedem Einwohner Deutschlands, durchschnittlich **47qm** Wohnfläche zur Verfügung. Wie kann man da von Wohnungsmangel sprechen.

Das Problem sind die Single-Wohnungen und die selten benutzten Zweitwohnungen. Das ist ein Luxusproblem, das in Verantwortung von überdurchschnittlich gut situierten Mitbürgern liegt. Wohnraum wäre genügend da.
Genauso ist es mit den vielen phantastischen Vorschlägen für die „Rettung der Umwelt".
Sie werden auf dem Rücken der „Durchschnittsbürger" umgesetzt. Ein Großteil dieser Menschen können sich diese, zugegebenermaßen umweltverbessernden Maßnahmen, jedoch bei weitem nicht leisten. Nur gut Situierte sind in der Lage, die immensen Kosten zu tragen. Es sind die „Besserverdienenden", die hohe Energiekosten und Lebensmittelpreise aufbringen können, die sich teure Autos leisten können, die aufgrund ihrer hohen und sicheren Einkommensverhältnisse auch hohe Mieten bezahlen können.
„Zur Not, werden die hohen Kosten dann von der Steuer abgesetzt".

Subventionen	Deutschland in Milliarden Euro	EU in Milliarden Euro	
Agrar-Subventionen	6,35	52,5	Starke Lobby vielleicht die beste weltweit
Kohleausstieg:	90		

Strom 10,8 (6,756 ct./kWh) EEG-Umlage Staatl.Zuschuss

Gesamt-Stromerzeugung 564 Terrawatt (564 Milliarden Kilowatt) 38,1 24,1% der Stromkosten machen die Erzeugerkosten und den Vertrieb aus. Strompreis: rund 32ct./kW Netto Stromwert: 7,12ct./kW Rechnung: 564.000.000.000 kW mal 6,756 ct./kW = 38,103840 Milliarden Euro

EEG: 233,1 Terrawatt Netto-Stromwert: 16.596.720.000 Euro Das bedeutet: Einem Netto-Stromwert von 16,59672 Milliarden Euro stehen:

Subventionen: 48,9 Millirden Erzeugung: 16,6 Millirden **10,8 Milliarden Euro Staats-Subventionen** und

Minus: 32,3 Milliarden Euro **38,1 Milliarden Euro Subventionen** der Kunden durch die EEG Umlage gegenüber

Mit diesen rund 32,3 Milliarden Euro werden die exorbitant hohen Provisionen für die Flächenbereitstellungen bezahlt.
Wo in Deutschland erwirtschaften Grundbesitzer das meiste Geld pro Quadratmeter? In den Toplagen der großen Städte?
Nein, dort, wo der Wind kräftig und häufig weht, lassen sich Spitzenpachten für Windkraftanlagen erzielen: bis zu **100.000 Euro pro Windrad und Jahr.**

Hallo Frau Baerbock, das ist ein Großteil der Wahrheit über die sog. Erneuerbare Energie. Würden diese, im Laufe der Zeit angehäuften, **Billionen** Euro verwendet werden, um hoch effektive Abgaseinrichtungen mit Schadstofffiltern (die auch Ultrafeinstaub filtern) in alle Kraftwerke und Privatheizungen eingebaut werden, müssten sie nicht für die „angehenden Millionäre" unter den Verpächtern der Flächen für Windkraftanlagen, respektive Solaranlagen, ausgezahlt werden. _Das ist eine Lizenz zum Gelddrucken._

Heizungsanlagen Gas-Hybridanlagen und Solarkollektoranlagen werden grundsätzlich mit **30 Prozent** der för derfähigen Kosten gefördert. Ölheizung durch Gas-Hybridheizung austauschen: **40 Prozent.** Ölheizung durch Biomasse, Wärmepumpe od. EE-Hybridanlage austauschen: 45 Prozent.

Kernkraftwerke Gesamtgesellschaftliche Kosten seit 1955, bei „konservativer" Berechnungsannahme mehr als **eine BILLION** Euro.

Brennelementesteuer 7 Rückzahlung an die Betreiber aufgrund eines Gerichtsurteils

Endlagerungskosten 154 Muss der Bund übernehmen
24 Milliarden-Anteil der KKW-Betreiber bereits abgezogen.

.... und noch einiges mehr!

Es geht bei allem nicht darum, dass wir in Deutschland und auch auf der ganzen Welt, nicht zu den dringend notwendigen Maßnahmen, für die Gesundung unserer Umwelt bereit wären. Das Dilemma liegt in der Tatsache, dass die Politik bisher nicht in der Lage war, ein halbwegs, mittel- bis langfristige, wirkungsvolles Konzept zu erstellen. Dabei hätte es auch so etwas wie einer Strategie entsprochen, wenn aus den anfänglichen Fehlern gelernt worden wäre und ein wirkliches weltweites Konzept erstellt worden wäre. Die Vergangenheit hat uns jedoch gezeigt und das ist die wohl bitterste Erkenntnis aus allen Klimakonferenzen und der Politik im Ganzen, dass es hier eine Lernunfähigkeit zu geben scheint.

Wer die Lizenzen für „Verschmutzungsrechte", als wegweisend oder gar zielführend ansieht, hat das Wesen des Umweltschutzes bis dato nicht begriffen. Es dürfte für Jedermann nachvollziehbar sein, dass solche unsinnigen Maßnahmen den kriminellen Energien Vieler Vorschub leisten. Zumal dann, wenn keine wirksamen Kontrollmechanismen etabliert wurden. Aufgrund der Erfahrungen, aus den abschreckenden Präzedenzfällen des „Verrschmutzungs-rechte-Handels" der vergangenen Jahrzehnte, hätte man ein valides Konzept erarbeiten und umsetzen müssen. Wie schamlos sich der „Verschmutzungsrechte-Handel", zum Nachteil der Umwelt entwickelt hat, ist längst bekannt. Dass die Politik trotz der Kenntnis von Allem nichts dagegen tat, ist unentschuldbar. Schlimmer noch ist, dass niemand von Rang und Namen aus diesen exzessiven umweltschädigenden Milliarden-Subventionshandel gelernt hat.

Dass sich die Finanzminister von den Wirtschaftsministern, respektive den Lobbyisten, mehr als eine Billion Euro Subventionsmittel haben abschwatzen lassen, die zum Großteil in das ständig steigende Wirtschaftswachstum flossen, statt für wichtige Natur schützende Maßnahmen und Objekte Verwendung zu finden, zeigt deutlich auf, dass die Wirtschaft das Mantra der Weltpolitik darstellt.

Dank der Macht der Lobbyisten, werden die dringend erforderlichen Umweltschutzmaßnahmen auf die Zukunft verschoben. Auf ungläubige Nachfragen hin, weshalb so viele Hochtechnologieländer nicht in der Lage sind, die Probleme der Zukunft anzugehen, werden die Konflikte klein geredet.

Best in class, Heute. Morgen. Übermorgen, und auch danach.

Das sollte der Anspruch deutscher Politik sein. Dem ist aber nicht so.
Deshalb müssen wir uns um unsere Zukunftsfähigkeit wirklich mehr als nur ernsthafte Sorgen machen.
Schauen wir in die nahe Zukunft.
Wird eine „GRÜNE" Politik uns das bringen, was wir insgeheim alle so ersehnen?
Die Antwort ist: NEIN!
Denn ihre Zukunftspolitik ist auf den „Rücken ganzer Kontinente" aufgebaut.
Sie wird dem „Normalbürger" immense Lasten aufbürden und das Leben erheblich teurer machen.
All diejenigen, die bereits heute „malochen" müssen, um über die „Runden" zu kommen, werden noch mehr Last aufgebürdet bekommen. Das ist Fakt.
Die „Besserverdienenden" können sich höhere finanzielle Belastungen eher leisten, als der „Otto-Normalverbraucher". Sie können sich mit Hilfe hochdotierter Steuerkanzleien, einen Großteil der Mehr-kosten wieder vom Staat holen.
Klingt einfach, …... und ist auch einfach!

DER KLEINE ZAHLT DIE „GRÜNEN-ZECHE".

Apropos Verschmutzungsrechte.
Das Recht auf Verschmutzungsrechte nehmen sich die „Grünen" heraus.
Grüne Politiker fliegen 0,6 mal mehr, als der Durchschnitt der anderen Abgeordneten. Und dabei handelt es sich meist auch noch um Einzelreisen und keine Delegationsreisen. Die Grünen ha-Ben festgelegt: Ist eine Flugreise unumgänglich, wird die durch den Flug freigesetzte Menge an CO_2-Emissionen durch eine Ausgleichszahlung an eine hierfür tätige Klimaschutzorganisation kompensiert. Auch für nicht vermeidbare Flugreisen der Fachausschüsse anlässlich einer Studienreise wird die durch den Flug freigesetzte Menge an CO_2-Emissionen durch eine Ausgleichszahlung an eine hierfür tätige Klimaschutzorganisation kompensiert. Die Kosten für die Ausgleichszahlungen sind aus dem jeweiligen Reisekostenbudget zu decken.

Damit haben die „GRÜNEN" versucht, ihre Vielfliegerei zu rechtfertigen.
Sie „erkaufen" sich schließlich durch die Ausgleichszahlungen sog. Verschmutzungsrechte.
Nach dieser „Grünen Denke" legalisieren Umweltverschmutzer ihr Tun, wenn sie anschließend dafür Geld bezahlen.

Nur, die Natur hat von Geld nichts!
Welch eine umweltschädigende Argumentation!
Welch ein „falsches Spiel"!
Nach der „Grünen Denkweise" könnte man alles beim Alten lassen und stattdessen die hunderte Milliarden Euro Subventionen direkt dem Umweltschutz zuführen.

Der Leser dieses Buches wird schnell den Unterschied von Tatsachen, Theorien und angebrachter und kritischer Bewertung erkennen.

Die „Grüne Politik" hat so viele gute und notwendige Ansatzpunkte, dass wir alles tun müssen um diese Grundlagen einer umweltgerechten Politik umzusetzen. Es geht aber nicht, wenn viele dieser Basis Unterlagen nicht durchdacht, bzw. nicht zu Ende gedacht sind, um sie dann auch in menschen- und umweltgerechte Projekte zu überführen.

Niemand auf diesem Planeten hat das Recht,
eigene Vorteile, auf dem Rücken Anderer zu erreichen.

Die Erneuerbare-Energiepolitik tut dies jedoch in großem Umfang.
Und tausende Menschen müssen sterben und riesige Regionen werden auf Dauer verwüstet, um eben diese erneuerbare Energiepolitik bei uns in Deutschland voran zu treiben.

Lassen Sie mich zum Ende kommen.
Wussten Sie?
Nachdem die „Grünen-Bundeskanzler-Kanditatin" im Mai 2021 eine 16 Cent Preiser-höhung für Benzin gefordert hat, sagte Bundesfinanzminister Scholz dazu:
"Wer jetzt einfach immer weiter an der Spritpreisschraube dreht, der zeigt, wie egal ihm die Nöte der Bürgerinnen und Bürger sind." Ein immer höherer CO_2-Preis sorge "nicht für mehr Klimaschutz, sondern nur für mehr Frust".
Daraufhin meldete sich Grünen-Fraktionschef Hofreiter zu Worte und warf der Union und SPD vor, sie hätten gerade ein höheres Klimaziel beschlossen, verweigerten aber die Umsetzung ihrer Beschlüsse. *Jetzt zündeten "Scholz, Scheuer und Co. die nächste Stufe der Unredlichkeit".* Obwohl sie selbst einen ansteigenden CO_2-Preis beschlossen hätten, starteten sie eine "populistische Benzinwutkampagne".
"Wer Ängste schürt und Halbwahrheiten * verbreitet, untergräbt bewusst die Akzeptanz für die zentrale Zukunftsaufgabe Klimaschutz", kritisierte Hofreiter. Klimaschutz brauche ambitionierte Maßnahmen zusammen mit einem starken sozialen Ausgleich wie ein Energiegeld als Rückerstattung des CO_2-Preises.

Alles richtig! Herr Hofreiter vergaß bei der Wortwahl nur, dass die „Grünen-Bundeskanzler-Kanditatin" Baerbock es mit der Wahrheit selbst nicht so genau nimmt.

- Erst muss sie „jahrelang vergessene" Einnahmen aus Gratifikationen und Zuschüssen nachmelden.

- Dann muss sie zugeben, dass ein Großteil ihrer angegebenen Qualifikationen, nicht der Wahrheit entsprechen.

Ausbildung & Beruf	Doktorandin des Völkerrechts, Freie Universität Berlin, Promotion **nicht** abgeschlossen.

Referentin für Außen- und Sicherheitspolitik der Bundestagsfraktion von BÜNDNIS 90/DIE GRÜNEN (2008-2009)

Büroleiterin von Elisabeth Schroedter, Europaabgeordnete (2005-2008) Anfangs lediglich für die Homepage zuständig, später personalbedingt Büroleitertätigkeiten übernommen.

Trainee des British Institute of Comperative and Public International Law (2005)

Masterstudium an der London School of Economics (LSE): **Völkerrecht** (2004-2005)
Das ist in der neuesten Ausgabe gestrichen.
Stattdessen steht:
Public International Law: Master of Laws (LL,M.)
Bei den Master of Laws ergibt sich die gesamte Qualifikation aus der Kombination des Vorstudiums. Der Master of Laws kann ein Generalist mit fundierten Kenntnissen in Rechts- und/oder betriebswirtschaftlichen Bereichen sein. Er kann ein Spezialist für Steuerfragen, Personal, Managementstrategien oder Finanzierungsformen sein, er kann ein **Betriebswirt** oder ein von Anfang an auf Wirtschaftsrecht spezialisierter Jurist sein. *Wer also wissen will, wer oder was hinter dem Abschluss „LL.M." wirklich steckt, muss deswegen immer danach sehen, was wirklich „dahinter steckt. Für sich alleine sagt der Master of Laws eigentlich nichts aus.*

Freie Mitarbeiterin bei der Hannoverschen Allgemeinen Zeitung (2000-2003)

Studium an der Universität Hamburg:
Politikwissenschaften, öffentliches Recht (2000-2003)
Das ist in der neuesten Ausgabe gestrichen.
Stattdessen steht: Politische Wissenschaft (2000-2004)

Andere mussten für solche Falschangaben „ihren Hut nehmen und gehen"!

Frau Baerbock hat in ihrer Biografie weiterhin geschrieben, dass Sie:

• Offizielles Mitglied beim „German Marshall Found" (GMF) sei.
Dem ist aber nicht so. Sie hat lediglich vor einigen Jahren an einem Programm der Stiftung teilgenommen und wird nur als Alumna (Zögling) geführt. Bei einer offiziellen Mitgliedschaft als "Alumni Leadership Council" hätte sie sich im GWF engagieren können.

• Im Europa-/Transatlantik-Beirat der Heinrich Böll-Stiftung sei.
In der Homepage der Stiftung ist sie jedoch nicht zu finden.
Mittlerweile wird geschrieben, dass sie aus der Stiftung ausgeschieden sei.

• Sie gibt eine Mitgliedschaft in der Organisation „Hoher Flüchtlingskommissar der Vereinten Nationen" (UNHCR) an.
Bei dieser Behörde kann man jedoch kein Mitglied werden.
Stattdessen erklärte Baerbock, nachdem alles aufgeflogen war,
dass sie seit 2013 regelmäßig an die UNCHR spenden würde.

Das war nicht der einzige Fauxpas der Baerbock angelastet werden muss. Nach der vergessenen Meldung von fünfstelligen Verdiensten, dem „Aufhübschen" ihres Lebenslaufes, versuchte sie darüber hinaus, sich mit einem Buch voller Plagiat Passagen, erneut eine intellektuelle Aura zu verleihen. Auch wenn es sich dabei nicht um eine wissenschaftliche Arbeit handelt, ist es das erneute Vorhaben Baerbocks sich zu profilieren. So wie Baerbock eben keine studierte Völkerrechtlerin ist, wie sie es in ihrer Vita darstellte, so hat sie in ihrem Buch, die wesentlichen Passagen einfach abgeschrieben.

Hier geht es nicht darum, die Galionsfigur der „GRÜNEN" zu demaskieren.

Es muss vor den Gefahren der derzeitigen Versuche, der Umsetzung der „Erneuerbaren Energie", gewarnt werden.

Der Fairness halber sei hier festgestellt, dass dem Unions-Kanzlerkanditaten Laschet ein viel größeres „Fettnäpfchen" anhaftet. Deswegen verlor er sogar seinen Lehrauftrag an der RWTH Aachen.
Veröffentlicht am 02.06.2015
Seit 16 Jahren unterrichtet NRW-CDU-Chef **Laschet** an der RWTH Aachen. Dann geht ihm ein Stapel Klausuren verloren. Das Problem versucht er auf kuriose Weise zu lösen: **indem er Noten einfach erfindet.** Dabei benotet er Studenten, die diese Klausur gar nicht mitgeschrieben hatten. „Dafür" fehlte einem Studenten, der teilgenommen hatte, eine Note. „Kölner Stadt-Anzeiger" und „Aachener Nachrichten" haben **Laschets** unglaubliches „Vergehen" öffentlich gemacht.

...... Und das sind die Protagonisten, von denen demnächst eine/einer unser Land regieren wird.

Die Umwelt darf nicht zum Politikum degradiert werden.

Umweltpolitik darf nicht politischer Profilierung dienen.

Möge uns die Weisheit beschieden sein, dass Wirtschaftswachstum, nie das Mass der Dinge ist und jemals sein kann.

Mögen wir erkennen, dass die Luft, die wir atmen, uns erst die Möglichkeit des Lebens eröffnet.

Mögen wir so klug sein, dass wir erfassen, dass es ohne sauberes Wasser, kein Leben auf diesem unseren Planeten gibt.

Mögen wir begreifen, dass wir unsere Umwelt nicht der Wirtschaft oder irgendwelchen Ideologien opfern dürfen.

Mögen die geneigten Leser dieses Buches erkennen, dass manche Sachverhalte mittlerweile von der schnelllebigen Zeit ein- oder gar überholt wurden. Sie behalten dennoch ihren faktischen Wert bei und können als Maßstab zukünftiger Geschehnisse herangezogen werden.

Das Beste zum Schluss!

Klimaneutralität kostengünstig und extrem schnell und nachhaltig umgesetzt.

Die Einwohner Deutschlands produzierten (2019) jeder rund 7,9 Tonnen Kohlenstoffdioxid. Dem gegenüber stand die durchschnittliche weltweite Pro-Kopf CO2-Emissiion von ca. 4,8 Tonnen.

Gehen wir einmal davon aus, dass eine Buche ca. 12,5 Kilogramm CO2 pro Jahr binden kann. Es müssten folgedem 80 Bäume gepflanzt werden um jährlich eine Tonne CO2 durch Bäume wieder zu kompensieren. Dabei legen die jungen Bäume in den ersten Jahren geringere Biomassevorräte an. Erst mit zunehmendem Alter wird vermehrt CO2 gebunden. Beispielrechnung: Eine 23m hohe Buche, mit einem Stammdurchmesser von 30cm, speichert ca. 550kg Trockenmassen in den Blättern, Ästen und dem Stamm. Da hinzu kommen noch rund 50kg Wurzelbiomasse. Ein solcher Baum bindet in etwa eine Tonne CO2.

So ganz nebenbei gibt der Baum bei der Photosynthese auch noch Sauerstoff ab und sorgt so für unser Überleben, ... denn genaugenommen speichern Bäume gar nicht CO_2 – also Kohlenstoffdioxid – sondern lediglich Kohlenstoff. Bei der Photosynthese entnehmen Bäume der Atmosphäre Kohlenstoffdioxid (CO_2), wandeln es in Kohlenstoff (C), und Sauerstoff (O_2) um. Den Kohlenstoff nutzen sie für ihr Wachstum und speichern es in ihrer Holzmasse. Den Sauerstoff geben sie wieder ab und produzieren so Atemluft für Mensch und Tier.

Ein „altes Gebot" lautet daher:
Jeder große alte und noch gesunde Baum produziert täglich Sauerstoff für 10 Menschen.

Es ist deshalb grundlegend falsch, mit E-Automobilen die „Welt retten zu wollen".

Je größer und älter die Bäume werden, desto länger entziehen sie der Atmosphäre dauerhaft Kohlenstoffdioxid und produzieren sie Sauerstoff.

Holz als nachwachsenden Rohstoff für Heizungen zu bezeichnen ist absurd und grundlegend falsch. Wird ein Baum gefällt und verarbeitet, bleibt der Kohlenstoff weiterhin gespeichert. Verrottet ein Baum, oder wird er gar verbrannt, wird der gesamte gespeicherte Kohlenstoff wieder freigesetzt. Damit gibt es keinen positiven Effekt mehr für das Klima.

Etwas dreist ausgedrückt kann man sagen: Auch das Erdöl (als Pflanzen) hat einmal vor Millionen von Jahren für eine Kohlenstoffspeicherung gesorgt und vielleicht damit zur Entwicklung unseres Planeten maßgeblich mit dazu beigetragen.

Um dieser Eingangserklärung die nötige Wertschätzung anrechnen zu können, bedarf es einer weiteren Berechnung:
7,8 to. CO2/pro Einwohner multipliziert mit 83,7 Millionen Einwohnern ergibt eine CO2 Belastung von 652,86 Millionen Tonnen durch die deutsche Gesamtbevölkerung.

Um diesen hohen CO2 Belastungswert **komplett zu kompensieren** und **auf Null** zu bringen, bedarf es der Pflanzung von rund 653 Mio. Bäumen.
Ein kleiner Baum kostet inkl. Anpflanzkosten max. Euro 50.
Euro 50/Baum mal 653 Milo. Bäume
Entspricht einem Kostenaufwand von rund 32.650.000.000 (32,65 Milliarden) Euro.

Zur Erinnerung:
Deutschland hat 11,4 Mio. Hektar Waldfläche. Dort stehen geschätzte 90 Milliarden Bäume.

Erneuerbare Energie – Holz
Mit dem nachwachsenden Rohstoff Holz Wärme und Strom zu erzeugen, ist ein Frevel an der Umwelt. Siehe Seite 125 - Hier wird kurz und deutlich dargelegt, auf welch einer fatalen Fehleinschätzung die Einbeziehung von Holz, als nachwachsenden Rohstoff für die „Erneuerbare Energie", beruht.

Erneuerbare Energie - Elektrizität
Einer der größten, auf eine Gesundung der Umwelt, bezogenen Irrtümer der Gegenwart. Für die Rückbauten der 1. und 2. Generation von Windrädern gibt es bisher keine Entsorgungstechnik. Die Rotorblätter liegen zu zigtausenden auf Halde.
Solarfanlagen sind Sondermüll, die u.U. Cadmium oder Blei enthalten.
Dünnschichtmodule, Cadmium-Tellurid-Module sind deswegen als gefährlich und giftige Substanzen enthaltend klassifiziert. Hinzu kommen die „seltenen Erden", die bei der Herstellung von Solaranlagen zum Einsatz kommen. Es kann nie ausgeschlossen werden, dass kleine Schadstoffmengen bei der Produktion in die Umwelt gelangen. Die Gewinnung seltener Erden bedeutet immer einen massiven Eingriff in die Natur und erfolgt nicht selten unter schwierigen Bedingungen.
Ein besonderes Kapitel ist der gefährlichen und umweltzerstörenden Gewinnung von Lithium gewidmet.

Die deutsche Ökostromförderung nach dem **Erneuerbare-Energien-Gesetz** (EEG) kostete **2020** für die vier Netzbetreiber Amprion, Tennet, 50Hertz und TransnetBW - **30,9 Milliarden Euro.**
Soviel direkte Subventionen flossen an die Betreiber von EEG-geförderten Wind-, Solar- und Biomasseanlagen.

Das bedeutet:
Hätte man für diese Jahres-Subventionssumme Bäume gepflanzt, hätten wir den gesamten CO2-Ausstoß dauerhaft kompensiert und wären sofort absolut klimaneutral.

Eine Theorie, die so zwar mangels der Menge Baumsetzlingen und Jungbäumen so nicht umsetzbar ist. Deren Denkansatz jedoch insoweit richtig ist, als er die Probleme schnell, kostengünstig, vor allem aber nachhaltig beseitigen könnte.

E-Automobile, Solar- und Windkraftanlagen, Biogasanlagen usw. verringern aufgrund ihrer schlechten Ökowerte in der Produktion, Montage und dem Betrieb die Umweltwert nicht so, wie es uns die „Grünen Aktivisten" glauben machen wollen. Selbst wenn man Ihnen gute Umweltwerte attestieren könnte, eines können sie allesamt nicht: **Sauerstoff produzieren**

Das machen Bäume so ganz nebenbei, ... als „Abfallprodukt".

Nehmt den sog. erneuerbaren Energien, mit ihrem **umweltvernichtenden** Ressourcenbedarf, ihren Ruf, als umweltschützend weg, ... und forstet konsequent weltweit auf.

... und die Welt wird sich erholen und sich weiter drehen.

Die Berechnungen der Baumpflanzaktion sind zwar mathematisch korrekt, sie berücksichtigen jedoch nicht den Faktor Zeit, den die Bäume zum Wachsen brauchen, um die volle „Umweltleistung" zu bringen.
Die Berechnungen sind jedoch genauer, als alle Berechnungen der Umweltforscher, da die sich lediglich auf Modelle und Erwartungshaltungen beziehen.

Wie schnell eine Modellberechnung „in die Hose" gehen kann, sehen wir an dem „verregneten Frühjahr und Frühsommer 2021.
Allerdings muss unmissverständlich festgehalten werden, dass dieses Wetterkapriolen, nur einen eher geringen Einfluss auf das globale Klima haben.

Es liegt an uns, ob wir die klimabeeinflussenden Regenwälder weiter abholzen, um Soja und Palmöl zu produzieren, bzw. um nicht notwendige Viehzucht durchzuführen.
Es liegt an uns, ob wir kostbaren Baumbestand vernichten, um Industriebetriebe anzusiedeln, die dann einer, mit Milliardensummen an Subventionen unterstützten, angeblich umweltfreundlichen E-Mobilität dienen.
Es liegt auch an uns, ob wir wertvolle Buchen- und Eichenbestände für die Brennholzerzeugung dezimieren, oder ob wir dort aufforsten, wo es nur irgendwie geht.

Das wäre Umweltschutz, wie ihn Greta Thunberg und die Fridays For Future-Bewegung gerne sehen würde.

Lassen Sie mich zum Schluss bitte folgendes bemerken:
Ich bin kein Wissenschaftler, der hier seine Erkenntnisse veröffentlicht.
Ich habe sämtliche Zahlen, Daten und Fakten jedoch akribisch genau recherchiert und geprüft.
Einige Auszüge des Buches, sind sofort erkennbar, Medienveröffentlichungen entnommen.
Man kann ein solches Buch nicht schreiben und die Politik außen vor lassen.
Ich habe versucht nur diese politischen Gegebenheiten einzubeziehen, die im direkten Zusammenhang mit unseren Umweltsünden, bzw. unseren Umweltproblemen stehen, oder aufgrund ihrer Bedeutung, direkten Einfluss auf unser weiteres Verhalten der Natur gegenüber gehabt haben oder eventuell noch haben werden.
Vorrangig ging es mir dabei auch darum, die Macht der Lobbyisten deutlich zu machen.

Ich vertrete immer noch den Standpunkt, dass die globale Wirtschaft, die Politik vor sich her treibt und damit letztendlich die politische Ausrichtung der Staaten bestimmt.

Und das tut richtig weh.

Riesenbärenklau, **Ambrosia**, **Jakobskreuzkraut** sind giftig, bis sehr giftig und hochallergen. Jährlich leiden immer mehr Menschen Qualen, die auf die hochallergenen Pflanzen zurückzuführen sind, ... und sterben Tiere und Menschen wegen der Giftpflanzen einen langsamen und teils grausamen Tod.

Was tut die Politik dagegen. Wenig bis sehr wenig.

Angeblich wäre weder das Geld dafür da, noch die technischen Mittel.
... Aber für nicht zugelassene FFP 2 Masken wurden, hunderte Millionen Euro in „den Sand gesetzt".
... Für den Betrug mancher PCR-Teststationen wurden ebenfalls ungeprüft zig-Millionen Euro regelrecht „verbrannt".

Das ist eine Schande.

Lasst uns aufstehen!

Fridays For Future muss eine weitere globale Bewegung folgen.

Lasst die Montagsdemonstrationen in der ehemaligen DDR wieder aufleben. Mit den Protestmärschen der 1989er Massendemonstrationen, wurde eine friedliche Revolution eingeleitet, die letztendlich zu einer kompletten Neu-Ordnung der politischen Verhältnisse führte.

Hier und heute geht es um das Überleben unseres Planeten und die Zukunft unserer Kinder und Enkelkinder.

Wir bringen große Public-Viewing-Veranstaltungen zustande, bei denen es lediglich um gemeinsamen Spaß und Freude geht.
Lasst jeden Montag Hunderttausende auf die Straße gehen und gegen die Verantwortlichen der Umweltkatastrophe demonstrieren.

Lasst sie uns beim Namen nennen.
Solange, bis nicht mehr wirtschaftliche Interessen und Wirtschaftswachstum das Mantra der Politik sind, sondern eine intakte Umwelt, die wichtigste Messlatte der Politik darstellt.
Lasst uns die Namen derer nennen, die mit allem was zu Gebote steht, eine gerechte Bezahlung der Menschen verhindern. Die mit „erfundenen Fakten", die Arbeit der Menschen, weiter so billig wie irgend möglich entlohnen und damit der Armut auf der Welt Vorschub leisten.
Lasst uns weiterhin die Impfverweigerer darauf hinweisen, dass sie mit ihrem Verhalten, nicht nur sich gefährden, sondern in facto den Schutz Aller.

Die Politik muss erkennen, dass JEDER austauschbar und ersetzbar ist.

Bei der Wahl können wir zeigen, welche Richtung wir nicht wollen.

Bei großen Demonstrationen können wir deutlich machen, wo es lang geht.
Damit können wir den Lobbyisten ihren unglaublichen Einfluss nehmen.

Damit können wir erzwingen, dass die politischen Scharlatane vom „Hofe gejagt" werden.

Lasst uns die politischen Versager beim Namen und in Verantwortung nehmen.

Wer in der Privatwirtschaft solchen „Mist baut", darf oftmals in dem Metier nicht mehr tätig sein. Das sollte auch für „unfähige" Politiker gelten.
Die „vergeigen" Milliarden an Steuergeldern und niemand macht sie dafür verantwortlich.
Stellt sie dem „freien Arbeitsmarkt" zur Verfügung!

Vergesst nicht das Verhalten mancher Politiker, die sich im Juli 2021 in den Hochwassergebieten, mit hohlen Phrasen und losen Versprechungen vor die Gazetten gestellt haben und dabei sogar noch medienwirksame Ansprüche vom Umfeld ihrer Auftritte einforderten.
Schande über diese Laut-und Großsprecher!
Zumal, wenn sie ein hohes politisches Amt anstreben.

Mit der Seite 223 sollte diese Buch enden.
Es sollte nur noch redigiert werden, um dann in den Druck zu gehen.

Ein Herzinfarkt machte diesem Ansinnen erst einmal ein Ende.
Nachdem „Alles" gut ausging und ich zuhause die erste Nachrichtensendung sah, musste ich mich gleich wieder „aufregen".

Groß „aufgemacht" brachte die heute-Redaktion, den unten nur kurz beschriebenen Bericht.

45. Wie sich Umweltschutz darstellt, wenn Erfahrungen und jegliches Wissen fehlen.

Am 6. Juli 2021 wurde in den heute-Nachrichten ein Filmbeitrag über die Übergabe des Berichtes der Zukunftskommission Landwirtschaft an die Bundesregierung gezeigt. Darin haben 30 Organisationen eine Empfehlung für naturnahe Agrarwirtschaft abgegeben. Selbst die Deutsche Umwelthilfe hat sich daran beteiligt.

..... Und die Medien übernehmen diesen Bericht, ohne ihn auf seinen Inhalt zu überprüfen.

In dem Filmbericht konnte jeder sehen, dass es sich bei den Weiden eben nicht um 170 ha. bestes Acker- und Weideland handelt.

Die kompletten Weideflächen sind mit giftigem Jakobskreuzkraut „regelrecht übersäht".

Jakobskreuzkraut ist eine Giftpflanze und darf als ernste Gefahr für Mensch und Tier auch nicht an Nutztiere verfüttert werden. Seine Giftigkeit beruht auf der Wirkung verschiedener Pyrrolizidin-Alkaloide, die zu chronischen Lebervergiftungen, bis hin zum Tode führen.

Das Gift von Jakobskreuzkraut ist „durchgängig".

D.h. es befindet sich sowohl im Fleisch der Tiere, als auch z.B. in der Milch.

Die giftigen Rückstände wurden außerdem bereits im Bienenhonig nachgewiesen. Dabei wird dieser „vergiftete" Honig als besonders gesundes Lebensmittel angepriesen.

NIEMAND kann solche Weiden als vorbildlich deklarieren.

Ganz im Gegenteil, so bringt man „vergiftete" Milch und Fleisch, unter „dem werbewirksamen Deckmantel" von naturnaher Haltung auf den Markt. **Eine Riesensauerei.**

Und wo ist der Aufschrei unserer Medien? Er bleibt aus! Weshalb?

Weil diese „naturnahen" Berichte ungeprüft übernommen und publiziert werden.

Dadurch werden die Menschen falsch unterrichtet. Das ist gefährlich.

Hier versagt der Journalismus auf der ganzen Linie.

Ich mache jetzt dem Ganzen dennoch ein ENDE, sonst brauche ich vielleicht nie mehr ein Buch zu schreiben.

Nur, eines noch:

Ich danke dem Rettungsteam, dem Notarzt, dem Team der Notaufnahme des Leopoldina-Krankenhauses in Schweinfurt und allen aus der Intensivabteilung dieser Klinik, für Ihre tolle medizinische Betreuung und ihre Fachkompetenz.

Ohne sie wäre es vielleicht „ganz anders" ausgegangen.

Ein weiterer Dank gilt dem Team der m&i Fachklinik Bad Liebenstein, hier an erster Stelle dem Chefarzt der Kardiologie, Herrn Dr. Holm Rübsam, für die professionelle Betreuung während meines gesamten REHA-Aufenthaltes.

Desweiteren war es für mich und meine Frau ein wichtiges Momentum, die Bad-Liebensteiner Badeärztin, Frau Dr. med. Rita Heidt, mit ihrem Sachverstand und dem gelebten Sensus für Schmerzpatienten, kennen gelernt zu haben.

Zeitfracht Medien GmbH
Ferdinand-Jühlke-Straße 7
99095 Erfurt, Deutschland
produktsicherheit@kolibri360.de